한국 사회학의
지성사

1

한국 사회학과 세계 사회학

한국 사회학의
지성사

1

한국 사회학과 세계 사회학

Korean Sociology in the International Context

정수복 지음

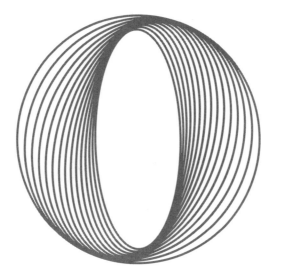

푸른역사

사회학의 새로운 미래와

미래의 새로운 사회를 꿈꾸는 모든 사람들에게

일러두기

1. 이 책의 고유명사 표기는 국립국어원 외래어 표기법을 따랐다. 예를 들어 'Karl Marx'는
   '카를 마르크스'로, 'Émile Durkheim'은 '에밀 뒤르켐'으로 적었다. 단, 직접인용문의 경
   우 원 인용문 표기를 그대로 살렸다.
2. 이 책의 참고문헌은 부별로 정리하였다.

《한국 사회학의 지성사》 1~4권은 한국사회학회와 포스텍 융합문명연구원의 출판 지원을
받아 출간되었다.

책을 펴내며
– 한국 사회학의 뿌리와 줄기를 찾아서

네가 어디서 왔는지를 모른다면, 어디로 가는지도 모를 것이다.
– 시에라리온 템네족 추장

지난날의 역사는 우리가 의식하든 못하든 현재의 삶에 영향을 미친다. 현재의 삶을 틀 지우고 미래의 삶에 방향을 부여하는 역사에 대한 명확한 인식이 없다면 우리는 과거가 만들어 놓은 자장磁場 안에서 역사의 수인囚人으로 살아갈 수밖에 없다. 역사 연구는 주어진 삶의 한계를 벗어나 새로운 역사를 만들기 위한 자기 성찰의 과정이다. 있는 그대로의 현실에 이의를 제기하고 지금까지와는 다른 새로운 길을 모색하려면 과거를 적극적으로 재해석할 필요가 있다.

1989년 초 프랑스 유학을 마치고 귀국한 나는 1990년에 〈프랑스 사회학의 지성사〉라는 첫 글을 발표했다.[1] 그로부터 30년의 세월이 흐른

1 정수복, 〈현대 프랑스 사회학의 지성사〉, 《연세사회학》 10~11호 합본호, 1990, 50~83쪽에 수록된 이 글은 피에르 앙사르, 정수복 옮김, 《현대 프랑스 사회학》, 문학과지성사, 1992, 11~44쪽에 다시 실렸다.

뒤 펴내는 이 책은 세계 사회학의 역사를 배경으로 하여 한국 사회학의 역사에서 중요한 위치를 차지한 학자들이 남긴 저서와 논문을 기초 '사료'로 삼아 쓴 "한국 사회학의 지성사"다. 한국 사회학사 연구는 한국 사회학의 자기의식과 자기이해 증진을 위한 성찰 작업이다. 한국의 사회학자라면 누구라도 한국 사회학의 역사에서 자유로울 수 없다. 한국 사회학이 형성되는 과정에 참여한 초창기 학자들의 학문적 유산이 한국 사회학계라는 '학술장'의 구조에 어떤 방식으로든 영향을 미치고 있기 때문이다.

언제부터인가 '사회학의 위기'라는 말이 들려오고 있다. 위기의 시대일수록 장기적인 역사의식이 필요하다. 한국 사회학의 역사에서 중요한 업적을 남긴 전 세대 학자들의 삶과 학문을 세계 사회학의 역사와 한국 사회의 역사적 흐름이라는 맥락 속에 집어넣고 되돌아봐야 할 이유가 여기에 있다. 사회학계의 큰 줄기를 이룬 학자들의 업적을 체계적으로 정리하고 엄밀하게 평가해서 한국 사회학의 계보와 전통을 만들어야 그런 전통 위에서 후학들은 자기가 추구하는 학문의 방향과 위치를 가늠할 수 있게 된다.

한국 사회학의 공식적 역사가 70년이 넘었지만 학계의 구성원들이 공유하는 지적 자산은 빈약하다. 한국의 사회학도라면 누구나 읽어야 하는 한국 사회학자가 쓴 '고전'이나 '필독서'가 없다는 사실이 이를 증명한다. 지금이라도 한국 사회학의 역사에서 중요한 인물과 그들이 남긴 학문적 업적에 관심을 기울여 공유자산을 만들어야 한다. 한국 사회학의 역사 연구는 오늘날 한국 사회학의 모습이 어떤 과정을 거쳐 지금과 같은 모습을 갖게 되었는가를 성찰하면서 앞으로 한국 사회학이 나아갈 새로운 방향을 가늠하는 작업이다.

***

한국 사회학의 정체성은 무엇인가? 한 학문의 정체성은 세월이 간다고 저절로 형성되지 않는다. 정체성은 과거에 대한 정리와 해석 그리고 미래에 대한 방향 정립을 위한 적극적인 노력을 통해 만들어진다. 지금까지 한국 사회학의 역사를 쓰기 위한 작업이 없지는 않았다. 특정 시기, 특정 학자들에 대한 연구가 제법 이루어졌다. 하지만 기원에서 현재까지 전체를 다루는 통사는 아직 나오지 않았다. 이 책은 부족하나마 한국 사회학의 역사 전체를 다룬다는 점에서 기존 연구와 구별된다. 이 책이 지니는 또 하나의 특징은 미국 사회학의 역사와 영국·프랑스·독일 사회학의 역사를 비롯하여 비서구 사회학의 역사를 포함하는 세계 사회학의 역사와 지형도를 그리고 있다는 점이다. 이는 한국 사회학의 역사를 세계 사회학의 역사 속에 위치지우고 앞으로 그 안에서 우리 나름의 목소리를 내기 위한 기본 포석이기도 하다.

역사를 서술하고 평가하는 작업은 관점에 따라 달라질 수밖에 없다. 역사 쓰기historiography 작업은 과거의 완벽한 복원을 목표로 하지 않는다. 역사 서술은 특정 관점에서 보았을 때 중요하다고 생각되는 사실을 체계적으로 수집하여 한 채의 '집'을 짓는 일이다. 역사 서술의 자료가 되는 사실史實은 다양하고 풍부할수록 좋지만 관점을 평가하는 객관적 기준은 없다. 관점에는 맞고 틀리고가 없다. 일목요연하고 명쾌한 해석을 제공하는 관점이라면, 감추어져 있던 것을 드러내는 관점이라면, 새로운 지적 자극을 주는 관점이라면, 그 관점의 존재 이유는 충분하다.

그런 점에서 모든 역사와 마찬가지로 한국 사회학의 역사도 세계 사회학의 역사도 단수history가 아니라 복수histories일 것이다. 역사 해석은 "어느 나라 사람인지에 따라 다를 수 있고, 같은 나라 사람이라고 하더라도 현 상황에 대한 인식과 미래에 대한 전망이 달라지면 이미 지나가버린 과거의 사실에 대한 해석과 평가도 달라진다."[2] 이 책은 내가 모은 사실들을 재료로 삼아 나의 관점으로 세운 나의 건축물이지만 나름 균형과 객관성을 유지하려고 애썼다. 그러나 이 연구와 다른 역사 해석은 얼마든지 가능하다. 역사 연구는 지속적인 의미추구의 과정이며 새로운 자료의 발굴이나 기존 자료의 새로운 해석을 통해 지금까지와는 다른 방식으로 과거를 바라보는 창조적 작업이기 때문이다.[3]

**

한국 사회에서 사회학이라는 학문이 대학이라는 제도 안에 자리잡은 지 75년이 흘렀고 한국사회학회가 만들어진 지도 60년이 넘었다. 한국 사회학회의 회원도 창립회원 10여 명에서 시작하여 1,000명을 넘어섰다. 한국 사회학계는 그동안 많은 양의 논문과 보고서와 저서를 산출했

---

2 허수열, 《개발 없는 개발—일제하 조선 경제개발의 현상과 본질》, 은행나무, 2011, 8쪽.

3 James M. Banner Jr., *The Ever-Changing Past: Why All History is Revisionist History* (New Haven: Yale University Press, 2021).

다. 그러나 한국의 대다수 사회학자들은 가까이 있는 선배, 동료, 후배 학자들의 연구에 큰 관심을 두지 않는다.

그래서 언제부터인가 나는 한국 사회학의 과거라는 커다란 창고 안에 쌓인 연구업적들을 주마간산 격으로 멀리서 바라볼 것이 아니라 문을 활짝 열고 창고 안으로 걸어 들어가 바람을 통하게 하고 먼지를 털어내면서 샅샅이 뒤지고 훑어서 버릴 것은 버리고 취할 것은 취하면서 일종의 학문적 계보를 만드는 한국 사회학의 역사 쓰기 작업이 필요하다고 생각해왔다. 한국 사회학의 계보를 만드는 작업은 나무로 비유하자면 뿌리와 줄기를 찾아내는 작업이다.

이 책은 선배 사회학자들의 삶과 연구업적을 들추어내어 그 갈래를 살피고 그 내용을 정리하고 평가한 10년 작업의 결과이다. 이 책이 한국의 사회학도들 각자가 나는 어디에 서 있으며, 지금 내가 하고 있는 연구의 의미는 무엇이며, 스스로 어떤 존재가 되어 어떤 학문공동체를 구성해 한국 사회와 한국인의 삶에 어떻게 기여할 수 있을지를 생각하는 하나의 계기가 되기를 바라는 마음이다.

***

《한국 사회학의 지성사》는 총 4권으로 구성된다. 1권은 세계 사회학의 맥락 속에서 한국 사회학 전체 역사를 다루는 통사다. 이어서 2권은 아카데믹 사회학, 3권은 비판사회학, 4권은 역사사회학이라는 한국 사회학의 세 갈래를 차례대로 다룬다.

1권은 20세기 초 사회학이 한반도에 상륙한 이후 식민지 시대를 거쳐 해방 직후 대학 내에 하나의 공식 학문으로 제도화되고 현대사의 우여곡절을 거치면서 양·질적 발전을 이루는 과정을 통사로 정리한다. '한국 사회학의 지성사'를 시작하면서 우선 한국 사회학의 역사를 바라보는 나의 문제의식과 관점을 제시한다. 이어서 1부에서는 2차 세계대전 이후 세계 사회학계의 중심이 된 미국 주류 사회학의 역사를 전체적으로 서술한다. 그에 이어 영국, 독일, 프랑스 사회학이 각기 미국 사회학의 영향을 받으면서 독자적인 사회학으로 발전하는 과정을 서술한다. 그리고 주변부 사회학에 초점을 맞추어 세계 각국 사회학의 역사를 비교할 수 있는 분석틀을 제시한다. 2부에서는 우선 2권에서 4권으로 이어질 이 연구의 접근방법을 제시한다. 이어서 한국 사회학 100년의 역사를 서술하기 위해 시대를 구분하고 각 시대의 특징을 짚어본다. 뒤이어 사회학 이론을 중심으로 한국 사회학계의 다양한 연구 현장을 하나의 지형도로 그려본다.

한국사회학회와 포스텍 융합문명연구원의 출판 지원이 이 책의 출간을 앞당기게 했다. 유홍준, 장원호 회장과 송호근 연구원장의 후원에 감사드린다. 한국사회학회는 임현진 교수와 전성우 교수 두 분께 이 책 초고의 감수를 의뢰해서 책의 부족한 부분을 메울 수 있도록 해주었다. 그러나 능력의 한계와 시간의 제약으로 두 분의 비판과 제안을 완성된 원고에 모두 반영하지는 못했다. 따라서 이 책이 내포한 한계와 오류는 전적으로 필자 개인의 것임을 밝혀둔다.

 마지막으로 부족하나마 이 책의 출간으로 여러 대학의 사회학과에서 가르치는 '사회학사' 수업시간이 좀 더 풍부해지기를 기대한다. 지금까지 사회학사는 서구 사회학의 역사를 중심으로 가르쳤다. 앞으로는 서구 사회학의 역사와 함께 한국 사회학의 역사도 중요하게 취급되기를 바란다. 또 좁게는 우리 학문의 역사나 지성사에 관심이 있는 연구자들, 넓게는 인문학과 사회과학 분야에 종사하는 학자들에게도 널리 읽혀 우리 학문의 창조적 가능성을 자극할 수 있기 바란다.

2021년 3월 18일
인왕산 자락 청운산방에서
정수복

• **책을 펴내며**

《한국 사회학의 지성사》를
시작하며

1부   세계 사회학의 역사와 지형도

2부

한국 사회학
100년의 계보학

《한국 사회학의 지성사》를
시작하며

한국 사회학의 역사는 자기성찰의 역사이어야 하며 자체 생산을 위한
반성적 작업이어야 한다.
_박영신[1]

현재에 대한 이해는 과거에 대한 기억과 해석에 닿아 있다.
그것은 미래와 오늘을 이어주는 힘이자 방향이다.
_백욱인[2]

1.

한국 사회학의
자기 성찰

한국 사회는 지난 한 세기 이상 빠른 속도로 앞을 향해 돌진하는 압축 근대화 과정을 거치면서 전근대, 근대, 탈근대 요소가 공존하는 '비동시적인 것들의 동시성'이라는 현상을 경험하고 있다.[3] 이런 상황에서 한국의 사회학자들은 서구 학계에서 논의된 근대의 한계, 이성 중심주의의 폐해를 인식하면서 성찰적 근대화를 주장하기도 했고, 실증주의 사회학의 한계를 인식하면서 역사성의 차원을 재발견하려는 시도도 계속하고 있다. 일본에 이어 중국이 부상하면서 한국 사회가 동아시아와 세계적 맥락에서 차지하는 위치와 의미를 고려하며 북한을 포함하

---

1 박영신, 〈사회학 연구의 사회학적 역사〉, 《현상과 인식》 9권 1호(1985년 봄호), 25쪽.
2 백욱인, 《번안근대: 제국과 식민지의 번안이 만든 근대의 제도, 일상, 문화》, 휴머니스트, 2018, 7쪽.
3 임혁백, 《비동시성의 동시성》, 고려대학교출판부, 2014.

는 한반도의 미래를 내다보는 사회학자들도 나타나고 있다. 달라진 상황을 반영하여 새로운 사회학을 해야 한다는 주장은 언제나 옳다. 그러나 지난날의 문제의식과 연구 결과를 쉽사리 내던져버리고 항상 새로운 사회학을 제시하기에 바쁜 '새것 콤플렉스'는 문제다. 그동안 한국의 사회학자들이 한국 사회와 대면하면서 쌓아온 사회학 연구의 역사를 되돌아보고 그 가운데 이어가야 할 것은 새롭게 되살리는 작업이 이루어져야 한다.[4]

세상만물에는 기원과 역사가 있다. 사회학은 19세기 초반 서양에서 시작된 학문이다. 원산지인 유럽을 떠나 일본에 머물던 사회학이 한반도에 상륙한 것은 1906년이다.[5] 사회학이라는 학문을 배에 싣고 현해탄을 건너 부산항에 도착한 사람은 《혈의 누》, 《귀의 성》 등을 쓴 신소설 작가 이인직(1862~1916)이다. 그는 1900~1903년에 대한제국 관비 유학생으로 동경정치학교에서 공부하면서 우키다 가즈타미浮田和民를

4　역사를 쓰는 이유는 "죽은 과거에 대해 이야기하기 위해서가 아니라 죽은 과거를 이야기할 어법을 찾아내 '살아있는 존재들 사이의 대화'에 참여하기 위해서다. 우리가 인간에 대해 그리고 망각 속에 묻힌 것들에 대해 이야기하고 기원과 죽음에 대해 이야기하면서 말이란 말하는 사람 자신이 사회적 갈등에 연루된 방식을 드러내는 징후라는 점을 함께 이야기하는 이 영원한 미완의 대화에 끼어들기 위해서다." 아를레트 파르쥬, 김정아 옮김, 《아카이브 취향》, 문학과지성사, 2020, 152쪽.

5　일본에서는 1873년 니시 아마에가 처음 사회학 강의를 했으며 1883년 아리카 나가오가 《사회학》을 출간했다. 일본 사회학의 역사에 대해서는 한영혜, 〈일본 사회학의 형성과 전개: 성립부터 제2차 세계대전까지〉, 《사회와 역사》 32권, 1991, 86~131쪽과 이시다 다케시石田雄, 한영혜 옮김, 《일본의 사회과학》, 소화, 2003 참조.

통해 사회학이라는 학문을 처음 접했다.[6]

1904년 러일전쟁 당시에 일본군 통역으로 귀국한 이인직은 1905년 11월부터 1906년 3월 사이에 월간지《소년 한반도》에 5회에 걸쳐 사회학을 소개했다. 그가 소개한 사회학의 내용은 우키다 가즈타미가 1901년에 발간한《사회학강의》에 나오는 '사회의 의의', '사회학의 정의 및 연구법', '사회학과 사회에 관한 제학문 간의 관계', '사회조직의 종류', '사회진화' 등의 주제를 요약한 것이었다.[7] 그는 우키다를 따라서 사회를 넓게는 "다소 항구한 관계로 공동 생활하는 사람들의 단체"로, 좁게는 "일정한 목적을 위하여 결합한 여러 사람들의 작은 단체"라고 정의했다.[8]

청일전쟁 이후 중국에서 옌푸嚴復가 헉슬리의 이론을 번역한《천연

6　이인직에 앞서 신소설 작가 안국선은 1895~1896년 게이오기주쿠를 거쳐 1896~1899년에는 와세다대학의 전신인 도쿄전문학교에서 정치학을 공부했다. 안국선이 국가와 외교에 관심을 둔 데 반해 이인직은 사회와 언론에 관심이 컸다. 안국선의 정치학 수용에 대해서는 김학준, 〈대한제국 시기 정치학 수용의 선구자 안국선의 정치학〉,《한국정치연구》7호, 1997, 29~48쪽과 김효전, 〈안국선의 와세다 시절, 1896~1899〉,《동아법학》47호, 2010, 403~452쪽 참조.

7　浮田和民,《社會學講義》, 東京: 開發社, 1901.

8　이인직이《소년 한반도》에 발표한 다섯 편의 글을 비롯하여 그의 사회학 소개에 대한 자세한 논의는 구장률,《소설과 지식의 연대》, 소명출판, 2012, 93~116쪽과 구장률,《근대 초기 잡지와 분과학문의 형성》, 케포이북스, 2012, 126~133쪽을 참조할 것. 이인직의 사회학 소개 원문은 허재영 엮음,《근대 계몽기 학술잡지의 학문 분야별 자료 권4—법, 사회, 생물, 수산》, 경진출판, 2017, 294~301쪽에도 실려 있다. '사회'라는 개념의 수용 과정에 대해서는 박명규, 〈한말 '사회' 개념의 수용과 의미 체계〉,《사회와 역사》59호, 2001, 51~82쪽 참조.

론天演論》(1898)과 《군학이언群學肄言》(1903), 량치차오의 《음빙실문집飮氷室文集》(1903) 등이 조선에 들어와 널리 읽히기도 했다. 장지연은 옌푸의 책을 읽고 1909년 '군학群學'이라는 이름으로 사회학을 다음과 같이 소개했다.

프랑스의 철학자 콩트가 사회학[群學]이라는 전문분야를 개설했는데, 대개 인사人事와 군교群交의 원리와 법칙을 다루는 학문이다. 뒤에 스펜서가 마침내 이 학문을 완성했다.[9]

신용하는 한국에 사회학이 도입된 경로를 세 가지로 제시했다. 첫째, 유길준, 서재필, 윤치호 등이 미국으로부터 도입한 경로, 둘째, 장지연 등이 중국의 옌푸와 량치차오 등을 통해 도입한 경로, 셋째, 이인직 등이 일본을 통해 도입한 경로이다.[10] 신용하의 설을 따르면 사회학이라는 학문은 유길준, 윤치호, 서재필 등이 제일 먼저 미국에서 도입한 학문이라고 봐야 한다. 그러나 이인직의 사회학 소개나 장지연의 군학 소개와 달리 유길준, 서재필, 윤치호 등이 사회학을 소개한 구체적인 문헌은 아직 확인되지 않고 있다.[11] 따라서 아직까지는 1906년 일본을 통

---

9 장지연, 황재문 옮김, 《만물사물 기원역사》, 한겨레출판, 2014. 현대어 번역문은 161~162쪽, 원문은 617쪽.

10 신용하, 〈구한말 서구 사회학의 수용과 한국 사회사상〉, 《학술원논문집: 인문·사회과학편》 52집 1호, 2013, 246~251쪽.

11 19세기 말 예일대학의 윌리엄 섬너William Sumner와 워싱턴대학의 레스터 워드 Lester Ward는 콩트와 스펜서 등의 유럽 사회학을 도입하고 변형시켜 미국 사회학

한 이인직의 사회학 소개를 최초로 봐야 할 것이다.

그로부터 100년 이상의 세월이 흘렀다. 고려 말 중국에서 들어온 성리학이 약 한 세기 반 이후 퇴계와 율곡에 의해 조선의 학문이 되었듯이 한 세기 전에 한반도에 상륙한 사회학도 지금쯤 우리의 학문이 되어 있을 법하다. 그러나 어찌된 일인지 한국 사회학은 아직도 우리다운 사회학을 창조하지 못하고 있다. 1946년 서울대학교에 사회학과가 만들어진 지도 80년 가까이 되었다. 그럼에도 불구하고 아직 우리다운 '한국 사회학'을 만들지 못한 이유는 무엇일까?

일찍이 1950년대 독일에 유학했던 황성모는 사회학이라는 학문이 대학에 자리잡을 때 우리 내부의 절실한 필요와 요구에 의해 생긴 것이 아니라 미군정 당시 위로부터 기획되어 "출생 과정에서 당연히 겪어야 했던 진통"을 겪지 않고 탄생했으며 한국전쟁 이후에는 본격적으로 미국 사회학을 따르는 모방의 행로를 걸었기 때문이라고 설명했다.[12] 한국 사회학계를 관찰한 한 학술 담당 기자는 한국의 사회학자들이 단기적 관점에서 소모적인 연구에 치중하면서 의미 있는 연구 결과를 축적하지 못했다고 평가했다. 그때그때 유행하는 서구 이론을 수용하여 적용하다가 다른 이론이 등장하면 다시 그 이론을 수용하는 모방의 학문

전통을 만들려고 노력했다. 사회진화론에 영향을 받은 이들은 사회학을 역사의 법칙, 곧 문명 진보의 법칙을 연구하는 학문으로 생각했다. 도로시 로스, 백창재·정병기 옮김,《미국 사회과학의 기원 2》, 나남, 2008, 171쪽.

12 황성모 외 12인, 〈한국 사회학 어디로 갈 것인가?〉,《한국사회학》22집(1988년 여름호), 206쪽.

을 계속했고, 그 결과 한국에서 사회학 연구가 본격적으로 시작된 지 오랜 세월이 지났음에도 우리다운 사회학을 제시하지 못하고 있다는 것이다.[13]

그러나 한국의 모든 사회학자가 미국 사회학을 일방적으로 모방하는 일에 자족했던 것은 아니다. 1960년대 중반 미국에서 수입된 사회학을 비판하고 우리다운 사회학을 하자는 비판적 논의가 시작되었다.[14] 1966년 김진균은 미국 사회학의 조사방법론을 적용하기에 급급한 한국 사회학을 "소아마비 못 면한 사회학"이라고 부르면서 한국 사회학자들의 비주체성을 다음과 같이 비판했다.

한국에서는 사회학이 일천한 외래품이었다. 외래품이라 하여 당장 소비할 수 있는 완제품도 아닌 것이고, 마지막 공정을 필요로 하는 부분 완제품도 아닌 것이다. 새롭게 설계되고 제작되어야 하는 기계인 것이다. 따라서 외국의 이론과 방법론이 우리 사회 이해에 적합성이 있는가 없는

---

13 이한우, 《한국의 학맥과 학풍》, 문예출판사, 1995, 208쪽.

14 서구 이론의 일방적 수용이 아니라 우리 상황에 맞게 변형시키자는 논의가 '토착화' 논쟁으로 나타났다. 임희섭은 토착화를 "서구 이론을 맹목적으로 이 사회에 받아들이지 않고 그것을 우리 사회라는 특수 성격에 맞추어 수용하는 단계"라고 정의했다. 황성모·임희섭, 〈대담: 사회과학 이론 및 방법의 한국적 수용〉, 《현상과 인식》 4호, 1977, 47~62쪽. 이와 달리 철학자 이규호는 남의 것을 번역하는 데 그치지 않고 우리말로 사고하면서 우리의 처지를 우리의 관점에서 우리 방식대로 사유하고 표현하는 것을 '토착화'라고 보았다. 이규호, 〈토착화론의 철학적 근거: 우리 문화 창조를 위하여〉, 《기독교사상》 69호, 1963년 10월, 19~30쪽.

가 하는 문제가 처음부터 과제로서 주어졌던 것이다. 이 문제는 한국 사회와 서구 사회의 문화적 차이 및 상황 규정의 차이라는 측면으로부터 제기되고 있다. …… 사회현상에는 역사적으로 축적된 문화적 요인이 크게 작용하고 있으므로 그 사회의 역사적 배경과 문화적 특성에 대한 깊은 고려가 있어야 함에도 불구하고 덮어놓고 사회조사방법을 적용하면 된다고 생각하는 경향이 없지 않은 것이다.[15]

1968년에는 이효재가 한국 사회학의 현황을 다음과 같이 진단했다.

한국 사회학이 아직도 연구 단계에 머무르고 있으며 학學으로서의 내용적 성장을 하지 못하였다고 생각한다. 현재로서는 한국 사회 연구를 토대로 한 주목할 만한 이론적 관점이나 접근 방법이 전혀 발생하지 않고 있다는 점에서 현 단계를 한국 사회학의 형성을 위한 기초 작업의 시기로 특징지을 수 있지 않을까 생각한다.[16]

1970년대에 들어서면 우리다운 사회학을 하자는 논의가 개인 차원에서 학회 차원으로 발전한다. 1972년 한국사회학회가 주관하여 사회

15　김진균, 〈소아마비 못 면한 사회학〉,《청맥》제20호, 1966년 8월, 64~73쪽. 이 글은 김진균,《비판과 변동의 사회학》, 한울, 1983, 149~159쪽에 재수록되었다. 인용은 154쪽과 156~157쪽.

16　이효재, 〈체계 없는 '상식'의 단계 너머: 사회학, 한국 사회과학의 시련〉,《정경연구》45호, 1968년 1월호, 141쪽.

학자, 정치학자, 경제학자, 역사학자 등이 한자리에 모여 '한국 사회과학의 반성'이라는 주제로 학술대회가 열렸다. 김성국과 임현진이 맡아 쓴 학술대회 토론회의 요약문은 다음과 같이 시작한다.

> 한국 사회과학계가 구미적 사회학 이론의 무비판적 적용에 대한 회의를 표명하고 한국 사회에 적합한 이론을 모색하게 된 것은 새삼스런 최근의 일은 아니다. 이런 반성의 전기는 사회적으로는 한국 사회의 근대화에 관한 논의가 활발해지고, 학계에서는 현실 사회에 대한 사회과학적 문제의식이 내면화된 반영이라고 할 수 있다.[17]

이 요약문은 다음과 같은 구절로 이어진다.

> 한국 사회과학이 공통적으로 해결해야 할 몇 가지 과제—한국 사회에 적합한 이론 구성, 사회과학 내의 상호 협동연구의 필요성, 사회과학의 비판적 기능 등—는 결국 한국 사회에 적합한 사회과학적 이론 구성을 통하여 한국 사회의 문제 해결에 주체적으로 대처하기 위한 사회과학자 본연의 사명감과 자각을 요구하는 것이다. 이 땅에 사회과학이란 서구적 학문이 이식된 지 적지 않은 시간이 흘렀지만 현실 사회의 공헌도에 비추어볼 때 미약하기 짝이 없는 자기 존재의 취약과 나태에 대한 자성

---

17 김성국·임현진, 〈한국 사회와 사회과학—한국사회학대회의 공동토론을 중심으로〉, 《한국사회학》 7호, 1972, 85쪽.

이 요구되는 것이다.[18]

이후 황성모는 1977년에 발표한 〈사회과학의 토착화에 대하여〉라는
글에서 한국의 사회과학자들이 1945년 해방 이후 미국 학문을 무조건
으로 추종한 이유를 다음과 같이 설명했다.

사실상 과거 30년을 통해서 한국의 사회과학이 의식구성意識構成에 대
해서 어떠한 의미를 가졌는가 하는 문제는 금기사항이었고 따라서 이
문제에 대해서는 표면적으로 혼미 상태를 계속해 왔다고 해도 과언이
아니다. 거기에는 세 가지 조건이 원인이 되었다. 첫째, 해방과 국토 분
단이라는 특수 사정, 둘째, 한국 사회의 정치·경제적 전근대성, 셋째, 세
계적 규모의 냉전체제에 의한 일반적 영향.[19]

황성모는 한국 사회과학이 주체적 자기의식을 갖지 못한 상태에서
미국 사회학의 영향을 받아 실증적 연구방법의 세련화를 학문 발전의

---

18 김성국·임현진, 〈한국 사회와 사회과학—한국사회학대회의 공동토론을 중심으
로〉, 88쪽. 정치학 쪽에서는 1969년 당시 한국정치학회 회장이던 민병태가 '독자적
정치학'과 '토착적 정치학' 수립이라는 과제를 제시했고 1974년 문승익은 "자아준
거적 정치학"이라는 이름으로 한국 학자들이 외래 이론 소개에서 벗어나 자신의 학
문적 문제를 스스로 선정하고 자기 방식으로 연구할 것을 주장했다.

19 황성모, 〈사회과학의 토착화에 대하여〉, 한국사회과학연구소 엮음, 《현대사회과학
방법론》, 민음사, 1977, 239쪽. 인용문에서 황성모가 말하는 '의식구성'이란 한국
사회가 나아가야 할 총체적 방향에 대한 '이념'을 뜻하는 듯하다.

《한국 사회학의 지성사》를 시작하며

기준으로 삼는 풍토를 비판했다.[20] 1970년대 말 '민중사회학'을 제창한 한완상은 이런 비판적 논의를 가장 절실한 방식으로 제기했다. 그는 1950년 중반에서 1960년대 초반으로 이어진 자신의 학창시절을 회상하면서 한국 사회학의 현실 적합성 문제를 다음과 같이 언급했다.

사회학은 사회에 관한 학문이다. 남의 사회도 연구해서 그 구조와 변화를 파악해 둘 필요가 있지만 자기가 숨 쉬고 살고 있는 자기 사회의 구조와 변동을 보다 더 깊고 넓게 파악해야 할 것이다. 6·25사변 이후 조국의 분단은 더 여물어지면서 안으로는 정치적 부조리, 경제적 불안정, 공동체의 약화, 가치관의 혼란, 대외 의존도의 증가, 권위주의 풍토의 만연 등이 우리 사회를 시들게 하고 있었는데도 우리들로 하여금 이러한 '우리의 현상'에 대해서는 눈을 감게 하는 사회학 책들을 주로 읽었던 것이다. 한마디로 현실 적합성이 없는 사회학을 배웠던 것이다. 우리의 역사현실과 사회구조를 외면하게 하는 사회학적 개념과 방법을 배웠으니 문제의식을 가질 수가 있겠는가? …… 한국의 사회학은 언제까지나 우리의 현실과는 거의 무관한 외국 이론과 방법론에 의존해야 하는가? 언제 우리도 우리의 사회현실을, 그리고 우리의 정치-경제 현실을 총체적으로 관찰하고 파악할 수 있을 것인가?[21]

---

20 황성모, 〈한국사회과학의 기본과제와 방향〉, 성균관대학교 사회과학연구소 엮음, 《한국사회과학론》, 성균관대학교출판부, 1983, 288~289쪽.
21 한완상, 〈머리말〉, 《민중사회학》, 종로서적, 1984, 1~2쪽. 이 책은 1980년에 나온 《민중과 사회》의 증보판으로 한완상은 이 책의 머리말을 1981년 6월에 썼으나 정

위에서 보았듯이 1960년대에 시작되어 1970년대에 구체화된 한국 사회학의 정체성에 대한 문제 제기는 1980년대 들어 더욱 본격적으로 이루어졌다. 고전사회학 이론과 현대사회학 이론에 기대어 한국 사회의 근대적 사회변동을 연구한 박영신은 1983년에 발표한 글에서 이렇게 썼다.

역사적 변동 과정의 시간 축에서 사회구성원들이 살아 꿈틀거리며 구조적 조건에 순응하고 또는 이와 대결한 역사적 삶에 대한 분석, 곧 역사에 대한 이론적 관심을 깊이하고 우리 사회의 오늘을 심층적으로 괴롭히는 문제는 무엇이며 그것은 어떤 방향에서 극복되어야 하는가에 대한 활발한 논의가 요청되는 것이다.[22]

박영신은 위와 같은 요청에 따라 '우리다운' 독자적인 한국 사회학을 수립해야 할 필요성을 다음과 같이 주장했다.

우리나라의 사회학은 모름지기 '우리의 문제'를 이해하고 해명해야 하기 때문에 우리의 문제에 대하여 비판적이면서도 우리다운 눈을 가지고 있어야 한다. 우리 사회학에 세워야 할 독자성이란 다름 아닌 '우리 문제'에 대한 '우리다운' 문제 제기와 해명을 뜻하며, 우리의 역사적 경험

치적인 문제로 1984년에야 출간되었다.

22 박영신, 〈한국사회발전론 서설〉, 《한국사회 어디로 가고 있나》, 현대사회연구소, 1983, 260쪽.

《한국 사회학의 지성사》를 시작하며

세계에 대한 비판적 성찰과 분석을 뜻한다.[23]

한국 사회학이 인간사회의 보편적 특성뿐만 아니라 한국인들이 구성하는 한국 사회의 고유한 특성도 우리 나름의 방식으로 밝혀야 한다는 주장은 여러 학자들에 의해 꾸준히 계속되었다.

1984년 강신표는 "외래의 사회학 이론과 방법은 바로 외래 사회와 문화에 기초한 학문임을 깊게 고려해야 한다. …… 우리의 대상을 볼 때 '그 틀로 볼 수 있는 것만 선택한다'는 사실을 주의해야 한다"면서 서구 사회 이론이라는 '안경'을 끼고는 볼 수 없는 우리 사회와 문화의 고유한 현상을 찾아내고 설명하는 우리 사회학의 길을 걷자고 주장했다.[24]

1985년 김진균은 사회학을 포함하여 한국 사회과학 전체의 주체성 문제를 다음과 같이 제기했다.

---

23 박영신, 〈한국 사회학의 사회학적 역사〉, 《현상과 인식》 1985년 봄호. 인용은 박영신, 《사회학 이론과 현실 인식》, 민영사, 1992, 443쪽. 박영신 스스로는 가족주의와 경제주의의 문제를 '우리의 문제'로 제기하고 천착했다.

24 강신표, 《한국사회학의 반성》, 현암사, 1984, 93~94쪽; 강신표, 〈전통문화문법과 세계관의 변화: 한국사회학 토착이론은 불가능한가? 불필요한가?〉, 《사회와 이론》 제6집, 2005년 1호, 277쪽. 강신표의 증언에 따르면 2004년 한국의 어느 사회학회에 참석한 일본 출신의 오스트레일리아 사회학자 요시오 스기모토杉本良夫, Yoshio Sugimoto는 한국 학자들이 하버마스, 기든스, 부르디외, 벡 등에 대해서 이야기하는 것을 듣고 나서 이렇게 말했다고 한다. "나는 여러분이 한국 현실에 기초하고 한국 사회에서 출발한 이론과 방법을 발전시키기를 기대한다."

학문적 전통성을 어느 정도 가지고 있던 경제학 일부를 제외하면 70년
대까지의 사회과학은 한국 사회의 역사적 과제가 무엇인가라는 질문에
대해 보편과학으로 대답할 뿐이었다. 학문은 하나의 국가 단위를 넘어
서는 보편적 성격을 가지는 것으로만 생각되었고, 미국 주도의 정치·경
제적 질서에 편입된 한국에서 미국의 학문체계를 그대로 수용하고 그것
도 최단 시간 내에 소개하는 것이 학문적 발전으로 생각되는 경향까지
있었다.[25]

1986년 당시 젊은 세대 사회학자를 대변한 박재묵은 한국 사회학의
역사가 "크게 보아 외래 이론의 수용사 범주를 벗어나지 못하고 있다"
고 비판하면서 한국 사회학의 주체성을 확립하기 위한 방편으로 중심
부, 북반구, 위로부터의 관점에서 벗어나 주변부, 남반구, 아래로부터
의 시각을 가지고 종속 이론과 세계체제론을 활용하면서 한국 근현대
역사의 특수성과 분단 상황을 고려하는 '제3세계 사회학'의 관점을 제
시했다.[26]

1990년대에 들어서도 우리다운 사회학을 정립하자는 주장이 계속되
었다. 1993년 한국사회학회 회장 취임 연설에서 신용하는 "한국 사회
의 구조적 모순이 두드러지게 표출되었던 1980년대에 한국 사회학의
현실 적합성에 대한 심각한 자기반성과 새로운 지적 탐색이 나타나게

25 김진균, 〈80년대 한국사회과학의 과제〉, 《산업사회연구》 제1집, 한울, 1985, 15쪽.
26 박재묵, 〈한국사회학의 발달과 제3세계 사회학의 접근방법〉, 김진균 엮음, 《제3세
계와 한국의 사회학》, 돌베개, 1986, 15쪽.

된 것은 당연한 일이었다고 생각한다. 1980년대의 사회학계 내부의 자기 반성적 노력의 경험은 앞으로 한국 사회학의 독창적 발전에 있어서 소중한 자산이 되리라 생각한다. 그럼에도 불구하고 한국 사회학계의 지배적 패러다임과 문제의식은 여전히 외래적이라는 사실은 부인할 수 없다"고 주장했다.[27]

신용하는 "역사적 전통이나 유산이 거의 없는 미국 사회의 사회학 이론"이나 "계급구조와 계급문제를 중심으로 발달한 유럽의 사회학"은 '비동시적 요소들이 공존'하는 한국 사회의 독특한 측면을 밝혀주는 데 한계가 있을 수밖에 없다"면서 "구미 사회학이 정립해놓은 이론으로 한국 사회의 현실을 재단하는 것보다는 한국 사회의 역사적 발전 과정에 대한 탐구로부터 보편적 이론화 작업으로 나아가야 한다"고 주장했다.[28] 그는 미국 사회학이나 유럽 사회학과 구별되는 독창적인 한국 사회학을 추구해야 하는 이유를 다음과 같이 설명했다.

한국 사회는 역사가 매우 장구한 사회이기 때문에 전통과 문화의 힘이 무척 강한 사회이다. 한 사회의 역사성은 급격한 사회변동에도 쉽사리 소멸되는 것이 아니다. 현대 한국 사회에서도 현대성만이 아니라 중세 성이나 심지어 고대성까지도 동시 병존하고 있다. 이러한 역사성은 생활세계 속에 깊이 용해되어 있어서 한국인의 의식이나 행위의 동기, 결

---

27 신용하, 〈'독창적 한국 사회학'의 발전을 위한 제언〉, 한국사회학회 엮음, 《21세기의 한국 사회학》, 문학과지성사, 1994, 19~20쪽.

28 신용하, 〈'독창적 한국 사회학'의 발전을 위한 제언〉, 20~21쪽·25~26쪽.

합의 방식이나 제도에까지 영향을 미친다. 그 결과 한국 사회는 근대적인 제도나 문물만으로 이해될 수 없는 그 자체의 독특한 역사적 실체를 이루고 있다. 이러한 측면을 밝혀내려면 종합적이면서도 역사사회학적인 시각이 필요할 것으로 생각한다.[29]

1993년 대구·경북을 중심으로 하는 지방 사회학자들이 모여 펴낸 《우리 사회 연구》 창간사에서 김규원은 한국 사회학의 문제점을 이렇게 진단했다.

학문의 역사가 쌓일수록 그에 따른 지식 축적의 유용함을 함께 논의해왔어야 할 터인데도, 그렇지 못하고 오래된 지식과의 단절을 강조할수록 그 주장에 설득력과 호소력이 더해져 온 것이 저간 우리 사회학계의 사정이 아니었던가 싶다. 항시 새롭고 첨단의 것을 따라야 한다는 이공 분야와는 달리 인문사회 분야에서는 연구한 햇수가 오래될수록 그 학문의 권위를 자랑할 수 있다는 세상 사람들의 인식이 무색할 지경이다. …… 한 학문이 그 나름대로 전통과 역사를 갖기 위해서는 외부세계로부터 오는 충격에 대한 회복력을 지녀야 그 자생력이 인정받을 수 있을 것인데, 한국 사회학은 제도학문으로 갖추어야 할 이런 복구 재생력이 과연 있는 것인지 의문을 갖게 한다.[30]

---

29 신용하, 〈'독창적 한국 사회학'의 발전을 위한 제언〉, 25쪽.
30 김규원, 〈한국의 사회학과 지방 사회학의 자리매김을 위하 하나의 주장〉, 《우리 사회 연구》 1호, 1993, 9~10쪽.

김진균은 1997년 펴낸 책의 서문에서 아직까지 한국 사회의 역사적 현실에 기초한 우리다운 학문체계를 수립하지 못했음을 안타깝게 토로했다.

역사는 있는데, 그리고 우리의 경우와 같이 격동의 역사에서 몸부림치면서 살아가고 제단에 바쳐지는 무수한 사람들도 있는데, 또한, 그 격동의 역사에 20세기 세계사적 문제 덩어리도 있어 보이는데, 그래서 연구자로서는 가장 합당한 대상의 세계는 있어 보이는데, 그리고 독실한 연구자들이 있어서 인식방법의 구축을 위하여 노력하고 있음도 보이는데, 아직 우리는 우리의 역사의 줄기에 기초하는 학문체계를 이루지 못했다는 '단절'을 깊이 느낀다.[31]

1960년대에 시작된 주체적 한국 사회학을 형성하자는 논의는 1970년대와 1980년대 그리고 1990년대를 거쳐 2000년대에 들어서도 계속되었다. 2001년 '한국이론사회학회' 창립 학술대회 기조 강연에서 김성국은 "사회학을 비롯한 한국 사회과학계의 최대 과제의 하나는 서구에 대한 학문적 종속을 극복하여 자생적–독자적–토착적 한국 사회 이론을 수립하는 것이다"라고 선언했다.[32] 이러한 선언에 이어 2003년 강수택은 '우리 이론'을 만들기 위한 노력의 방향을 다음과 같이 제시했다.

---

31 김진균,《한국사회의 현실과 학문의 과제》, 문화과학사, 1997, 9~10쪽.
32 김성국, 〈식민지성과 한국 사회이론〉,《사회와 이론》제1집, 2002, 129~160쪽.

풍부한 이론적 사유 능력과 한국의 사회현실에 대한 정확한 인식 관심, 이 두 가지는 사회이론에 관심을 갖는 모든 사회과학자들이 추구하는 과제다. …… 이론적 사유로부터 출발하여 이를 현실에 접목시켜보기도 하고, 그 반대로 구체적인 사회현상으로부터 출발하여 이론적 사유에로 나아가보기도 한다. '우리 이론 만들기'는 이러한 모색 과정을 통하여 비로소 자연스럽게 결실을 맺어갈 것이다.[33]

그러나 임현진은 2005년에 발표한 글에서 아직도 한국 고유의 '우리다운' 사회학이 만들어지지 못했다고 진단했다.

한국 사회학은 '모방학'에서 '창조학'으로 넘어가야 할 과제를 안고 있다. '외래 이론의 모방'에서 '비판적 재구성'을 거쳐 '고유 이론의 형성'이란 흐름에서 볼 때 (아직) 두 번째 단계를 벗어나지 못하고 있는 것이다. 거의 모든 사회학적 개념, 이론, 방법 등이 구미 사회학에서 차용되어 온 것이다. 한국 사회학이 지니는 정체성의 혼란identity crisis과 현실적합성problem relevancy에 대한 회의가 제기되는 배경이다.[34]

---

33 강수택, 〈제3집을 내면서〉, 《사회와 이론》 3집, 2003년 2호, 9~10쪽.
34 임현진, 〈사회학: 역사+문학+알파〉, 김용준 외, 《스무 살에 선택하는 학문의 길》, 아카넷, 2005, 245쪽. 2005년 김경동은 한국 사회학의 토착화 노력을 다음과 같이 평가했다. "그러나 본격적으로 토착화를 구체화시키는 작업은 그다지 활발하게 나타나지 못하였고 다만 개인적으로나 일부 집합적 수준에서 한국 사회과학의 토착화 노력은 계속되고 있는 정도다." 김경동, 〈한국사회학의 아이덴티티 문제〉, 《한국사회과학》 27권 1~2호, 2005, 156쪽.

1980년대에 '중민中民 이론'을 제창했던 한상진은 2010년 한국 사회학을 넘어 일본과 중국을 포함하는 동아시아 비판사회학의 정체성 문제를 다음과 같이 제기했다.

우선 지적할 점은 서구의 비판이론은 서구의 근대성의 계몽철학에 뿌리를 두고 있다는 점이다. 이 뿌리에서 서구 지식인들이 비판이론을 세우려고 노력한 것은 정당한 일이었다. (그렇다면) 동아시아 비판사회학은 어떻게 해야 할 것인가? 서구 이론이, 비록 서구에서 나왔지만, 보편적인 것이며 모든 곳에서 그것을 준거로 삼아야 한다고 확신한다면 그런 질문은 소음에 불과하다. 그러나 과연 그런가? 나는 문화상대주의를 경계하지만, 서구 중심 보편주의에 대해서는 갈수록 확신이 엷어지는 것을 느낀다.[35]

한상진은 이런 문제 제기를 바탕으로 동아시아 비판사회학은 "서구의 뒤를 추종하는 발전 방식에 만족하는 것이 아니라 동아시아의 규범적 문화전통이 새롭게 살아나는 성찰적 발전의 길을 추구해야 하지 않을까 생각한다"는 의견을 표명했다.[36]

위에서 다소 지루할 정도로 살펴본 바와 같이 1960년대에서 2000년대에 이르기까지 줄기차게 제기된, 한국 사회에 적합한 우리 나름의 사회학을 하자는 논의는 2000년대 들어 다소 주춤해진 모양새다.

---

35 한상진 외,《한상진과 중민이론》, 새물결, 2018, 213쪽.
36 한상진 외,《한상진과 중민이론》, 212쪽.

세계 사회학global sociology이라는 이름으로 이루어지는 보편성 추구
가 나라별 사회학의 전통과 특수성을 강조하는 흐름을 약화시키고 있
다.[37] 세계가 하나의 시장으로 통합되는 지구화globalization 과정에서 국
민국가의 국경을 넘어서는 초국적이고 지구적 문제들이 생겨났고 그
에 따라 사회학자들 사이에서 국민국가를 분석단위로 하는 '방법론
적 일국주의methodological nationalism'를 비판하고 '방법론적 세계주의
methodological cosmopolitanism'를 주장하는 목소리가 높아졌다. 그러면
서 한국 사회에 적합한 우리다운 사회학을 만들자는 논의가 서서히 사
그라졌다. 이런 상황에서 김경만은 우리다운 사회학을 만들자는 주장
을 이제 그만하고 글로벌 지식장에 진출하여 그 구조를 변화시켜야 한
다고 주장했다.

우리가 서구 학문의 지배로부터 벗어날 수 있는 유일한 길은 글로벌 지
식장에 직접 들어가 이 상징공간을 지배하는 서구학자들과 부딪치고 논
쟁함으로써 그들이 만들어 놓은 지식장의 구조를 변형시키는 길뿐이며
지금처럼 우리가 장을 지배하는 서구학자들과의 소통과 대결을 계속 회
피하면서 우리 것을 만들어내자는 '공허'한 주장만 되풀이한다면, 우리

---

37 사회학의 보편성을 강조하는 흐름의 보기를 들자면 1974년 토론토에서 열린 캐
    나다 사회학-인류학회CSSA에서 캐나다의 특수성을 주장하는 사회학자들에 대해
    미국 사회학자 데니스 롱Dennis Wrong은 사회학의 보편성을 강조하면서 '캐나다
    사회학'은 존재하지 않았고 존재해서도 안 될 것이라고 주장했다. David Millett,
    "Canadian Sociology on the World Scene", Nikolai Genov ed., *National Traditions
    in Sociology*(London: Sage, 1989), p. 49.

는 장의 '방관자'로 남게 될 것이며, 이는 결국 우리 학문의 서구 종속성을 영원히 재생산하는 일이 될 것이다.[38]

김경만의 주장에서 볼 수 있듯이 2000년대로 접어들면서 한국의 특수한 역사적·문화적 상황을 고려하는 '우리다운' 문제의식을 가지고 고유한 이론과 방법을 찾자는 주장은 점점 시대에 뒤떨어진 것으로 여겨지고 있다. 그 결과 해외 유명 학술지에 게재되는 한국 사회학자들의 논문 수는 증가하고 있지만 한국 사회의 현실을 바탕으로 한 우리다운 사회학 이론과 방법의 구성이라는 오래된 과제는 뒤로 밀리고 있는 형편이다. 젊은 학자들은 교수가 되기 위해, 중견 학자들은 승진하기 위해, 글로벌 스탠더드에 맞는 영어 논문을 써서 SSCI에 등재된 해외 학술지에 발표하는 일에 매달리고 있다. 그것은 점차 선택의 문제가 아니라 생존을 위한 조건이 되고 있다. 그런 과정에서 능력이 뛰어난 학자일수록 서구 학계가 만들어놓은 학문 모델, 즉 그들의 이론—방법론—글쓰기 전통을 따르게 되고 그 결과 '우리다운' 문제의식은 점점 사라질 수밖에 없게 된다.

우리다운 사회학을 하자는 논의는 한반도라는 울타리에 고착되어 우

---

38 김경만, 《글로벌 지식장과 상징폭력—한국사회과학에 대한 비판적 성찰》, 문학동네, 2015, 13쪽. 김경만의 주장에 대한 비판적 응답으로 정수복, 〈김경만의 '지적 도발'에 대한 정수복의 '응답'—글로벌 지식장과 로컬 지식장 사이에서〉, 《경제와 사회》 108호, 2015년 겨울호, 254~287쪽을 볼 것. 김경만, 〈세계 수준의 한국 사회학을 위하여〉, 《한국사회학》 35집 2호, 2001, 1~28쪽도 볼 것.

물 안 개구리가 되자는 이야기가 아니다. 서구 사회학을 향한 창문을 활짝 열어놓고 세계 사회학과 소통하는 개방적 태도를 견지하되 우리의 상황을 우리의 처지에서 우리의 눈으로 관찰하고 우리의 언어로 사고하고 우리말로 표현하여 우리 사회에 적합한 사회학을 하자는 말이다. 그러나 오늘의 대학은 점점 더 그런 주장을 펴기 어려워지고 있다. 2000년대 들어 대학이 기업의 논리에 따라 운영되면서 우리다운 문제의식을 갖고 진지하게 학문의 길을 걷기가 더욱 어려워졌다. 박영신은 그런 대학의 현실을 다음과 같이 비판했다.

오늘날 학문을 표상하고 있다는 대학의 사람들이 말하는 학문이라는 것은 생활의 방편이며 수단의 수준에 머물러 있다. 눈앞의 자기 이익을 위하여 모든 것을 접어두는 경박한 의식세계가 오늘의 삶과 배움을 다스리고 있는 정황이다. 깊은 학문의 의미를 잃어버린 오늘의 우리 대학, 눈에 보이는 웅장한 대학건물 그 껍데기에 잔뜩 새겨진 학문의 빈곤은 의식의 천박함에서 비롯되고 있다. 편의와 도구의 문제에 얽매인 의식은 깊은 문제와 얕은 문제를 갈라놓을 수 있는 변별력을 잃어버렸으며 아예 깊은 문제의식은 담 그 밖으로 내던져버리고 말았다. 얕은 것에 얼굴을 파묻고 사는 '엎드린' 사람들에게 깊은 것은 거추장스럽고 성가신 것이다. 깊은 것을 생각해내고자 하는 사람들을 몰아내고는 얕은 것을 흉내 내는 작은 기계들과 그 부속품들이 구축한 거대한 괴물 덩어리에서 차마 대학의 이상을 논하거나 학문의 뜻을 이야기할 수는 없다. 그것은 이내 시간 낭비라고 낙인찍히는 것이다. 가르친다는 사람이나 배운다는

사람 모두가 한통속이 되어있기 때문이다. 이것이 대학의 슬픔이다.[39]

그렇다면 우리 나름의 축적된 전통, 이어가야 할 전통이 없이 서구 학계의 변화에 따라 새로 태어남을 반복하고 있는 한국 사회학계의 현실을 어떻게 극복할 것인가? 세계 사회학의 흐름을 주시하면서도 '우리 사회학'의 길을 모색할 수는 없는 것인가?[40] 이런 문제들에 답하기 위해서는 우선 한국 사회학이 걸어온 역사를 되돌아보고 정리하는 작업이 필요하다. 지난날 선학들이 남긴 연구 결과물들을 그들이 살았던 시대의 조건 속에서 이해하고 그것들 가운데 폐기할 것은 폐기하고 이어갈 것을 계승하는 작업이 이루어져야 한다. 그렇게 해서 지금이라도 한국 사회학의 전통을 '발명'해야 한다. 전통은 세월이 흐른다고 저절로 형성되지 않는다. 전통은 어느 시점에서 주체적으로 '발명'되어야 한다. 발명은 맨땅에서 빈손으로 이루어지지 않는다. 지난날의 궤적을 정리하면서 의미 있는 요소를 '발견'하고 오늘의 상황에 맞게 재구성

---

39 박영신, 《겨레 학문의 선구자 외솔과 한결의 사상》, 연세대학교출판부, 2002, 6~7쪽.

40 '우리다운' 사회학이라는 문제의식은 한국만이 아니라 비서구 사회학계 전체에 제기되는 질문이다. 러시아 학계에서 19세기 말부터 이루어진 서구 학문의 수용을 주장하는 근대화론자와 러시아의 특수성을 강조한 슬라브주의자들 사이의 논쟁은 1991년 소련 해체 이후 러시아식 토착 사회학을 발전시켜야 한다는 입장과 미국 사회학을 중심으로 하는 주류 서구 사회학을 적극 수용해야 한다는 입장 사이에 전개된 격렬한 논쟁으로 재현되었다. Larissa Titarenko and Elena Zdravomyslova, *Sociology in Russia: A Brief History*(New York: Palgrave Macmillan, 2017), p. 141.

하는 과정에서 이루어진다. 한국 인류학 100년의 역사를 쓴 전경수가 말했듯이 "학사學史를 논한다는 것은 과거를 돌이켜봄으로써 현재의 좌표를 인식하고 미래를 지향하기 위한 방향을 가늠해보려는 자아준거 설정 과정"이다.[41] 한국 사회를 연구한 선배 사회학자들의 저작을 꼼꼼하게 읽고 성실하게 비판하면서 거기에 잇대어 자신의 연구를 계속해 나아가는 과정에서 한국 사회학의 전통이 만들어질 것이다. 과거에 대한 단순한 정리나 회고가 아니라 우리다운 문제의식에 기초한 사회학 이론과 방법을 구성하기 위해 한국 사회학의 역사를 되돌아보는 작업이 필요한 것이다.

나는 《한국 사회학의 지성사》에서 나 자신을 포함하여 한국의 사회학자들에게 다음과 같은 질문을 던지고 그에 대한 해답을 모색해보려고 한다. 그동안 한국의 사회학자들이 한국 사회학의 역사에 대한 연구와 교육을 등한시한 이유는 무엇인가? 한국 사회학의 역사를 쓰는 나의 관점은 무엇인가? 한국 사회학은 한국 사회로부터 어떤 영향을 받았고 역으로 한국 사회학은 한국 사회에 어떤 영향을 미쳤는가? 한국 사회학의 주류는 어떻게 형성되었고 그에 대한 비판과 대안 모색은 어떻게 전개되었는가? 한국 사회학의 역사에서 주목할 만한 업적을 남긴 대표적 학자들은 누구이며 그들의 저작은 지금 여기에서 어떤 의미를 갖는가? 한국 사회의 특수성을 설명하면서도 글로벌 지식장에서 보편적으로 인정받을 수 있는 한국 사회학의 미래를 어떻게 열어갈 것인가?

---

41 전경수, 《한국인류학 백년》, 일지사, 1999, 10쪽.

《한국 사회학의 지성사》를 시작하며

2.

한국 사회학의
전통 만들기

1. 전통의 부재를 넘어서

"나는 가끔 이규보로부터 시작하여 연암 박지원을 지나 이태준과 피천 득으로 이어져온 우리 산문의 전통을 떠올린다."[42] 독문학자이며 에세 이스트인 문광훈의 글에 나오는 한 구절이다. 그렇게 고려 시대에서 조 선 시대를 지나 일제강점기를 거쳐 현대에 이르는 오랜 세월 동안 변 용을 거듭하면서도 면면히 이어지는 어떤 정신의 흐름을 '지적 전통 intellectual tradition'이라고 부를 수 있다면 사회학이라는 학문공동체 안 에서 한 세대에서 다음 세대로 전달되는 문제의식, 연구 주제, 이론, 연 구방법, 연구 윤리 등의 지적 전통을 '사회학적 전통sociological tradition'

---

42 문광훈, 《가장의 근심》, 에피파니, 2016, 8쪽.

《한국 사회학의 지성사》를 시작하며

이라고 칭할 수 있을 것이다.[43]

　한 나라의 사회학적 전통은 여러 세대에 걸쳐 지속되면서 다른 나라의 사회학과 구별되는 학문적 정체성을 형성한다. 프랑스나 독일, 미국과 영국의 경우 사회학적 전통은 자기 사회의 지적 전통과 역사적 경험속에서 주체적으로 만들어졌다.[44] 그러나 한국과 같이 사회학적 전통이부재한 나라의 사회학계는 일단 서구 사회학을 수입하여 자기 사회의풍토에 맞게 토착화하는 경로를 거쳐야 했다.[45] 그런 과정에서 한국 사

43　사회학적 전통에 대해서는 Robert Nisbet, *The Sociological Tradition*(New York: Basic Books, 1966); Randall Collins ed., *Four Sociological Traditions*(New York: Oxford University Press, 1994); Robert, K. Merton and Mathilda White Riley eds., *Sociological Traditions from Generation to Generation*(Norwood: Ablex, 1980) 참조. 니스벳은 공동체, 권위, 지위, 거룩함, 소외라는 사회학적 전통의 다섯 가지 연구 주제를 제시했고 콜린스는 갈등, 의례, 상호작용, 공리주의라는 네 가지 전통을 제시했다. 최소한 3세대 이상 전승되는 이념이나 실천으로서의 '전통' 일반에 대한 논의로 Edward Shils, *Tradition*(Chicago: The University of Chicago Press, 1981)을 볼 것.

44　레빈은 그리스, 영국, 프랑스, 독일, 마르크스, 이탈리아, 미국 전통이라는 7개의 서구 사회학적 전통을 제시했다. Donald Levine, *Visions of the Sociological Tradition*(Chicago: The University of Chicago Press, 1995)을 볼 것.

45　실학사상을 비롯하여 유교, 불교 등 우리의 전통사상으로부터 사회 이론을 구성하려는 노력은 바람직한 것이다. 다만 그러한 작업이 사상사 연구나 개념화 작업을 넘어서 서구 사회학과 대화할 수 있는 능력을 갖추어야 하며 오늘날의 한국 사회와 한국인의 삶을 이해하고 설명하는 데 도움이 되는 방향으로 전개되어야 한다. 정일균, 《다산 사서 경학연구》, 일지사, 2000; 이영찬, 《유교사회학》, 예문서원, 2001; 유승무, 《불교사회학》, 박종철출판사, 2010 참조.

회학계에는 선학들에 의해 한국 사회학이 어떻게 발전해왔는가에 대한 인식이 자리잡지 못했다. 이는 자연스럽게 자기 학문의 역사에 대한 비하로 이어졌다.

대학 사회학과에 교수로 자리잡은 학자들이 자신이 속한 한국 사회학계의 역사를 모르니까 사회학을 전공하는 학생들에게 한국 사회학의 역사를 가르치지 않는다. 오늘날 각 대학의 사회학과 교과 과정에 포함된 '사회학사' 과목에서는 콩트와 스펜서에서 시작하는 서양 사회학의 역사만 가르치지 이인직과 이상백이 등장하는 한국 사회학의 역사는 가르치지 않는다.[46] 한국 사회학자들이 쓴 '사회학 개론'이나 '사회학 이론' 책에는 서구 사회학자들의 이름만 즐비하게 나열되고 한국 사회학자들의 이름은 전혀 나오지 않는다. 우리 사회학의 역사와 전통에 대한 무지와 무시가 계속되고 있다.[47]

그러나 한국 사회학은 75년의 역사를 가지고 있다. 1946년 우리나라 최초로 서울대학교에 사회학과가 창설되었다. 1954년에는 경북대학교에, 1958년에는 이화여대에, 1963년에는 고려대학교에, 1972년에는 연세대학교에 사회학과가 개설되었다. 1980년대와 1990년대를 거치

---

46 한국 대학의 사회학과에서는 한국 사회학의 역사를 가르치지도 않거니와 가르치려고 해도 적당한 저서가 없다. 비판사회학회가 펴낸 사회학 개론서인《사회학: 비판적 사회읽기》(한울, 2012)에도 서양 사회학의 역사가 길게 소개된 후에 한국 사회학의 역사는 아주 짧게만 언급된다. 비판사회학회 엮음, 《사회학: 비판적 사회읽기》, 92~104쪽 볼 것.

47 김종영, 《지배받는 지배자—미국 유학과 한국 엘리트의 탄생》, 돌베개, 2015, 25쪽.

면서 30여 개가 넘는 대학에 사회학과가 만들어졌다. 70여 년 동안 한국의 사회학자들은 나름의 사회학적 전통을 만들어왔다. 그렇다면 한국 사회학자들이 만들어온 사회학적 전통은 과연 무엇일까?

이 질문에 답하기 위해서는 한국 사회학의 역사를 연구해야 한다. 그런데 한국의 사회학자들은 한국 사회학의 역사에 큰 관심을 기울이지 않는다. 자신이 현재 수행하고 있는 연구를 한국 사회학의 역사와 전통 속에 배치할 필요성을 느끼지 않는다. 그 대신 사회학의 보편성을 상정하고 서구 사회학의 전통을 배우고 서구 학계의 최신 연구 동향을 뒤따르는 경향을 보인다. 오랫동안 그런 과정이 반복되면서 한국 사회학자들의 개별적인 연구는 의미 있는 방식으로 축적되지 못했고 한국 사회학의 전통은 수립되지 못했다.

한국 사회학의 전통을 수립하기 위해서는 한국 사회학계라는 공동체 의식이 필요하다. 어떤 집단의 구성원들이 공동체 의식을 갖기 위한 기본조건은 구성원들이 그 집단의 역사를 공유하는 것이다. 가족의 역사 없이 가족의식이 존재할 수 없고 민족의 역사 없이 민족의식이 존재할 수 없듯이 한국 사회학자들이 하나의 공동체로 존재하기 위해서는 한국 사회학의 역사가 있어야 한다. 학문공동체의 역사가 있어야 구성원들은 앞선 세대의 업적을 계승하고 자기 세대의 학문을 발전시켜 다음 세대에 전달할 수 있다. 학문의 역사가 있어야 자신이 하고 있는 연구가 학문공동체의 어느 지점에 위치하고 어떤 의미를 갖는가를 가늠할 수 있다. 한국 사회학의 역사적 전통이 없기 때문에 사회학자들은 각자 개별적으로 서구 학계의 최신 연구 동향을 준거점으로 삼아 홀로 연구하면서 외로운 섬으로 살아간다. 그러다가 한국의 사회학자로서 의미 있는 학문적 유산을 남기지 못하고 학자로서의 삶을 마감한다. 한국 사회학의 역사 쓰기는 여기저기 흩어져 존재하는 고립된 섬들을 사이에 다리를 놓는 일이다. 학문공동체의 역사를 공유해야 세대를 넘어선 학문적 연대의식이 만들어지고 동시대 학자들 사이의 학문적 상호교류가 가능해질 것이다.

그동안 한국 사회학의 역사에 대한 연구가 본격적으로 이루어지지 않은 이유는 단지 한국 사회학의 역사가 짧기 때문만은 아니다. 미국, 독일, 프랑스, 영국 등에서 이루어지고 있는 사회학 이론과 방법론을 배우고 그것을 한국 사회에 적용하는 것이 학문의 발전이라는 생각에 지난 시절 우리의 선배 사회학자들이 남긴 퇴색한 연구를 다시 들추어볼 필요가 없다고 여겼기 때문이다. 학위논문이나 학술논문을 쓸 때도 선행 연구 검토는 주로 외국학자들의 업적만 언급했지 굳이 한국 학자들이 남긴 연구 결과를 제시할 필요를 느끼지 않았다. 앞선 세대의 학문적 업적을 참조하지 않고 최신 외국학계의 동향을 살피는 우리 학계의 해외 의존적 풍토는 우리의 문제의식에 따라 지식을 구성하고 축적하여 우리 나름의 학문적 전통을 수립하는 일을 불가능하게 만들었다. 그 결과 우리 나름의 학문적 전통이 부재한 상태를 벗어나지 못하고 있다.

한국 사회학의 전통을 수립하기 위한 기초 작업으로 한국 사회학의 역사에 대한 연구가 필요하다. 그동안 한국 사회학의 역사를 논의하는 글들이 전혀 없었던 것은 아니다. 제법 많은 논의가 있었다.[48] 그러나 한국 사회학의 역사에서 중요한 위치를 차지하는 학자들의 논문과 저서를 기본 사료로 삼아 그 안에 담긴 내용을 구체적으로 분석하고 평가하면서 한국 사회학의 전통을 수립하기 위한 역사 쓰기는 아직 이루어지지 않았다.

2. '집합적 열정' 만들기

한국 사회학의 역사 쓰기는 냉랭한 한국 사회학계를 뜨거운 학문적 대화공동체로 만들기 위한 기초 작업이기도 하다.[49] 사회학자의 임무는 중요한 사회현상을 관찰하고 다양한 행위자들과 대화하며 자료를 수집하여 사회의 바람직한 변화에 기여하는 지식을 생산하는 일이다. 그런 지식을 산출하기 위해서는 사회학자들이 나름의 관심 분야에 대해 연구하면서도 다른 사회학자들과의 소통과 대화를 놓지 않아야 한다. 상호작용이 활발한 '보이지 않는 대학invisible college'이 형성되어야 다

---

48 한국 사회학의 역사를 다룬 이만갑, 최재석, 김경동, 강신표, 박영신, 김진균, 신용하, 박명규, 김필동, 조희연, 이기홍 등의 한국 사회학 관련 논문들을 이 책의 참고문헌에서 찾아볼 것.

49 "대화란 상대방이 패배하기를 바라지 않고 서로 공동으로 이해를 추구하는 행위이다." 지그문트 바우만, 정일준 옮김, 《부수적 피해》, 민음사, 2013, 266쪽.

양하고 창조적인 지식이 산출되고 비판과 갱신을 통해 학문이 발전한다.[50] 학문공동체 구성원들 사이의 비판과 지지, 토론과 대화를 통해 '학문적 열정'이 불붙어야 학문의 발전과 혁신이 일어난다.[51] 그러기 위해서는 학계에도 학문적 지도자가 필요하다. 학계의 지도자는 스스로 학문에 헌신하면서 자신의 학문적 열정을 동료학자들과 제자들에게 전달하여 집합적 열정을 불러일으키는 사람이다. 루이스 코저가 '사회학 사상의 대가masters of sociological thought'라고 부른 사회학자들은 모두 그런 열정을 지닌 사람들이었다.

대가는 뒤르케임이 말하는 하나의 '토템'으로 그 학문 집단을 상징하고 학문 집단에서 신성시되는 존재다. 종교적 현상으로서의 대가는 존경과 열정의 감정을 불러일으키고, 탁월한 제자는 이들의 길을 따라간다. 이런 의미에서 성공적인 학자들은 맹목적이다. 그 길만이 최고라는 환상이 없는 학자는 성공하기 어렵다. 탁월한 선생 또는 대가와의 접촉은 학문자본의 전수뿐만 아니라 학문적 열정의 고양과 연결된다. 따라서 학문적 열정은 사회적 상호작용의 지속성 안에서만 유지된다. 즉 짧고 단

---

50 같은 연구 분야의 소수의 사람들이 문제의식을 공유하고 공식적·비공식적 네트워크를 형성하여 서로 모니터링하고 비판·협력하는 과정을 '보이지 않는 대학'으로 개념화한 Diana Crane, *Invisible College: Diffusion of Knowledge in Scientific Community*(Chicago: The University of Chicago Press, 1972)를 참조할 것.

51 "학문적 열정이라는 심리적 차원은 학문공동체 구성원들 간의 상호작용"에서 발생한다. 김종영, 《지배받는 지배자》, 75쪽. 역으로 상호 무관심 속에서 '학문적 열정'은 쉽사리 '학문적 냉담'으로 바뀐다.

《한국 사회학의 지성사》를 시작하며

기적인 만남보다 지속적인 만남을 통해서 계속해서 고양되어야만 한다. 이러한 '집합 흥분collective effervescence'이 없는 '탁월한 학문공동체'는 존재하기 어렵다.[52]

안타깝게도 오늘날 "한국의 사회학계는 경쟁이 없고 폐쇄적이며, 학문적 열정을 가진 사회학자가 매우 드물다."[53] 한국 학계의 일반적인 풍토는 "상대적으로 폐쇄적이기 때문에 지적 교류가 미흡하고 전문가가 적어 자신의 연구를 평가해줄 사람이 드물다."[54] 한마디로 한국의 사회학자들은 동료들의 연구에 거의 무관심하다.[55] 그러나 학문공동체의 발전을 위해서는 상호 관심과 교류가 필수적이다. 사회학계 내부 구성원들 사이에 상호 무시와 상호 배제의 논리가 지배할 때 학문은 침체한다. 상호 관심과 상호 존중을 바탕으로 더 많은 대화와 소통이 이루어져야 한다. 김용학이 잘 지적했듯이 "동료 이론가는 물론 같은 연구실에 소속된 학문 후속 세대들조차도 동료나 스승의 이론을 받아들이

---

52 김종영, 《지배받는 지배자》, 195~196쪽.

53 김종영, 《지배받는 지배자》, 173쪽.

54 김종영, 《지배받는 지배자》, 176쪽.

55 권태환은 서울대 인구 및 발전문제연구소(인발연)의 《블레틴》에 국내 학자들을 위해 한국에서 나온 인구학 관련 논문을 리뷰, 요약하는 서비스를 오래 계속했지만 반응이 한 건도 없었다면서 "한국 사람들은 한국 것 인용을 안 해. 한국과 별다른 관계가 없는 논문을 인용하지. 한국을 언급한, 아무 관계없는 그런 것을 잘 인용해"라고 증언했다. 반면에 미국 학자들은 인발연에서 영어로 펴낸 《블레틴》에 실린 글을 자주 인용했다. 김인수, 〈권태환 교수 인터뷰〉, 《서울대학교 사회발전연구소 50년사: 1965~2015》, 한울, 2015, 286쪽.

지 않는 학풍을 이어간다면, 이론의 토착화는 요원한 꿈일 것이다."[56] 원로 사회학자 김일철은 젊은 사회학자 김인수와의 인터뷰에서 다음과 같이 대화와 토론을 강조했다.

김인수: 예전에는 어땠습니까?

김일철: 실은 예전에도 없었어. 전부 다 개인 플레이를 했지. 지금 이야기는 내가 스스로 침 뱉기 하는 것 같은데, 다 개인 플레이지. 또 교수들끼리 디스커션discussion 한다는 게 쉽지 않아요. 전공이 다르기도 하지만, 단지 전문이 다르기 때문에 디스커션이 안 되는 것은 아니잖아. 오리엔테이션이나 퍼스낼리티personality에서 좀 호기심도 있고 해야 하는 것인데. 자네도 그래. 다른 사람이 뭘 하고 있는지 관심을 가져야 한다고. 서로 뭐에 관심을 가지고 있는지. 나와 관련된 분야 연구를 하는데 다른 사람들이 비슷한 게 많거든. 그럼 가져와서 읽어보고 디스커션도 좀 해야 할 것 아냐? 그런데 그냥 대작이나 쓰려고 하지. 그러면 안 돼. 학교의 문화적 풍습이라고 할까, 그래서 너무 업적을 늘리는 데 집중하는 것도 나는 반대야. 구라파에서는 보면 그런 평가는 안 해.[57]

원로 사회학자 강신표는 같은 맥락에서 한국 사회학계 내부의 상호

---

56 김용학, 〈사회학 이론 및 방법론 연구〉, 대한민국학술원 엮음, 《한국의 학술연구: 정치학·사회학》, 대한민국학술원, 2008, 456쪽.

57 김인수, 〈김일철 교수 인터뷰〉, 《서울대학교 사회발전연구소 50년사: 1965~2015》, 한울, 2015, 314~315쪽.

작용의 중요성을 다음과 같이 강조했다.

우리들 한국 사회학자 간의 대화와 토론이 보다 더 활발히 전개되어야
한다. …… 옆에 있는 한국 사회학자의 연구를 주목하고 격려하며, 한국
사회에 살고 있는 사람들의 삶이 보다 더 풍요로울 수 있도록 노력해야
할 것이 아닌가?[58]

그러나 사회학 내부의 전문화에 따라 한국 사회학자 내부의 상호작
용은 더욱 줄어들고 있다. 설동훈, 고재훈, 유승환은 1964~2017년 사
이에 한국사회학회에서 발표한 4317편의 논문을 분석한 글에서 다음
과 같은 결론을 내렸다.

사회학 연구 분야의 전문화는 급격히 진행되어 왔고, 그 결과 사회학자
들은 사회학이라는 큰 울타리 안에서 활동하는 바로 옆에 있지만, 연구
분야가 다른 동료들의 연구 성과에는 무관심하다. 참고문헌에 외국 학
자들의 문헌은 인용하나, 정작, 국내 동료들의 연구 성과는 숙독하지 않
는 것이 오늘날 한국 사회학계의 현실이라는 것이다.[59]

---

58 강신표, 〈전통문화문법과 세계관의 변화: 한국 사회학 토착이론은 불가능한가? 불
    필요한가?〉, 《사회와 이론》 제6집, 2005, 289~290쪽.
59 설동훈·고재훈·유승환, 〈한국사회학회와 사회학 연구, 1964~2017년: 한국사회학
    회 발표 논문의 연구 분야별 내용분석〉, 《한국사회학》 52집 1호, 2018, 200~201쪽.

한국 사회학자들은 옆에서 연구하는 동료학자의 글을 읽지 않는 대신 "멀리 바다 건너 외국 학자들"의 글을 읽고 그들이 구성하고 있는 지식 공론장을 염두에 두고 글을 쓴다.[60] 외국 이론에 준거하여 한국 사회의 현실을 논의한다. 각자 자기가 따르고 존경하는 해외 학자들의 연구물에 기대어 자신의 연구를 진행한다. 그래서 한국 사회학자들 사이에 토론이 일어난다 해도 그것은 외국 석학들 사이의 논쟁을 대신하는 '자발적 용병들' 사이의 논쟁이 되고 만다. 외국 학술지에 외국어로 발표하는 논문에 외국 학자들의 논문과 저서를 읽고 인용하는 것은 당연하다. 그러나 한국어로 한국 학술지에 발표하는 논문이라면 한국의 학문공동체에 속하는 학자들의 논의를 언급해야 한다. 같은 학문공동체에 속해 있는 선학, 동학, 후학들의 연구 검토는 기본적으로 해야 할 일이다. 외국 학계의 연구 성과를 확인하고 정리하는 일에 많은 시간을 할애하면서 정작 한국 학계의 연구업적은 도외시하는 연구 습관을 고쳐야 한다. 1950년대나 60년대까지는 한국 사회학자들의 연구업적이 별로 없었기 때문에 그럴 수 있다. 그러나 지금은 엄청난 양의 논문이 쏟아지고 있는데도 상호 참조와 토론의 관행이 튼튼하게 자리잡지 못하고 있다. 한국 사회학계에 누구나 준거하는 학문의 전통이 수립되어 있지 않기 때문에 외국 학계에 준거하여 각자 개별적인 연구 작업을 수행하고 있다.[61] 이런 상황을 우리 학문의 '식민성'이라고 불러도 무방

---

60 이재경, 〈한국 사회학자들의 인용문헌 분석〉, 《문헌정보학논집》 5호, 명지대학교, 1998, 269~304쪽 참조.

61 임현진의 표현에 따르면 "한국의 현실에 맞는 자아준거적 이론 구축"이야말로 우

할 것이다.

3. 공통의 준거 세우기

한국 사회학의 전통을 만드는 일은 어디서 어떻게 진행해야 하는가? 그것은 싫든 좋든, 자랑스럽든 부끄럽든 한국 사회학의 역사를 쓰는 일로부터 시작되어야 한다. 사회학사 과목에서 유럽과 미국 사회학의 역사만이 아니라 한국 사회학의 역사를 중요하게 가르쳐야 한다. 한국 사회학의 역사를 가르쳐야 한국 사회학의 전통이 수립되고 독창적인 한국 사회학이 발전할 수 있다. 사회학계에 진입하는 새로운 세대의 연구자들이 계속해서 외국의 최신 이론과 연구방법을 수입하는 것이 선진 연구자가 되는 길이라고 믿고 있는 이유는 한국 사회학의 역사를 가르치지 않았기 때문이다.[62] 그 결과 한국 사회학은 외국 학문의 흐름에 따

리 학문의 지향점이 되어야 한다. 대한민국학술원 웹사이트, 회원 정보, 임현진 연구업적 소개 앞부분을 볼 것.

62 김문조의 관찰에 따르면 한국의 사회학자들은 "새로운 학문 사조를 열렬히 떠받들다가 순식간에 다른 것을 넘보는 유행 추구적 학문 경향"을 보인다. 김문조, 〈한국 사회학의 위기〉, 임희섭 엮음, 《사회과학의 새로운 지평》, 나남, 1999, 201쪽. 임현진은 한국의 사회학자들이 "개념화에서 일반화에 이르는 분석과 설명의 과정뿐만 아니라 문제 해결을 위한 정책 진단과 처방에 이르기까지 서구 추종 현상을 극복하지 못했다"고 본다. 임현진, 〈한국 사회학의 해부: 자아정체성과 유관 적합성을 중

라 '축적 없는 신생'을 반복하고 있다.

그렇다면 한국 사회학계라는 학문공동체로 묶어주는 공통분모를 어디서 찾을 수 있는가? 바로 학계의 구성원들이 공통으로 준거하는 논문과 저서이다. '한국 사회학의 전통'을 만들기 위한 기초 작업의 하나는 우리 학자들의 주요 저서와 논문을 찾아내고 그것들을 한국 사회의 맥락 속에 넣어 검토하는 일이다. 한국의 사회학자라면 누구라도 읽어야 할 해방 이후 한국 사회학자의 저서나 논문을 생각해보라. 어떤 책과 논문이 떠오르는가? 마르크스와 베버와 뒤르켐, 파슨스와 다렌도르프, 밀스와 고프먼, 하버마스와 기든스와 부르디외의 저작은 떠오르지만 한국 사회학자의 이름과 저작은 떠오르지 않는다. 그동안 한국의 사회학자들은 외국의 최신 이론을 수입하고 공부하고 활용하는 데 정신을 쓰느라고 정작 선배 사회학자들의 연구 작업을 검토하고 정리하고 발전시켜 다음 세대에 전달하는 작업에 소홀했다. 그러나 이제 밖에서 일어나는 일에 관심을 기울이면서도 집 안 창고에 먼지를 쓴 채 방치되고 잊힌 물건들을 쓸모 있게 정리하고 분류해야 할 시간이 왔다. 일단 창고 안에 무엇이 들어 있는지를 점검하면서 버릴 것은 버리고 재활용이 가능한 물건들을 찾아내야 할 때가 왔다. 평생에 걸쳐 연구에 매진한 한국 사회학자들의 업적들이 70년 동안 쌓이면서 한국 사회학이라는 이름의 창고에 빈자리가 보이지 않는다. 새로운 창고를 짓기 전에 옛 창고에 들어 있는 물건들을 정리해야 하지 않겠는가?

심으로〉, 《사회과학논평》 제19집, 한국사회과학협의회, 2000, 43쪽.

3.

한국 사회학의 역사를 읽는 이방인의 '눈'

근대 자연과학을 모델로 삼은 실증주의 사회학은 가치판단을 배제한 채 사회현상을 설명하는 일반법칙의 구성을 추구했다. 그러나 사회학은 학문의 속성상 자연과학과 구별된다. 자연과학은 연구 대상과 연구 주체의 분리가 쉽게 일어난다. 그러나 사회학의 경우에는 연구 주체가 이미 사회 속에 들어가 있기 때문에 분리가 훨씬 더 어렵다. 사회학자는 사회적 존재이자 지식 생산자로서 자신이 처한 사회적 위치와 자기에게 가해지는 사회적 힘들이 자신의 연구 활동에 미치는 영향을 분석하고 통제할 수 있어야 한다.

그런 분석과 통제의 과정을 '참여 객관화participant objectification'라고 부를 수 있다.[63] 참여 객관화가 이루어질수록 사회학적 지식의 객관성

---

63 Pierre Bourdieu, "L'objectivation participante du sujet de l'objectivation", *Actes de la recherche en sciences sociales*, No. 150, 2003, pp. 43~58; 피에르 부르디외·로익 바

은 증진된다. 연구자의 사회적 위치뿐만 아니라 연구자의 이해관계와 관점, 연구자와 연구 대상 사이의 관계, 연구자가 속한 학술장의 구조, 연구자가 사용하는 분석 도구와 기법 등이 모두 사회학적 성찰의 대상이 되어야 한다. 사회학자는 자신의 연구에 영향을 미치는 여러 사회적 조건들에 의해 생겨나는 오류나 편향을 최대한 배제하고 통제함으로써 객관성에 한걸음 더 접근할 수 있다. 사회학자의 출신 계급과 출신 학교, 사회화 과정과 학문에 입문하는 과정, 자신이 속한 학술장(대학제도와 사회학계)의 특징, 학술장 내의 경쟁과 대립관계, 학술장에서 자신이 차지하는 위치와 궤적 등에 대한 객관화 작업을 하지 않는 한 그의 연구 결과는 늘 주어진 조건 안에서 만들어진 편향된 지식에 머무르기 쉽다.[64]

참여 객관화를 통한 사회학자의 자기 성찰을 '사회학의 사회학'의

캉, 이상길 옮김, 《성찰적 사회학으로의 초대》, 그린비, 2015, 417쪽; 이상길, 《아틀라스의 발: 포스트 식민 상황에서의 부르디외 읽기》, 문학과지성사, 2018, 22쪽.

64 한국 사회학의 역사를 쓰기 위한 기본자료 수집에 오랫동안 헌신해온 양영진이 늘 '정사正史'보다는 '야사野史'에 더 많은 관심을 보였지만 겉으로는 이야기되지 않는 사회학계의 위계질서와 보이지 않는 경쟁, 인맥과 파벌, 포용과 배제의 논리들이야말로 '사회학의 사회학' 연구의 주제가 될 수 있을 것이다. 최재석은 은퇴 이후 회고록을 쓰면서 학계에서 겪었던 부당한 일들을 상세한 기록으로 남겼는데 이런 자료들은 '한국 사회학의 사회학'을 위한 좋은 자료가 된다. 최재석, 《역경의 행운》, 다므기, 2011 참조. 은퇴 교수들은 학문 활동과 관련된 일 가운데 재임 시 하기 어려웠던 이야기들을 기록으로 남기든 아니면 인터뷰 자료로 남겨두면 한국 사회학사 연구에 좋은 자료가 될 것이다. 물론 개인적 기록에 대한 사료적 비판이 필요하다.

관점이라고 볼 수 있다. '사회학의 사회학'은 사회학자가 자신이 속한 사회와 학술장의 무의식적인 전제와 검열이 빚어낼 수 있는 왜곡과 편향을 수정하고 통제할 것을 요구한다. 객관적 지식을 추구하는 사회학자라면 자신의 출신 가족과 출신 지역을 포함하는 성장 배경, 출신 고교, 출신 대학, 유학국과 유학한 대학을 포함하는 교육 배경이 자신의 사회적 위치, 연구 주제, 사고 범주, 분석 도구의 선택에 어떤 영향을 미치고 있는가를 의식해야 한다. 또한 자신이 속한 학술장의 규범과 자신이 학술장에서 차지하는 위치가 연구에 어떤 영향을 미치는가도 의식하고 통제할 수 있어야 한다. 사회학은 사회과학 가운데 가장 성찰적인 학문이다. 사회학계는 '사회학의 사회학'을 통해 사회학적 지식 생산의 사회적 배경에 대한 성찰성을 증진시킨다. 사회학은 바로 그런 성찰성에 의해 여러 의견 가운데 하나가 아니라 다른 의견보다는 좀 더 많은 객관성을 확보한 지식이 된다.[65]

한국 사회학의 역사를 쓰는 작업의 일차적 목표는 과거에 있었던 일들을 정확하게 기록하고 재현하여 다음 세대에 전달하는 것이다. 그러나 역사 서술은 기록에 그치지 않는다. 그것은 반성과 평가를 포함하고 미래를 위한 새로운 방향 모색의 작업이기도 하다. 그렇기에 역사 서술에는 역사를 쓰는 사람의 관점이 개입한다. 그렇다면 한국 사회학의 역사를 서술하고 분석하는 나는 어떤 사회적 조건에 서 있는 사람인가?

---

65 사회학은 자기 비판적 객관화를 통해 배운 자가 휘두르는 '가장 덜 부당한 상징권력'이 될 수 있다. 부르디외·바캉, 《성찰적 사회학으로의 초대》, 이상길이 정리한 용어 해설 가운데 '성찰성' 항목(500~502쪽)도 볼 것.

《한국 사회학의 지성사》를 시작하며

위에서 논의한 '참여 객관화'와 '사회학의 사회학'이라는 관점을 나 스스로에게 적용해야 한다. 가치판단을 배제한 객관적 관찰자를 자처하는 사회학자들은 자기 이야기를 하지 않는다. 문제를 진단하고 해결책을 제시하는 전문가를 자처하는 사회학자들은 자신을 불편부당한 중립적이고 객관적인 관찰자로 상정한다. 그러나 풍경은 풍경을 바라보는 사람의 위치에 따라 달리 보인다. 이런 점에서 연구자의 사회적 위치를 밝히는 일은 한국 사회학의 역사를 사회학적으로 연구하는 작업에 필수적이다.

이 글을 쓰는 나는 대학 밖에서 자유롭게 활동하는 사회학자이자 작가이다.[66] 나는 한국사회학회, 한국비판사회학회, 한국사회사학회, 한국이론사회학회, 한국문화사회학회의 회원으로서 한국 사회학계에서 활동한다. 그러나 나는 학술장 밖에서 자유롭게 동료 시민들을 향해 쓰고 싶은 글을 쓰는 작가이기도 하다. 한 발은 학계에 걸쳐 있고 한 발은 밖으로 나가 있다. 그런 나의 위치는 '이방인'의 시선을 갖게 한다.[67] 그뿐 아니다. 한국 사회학의 역사는 1946년에 만들어진 서울대학교 사회학과의 역사와 밀접하게 연결되어 있다. 연세대학교 출신인 나는 서울대학교 출신 사회학자들과 교류하면서 거리감과 친근감을 동시에 느끼는 '이방인'이다.[68] 게다가 나는 정치외교학과를 졸업하고 대학원 석사

---

66 내가 대학 밖 사회학자로 살아가는 내적 동기에 대해서는 정수복, 《응답하는 사회학》, 문학과지성사, 2015, 227~303쪽을 볼 것.
67 김광기, 《이방인의 사회학》, 글항아리, 2014, 24~194쪽.
68 토박이는 다른 토박이에게 잘 이야기하지 못하는 사실이나 사건을 이방인에게 마음

과정부터 사회학을 전공했다. 사회학과를 졸업하고 사회학을 전공한 사람의 시선에서 보면 전과자轉科者인 나는 '이방인'이다. 한국 사회학의 주류는 미국 유학파들인데 나는 프랑스에서 유학했다. 그 점에서도 나는 주류 사회학자들과 구별되는 '이방인'이다. 이렇게 여러 차원에서 '이방인'인 나의 사회적 위치가 한국 사회학의 역사를 호기심과 관찰력으로 탐구하도록 만들었을 것이다.

이 책은 그런 이방인의 눈으로 바라보는 한국 사회학의 역사다. 이방인은 주변인이다. 이방인은 이곳과 저곳, 두 세계를 오가는 불안정한 존재다. 그의 자리는 두 세계를 가르는 경계선 부근에, 중심부에서 멀리 떨어진 변두리에 위치한다. 어느 사회나 규칙은 중심부 사람들에 의해, 중심부 사람들이 당연하다고 여기는 방식으로 만들어진다. 변두리에 위치하는 이방인은 중심부 사람들이 공유하는 암묵적 가정과 관습을 있는 그대로 따르지 않고 거리를 두고 상대화시켜 바라볼 수 있다. 이방인은 주변부에 머무르기 때문에 특권이 없는 대신 자유롭게 사고할 수 있다. 이방인은 당연의 세계를 낯설게 바라본다.[69] 이방인은 자기

편하게 털어놓기도 한다. 그래서 이방인은 토박이보다 토박이 사회의 숨겨진 이면을 더 많이 알게 된다. 이 책에 나오는 서울대 교수들에 관한 사적인 이야기를 전해준 양영진 교수를 비롯한 서울대 사회학과 출신 동료 사회학자들에게 감사드린다.

69 이방인의 시선으로 당연의 세계를 낯설게 바라본 정수복의 《한국인의 문화적 문법—당연의 세계 낯설게 보기》, 생각의나무, 2007를 볼 것. 프랑스의 철학자 프랑수아 줄리앙도 일종의 '이방인'이다. 그는 고대 그리스 철학을 연구하다가 방향을 완전히 바꾸어 중국에 가서 중국어를 배우고 중국 철학을 연구했다. 그 결과 서양 철학에서 당연시하는 암묵적 가정들을 낯설게 바라볼 수 있었다. François Julien,

가 머물고 있는 세계와 비판적 거리를 유지한다. 고전사회학자들은 일찍이 그런 이방인의 존재가 갖는 특성에 관심을 기울였다. 게오르그 짐멜이 볼 때 이방인은 "'조감도'를 가지고 있는 사람"이며 알프레드 슈츠에 따르면 이방인은 "통상의 잣대와 다른 잣대를 사용하는 자"들이다. 그렇기 때문에 로버트 파크가 말했듯이 이방인은 토박이에 비해 "활짝 트인 시야와 예리한 지성, 그리고 좀 더 초연하고 합리적인 시각"을 지닐 가능성이 높다.[70] 역사를 서술하는 작업이 높은 하늘을 날며 전체의 흐름을 관찰하고 판세의 양태를 묘사하는 일이라면 이방인이라는 사회적 위치는 그런 '조감도'를 그리기에 적합한 자리이다.

사회학이 사회구성원들이 공유하는 상식적 이해를 넘어서 사회가 유지되고 변동하는 방식에 대한 객관적·심층적·체계적 이해라면 사회학자는 이방인의 시선을 가질 때 사회를 더 잘 볼 수 있다. 이방인은 단순한 '구경꾼'이 아니라 '관찰자'의 자리에 선다.[71] 구경꾼의 동기는 단순한 호기심이다. 반면 관찰자는 호기심과 함께 문제의식을 가지고 사물을 바라본다. 한 프랑스 소설의 주인공 뤼실의 시선은 이방인의 시선을 구체적으로 보여준다.

Penser d'un dehor(La Chine): Entretien d'extrême-occident(Paris: Seuil, 2000)를 볼 것.

70 김광기, 《이방인의 사회학》, 56쪽.

71 레이몽 아롱은 스스로를 "참여하는 구경꾼le spectateur engagé"이며 "유대인 아닌 유대인un juif non-juif"이라고 정의한 바 있다. Raymon Aron, *Spectateur engagé*(Paris: Julliard, 1981).

뤼실의 특징은 혼자 떨어져 있는 것, 초연해지는 것, 누군가를 기다리듯 의자 한쪽으로만 기대어 앉는 것, 말을 아끼는 것, 외부 일에 말려들지 않으려는 것 등이다. 하지만 뤼실이 소리 하나, 이미지 하나 놓치는 법이 없다는 걸 그는 알고 있었다. 뤼실은 모든 것을 포착하고 모든 것을 빨아들였다.[72]

사회현상을 깊이 있게 관찰하려면 문제의식과 더불어 비교의 관점이 필요하다. 이방인은 이 세계와 저 세계를 오가면서 비교의 안목을 갖게 된 사람이다. 비교의 관점을 유지하는 이방인은 구경에 만족하지 않고 현상을 자세히 관찰하면서 다양한 사실들을 수집하고 분류한다.[73] 그러면서 범주들 사이에 차이가 생기는 이유를 알려고 애쓴다. 그러다 보면 서서히 개념이 만들어지고 이론이 생긴다. 사회학자는 자기가 살고 있는 사회와 의도적으로 거리를 유지하며 "당연하게 여겨지는 세계taken for granted world"를 낯설게 보는 능력을 개발한 사람이다. 그런 점에서 사회학자는 '직업적 이방인'이다. 유대인 가운데 사회이론가가 많이 나오는 이유는 그들이 오랜 기간 이방인의 관점을 지니고 살았기 때문이다. 마르크스, 프로이트, 아인슈타인, 뒤르켐, 짐멜, 비트겐슈타인, 발터 벤야민, 한나 아렌트, 레이몽 아롱, 루이스 코저, 노르베르트 엘리아스, 어빙 고프먼, 지그문트 바우만, 이매뉴얼 월러스틴 등은 모두 유

---

72 델핀 드 비강, 권지현 옮김, 《내 어머니의 모든 것》, 중앙북스, 2013, 26~27쪽.

73 조르쥬 비뇨, 임기대 옮김, 《분류하기의 유혹: 생각하기와 조직하기》, 동문선, 2000.

《한국 사회학의 지성사》를 시작하며

대인 출신이다.[74]

이방인의 관점은 원로 사회학자 김경동이 지적하는 아래와 같은 문제점들을 붙박이들보다 훨씬 예민하게 관찰할 수 있게 해준다.

예컨대 학교 안에서나 학회의 맥락에서 각자의 자질과 능력보다도 선후배 관계가 더 강조되는 경우가 그것이다. 이와 관련되면서 개별적 업적주의를 위축시키는 요소는 연고에 입각한 집합주의 조직 원리이다. 이는 특히 인사제도에서 두드러지게 나타나는 현상임을 잘 알고 있다. 다음으로 학문 발전에 결정적인 요인으로 작용하는 비평과 논쟁이 대체로 결여된 채 오늘에 이르고 있거니와 이의 장애요인으로 이른바 '인정주의'가 지배적인 인간관계와 도의적 의례주의를 들 수 있으며, 또 그보다 더 본질적인 구조적 기초로서 양분적 극단주의의 성향을 들 수 있다. 가령 비판을 하면 그것이 인신공격으로 비화될 소지와 또 그것을 인격에 대한 모독으로 받아들이려는 성향은 이런 요소들의 혼합에서 나온 것으

---

74 한국의 사회학자로서 특이하게 뒤르켐의 사회학과 유대인 문제를 다룬 김종엽, 〈유대인 문제와 에밀 뒤르케임의 사회학〉, 《에밀 뒤르케임을 위하여》, 새물결, 2002, 15~54쪽을 볼 것. 루빈스타인에 따르면 오랫동안 고향 없이 떠도는 처지, 망명의식, 어디에서나 느끼는 비정상성, 주변성 등이 유대 지식인들을 좌파 지향적으로 만든다. William D. Rubinstein, "Jewish Intellectuals in Liberal Democracies", Alain G. Gagnon ed., *Intellectuals in Liberal Democracies*(New York: Praeger, 1987), p. 180. 지식인의 이방인적 특성과 이방인의 지식인적 특징을 논의한 Dick Pels, "Privileged Nomads: On the Strangeness of Intellectuals and the Intellectuality of Strangers", *Theory, Culture and Society*, Vol. 16, No. 1, 1999, pp. 63~86도 볼 것.

로 해석된다. 그리하여 선후배 관계를 따져 도덕적으로 상대를 비방하기 쉽고, 파벌을 조성하여 대립하려는 양 점 찍어버리기 쉬운 풍토는 이와 같은 전통적 요소의 한 소산이라 할 수 있다.[75]

아직도 우리 사회에서는 사제관계나 선후배 관계로 얽혀 있을 경우 스승이나 선배의 학문에 대해 논의하는 일 자체가 어려운 실정이다. 반면 나는 여러 차원에서 사회학계의 이방인이기 때문에 토박이들에 비해 운신의 폭이 넓은 편이다. 한국 사회학계를 대표하는 학자들과 그리 멀지도 않고 너무 가깝지도 않은 나의 위치는 사적인 관계에 얽매이지 않고 비교적 객관적인 시각을 유지하는 데 도움이 된다. 이제 한국 사회학 초창기의 원로 학자들(이상백, 고황경, 최문환, 변시민, 이만갑, 배용광, 이해영, 이효재, 황성모, 홍승직, 고영복, 이순구, 최재석, 김진균 등)이 세상을 떠나고 선학들의 지적 유산이 자기들과 무관하다고 생각하는 젊은 세대 사회학자들이 한국 사회학계의 주요 구성원으로 자리잡고 있다. 사회학계에 새로 진입하는 젊은 사회학자들은 초창기 선배 사회학자들의 업적은커녕 이름도 모르는 경우가 허다하다. 이런 상황에서 한국 사회학의 역사를 쓰는 작업은 더욱 긴급하게 요구되고 있다.

---

75 김경동, 《현대 사회학의 쟁점―메타사회학적 접근》, 330~331쪽.

1부

세계 사회학의 역사와 지형도

학문이 피상적 관찰과 편견의 한계를 초월하려는 열렬한 지적 행위라면,
학문적 작업에 영향을 미친 여러 조건과 학문의 발전 경로에 대한 '역사적 이해historical understanding'는
'이론적 틀theoretical frameworks'이나 '조사방법research methods' 못지않게 중요한 작업이다.
_크레이그 칼훈[1]

미국 사회학은 보편성을 주장했지만 실상은
그 또한 특수성의 표현이다.
_마이클 뷰러웨이[2]

1.

미국 사회학의
계보학

"우리 학문의 정체성 확립은 우리나라의 학문 경향에 대한 심도 있는 천착을 통해서만 가능하다. 그런데 우리나라 사회과학은 뿌리에서부터 서구의 영향을 받았기 때문에 서구 사회과학을 명확히 이해하는 작업이 우선적으로 진행될 필요가 있다. 우리나라 사회과학에 가장 큰 영향을 미친 나라들은 미국과 영국 및 프랑스와 독일이다. 따라서 이 나라들의 사회과학적 경향과 특성을 파악하는 데 우선적으로 힘을 기울여야 할 것이다. 그중에서도 가장 먼저 관심을 두어야 할 대상은 역시 미국이라 할 수 있다. 우리나라 현대 사회과학에 가장 지배적인 영향을

---

1 Craig Calhoun, "Sociology in America: An Introduction", Craig Calhoun ed., *Sociology in America: A History*(Chicago: The University of Chicago Press, 2007), p. 38.

2 Michael Burawoy, "For Public Sociology", *American Sociological Review* Vol. 70, No. 1, 2005, p. 20.

미친 나라는 미국이기 때문이다."[3] 이 글에서는 해방 이후 시작된 한국 사회학의 역사에 막대한 영향력을 행사한 미국 사회학 자체가 언제 어떤 상황에서 어떻게 형성되었는지를 살펴본다.[4]

1. 연구 상황과 기본자료

미국 사회학계에서도 미국 사회학의 역사에 대한 학문적 관심은 미미했다. 1978년에 창간된 《사회학의 역사 저널 The Journal of the History of Sociology》이 학계의 관심 부족으로 1983년에 막을 내린 것이 대표적인 보기이다.[5] 그러다가 1990년대 들어 주목할 만한 연구가 나오기 시작했다.[6] 한국 사회학자들이 미국 사회학의 역사에 관심을 갖지 못한 것도 무리가 아니다. 다른 한편 1980년대 이후 한국 사회학계 일각에서

---

3 백창재·정병기, 〈옮긴이 머리말〉, 도로시 로스, 백창재·정병기 옮김, 《미국 사회과학의 기원 1권》, 나남, 2008, 7~8쪽.

4 이 글은 오늘의 미국 사회학이 '만들어지던' 기원을 찾아 시간을 거슬러 오르기la remontée aux sources, á la fondation des choses라는 점에서 지식의 고고학이자 계보학이다. Angèle Kremer-Martietti, *Michel Foucault, Archéologie et Généalogie*(Paris: Librairie Générale Française, 1985), p. 2.

5 Jack Nusan Porter, "The Journal of the History of Sociology: Its Origins and Scope", *The American Sociologist*, Vol. 35, No. 3, 2004, pp. 52~63.

6 세계사회학회International Sociological Association에는 1970년에 '사회학의 역사' 연구분과Research Committee, RC08가 결성되었다.

미국 사회학에 대한 비판이 일어났고 비판적이고 대안적인 진보사회학을 모색하는 움직임이 생겼다. 그런데 진보사회학 진영에서도 미국 사회학을 일방적으로 거부했지 미국 사회학의 역사에 대한 지성사적·지식사회학적 연구에는 관심을 갖지 않았다. 미국 사회학은 그저 체제 유지적이고 보수적인 '부르주아 학문'이라는 이름으로 비판해버리면 그만이었다. 그러나 아직도 시카고, 하버드, 컬럼비아, 위스콘신 등 미국의 엘리트대학 사회학과에서 박사학위를 받고 귀국한 사람들이 국내의 최상위 대학 사회학과의 교수가 되어 한국 사회학계의 주류를 형성하고 있는 형편이라면 과연 미국 사회학은 어떤 역사적 조건에서 어떤 요인들에 의해 영향을 받으면서 지금과 같은 사회학이 되었는가에 대한 연구가 필요하다. 미국 사회학의 역사에 대한 이해를 통해 미국 사회학을 상대화함으로써 비판적 거리를 확보할 수 있기 때문이다. 이는 미국 사회학에 대해 개방적이면서도 주체적인 한국 사회학을 위한 기초 작업이 될 것이다.

미국 사회학의 역사에 대한 본격적인 국내 연구는 거의 없는 편이다. 그나마 있는 글을 살펴보면 포스트모던 미국 사회학에 대한 영문 저서를 출간한 바 있는 최종렬이 모던 미국 주류 사회학의 역사를 네 시기로 나누어 정리한 글을 발표했다. 최종렬은 미국 사회학계가 영국의 문화 연구를 수용하여 미국 나름의 문화 연구로 나아가는 과정을 분석하는 글도 발표했다.[7] 사회과학의 철학을 천착하고 있는 이기홍은 미국

---

7 최종렬, 〈모던 미국 사회학과 과학주의〉, 《사회와 이론》 통권 16집 1호, 2003, 7~46 쪽; 최종렬, 〈포스트모던 미국 사회학의 문화연구: 정치경제학과 담론이론의 학

사회학에서 양적 방법이 지배하게 되는 과정을 역사적으로 추적했다.[8] 번역본으로는 사회학을 포함하여 미국 사회과학 전체의 기원을 연구한 도로시 로스Dorothy Ross의 1991년 저서 《미국 사회과학의 기원Origins of American Social Sciences》이 나와 있다.[9]

미국 사회학의 역사를 연구하기 위한 기본자료로는 다음과 같은 연구들이 있다. 먼저 고전으로 로스코 힌클Roscoe Hinkle과 지슬라 힌클Gisela Hinkle이 미국사회학회가 창립된 1905년부터 책이 출간된 1954년까지 50년의 역사를 쓴 《현대 사회학의 발전》이 있다.[10] 1987년에는 로버트 배니스터Robert Bannister가 쓴 《사회학과 과학주의》가 출간되었다.[11] 지성사를 연구하는 역사학자들의 작업에 이어 사회학자들의 사회학사 연구가 나오기 시작했다. 1990년에 미국 사회학의 역사 연구에

제적 연구를 향하여〉, 《한국사회학》 37집 1호, 2003, 209~229쪽; Jongryul Choi, *Postmodern American Sociology: A Response to the Aesthetic Challenge*(Dallas and New York: University Press of America, 2004).

8 이기홍, 〈양적 방법은 미국 사회학을 어떻게 지배하게 되었나?〉, 《사회와 이론》 32집, 2018년 5월, 7~60쪽. 이기홍은 이미 1980년대 말에 한국 사회학의 역사를 비판적으로 검토한 바 있다. 한완상·이기홍, 〈한국 사회학의 반성: 새로운 패러다임의 성격〉, 《현상과 인식》 38호, 1987년 봄호, 171~216쪽.

9 도로시 로스, 백창재·정병기 옮김, 《미국 사회과학의 기원》 1·2권, 나남, 2008. 이 책의 원본은 1991년 출간되었다.

10 Roscoe Hinkle and Gisela Hinkle, *The Development of Modern Sociology, The Nature and Growth in the United States*(New York: Random House, 1954).

11 Robert, C. Bannister, *Sociology and Scientism: The American Quest for Objectivity, 1880~1940*(Chapel Hill: University of North Carolina Press, 1987).

서 분기점을 마련한 저서로 미국 주류 사회학의 역사를 비주류의 입장
에서 비판적으로 다룬 저서로 스티븐 터너Stephen Turner와 조나단 터너
Jonathan Turner가 함께 쓴《불가능한 과학》이 출간되었다.[12] 많은 사람
의 관심을 불러일으킨 이 책을 놓고 1994년 학술지《사회인식론Social
Epistemology》에서는 지상 심포지엄을 마련하여 네 명이 토론을 하고
두 명의 공저자가 응답하는 특집호를 마련했다.[13] 스티븐 터너는 2004
년 미국 사회학 통사로《미국 사회학》을 출간하기도 했다.[14] 1996년에
는 제니퍼 플랫Jennifer Platt의《미국에서 사회학적 연구방법의 역사,
1920~1960》이 출간되었다.[15] 1999년에는 미국사회학회ASA 안에 분과
학회Section로서 '사회학의 역사History of Sociology' 분과가 만들어졌고
2000년에 316명의 회원이 참가하여 정식 분과학회로 출범했다.

　2005년 미국사회학회 창립 100주년을 맞이하여 미국 사회학사 연
구가 본격화되었다. 그 결과 두 권의 저서가 출간되었다. 2004년 미국
사회학회 회장이었던 마이클 뷰러웨이Michael Burawoy가 주도하고 크

12　Stephen Turner and Jonathan Turner, *The Impossible Science: An Institutional Anal-
　　ysis of American Sociology*(London: Sage, 1990).

13　"The Social Epistemology of Sociology", *Social Epistemology*, Vol. 8, No. 1, 1994.
　　이 특집호에는 마틴 불머Martin Bulmer, 찰스 캐믹Charles Camic, 제이 드메라스
　　Jay Demerath, 하워드 슈먼Howard Schuman의 토론에 이어 조나단 터너Jonathan
　　Turner와 스티븐 터너Stephen Turner 각자의 응답이 실려 있다.

14　Stephen Turner, *American Sociology: From Pre-Disciplinary to Post-Normal*(New
　　York: Palgrave Macmillan, 2004).

15　Jennifer Platt, *A History of Sociological Research Methods in America, 1920~1960*
　　(New York: Cambridge University Press, 1996).

레이그 칼훈Craig Calhoun이 편집한《미국에서의 사회학: 하나의 역사》
가 나왔다.[16] 이 책에는 주제별, 시기별로 각 분야의 전문가가 쓴 21편
의 글이 실려 있다. 미국사회학회 100주년을 맞이하여 미국사회학회
의 '사회학의 역사' 분과는 앤서니 블래시Anthony Blaisi의 편집으로《미
국 사회학의 다양한 역사들》을 펴냈다.[17] 특히 후자에는 그동안 무시되
었던 여성, 흑인, 남미인, 미국 남부와 하와이 등 주변부 지역 사회학이
미국 사회학에 기여한 부분을 밝히는 18편의 논문이 실려 있다.

위와 같은 연구들을 통해 미국 사회학의 자기이해self-understanding가
높아지고 있다. 미국 사회학의 역사에 대한 구체적인 연구가 진행되면
서 사회학 초창기에 중요한 업적을 남겼지만 무시되고 잊혔던 학자들
에 대한 사회학사적 연구와 재평가가 이루어지고 있다. 백인 남성 중심
의 학술장이었기 때문에 배제되고 잊혔던 사회학자들을 복원시키는 연
구도 진행되고 있다. 미국 남부 애틀랜타대학의 흑인 사회학자 두보이
스W. E. B. DuBois의 인종 관계 연구에 대한 재평가와 시카고대학 사회
학과에 영향을 미친 여성 사회학자 제인 애덤스Jane Addams 등의 개혁
지향적 조사 연구에 대한 의미 부여가 그 보기이다.[18]

---

16 Craig Calhoun ed., *Sociology in America: A History*(Chicago: The University of Chicago
    Press, 2007).
17 Anthony J. Blaisi ed., *Diverse Histories of American Sociology*(Leiden: Brill, 2005).
18 로버트 파크가 중심이 된 시카고학파가 '과학적 사회학'의 기원이라고 보는 일
    반적 견해에 대해 애틀랜타학파를 내세우는 연구로 Aldon Morris, *The Scholar
    Denied: W.E.B. Du Bois and the Birth of Modern Sociology*(Berkeley: University of
    California Press, 2015) 참조. 이 책에서 저자는 미국의 과학적 사회학의 기원에는 두

2. 미국 사회학의 기원

미국은 1776년 영국으로부터 독립을 선언한 이후에도 지적으로는 유럽에 의존하고 있었다. 미국의 지식인들은 유럽에 유학했고 유럽의 지적 흐름을 추종하고 모방했다. 유럽 의존적인 태도를 버리고 독자적인 미국의 지적 전통 만들기를 시작한 지식인은 랠프 왈도 에머슨(1803~1882)이다. 1836년 그는 《자연》을 출판했고 1837년 그 책을 바탕으로 하버드대학에서 '미국의 학자American Scholar'라는 제목으로 강연을 했다. 이 강연에서 에머슨은 앵무새처럼 남의 생각을 모방하지 말고 독자적으로 '생각하는 사람Man Thinking'이 되자고 주장했다. 미국 지식인들에게 이 연설은 "지적 독립 선언서"가 되었다.[19] 미국의 지성사는 미국 대학의 역사와 함께한다. 1876년 존스홉킨스대학이 연구 중심 대학으로 설립된 이후 중서부 지역을 기점으로 여러 주립대학들이

보이스가 중심이 된 애틀랜타대학의 애틀랜타학파가 인종 문제를 중심으로 중요한 업적을 산출했음에도 불구하고 시카고대학 중심의 백인 사회학자들에 의해 철저하게 억압되고 무시되고 배제되었다고 본다. 애틀랜타대학은 남북전쟁 직후인 1865년에 개교한 흑인 사립대학이다. 제인 애덤스와 시카고대학 사회학과의 관계에 대한 연구로 Mary Jo Deegan, *Jane Addams and the Man of the Chicago School, 1892~1918*(New Brunswick: Transaction Books, 1988) 참조. 2001년 미국사회학회 회장 연설에서 조 페이긴Joe Feagin은 개혁주의적 활동과 사회정의를 위한 사회학을 연결시킨 제인 애덤스를 미국 사회학의 주요 창건자Key Founder의 한 사람으로 봐야 한다고 주장했다.

19 폴 존슨, 김일세 옮김, 《벌거벗은 지식인들》, 을유문화사, 1999, 191~192쪽.

만들어지기 시작했다. 1862년에 제정된 모릴법Morrill Act은 국유지를 매각한 자금을 대학 신설이나 기존 대학의 확장에 지원함으로써 미국 대학의 발전에 크게 기여했다.[20]

사회학이라는 학문의 경우에도 미국은 유럽 사회학을 수입해서 쓰다 가 점차 독립하여 자신들의 사회학을 만들었다. 19세기 말 20세기 초 미국 사회학 초창기의 대표적 학자들인 섬너, 베블런, 두보이스, 파크, 심지어 제2차 세계대전 이후 미국 사회학 이론을 대표하는 파슨스도 젊은 시절에 독일을 비롯한 유럽에서 유학 기간을 보냈다. 사회학의 기 초가 된 '사회사상'의 뿌리는 영국, 프랑스, 독일 등 18~19세기 유럽 에서 찾아볼 수 있지만 '사회학'이라는 학문은 20세기 들어 미국에서 체계화되었다.[21]

생시몽과 콩트의 나라 프랑스에서 사회학은 19세기 말 에밀 뒤르켐 (1858~1917)에 의해 대학 내에 제도화되었지만 매우 제한된 상태였고

---

20 박치현, 〈미국 대학의 구조적 다양성과 한국 대학의 고용구조 개선〉, 《현상과 인식》 144호, 2020, 172~173쪽.

21 독일, 프랑스, 영국, 이탈리아, 스페인, 러시아 등의 사회사상과 사회학의 역사와 초창기 미국 사회학의 역사를 학자 중심으로 정리한 Harry Elmer Barnes ed., *An Introduction to the History of Sociology*(Chicago: The University of Chicago Press, 1948) 참조. 이 책에는 독일 학자로는 분트, 짐멜, 폰 비제, 막스 베버, 트뢸치, 좀바르트, 오 펜하이머, 알프레드 베버, 라첸호퍼 등이, 프랑스 학자로는 푸이에, 타르드, 르봉, 뒤르켐 등이, 영국 학자로는 키드, 홉하우스, 웨스터마크, 왈라스, 토인비 등이, 러 시아 학자로는 노비코브와 코발레브스키, 이탈리아 학자로는 파레토, 로리아, 지니 등이, 스페인 학자로는 아돌프 포사다 등이 망라되고 있으며, 초창기 미국 사회학 자로 스몰, 토머스, 로스, 쿨리, 엘우드, 소로킨 등이 소개되어 있다.

제2차 세계대전 이후에 가서야 여러 대학 내에 제도화되었다.[22] 허버트 스펜서(1820~1903)가 사회진화론을 전개했던 영국에서는 시드니 웹과 비어트리스 웹이 19세기 말 사회 페이비어니즘을 주창하고 런던경제학교London School of Economics를 만들었지만 사회학이라는 분과학문은 제2차 세계대전 이후 1950년대에 가서야 대학에 자리를 잡았다.[23] 독일의 경우에는 20세기 초 막스 베버와 페르디난트 퇴니에스, 게오르그 짐멜 등에 의해 사회학이 하나의 학문으로 제도화되었지만 나치 치하에서 거의 해체된 상태였다.[24] 그러나 20세기 전반기에 미국의 사회

---

22 뒤르켐은 1887년 보르도대학 철학교수로 임용되었다가 1902년에 소르본대학 철학교수로 초빙되고 1906년 교육과학 및 사회학 교수가 되었다가 1913년에 가서야 사회학 교수가 되었다. 프랑스에서 일반사회학, 사회심리학, 정치경제학을 포함한 '도덕과 사회학morale et sociologie'이라는 이름의 학사학위licence가 수여된 것은 1958년이고, 1962년에 가서야 프랑스사회학회Association Française de la sociologie 가 결성되었다. 프랑스 사회학의 역사에 대해서는 정수복, 〈현대 프랑스 사회학의 지성사〉, 《연세사회학》 10·11호 합본호, 1990, 49~83쪽과 Terry Clark, *Prophets and Patrons-The French University and the Emergence of the Social Sciences*(Cambridge: Cambridge University Press, 1973)를 볼 것.

23 영국사회학회는 1903년에 설립되었지만 교수직은 1907년 런던경제대학LSE에 처음 생겼고 학술지 *BJS*는 1908년에 처음 발간되었다. 1933년 이후 런던경제대학에서 칼 만하임이 강의했고 레스터대학에서는 노르베르트 엘리아스가 강의하면서 영국 사회학의 형성에 기여했다. 이후 브라이언 윌슨, 존 골드소프, 바실 번스타인, 톰 보토모어 등이 그들의 영향을 받아 영국 사회학을 발전시켰다. 피터 버크, 박광식 옮김, 《지식의 사회사 2—백과전서에서 위키백과까지》, 민음사, 2017, 341~344쪽.

24 영국 사회학의 기원에 대해서는 Philip Abrams, *The Origins of British Sociology, 1834~1914*(Chicago: The University of Chicago Press, 1968)를 참조하고, 독일 사회학의 제도화 과정에 대해서는 막스 베버와 짐멜을 중심으로 독일 사회학의 역사를 연

학은 꾸준하게 발전하여 제2차 세계대전 이후에는 세계 사회학의 중심이 되었다. 세계 사회학계의 이런 일반적 상황을 염두에 두면서 미국 사회학의 기원과 발전 과정을 개략적으로 살펴보자.

미국 사회학의 역사는 대체로 다섯 시기로 구분할 수 있다. 첫 번째 시기는 19세기 말에서 제1차 세계대전까지 시기로 초창기이고, 두 번째 시기는 양차 세계대전 사이의 시기로 발전기이며, 세 번째 시기는 제2차 세계대전 이후부터 1960년대 중반까지의 시기로 황금기이고, 네 번째 시기는 1970년대 이후부터 1980년 말까지의 시기로 다양화와 상대적 침체기이며, 다섯 번째 시기는 1980년 말 이후부터 오늘날까지 이어지는 시기로 회복기이다. 아래에서는 이런 시대 구분을 염두에 두고 미국 사회학의 역사를 주류 사회학 형성 과정을 중심으로 서술한다.[25]

미국 사회학은 남북 간의 시민전쟁(1861~1865)과 전후 재건의 시기(1866~1877)를 거쳐 '도금기Gilded Era'(1878~1889)라고 부르는 물질적 번영의 시기에 본격적으로 태동했다. 예일대학의 윌리엄 섬너William Sumner와 워싱턴대학의 레스터 워드Lester Ward는 콩트와 스펜서 등의 유럽 사회학을 도입하고 변형시켜 미국 사회학 전통을 만들려고 노력했다. 사회진화론에 영향을 받은 이들은 사회학을 역사의 법칙, 곧 문

구한 김덕영,《짐멜이냐 베버냐? 사회학 발달 과정 비교연구》, 한울, 2004 참조.

25 주류 사회학은 영어로 mainstream sociology, orthodox sociology, standard sociology, conventional sociology 등으로 불린다.

명 진보의 법칙을 연구하는 학문으로 생각했다.[26] 두 사람은 과학적 합리성에 기초한 지식이야말로 미래의 진보를 보장할 가장 발전된 지식의 형태라고 생각했다.

섬너는 '사회의 병social ill'을 고치기 위한 '사회적 치료social remedy'는 종교, 형이상학, 전통, 습관, 편견, 유행에서 나오는 것이 아니라 사회 문제를 일으키는 사회현상을 있는 그대로 관찰하여 얻은 법칙에서 나온다고 주장했다. 그는 아직 사회학이 초보 단계에 있지만 성숙한 상태의 사회학이 발견할 사회에 대한 법칙은 물리학의 법칙과 똑같은 성격의 것이라고 주장했다.[27] 워드 또한 행복은 진보에 의해 창출되고 진보는 지식에 의해 이루어진다는 것을 증명하려고 했다. 그는 인류의 "역사에서 합리주의적 요소가 미신적인 것으로부터 자신을 지켜내거나, 그렇지 않으면 이에 의해 정복되어버리는 역사의 분수령이 가까이 다가오고 있다"고 선언했다.[28]

섬너와 워드 사이에는 다소 차이점이 있었지만 두 사람 다 19세기 말 20세기 초 기독교인들이 관여하는 사회 개혁과 사회 문제 해결에 도움이 되는 과학으로서의 사회학을 만들기 위해 노력했다. 미국 사회학의

---

26 도로시 로스, 《미국 사회과학의 기원 2》, 나남, 2008, 171쪽.

27 William Sumner, "Sociology", *The Princeton Review*, Vol. 2, 1881, pp. 321~322. 도로시 로스, 《미국 사회과학의 기원 2》, 171쪽에서 재인용.

28 도로시 로스, 《미국 사회과학의 기원 2》, 178쪽. 워드는 뒤늦게 1906년 브라운대학의 교수로 임명되어 '모든 지식의 탐구A Survey of All Knowledge'라는 제목으로 사회학을 가르쳤다. 도로시 로스, 《미국 사회과학의 기원 2》, 185쪽.

초창기에 배태된 과학 지향성과 사회 개혁 지향성이라는 두 가지 특성은 이후 공존하거나 분리되면서 미국 사회학 내부의 상이한 지향성을 구성하게 된다.[29]

3. 미국 사회학의 제도화

미국인들은 영국으로부터 독립하여 새로운 국가를 건설하는 과정에서 점차 유럽과 다른 역사의식을 갖게 되었고 그에 따라 미국 고유의 사회과학 전통을 수립했다. 독립선언 이후 미국의 개신교 엘리트들은 새로운 공화국의 수립을 인류의 최종적 구원이자 역사의 종말을 예고하는 천년왕국의 도래와 같은 것으로 생각했다. 그들에게 미국의 역사적 사명은 오랜 역사를 가진 유럽과 다른 '언덕 위의 도성city set upon a hill'을 세우는 일이었다.[30] 미국에서는 유럽과 달리 광범위한 빈곤과

---

29 오늘날에도 미국 사회학은 한편으로는 학생과 시민들의 개혁 지향적 요구에 부응하면서 학문공동체 안에서의 시민권을 유지하고, 정부와 재단 등의 수요에 부응하기 위해 과학 지향성을 추구한다. 사회학자는 진보적인 '사회비평가'이면서 객관적이며 책임 있는 연구를 수행하는 '전문가'라는 두 개의 이미지를 갖는다. 윤영민, 〈최근 미국 사회학의 위기와 대응—버클리대와 워싱턴대의 사례를 중심으로〉, 한국사회학회 엮음, 《21세기의 한국 사회학》, 문학과지성사, 1994, 73~75쪽.

30 도로시 로스, 백창재·정병기 옮김, 《미국 사회과학의 기원 1》, 나남, 2008, 69~70쪽; 이황직, 《민주주의의 탄생—왜 지금 다시 토크빌을 읽는가》, 아카넷, 2018,

갈등이 일어나지 않을 것이라는 믿음이 있었다.[31] 그것은 미국의 보수주의자들이나 진보적인 사회비평가들이 공유하고 있는 공통의 관념이었다.

초창기 미국의 지도자들은 "미국이 사람들의 삶을 변혁시켜 줄 힘을 가지고 있는 일종의 마법적 환경이자 사회라는 관념과, 미국은 단지 신세계가 아니라 전혀 다른 종류의 세계라고 하는 생각, 그리고 이전에 인류를 구속해왔던 제약과 경계와 불평등이 존재하지 않거나 곧 사라지려고 하는 특별한 장소라는 관념"을 공유하고 있었다.[32] "역사 밖에 존재하는 불변하는 신의 계획을 신봉"하는 미국이라는 나라의 행로는 유럽 대륙의 나라들과 다르다고 생각했다. 유럽과 다른 길을 걸을 것이라는 '미국 예외주의' 신념은 미국 사회학의 역사에도 깊은 흔적을 남겼다.[33]

미국에서 사회학은 미국 역사학자들이 '도금기'(1878~1889)와 '진보기Progressive Era'(1890~1913)라고 부른 19세기 말 20세기 초에 제도화

188~190쪽.

31 이처럼 미국이 인류 역사에서 독특한 위치를 차지하고 있다고 보는 관점을 '미국 예외주의American exceptionalism'라고 부른다. 도로시 로스, 《미국 사회과학의 기원 1》, 75~76쪽.

32 제임스 귀몬드, 김성민 옮김, 《미국 사진과 아메리칸 드림》, 눈빛, 2018, 9쪽.

33 '미국 예외주의'는 미국의 민족주의 이데올로기이다. 이데올로기로서의 미국 예외주의는 문화 엘리트와 정치 엘리트들이 만들어낸 지적 구성물로서 미국 사회의 다양한 계층에게 전파되고 학습되고 수용되었다. 도로시 로스, 《미국 사회과학의 기원 1》, 79~83쪽.

되었다.[34] 이 시기 미국에는 산업화와 도시화가 급속하게 이루어지면서 불평등이 심화되고, 노동조합운동, 기독교 개혁주의운동, 사회주의운동이 등장했다.[35] 그 무렵에 미국 사회학도 제도화되기 시작했다.

1892년 시카고대학 창립과 함께 앨비언 스몰Albion Small에 의해 시카고대학에 사회학과가 창설되었고 1894년에는 프랭클린 기딩스 Franklin Giddings가 컬럼비아대학에 사회학 교수로 임용되었다.[36] 찰스 쿨리는 1894년부터 미시간대학에서 사회학 강의를 시작했다.[37] 스몰이 사회학을 전통적인 도덕철학을 대신할 윤리과학ethical science으로 생각했다면 기딩스는 스펜서의 진화론의 영향을 받으면서 사회학을 발전시켰다.[38] 사회학 진흥을 위한 두 사람의 열성적인 활동으로 시카고대학

---

34 Craig Calhoun, "Introduction", Craig Calhoun ed., *Sociology in America: A History*, p. 10. 한 학문의 제도화는 최소한 대학 내에 분과학문으로 성립되고 학회가 구성되어 연구 결과를 학회지로 출판하는 것으로 구성된다.

35 워드, 섬너, 스몰, 기딩스 등 미국 사회학의 창건자들은 미국 사회주의 정당의 대통령 후보로 다섯 번이나 출마했던 유진 뎁스Eugen Debs(1855~1926)와 동시대 사람이었다.

36 컬럼비아대학에서 사회학은 1924년에 가서야 경제학과에서 독립하여 '사회과학과'가 되었다가 1941년에 가서야 '사회학과'라는 이름으로 바꾸었다. 이기홍, 〈양적 방법은 미국 사회학을 어떻게 지배하게 되었나?〉, 《사회와 이론》 32집, 2018년 5월, 17쪽.

37 쿨리는 1894년 처음으로 사회학 과목을 강의한 이후 1929년까지 미시간대학에서 가르쳤다. George Steinmetz, "American Sociology before and after World War Ⅱ: The (Temporary) Settling of a Disciplinary Field", Craig Calhoun ed., *Sociology in America: A History*, p. 329.

38 도로시 로스, 《미국 사회과학의 기원 1》, 239쪽.

과 컬럼비아대학은 초창기 미국 사회학을 이끄는 두 중심이 되었다.[39] 특히 시카고대학의 스몰은 대학원장을 겸임하면서 시카고대학교 출판부를 활용하여 1895년 《미국사회학저널AJS(American Journal of Sociology)》을 창간함으로써 초창기 미국 사회학의 제도화에 기여했다.[40] 이후 위스콘신대학, 미시간대학, 미네소타대학 등 중서부 지역 대학에 사회학과가 만들어졌다.[41]

---

39 앨비언 스몰의 지도로 시카고대학 사회학과에서 박사학위를 받은 사람들이 새로 만들어진 사회학과에 임용되면서 시카고대학 사회학과는 점차 미국 사회학계를 주도하게 된다. 그러나 1930년대에 이르면 컬럼비아대학에서 배출된 박사학위 소지자가 시카고대학 출신보다 많아지게 된다. Craig Calhoun, "An Introduction", Craig Calhoun ed., *Sociology in America: A History*, p. 21.

40 스몰은 1905년 미국사회학회 창립 이후 연례대회의 발표문 자료집Papers and Proceedings을 시카고대학출판부에서 발행했다. 《미국사회학저널AJS(American Journal of Sociology)》은 시카고대학 사회학과 교수들이 편집을 담당했지만 사실상 미국사회학회의 공식 학술지로 기능을 했다. 그러나 1936년 《미국사회학회지 ASR(American Sociological Review)》가 창간되면서 이 잡지가 미국사회학회의 공식 학술지가 되었다. Craig Calhoun, "An Introduction", Craig Calhoun ed., *Sociology in America: A History*, p. 26. 1895년 *AJS* 창간과 1936년 *ASR* 창간 사이인 1922년 노스캐롤라이나대학 사회학과의 하워드 오덤Howard Odum(1884~1954)은 노스캐롤라이나대학출판부를 만들고 미국 사회학계 3대 학술지의 하나인 《사회적 영향력 Social Forces》을 창간했다. 오덤은 1910년 기딩스의 지도로 컬럼비아대학에서 박사학위를 받았고 1930년 미국사회학회ASA 회장을 역임했다.

41 미국 대학 가운데 동부의 명문 사립대학은 경영, 의료, 법률, 공학 분야의 전문대학원이 강세인 반면, 사회학은 중서부의 위스콘신, 미시간, 미네소타 대학과 서부의 버클리, UCLA, 동남부의 노스캐롤라이나대학 등 주로 공립대학들에서 강세를 보인다. 윤영민, 〈최근 미국 사회학의 위기와 대응—버클리대와 워싱턴대의 사례를

여러 대학에 사회학과가 설치되고 사회학자들의 수가 늘어나자 역사학, 경제학, 정치학 분야의 학회에 소속해 있던 사회학자들이 모여 독자적인 학회를 구성했다. '미국 사회학의 네 명의 창건자Four Founders of American Sociology'라고 불리는 레스터 워드, 윌리엄 섬너, 프랭클린 기딩스, 앨비언 스몰이 한데 모여 학회 구성의 뜻을 나누었다. 이들은 모두 다른 학문을 전공하다가 뒤늦게 사회학의 길에 들어선 사람들이었다. 워드는 원래 고생물학자였고 섬너와 스몰은 신학을 공부했고 기딩스는 토목공학을 전공한 언론인 출신이었다.[42] 1905년 네 사람이 중심이 되어 미국사회학회ASS(American Sociological Society)가 결성되고 레스터 워드가 초대 회장, 윌리엄 섬너가 초대 부회장으로 취임했다.[43]

중심으로〉, 한국사회학회 엮음, 《21세기의 한국 사회학》, 문학과지성사, 1994, 91쪽.

[42] 말하자면 미국 사회학의 창건자 네 사람은 모두 '전과자轉科者'들이었다. Stephen Turner and Jonathan Turner, *The Impossible Science: An Institutional Analysis of American Sociology*(London: Sage, 1990), p. 13.

[43] 시카고대학과 컬럼비아대학 교수들이 학회의 임원을 맡았기 때문에 미국사회학회 창립을 위해 실질적으로 일한 사람들은 잊혀졌다. 학회 창립을 위한 문제 제기를 한 사람은 조지워싱턴대학의 베디츠C. W. A. Veditz였고 학회 창설을 위한 준비 모임의 첫 번째 의장은 해밀턴 칼리지의 데이븐포트William Davenport가 맡았다. 당시 캔자스대학 사회학과의 프랭크 블랙마Frank Blackmar와 네브래스카대학에 있던 에드워드 로스Edward Ross도 중요한 산파역을 했다. 이는 엘리트대학 중심의 역사 쓰기가 현실을 왜곡할 위험성이 있음을 보여준다. Craig Calhoun, "An Introduction", 2007, p. 25. 이와 관련하여 시카고대학 사회학과보다 캔자스대학 사회학과와 네브래스카대학 사회학과의 창설이 시기상 앞섰다고 주장하는 Alan Sica, "Sociology at the University of Kansas, 1889~1983", *Sociological Quarterly*, Vol. 24, No. 4,

미국사회학회를 이끈 초창기 학자들의 학문적 배경은 다양했지만 대부분 사회개혁운동에 참여한 사람들이었다. 사회학의 연구 대상과 방법이 아직 확정되지 않은 상태에서 초창기의 사회학자들은 기독교 사회주의 또는 사회민주주의적 지향성을 가지고 사회 개혁에 적극적으로 참여했다. 초창기 사회학자들은 산업화, 도시화, 이민, 인종 갈등, 빈곤, 열악한 노동조건, 가족 해체, 범죄, 마약 및 알코올 중독, 부패 등의 사회 문제를 개선하여 건강한 사회를 만들기 위한 과학적이고 객관적인 사실을 수집하고 해석하기 시작했다.[44] 초보적이지만 설문조사를 통해 얻은 양적 자료를 통계적으로 분석하는 작업도 시작되었다. 그 무렵 사회학자들에게는 '학문적 권위'의 확보보다는 '사회 개혁'이라는 과제가 훨씬 더 중요했다. 당시 사회학에 관심을 보인 주요 지지층은 개신교 목사들, 사회개혁가, 사회사업가, 복지기관 관련자들이었다.[45]

1983, pp. 605~623과 Mary Deegan, "Sociology at Nebraska: 1884~1929", *Journal of the History of Sociology*, Vol. 1, No. 2, 1979, pp. 40~41 참조.

44 윌리엄 제임스 이전 미국 심리학도 철학적이고 도덕주의적이었으며 심리학자들은 대개 교회 성직자들이었다. 초기 심리학이 도덕적 문제를 강조한 것은 청교도적 전통과 관련된다. 마이클 베르타이머, 오세철·양창삼 옮김, 《심리학사》, 연세대학교 출판부, 1983, 140~141쪽.

45 이기홍, 〈양적 방법은 미국 사회학을 어떻게 지배하게 되었나?〉, 13~14쪽.

4. 과학주의 사회학의 등장

미국 사회학은 제1차 세계대전 이후 1920년대에 이르러 확장기를 맞이했다.[46] 1928년 미국 전역에 사회학과가 99개였고 인류학 등 인접학문과 합쳐져 만들어진 학과는 48개였다. 미국사회학회의 회원 수는 1918년 810명에서 1930년 1,558명으로 늘어났다.[47] 1920년대 시카고대학과 컬럼비아대학이 배출한 사회학 박사들이 신설된 사회학과의 교수로 충원되었다. 시카고대학 사회학과가 도시사회학 연구에서 두각을 나타냈지만 신설 주립대학들의 사회학과에는 농촌사회학이 지배적이었다. 1920년대에 미국 사회학계에 시카고대학과 컬럼비아대학에 이어 미시간대학, 위스콘신대학, 미주리대학, 노스캐롤라이나대학 사회학과가 상위권 대학으로 자리잡았다.[48]

---

46 중서부에 비해 동부 해안의 대학들에는 사회학과 설치에 저항이 있어서 비교적 늦게 설립되었다. 동부의 오랜 역사를 지닌 대학들이 미국 사회의 엘리트와 성직자 교육에 치중한 반면 뒤늦게 발전한 중서부 지역의 신생 대학들은 혁신과 변화를 추구하는 분위기 속에서 사회학과를 쉽게 설치할 수 있었다. Russell Middleton, *History of Sociology at the University of Wisconsin-Madison*(Madison, Wisconsin: Anthropocene Press, 2017), Volume 1, p. 2.

47 Andrew Abbot, *Department and Discipline: Chicago Sociology at one Hundred*(Chicago and London: The University of Chicago Press, 1999), p. 87.

48 1925년에 이루어진 조사 연구에 따르면 미국 대학 사회학과 최상위 10개 대학은 시카고, 컬럼비아, 위스콘신, 미네소타, 미시간, 하버드, 미주리, 펜실베이니아, 노스캐롤라이나, 예일의 순이었다. 제2차 세계대전 이후 미주리대학 사회학과가 하

사회학과의 수가 늘어나면서 사회학자들은 정치학, 경제학, 법학, 역사학 등 이미 대학 내에 제도화되어 있던 이웃 사회과학들과 구별되는 사회학의 독자적인 학문적 정당성을 확보해야 했다. 1920년대 시카고대학과 컬럼비아대학 사회학과는 앞장서서 실천적 '개혁성'을 멀리하고 과학적 '전문성'을 추구하는 방향으로 나아가게 된다. 사회학자들은 전문성을 추구하면서 점차 사회사업이나 사회복지 관련 학자들, 실천적 개혁운동가들과 거리를 두기 시작했다.[49]

당시 미국의 대학사회는 자연과학이 사용하는 경험적 연구방법만이 과학적 지식의 축적을 가능케 한다는 신념으로 가득차 있었다. 그런 분위기 속에서 사회학자들은 자연과학을 모델로 삼아 경험적 조사 연구와 통계적 분석방법을 사용하는 과학주의scientism 사회학을 지향했다.[50] 과학주의 사회학은 사회현상과 자연현상을 같은 것으로 보면서 자연

락했고 서부의 버클리와 UCLA가 진입했다. Craig Calhoun, "Sociology in America: An Introduction", Craig Calhoun ed., *Sociology in America: A History*, pp. 29~30.

49 사회학과 사회사업의 관계에 대해서는 Patricia Lengermann and Gillian Nibrugge, "Thrice Told: Narratives of Sociology's Relation to Social Work", Craig Calhoun ed., *Sociology in America: A History*, pp. 63~114 참조. 1920년대 미국사회학회는 농촌사회학, 가족, 공동체, 종교, 교육, 통계, 사회사업, 정신의학 이렇게 8개의 분과로 구성되었다.

50 과학주의 사회학에 대한 논의는 이기홍, 〈양적 방법은 미국 사회학을 어떻게 지배하게 되었나?〉,《사회와 이론》 32집, 2018년 5월, 7~60쪽과 George Steinmetz, "American Sociology before and after World War II: The (Temporary) Settling of a Disciplinary Field", Craig Calhoun ed., *Sociology in America: A History*, pp. 314~366에 크게 기대고 있다.

과학의 경우와 마찬가지로 관찰, 실험, 양적 분석의 방법으로 접근하여 사회적 삶을 구성하는 경험적 규칙을 찾아내는 것을 목표로 한다.[51]

'방법론적 실증주의methodological positivism'라고 부를 수 있는 과학주의 사회학은 자연과학을 모델로 삼아 관찰 가능한 사회현상을 예측 가능하게 만들고 간결하고 반증 가능한 형식의 명제로 구성된 시공을 초월한 보편법칙을 추구한다.[52] 이에 따라 사회학자들은 점차 초창기의 박애주의적이고 개혁주의적인 입장을 멀리하고 '전문가expert'로서 권

---

51 이기홍, 〈양적 방법은 미국 사회학을 어떻게 지배하게 되었나?〉, 17쪽.

52 과학주의 사회학의 인식론적 근거인 '방법론적 실증주의'는 첫째, 관찰 불가능한 심층적 인과구조를 부인하는 '경험주의 존재론empiricist ontology', 둘째, 사건과 변수들 사이의 항상적 관계에 대한 검증 가능하거나 반증 가능한 형태의 진술만을 과학으로 취급하는 '실증주의 인식론positivist epistemology', 셋째, 사회 세계의 연구방법과 자연 세계의 연구방법 사이에는 차이가 있을 수 없다는 '과학주의적 자연주의scientistic naturalism'라는 세 가지 요소로 구성되어 있다. 방법론적 실증주의는 1960년대까지 미국 사회학의 '인식론적 무의식epistemological unconciousness'이었다. George Steinmetz, "American Sociology before and after World War Ⅱ: The (Temporary) Settling of a Disciplinary Field", pp. 316~319과 George Steinmetz and Ou-Byung Chae, "Sociology in an Era of Fragmentation: From the Sociology of Knowledge to the Philosophy of Science, and Back Again", *The Sociological Quarterly*, Vol. 4, No. 1, 2002, p. 118 참조. 1920~1960년 미국 사회학의 조사방법론의 변화에 대해서는 Jennifer Platt, *A History of Sociological Research Methods in America, 1920~1960*(New York: Cambridge University Press, 1996)을 참조하고 라자스펠드의 제자들을 중심으로 이루어진 경험적 조사 연구가 미국 사회학계의 주도적 위치를 차지하게 되는 과정에 대해서는 Anthony Obershall, "The Institutionalization of American Sociology", Anthony Obershall ed., *The Establishment of Empirical Sociology*(New Yok: Haper and Row, 1972)를 참조할 것.

위를 추구하게 되었다. "도덕적 진술과 개인적 판단"을 제거하고 "수량적 자료"를 풍부하게 제시하는 정도에 따라 학문적 정당성과 지적 권위를 인정받게 됨에 따라 "사회학자들은 권위와 신뢰의 근거로 과학주의를 추구하면서 수량화 경향의 경험적 조사 연구와 통계에 점점 더 호소했다."[53] 이에 따라 제1차 세계대전 이전 미국 사회학계에 존재했던 이론적 논의가 약화되면서 시카고대학, 컬럼비아대학, 위스콘신대학, 미시간대학, 노스캐롤라이나대학, 미주리대학 등 최상위권 사회학과에는 양적 자료를 수집하고 분석하는 사회학자들이 점차 중심적인 자리를 차지하게 된다. 그 결과 통계학과 경험적 연구를 바탕으로 사회학은 점차 '사회 개혁social reform'보다는 '과학적 이론scientific theory'을 지향하게 되었다.[54] 현상학적 사회학자 피터 버거는 미국 사회학이 협소한 경험주의로 축소되는 과정을 다음과 같이 요약했다.

제1차 세계대전 직후부터 미국의 사회학은 이론 쪽에서 단호히 벗어나 협소하게 한정된 경험적 연구의 심한 편견 쪽에 기울기 시작했다. 이러한 방향 전환과 관련해서 사회학자들은 점차 그들의 조사 연구 기술을 세련시켰다. 아주 자연스러운 현상이지만 이 같은 기술 가운데 통계적 기술이 두드러지게 되었다.[55]

---

53 이기홍, 〈양적 방법은 미국 사회학을 어떻게 지배하게 되었나?〉, 18쪽.

54 Craig Calhoun, "Sociology in America: An Introduction", Craig Calhoun ed., *Sociology in America: A History*, p. 11.

55 피터 버거, 《사회학에의 초대》, 19쪽.

엄격한 방법론에 의해 규정되는 과학 개념으로 사회학의 성격을 규정하는 과학주의 사회학은 전문가주의professionalism와 결합했다. '전문가적 과학주의professional scientism'를 표방한 사회학자들은 사회 문제의 예측과 사회통제를 위한 지식을 추구하면서 점차 미국 사회학의 주류가 되었다.[56]

과학주의 사회학의 성장 과정에서 중요하게 작용한 변수의 하나로 사회학자들에게 연구비를 지원한 단체들의 영향력을 꼽을 수 있다.[57] 1920년대 들어 석유 재벌 록펠러 가문과 철강 재벌 카네기 가문, 자동차 재벌 포드 가문 등이 재단을 설립했다. 이들 재단은 주요 사업의 하나로 학자들에게 연구비를 지원하면서 경험적 조사 연구를 적극적으로 장려했다.[58] 학술 활동을 지원하는 재단들은 사회학자들에게 현장에 응

---

56 도로시 로스, 백창재·정병기 옮김, 〈사회통제의 사회학을 향하여〉, 《미국 사회과학의 기원 1》, 나남, 2008, 381~439쪽. 도로시 로스의 주장은 Robert Bannister, *Sociology and Scientism: The American Quest for Objectivity, 1880~1940*(Chapel Hill: University of North Carolina Press, 1987)에 의거하고 있다.

57 "과학주의의 학계 기반은 1920년대 자본가들이 만든 자선·기부 단체들이 사회과학에 막대한 금액을 투자함으로써 더욱 강화되었다." 도로시 로스, 《미국 사회과학의 기원 2》, 249쪽.

58 카네기와 록펠러 그리고 미국의 대학에 대해서는 데이비드 스미스 외, 김종철·강순원 옮김, 《미국의 대학과 노동계급》, 창작사, 1987, 79~94쪽을 볼 것. 미국 주요 재단의 설립 과정과 활동에 대해서는 Inderjeet Parmar, *Foundations of the American Century: The Ford, Carnegie, and Rockefeller Foundations in the Rise of American Power*(New York: Columbia University Press, 2012)를 볼 것. 재단의 연구비 지

용될 수 있는 '더욱 현실적인 연구more realistic studies'와 '객관적인 지식objective knowledge'을 요구했고 사회학자들은 이에 호응하면서 양적 자료를 통계적으로 처리하는 사회학 연구의 흐름을 더욱 강화시켰다.[59] 공공정책 수립을 위한 기본 자료를 요구하는 공공기관과 기업의 전략 수립에 도움이 되는 양적 자료의 분석을 요구하는 거대 재단들로부터 연구비를 지원받은 사회학자들은 그들의 요구에 부응하여 '과학적 연구'를 실행하지 않을 수 없었다.[60] 특히 1923년 공공재단인 미국사회과학연구재단Social Science Research Council이 설립되고 록펠러재단의 연구비 지원이 이루어지면서 사회학자들의 연구는 대거 경험 연구로 돌아섰고 사회학은 사회질서 유지에 기여하는 사회통제의 과학이 되기를 희망했다.[61]

연구비 지원재단은 "사회과학들이 그것들의 방법에서 자연과학들만큼 엄격해야만, 그것들의 이론적 명제들을 경험적 및 수량적 자료로 검

원과 더불어 미국 사회학의 발전에 영향을 미친 변수로는 정치권력과 백인 남성 우월주의 이데올로기 등을 들 수 있다.

59 Stephen Turner, *American Sociology: From Pre-Disciplinary to Post-Normal*(New York: Palgrave Macmillan, 2014), p. 25.

60 사회과학연구재단SSRC 설립을 위한 기초자금도 록펠러재단이 지원했다. Craig Calhoun ed., *Sociology in America: A History*, p. 33. 록펠러재단이 지원한 사회학 조사 연구 가운데 로라 스펠만 록펠러 기념재단의 연구기금Laura Spelman Rockefeller Memorial Fund(1918~1929)은 특히 시카고, 컬럼비아, 하버드, 노스캐롤라이나, 스탠퍼드, 예일, 텍사스, 버지니아대학교 등의 사회학 조사 연구비를 지원했다. 이기홍, 〈양적 방법은 미국 사회학을 어떻게 지배하게 되었나?〉, 23쪽.

61 도로시 로스, 《미국 사회과학의 기원 2》, 293~294쪽.

증해야만, 동시대의 쟁점들을 다루고 협력으로 씨름해야만, 그리고 사회과학자들의 정치적 판단이 자신들의 조사 연구에 영향을 미치는 것을 막아야만, 유용한 지식을 개발하고 제공할 것이라고 상정했다."[62] 이런 요구에 따라 위스콘신대학의 농촌사회학자 존 길린John Gillin은 사회학은 '사이비 과학'이라는 비난으로부터 벗어나기 위해 엄격하게 과학적인 방법을 사용해야 하며 그렇게 함으로써 사회주의의 이데올로기적 영향으로부터 벗어날 수 있다고 주장했다. 그는 1926년 미국사회학회 회장 취임 연설에서 "과학적 방법을 적용하고 객관적인 자료를 강조함으로써 '사회학의 적들enemies'이라고 할 수 있는 이론가들과 사회개혁가들을 쓸모없는 것으로 폐기시킬 수 있다"고 주장했다.[63]

파크가 주도하여 현장 연구를 강조한 시카고대학보다는 기딩스가 이끈 컬럼비아대학이 과학주의 사회학을 더욱 강조했다. 시카고대학 사회학과가 지역 단위와 도시 단위의 연구에 초점을 맞추는 데 비해 컬럼비아대학 사회학과는 점차 전국 수준의 조사 연구를 지향했다.[64] 기딩

---

62 S. Ahmad, "American Foundation and the Development of the Social Sciences between the Wars", *Sociology*, Vol. 25, No. 3, pp. 511~512; 이기홍, 〈양적 방법은 미국 사회학을 어떻게 지배하게 되었나?〉, 24쪽에서 재인용.

63 George Steinmetz, "American Sociology before and after World War II : The (Temporary) Settling of a Disciplinary Field", p. 318에서 재인용.

64 기딩스는 많은 제자를 양성했다. 대학원에서 공부한 그의 제자들 가운데 50여 명이 학계, 출판계, 공공업무 분야에서 최고의 자리를 차지했고 6명이 미국사회학회 회장을 역임했다. 이는 이후 파슨스가 배출한 제자들의 수를 능가하는 것이다. 이기홍, 〈양적 방법은 미국 사회학을 어떻게 지배하게 되었나?〉, 17쪽, 각주. 1920년대까지는 시카고대학이 사회학 박사를 가장 많이 배출했으나 1930년대 컬럼비

스는 사회학이 정확하고 엄격한 수량적인 분석을 해야 한다고 믿었고 물리학, 화학, 천문학, 지질학에서 통계적 방법을 사용하듯이 사회학에서도 통계학이 중요한 방법이라고 생각했다.[65]

기딩스의 컬럼비아대학 제자 가운데 윌리엄 오그번William Ogburn이 1927년 시카고대학 사회학과 교수로 부임하면서 시카고대학 사회학과 안에도 과학적 사회학의 영향력이 강화되었다. 오그번은 사회학이 과학이 되기 위해서는 엄격하고 양적인 과학적 방법론이 필요하다고 주장했다.[66] 1929년 미국사회학회 회장 취임 연설에서 오그번은 사회학자가 과학자가 되려면 "감정을 억누르고 마음을 강력히 통제하여 검증 과정에서 환상적인 지적 쾌락이 회피되어야" 하며 "문제를 선택할 때를 제외하고는 우리의 윤리와 가치들을 금기시하는 것이 바람직하고 대부분의 시간을 고되고 지루하며 따분하고 일상적인 과제들을 수행하는 데" 써야 한다는 사회학자의 연구윤리를 제시했다.[67] 오그번은 "미

아대학은 시카고대학보다 더 많은 수의 사회학 박사를 배출했다. Craig Calhoun, "Sociology in America: An Introduction", p. 28.

65 Robert. C. Bannister, *Sociology and Scientism: The American Quest for Objectivity, 1880~1940*(Chapel Hill: University of North Carolina Press, 1987), p. 74. 이기홍, 〈양적 방법은 미국 사회학을 어떻게 지배하게 되었나?〉, 17쪽, 각주에서 재인용. 사회학에서 과학주의를 연구한 로버트 배니스터는 미국사 특히 지성사를 전공한 역사학자이다.

66 도로시 로스, 《미국 사회과학의 기원 2》, 297쪽. 오그번은 "통계학에 대한 나의 숭배는 거의 종교적이다"라고 말하기도 했다. 도로시 로스, 《미국 사회과학의 기원 2》, 239쪽.

67 오그번의 미국사회학회 회장 취임 연설 인용은 도로시 로스, 《미국 사회과학의 기

래의 사회학은 통계학이 될 것이다"라고 단언하면서 과학으로서의 사회학이란 "어떠한 색깔이나 감정, 이론 또는 가치도 배제한 경험적·수량적 사실들의 누적이라는 집요한 비전"을 끝까지 고수했다.[68] 오그번 말고도 기딩스의 제자들이 미국 내 주요 대학의 사회학과에 자리잡았다. 로스Edward Ross는 위스콘신대학에, 채핀F. Stuart Chapin은 미네소타대학에, 오덤Howard Odum은 노스캐롤라이나대학에, 라이스Stuart A. Rice는 펜실베이니아대학에 자리잡고 과학주의 사회학을 전파했다.

1920년대 미국 사회학의 역사는 역사적·정치적·제도적·문화적 맥락으로부터 유리된 추상적 이론체계와 계량적 연구방법이 사회학 연구의 주류를 형성하기 시작하여 단기적 사회 과정을 예측하고 통제하는 실용적 지식을 산출하는 '현실주의적 과학realistic science'으로 자리잡는 과정이었다.

5. 과학주의 사회학에 대한 비판적 흐름

그렇다고 과학주의 사회학이 아무 저항 없이 순조롭게 지배력을 장악한 것은 아니다. 미국 사회학계의 다른 한편에는 객관성과 과학을 내세

원 2》, 297~298쪽.
68   도로시 로스, 《미국 사회과학의 기원 2》, 297~298쪽.

운 전문가주의 사회학에 이의를 제기하는 학자들이 있었다.[69] 제2차 세계대전 이전까지 컬럼비아대학, 시카고대학, 미시간대학, 위스콘신대학, 하버드대학 등 미국의 엘리트대학의 최상위급 사회학과에는 사회학 이론을 강조하고 인문학적 지향의 사회학을 추구하는 사람들이 있었다.

컬럼비아대학에는 반反실증주의 이론가이자 지역공동체를 연구한 맥키버Robert MacIver가 있었다.[70] 그는 사회학의 주요 연구 대상인 사회적 관계는 객관적이면서 동시에 주관적이고 의미가 담겨 있는 현상이기 때문에 거기에는 반드시 '해석'이라는 작업이 필요하다고 주장했다. 그는 과학주의 사회학자들이 사회학도 '과학'이라는 주장을 펴기 위해 사회학의 연구 대상이 가지고 있는 특성을 무시하고 수학자와 물리학자를 모방하고 있는 상황을 위험하게 여겼다.[71]

---

69 조지 스타인메츠는 제2차 세계대전 이전에 과학주의 사회학이 점차 부상하고 있었지만 미국 사회학계를 주도하는 흐름으로 형성된 것은 제2차 세계대전 이후라고 본다. 그는 이런 주장을 입증하기 위해 컬럼비아, 시카고, 위스콘신, 미시간, 하버드 이렇게 5개 엘리트대학 사회학과의 내부적 변화를 추적했다. 아래의 논의는 George Steinmetz, "American Sociology before and after World War II : The (Temporary) Settling of a Disciplinary Field"에 크게 의존하고 있다.

70 맥키버는 린드와 함께 아도르노를 중심으로 한 프랑크푸르트학파 학자들의 미국 망명시절 컬럼비아대학에 근거를 두고 연구할 수 있는 길을 터주었다. George Steinmetz, "American Sociology before and after World War II : The (Temporary) Settling of a Disciplinary Field", p. 326.

71 George Steinmetz, "American Sociology before and after World War II : The (Temporary) Settling of a Disciplinary Field", p. 325.

컬럼비아대학에는 미국 사회학의 고전이 된 《미들타운Middle Town: A Study of Contemporary American Culture》(1929)의 저자인 로버트 린드 Robert Lynd도 있었다.[72] 그는 1939년에 간행한 《무엇을 위한 지식인 가?Knowledge for What?》라는 저서에서 자연과학적 패러다임, 존재론적 원자론, 가치중립성이라는 과학주의 사회학자들의 주장을 거부했다. 린드는 사회학은 역사와 문화적 의미에 관심을 갖는 학문이기 때문에 자연과학보다는 인문학을 모방해야 하며 소설가, 예술가, 시인들로부터 피상적인 일반화를 넘어서는 깊은 통찰력을 배워야 한다고 주장했다.[73]

시카고대학에는 1914년에서 1933년까지 재직한 로버트 파크Robert Park가 있었다.[74] 하이델베르크대학에 유학하여 빈델반트의 지도로 박사학위를 받은 그는 사회학이 고유하고 주관적이며 의미 있는 현상을 연구하는 '정신과학'에 속한다고 생각했다. 따라서 사회학을 자연과학처럼 생각하는 통계학적 사회학에 반대하는 입장을 취했다. 그는 양적

---

72 이 책의 공동 저자는 로버트 린드의 부인인 헬렌 린드Helen Lynd였고 두 사람은 1937년 《다시 방문한 미들타운Middle Town Revisited》을 간행했다.

73 George Steinmetz, "American Sociology before and after World War II : The (Temporary) Settling of a Disciplinary Field", p. 326.

74 시카고대학 사회학과의 형성과 변화에 대한 연구로는 Marin Bulmer, *The Chicago School of Sociology: Institutionalization, Diversity and the Rise of Sociological Research*(Chicago: The University of Chicago Press, 1984)과 Andrew Abbott, *Department and Discipline: Chicago Sociology at one Hundred*를 볼 것. 어떤 이유에서인지 시카고대학 사회학과에 비해 컬럼비아대학 사회학과에 대한 연구는 미비한 편이다.

자료의 통계적 분석보다는 '사례 연구case study'를 선호했다. 그의 사례 연구에는 역사적 접근이 포함되었고 연구 결과는 서사 형식narrative form으로 제시되었다. 파크는 거대 이론을 피하고 과학주의적 경험 연구를 비판하면서 인문주의적 경험 연구를 강조하는 입장이었다.

시카고대학에는 파크의 영향력과 더불어 토머스W. I. Thomas, 즈나니에츠키Florian Znaniecki, 루이스 워스Louis Worth, 에버렛 휴즈Everett Hughes, 허버트 블루머Herbert Blumer 등 과학주의 사회학에 동조하지 않는 사회학자들이 여러 명 자리잡고 있었기 때문에 1950년대 후반에 가서야 과학주의적 사회학이 지배력을 행사하게 된다.[75]

제2차 세계대전 이전 미시간대학에는 '인본주의적 사회학humanistic sociology'을 표방한 쿨리Charles Horton Cooley의 영향력이 컸다. 왈도 에머슨Waldo Emerson과 윌리엄 제임스William James의 지적 전통을 따르는 그는 미시간대학에서 1894년부터 1929년까지 사회학을 가르쳤다.[76] 그의 '거울자아looking glass self'라는 개념은 사회적 행위 속에 포함된 의미의 차원을 드러내며 사회적 행위가 일어나는 맥락을 강조했다. 쿨

---

[75] George Steinmetz, "American Sociology before and after World War Ⅱ : The (Temporary) Settling of a Disciplinary Field", pp. 327~328. 파크와 버지스의 제자인 에버렛 휴즈가 시카고대학에서 배출한 대표적 제자로는 어빙 고프먼Erving Goffman과 하워드 베커Howard Becker를 들 수 있다. 고프먼과 베커는 두 사람 모두 인문학적 지향의 사회학을 발전시켰다.

[76] 쿨리의 대표 저작의 하나인 *Social Organization: A Study of the Larger Mind*(New York: Charles Scribner's Son, 1909)의 우리말 번역으로 찰스 호튼 쿨리, 정헌주 옮김, 《사회조직의 이해》, 한국문화사, 2018 참조.

리는 과학주의 사회학에 반대하는 입장을 고수했다. 훗날 상징적 상호작용론Symbolic Interactionism으로 불리게 된 그의 입장은 경험적으로 관찰 가능한 현상만을 연구 대상으로 삼아 일반적 법칙을 추구하는 방법론적 실증주의와 극단적으로 어긋나는 것이었다.

쿨리는 사회질서란 여러 생각들이 복잡하게 얽혀 이루어진 그물망과 같은 것이기 때문에 행위자들이 자신의 행위에 부여하는 의미와 의도를 이해하기 위해서는 '공감적 참여sympathetic participation'가 필요하다고 주장했다. 그는 사회가 구성되는 '정신적이고 정서적인 과정mental and emotional processes'을 회피하는 과학주의 사회학자의 '과학'을 사이비 과학pseudo-science이라 비판했다. 쿨리는 자신의 연구방법을 '삶-연구방법life-study method'이라고 부르면서 사회학자들이 통계숫자보다는 언어에 관심을 기울이면서 사진과 음성 자료 등을 보조적으로 사용할 것을 권장했다.

그는 사회학이 정신분석학, 인류학, 사진, 문학 등의 영역과 대화하면서 더욱 발전할 수 있다고 보았다. 왜냐하면 사회학자들의 해석 작업은 표준화된 형태를 취하기보다는 상상력과 결합되고 '연극적인 비전dramatic vision'에 뿌리내리고 있기 때문이다. 그가 볼 때 사회학은 과학이고 철학이고 예술이기 때문에 사회학자들은 '위대한 인문학자들great men of letters'로부터 배울 것이 많다고 보았다. 그는 다른 어떤 사회과학자의 저서보다 괴테를 가장 많이 인용했다.

미시간대학 사회학과에서는 로데릭 맥켄지Roderick Mckenzie에 이어 쿨리의 조카인 로버트 쿨리 앤젤Robert Cooley Angell이 오랫동안 과장으로 일하면서 쿨리의 전통을 유지했다. 앤젤은 쿨리와 미드가 열어놓은 상징적 상호작용론의 입장을 유지하면서 과학주의 사회학을 부분적으로 수용하는 방향으로 미시간대학 사회학과를 이끌었다.[77]

위스콘신대학 사회학과에서는 제2차 세계대전 이전 에드워드 로스 Edward A. Ross가 중요한 역할을 했다. 그는 사회학이 과학이 되는 것보다는 정치적 적합성을 갖는 것을 중시했다. 국제적인 시야를 지녔던 그는 일찍이 러시아혁명을 직접 연구했고 중국, 인도, 멕시코, 아프리카의 포르투갈 식민지와 남아공 등을 방문하고 그 나라들에 대한 보고서 형식의 글을 쓰기도 했다. 그의 이런 전 지구적 관점은 미국 사회학계의 미국 중심주의U.S. Centrism와 대조되는 것이었다. 그는 사회를 '기계적 힘들의 무대theater of mechanical forces'로 보는 과학주의 사회학에 반대했다. 그 대신 행위자의 사고와 감정을 고려하면서 사회적 사실에 대한 '인과적 해석causative interpretation'을 추구했다. 사회적 관계에 들어가 있는 사람들의 행위에 대한 객관적 진술보다 주관적 해석을 선호했다.

로스는 사회학에서 과학적 실험이나 초역사적인 일반화는 불가능한 것으로 보았다. 그는 시간과 공간에 따라 달라지는 인간 행위를 연구하기 위해 사회학자는 노트를 들고 현장에서 오랜 기간을 보내며 관찰해야 한다고 주장했다.[78] 위스콘신에서는 로스의 은퇴 이후 하워드 베

---

77 앤젤은 통계학적 분석을 사회학과 맞지 않는 고된 노동의 무의미한 결과laborious futility라고 비판했다. George Steinmetz, "American Sociology before and after World War Ⅱ : The (Temporary) Settling of a Disciplinary Field", p. 328~335.

78 George Steinmetz, "American Sociology before and after World War Ⅱ : The (Temporary)

커Howard Becker가 과학주의 사회학을 비판하며 인문학적 사회학을 추구했고 C. 라이트 밀스의 스승이기도 했던 한스 거스Hans Gerth는 미국 사회학의 몰역사적이고 반反이론적인 경향을 비판했다.[79]

하버드대학은 다른 대학에 비해 사회학과가 늦게 창설되었다. 사회학과 이전에 사회심리학과 사회윤리학을 가르치는 학과가 있었으나 정작 사회학과가 창설된 것은 피티림 소로킨Pitirim Sorokin이 교수로 부임한 1931년이다. 러시아혁명에 참여했다가 실망하여 미국으로 망명한 소로킨은 정통 마르크스주의를 비판하면서 그와 동시에 기독교 정신에 입각한 사회 개혁적 사회학자들과도 구별되는 과학적 접근을 주장했다. 그렇다고 그가 과학주의 사회학을 주장한 것은 아니었다. 그의 주요 저서인 《사회문화동학動學Social and Cultural Dynamics》은 감각적 문화에 한정된 과학주의적 시각을 벗어났으며 만년의 소로킨은 과학주의 사회학을 전면적으로 비판하는 입장으로 돌아섰다.[80]

제2차 세계대전 이전 엘리트대학 사회학과의 범위를 넘어서면 비판적이고 공공적인 사회학이 과학주의 사회학보다 더욱 활발했다. 지금

Settling of a Disciplinary Field", p. 335~336.

79 George Steinmetz, "American Sociology before and after World War Ⅱ : The (Temporary) Settling of a Disciplinary Field", p. 336.

80 George Steinmetz, "American Sociology before and after World War Ⅱ : The (Temporary) Settling of a Disciplinary Field", p. 337. 1931년 창설된 하버드대학의 사회학과는 피티림 소로킨이 주도했으나 1946년 탈코트 파슨스에 의해 사회학·심리학·인류학 학제적 프로그램이었던 사회관계학과로 바뀌었다. 이 학과는 1970년 무렵 해체되어 다시 각 분과학문으로 복귀했다.

은 거의 잊힌 인물이지만 네브래스카대학의 사회학과와 미주리대학의 사회학과를 창설한 찰스 엘우드Charles Elwood는 그런 흐름을 대표했다. 그는 구체적인 사회 문제의 해결을 위한 합리적 지식으로서의 사회학을 주장하면서 양적 분석 위주의 과학주의 사회학을 비판했다. 엘우드는 1931년 발표한 〈거세된 사회학Emasculated Sociologies〉이라는 제목의 글에서 오그번과 같이 재단의 연구비 지원을 받아 양적 분석을 위주로 하는 '과학적 사회학'은 사회학에서 비판의 가능성을 제거한다고 주장했다.[81] 그는 1944년 고별사에서 사회학자들은 "인간의 마음을 이해하는 데 가장 중요한 만질 수 없고intangible 측정할 수 없는imponderable 요소들"을 연구해야 하는데 현실에서는 자연과학을 모방하여 관찰 가능하고observable, 측정 가능한measurable 것만을 고려하고 있는 현실을 개탄했다.[82] 그러나 미국 사회학의 역사는 이미 과학적 사회학의 주류화로 흐르고 있었다.

다른 한편 미국 사회학의 주류와 구별되는 흐름은 독일 사회학의 영향을 받으며 형성되었다. 초창기 미국 사회학자들은 독일에 유학하여 사회학의 기초를 쌓았다. 앨비언 스몰, 로버트 파크, 소스타인 베블런 등은 모두 독일에 유학했다. 파슨스는 1920년대에 영국과 독일에 유학

---

81 Stephen Turner, "A Life in the First Half-Century of Sociology: Charles Ellwood and the Division of Sociology", Craig Calhoun ed., *Sociology in America: A History*, p. 154.

82 Stephen Turner, "American Sociology before and after World War Ⅱ: The (Temporary) Settling of a Disciplinary Field", p. 115.

해서 사회학 이론 형성의 기초를 쌓았다.

1930년대에는 독일을 중심으로 한 유럽 사회학자들이 미국으로 들어왔다. 히틀러 치하의 독일을 떠나 미국으로 망명한 이들은 미국 사회학계에 중요한 흐름을 형성했다. 유대계 독일 학자들을 중심으로 하는 망명 지식인들은 유럽에서 형성된 자신들의 학문을 미국 사회에 접목시키면서 미국 학계를 풍부하게 만드는 데 기여했다.[83] 그 가운데 한스 거스, 라인하르트 벤딕스Reinhard Bendix 등의 사회학자는 독일에 한정되어 있던 막스 베버의 저작을 영어로 번역하면서 베버를 사회학이라는 학문의 창건자 가운데 한 사람으로 만들었다.

프랑크푸르트학파의 호르크하이머와 아도르노, 마르쿠제 등은 컬럼비아대학에 자리를 마련하여 사회조사를 실시하면서 비판이론을 미국 사회가 수용 가능한 방식으로 변형시켰다. 1919년 소스타인 베블런, 존 듀이, 찰스 베어드, 제임스 하비 로빈스 등 진보적 지식인들이 참여해서 만든 뉴욕의 '뉴스쿨New School for Social Research'은 1930년대 유럽에서 망명 온 학자들을 받아들여 비주류 비판사회학의 흐름을 형성했다. 알프레드 슈츠는 그곳에서 훗설의 현상학을 사회학과 연결시켜 현상학적 사회학의 기초를 마련했다. 루이스 코저는 짐멜의 저작을 활용하여 갈등론을 발전시켰다. 1930년대에서 1950년대에 이르기까지 이들 유럽 출신 망명 사회학자들의 영향력은 사회학계의 주류보다는

---

83 H. Stuart Hughes, *The Sea Change: The Migration of Social Thought, 1930~1965* (New York: McGraw-Hill, 1975); Lewis Coser, *Refugee Scholars in America: Their Impact and Their Experiences*(New Haven: Yale University Press, 1984).

비주류를 통해 미국 사회학계에 뿌리를 내렸다.[84]

그러나 전반적으로 볼 때 1930년대 미국 사회학의 주류는 통계적 연구방법을 중심으로 사회학의 과학화를 추구했다. 대공황과 뉴딜정책의 시기에 미국의 사회과학은 경제 문제를 중심으로 하는 사회 문제의 해결에 기여하는 학문이 되기를 요구받았고 사회학자들은 그런 흐름에 큰 저항 없이 동참했다. 전체적으로 보자면 대공황 시기에 경제학자들의 활동에 비해 사회학자들의 영향력은 그리 활발하지 못했다. 사회학에 대한 연구비 지원은 경제학, 정치학, 행정학, 법학, 통계학 등에 비교해 작은 규모에 불과했다. 사회학자들은 1930년대 후반에 가서야 뒤늦게 공공영역에서 수요 창출을 위한 조사 작업을 실행했다.

이런 분위기에서 시카고대학이 지배한 미국사회학회를 개혁하려는 움직임이 일어났다. 그 결과 1936년 시카고대학 사회학과가 주도한 《미국사회학저널American Journal of Sociology》과 구별되는 미국사회학회의 공식 학회지 《미국사회학회지American Sociological Review》가 창간되었다.[85] 새로 창간된 ASR은 미국 사회학계 전반의 분위기를 반영하면

---

84 막스 베버의 사회학이 주류가 된 것은 1930년대 이후 이들 독일 출신 망명 사회학자들의 활동에 의해서다. 그 이전에 막스 베버는 미국 사회학계에 거의 알려지지 않았다. H. Stuart Hughes, *The Sea Change: The Migration of Social Thought, 1930~1965*, p. 30. 1930년대 연희전문에서 가르친 하경덕이 하버드대학에서 쓴 박사학위 논문을 책으로 펴낸 Kyung Durk, Har, *Social Laws: A Study of the Validity of Sociological Generalization*(Chapel Hill: The University of North Carolina Press, 1930)에는 베버가 전혀 언급되지 않는다.

85 시카고학파의 지배에 반대한 사회학자들은 1936년 미국사회학회 내에 사회조사

서 과학주의를 지향하며 양적 자료를 사용한 통계적 분석을 우선적으로 게재하면서 주류 사회학을 대표하게 된다.

6. 과학주의 사회학의 주류화

1920년대에 형성된 과학주의 사회학은 1930년대 대공황을 겪으면서 점차 사회공학적 정책사회학으로 변형되었다. 대공황의 여파로 일단 사회학자들에 대한 연구비가 감소했다. 루스벨트 대통령의 자문위원회에는 사회학자가 포함되지 않았고 그에 따라 정부의 연구 프로젝트 의뢰와 연구비 지원도 삭감되었다.[86] 정부의 연구비는 경제위기를 극복하기 위해 기업, 금융, 산업, 행정, 국제관계 등의 영역에서 실질적이고 구체적인 현안 해결을 위한 연구에 집중되었다.

록펠러재단은 1934년 "인간 복지의 긴급한 문제에 대한 즉각적인 해결을 위한 문제 지향적 조사 연구에 지원을 집중한다"는 연구비 지원 원칙을 밝혔다. 연구비를 받으려면 구체적 문제를 해결하는 '기술적 전문가technical expert'가 되어야 했고 전문성을 증명하기 위해 양적 자

연구학회Sociological Research Association를 만들어 회원을 선별적으로 초대했다.

86 뉴딜정책 시기 경제학 분야에 대한 지원이 가장 많았고 아이비리그 대학의 교수들이 특권을 누렸다. Craig Calhoun, "Sociology in America: An Introduction", 2007, p. 29. 각주 71.

료의 수집과 통계적 분석에 몰두해야 했다. 1930년대를 거치면서 조사연구와 통계분석 위주의 사회학은 연구비 지원을 관장하는 조직과 밀접한 연결망을 형성하고 미국 사회학계의 주류를 형성하기 시작했다.[87] 컬럼비아대학의 폴 라자스펠드, 시카고대학의 윌리엄 오그번, 하버드대학의 사무엘 스투퍼 등은 그런 요구에 부응하는 방식으로 연구 경력을 쌓아 제2차 세계대전 이후 미국 사회학계를 주도하게 된다.[88]

제2차 세계대전 기간 중 사회학자들은 국방부로부터 막대한 연구비

---

87 이기홍, 〈양적 방법은 미국 사회학을 어떻게 지배하게 되었나?〉, 30쪽. 1920년대 《미국사회학저널*American Journal of Sociology*》에 실린 논문의 38퍼센트가 경험연구였는데 1930년대에는 64퍼센트로 증가했다.

88 조지 스타인메츠는 연구비 지원재단의 영향력만으로 방법론적 실증주의의 지배권 획득을 설명할 수 없으며 피에르 부르디외의 학술장 이론과 브뤼노 라투르의 행위자 네트워크 이론Actor-Network Theory도 제2차 세계대전 이후 방법론적 실증주의가 지배적인 패러다임이 되었는가를 설명하지 못한다고 본다. 스타인메츠는 1950년대 들어 포드주의 사회구성체Fordist Social Formation로 안정화된 미국 사회와 방법론적 실증주의에 기초한 미국 사회학 사이의 강력하게 공명하는resonnate powerfully 선택적 친화성selective affinities을 주장한다. 포드주의 사회구성체는 수요 관리, 소비자 취향의 동질화, 노사 합의, 지속적 경제성장과 임금상승에 따른 생활수준의 향상을 바탕으로 원자화되고 상호 교환가능한 개인들의 사회적 행동을 예측하고 통제할 수 있는 가능성을 높였다. George Steinmetz, "American Sociology before and after World War Ⅱ: The (Temporary) Settling of a Disciplinary Field", pp. 314~316과 pp. 362~366 참조. 제2차 세계대전 이후 미국 사회과학 전반에서 실증주의가 지배적인 위치를 차지하는 과정에 대해서는 Philip Mirowski, "How Positivism Made a Pact with the Postwar Social Sciences in the United States", George Steinmetz ed., *The Politics of Methods in the Human Sciences: Positivism and Its Epistemological Others*(Durham: Duke University Press, 2005), pp. 142~171 참조.

를 지원받아 '국민의 사기national morale'를 진작시키기 위한 광범위한 조사 연구를 실시했다. 연구 주제는 참전 군인의 동기 부여와 사기, 폭격의 효과, 신문과 방송매체를 통한 선전의 효과 등이었다. 국방부 전략국Office of Strategic Services의 연구분석실Research and Analysis에 소속되어 독일군 전쟁포로에 대해 연구한 에드워드 실스Edward Shils와 모리스 야노비츠Morris Janowitz의 작업은 대표적인 보기였다.[89]

전쟁 기간에 사회학자들은 사회학이라는 학문의 기본 성격에 대해 질문할 여유를 갖지 못하고 국방부로부터 주어진 조사 연구에 집중할 수밖에 없었다. 전시에 미군을 대상으로 이루어진 사무엘 스투퍼의 경험적 조사 연구는 대표적인 사례였다. 그는 전쟁이 끝난 후 전시의 조사 자료를 국방부의 허락과 재단의 연구비 지원을 받아 재분석하여 1949년 《미군병사American Soldier》로 출간했다. 이 책은 전시 조사 연구물 가운데 대표적 성과로서 이후 미국 사회학이 양적 방법론을 강조하게 되는 중요한 계기가 되었다.[90] 전쟁 기간에 이루어진 연구자금 지원은 사회학자들의 학문적 태도와 연구의 방향 설정에 결정적인 영향을 미쳤다.[91] 전시에 세밀한 설문조사와 정교한 통계분석을 사용해 연

89　Michael D. Kennedy and Miguel A. Centeno, "Internationalism and Global Transformation in American Sociology", Craig Calhoun ed., *Sociology in America: A History*, p. 677.

90　Libby Schweber, "Wartime Research and the Quantification of American Sociology: The View from *The American Soldier*", *Revue d'Histoire des Sciences Humaines*, No. 6, 2002, pp. 65~94.

91　피터 버크, 박광식 옮김, 《지식의 사회사 2—백과전서에서 위키백과까지》, 민음사,

구 경력을 쌓은 사회학자들은 전후 미국 사회학계의 엘리트층을 형성하고 정부와 민간재단의 연구비 지원의 최대 수혜자가 되었다.

미국 사회학에서 과학주의 사회학이 주류로 등장하는 과정에는 미국 대학의 통제 시스템도 일정한 역할을 했다. 이미 20세기 초에 베블런Thorstein Veblen과 로스Edward Ross가 지나치게 급진적이라는 이유로 스탠포드대학에서 교수직을 박탈당했지만 유니온 퍼시픽 레일로드Union Pacific Railroad의 자본으로 세워진 스탠포드대학뿐만 아니라 스탠더드 오일 회사의 지원으로 만들어진 시카고대학도 지나치게 급진적인 교수는 징계했다.[92] "'강도 남작robber-baron'이라고 불린 신흥 자본가들의 자금으로 새로 설립된 대학들은 사회학이 번성할 수 있는 기회를 제공했지만 그와 동시에 사회학이라는 학문을 일정한 방향으로 규율하기도 했다."[93]

1950년대 초반의 매카시즘 선풍은 진보적인 사회학이 자리잡지 못하게 하는 이념적 방파제로 작동했다. 1954년 하버드대학 사회관계학과의 로버트 벨라Robert Bellah는 학생시절 급진적인 단체에서 활동했다는 이유로 총장으로부터 교직에서 물러날 것을 종용받았으며 결국 하버드를 떠나 캐나다로 갔다가 매카시즘이 잠잠해진 후에 다시 하버드로 돌아왔다. 그는 하버드대학의 매카시즘 선풍을 "무방비 상태의 개

2017, 378~379쪽.

92 1915년 펜실베이니아대학도 경제학자 스코트 니어링Scott Nearing을 지나치게 급진적이라는 이유로 해고했다.

93 Craig Calhoun, "Sociology in America: An Introduction", 2007, p. 23. 각주 52.

인에 대한 심리적 테러psychological terror"라고 표현했다.[94] 이런 이념 공
세가 가치중립을 내세우는 과학적 사회학이 대학 내에서 주류로 형성
되는 데 일정하게 기여했음은 미루어 짐작할 수 있다.[95]

  미국의 과학주의 주류 사회학은 제2차 세계대전 이후 유럽과 동아시
아 등지에 널리 확산되어 세계 사회학계를 주도한다.[96] 1950년대 들어

---

94 Robert Bellah, et al., "'Veritas' at Harvard: Another Exchange", *The New York Re-
    view of Books*, July, 14, 1977; 박영신, 〈역사적 대화: 벨라의 탈사회학적 관심세계〉,
    《사회이론과 현실인식》, 민영사, 1992, 369~420쪽.

95 대학 내의 이념 공세는 은밀하게 진행되기도 했다. 1976년 뷰러웨이Michael
    Burawoy가 버클리대학 사회학과 교수 채용에 원서를 제출했을 때 에드워드 실스는
    로버트 벨라에게 보낸 평가 편지에서 "나의 인상으로는 뷰러웨이 씨는 자기 자신과
    현재 미국 사회학계의 지배적인 흐름 사이에 존재한다고 여기는 갈등에 대해 과도
    하고 비현실적으로 사로잡혀 있어서 연구에 방해를 받고 있습니다. 그는 자신이 '주
    류 사회학'에 압도되지 않고 유혹당하지 않기 위해 투쟁해야 한다고 생각하는 것 같
    습니다"라고 썼다. Calhoun and Vanantwerpen, "Orthodoxy, Heterodoxy, and Hier-
    archy: 'mainstream' Sociology and Its Challengers", Craig Calhoun ed., *Sociology in
    America: A History*, p. 380에서 재인용. 뷰러웨이의 채용을 둘러싼 버클리대 사회학
    과의 내부 분란은 이후 10여 년 동안 지속되면서 립셋Seymour Martin Lipset, 벤딕스
    Reinhard Bendix 등이 정치학과로 옮겨가는 결과를 초래했다. 이후 버클리대는 1980
    년대 중반 내부 분열을 극복하고 개혁을 통해 전문성과 탁월성을 잃지 않으면서 가능
    하면 소수인종, 여성, 미국 밖의 다른 사회에 관심을 가진 학자들을 우선 충원하는 한
    편 프로젝트를 수주하여 계량 연구를 수행하는 능력을 가진 학자들도 보강하여 1990
    년대 들어 다시 정상급 학과로 올라섰다. 윤영민, 〈최근 미국 사회학의 위기와 대응
    ─버클리대와 워싱턴대의 사례를 중심으로〉, 한국사회학회 엮음, 《21세기의 한국 사
    회학》, 문학과지성사, 1994, 84·95~96쪽.

96 제2차 세계대전 이후 미국 사회학이 각국 사회학의 발전에 미친 영향에 대해서는
    Jennifer Platt, "Sociology", Roger Backhouse and Philippe Fontaine eds., *The History*

미국 사회학계에서는 컬럼비아대학 사회학과의 라자스펠드를 중심으로 경험주의적 조사와 양적 분석을 강조하는 사회학과 하버드대학의 탈코트 파슨스가 마르크스주의에 대항하여 발전시킨 구조기능주의 이론이 주류로 형성되었다. 1931년 소로킨을 영입하면서 만들어진 하버드대학의 사회학과는 1946년 인류학과 심리학을 포괄하는 사회관계학과The Department of Social Relations for Interdisciplinary Social Science Studies로 통합되었다. 탈코트 파슨스가 사회관계학과를 맡았고 스투퍼가 사회관계연구실Laboratory of Social Relations의 소장으로 부임했다. 이로써 컬럼비아대학에서는 머튼과 라자스펠드가 한 팀을 이루었고 하버드대학에서는 파슨스와 스투퍼가 한 팀을 이루게 되었다.[97]

미시간대학에서는 사회통계학자 허버트 블래럭Herbert Blalock, 인구학자이면서 계층을 연구한 오티스 더들리 던컨Otis Dudley Duncan 등이 사회학과에서 중요한 역할을 했고 레슬리 키쉬Leslie Kish는 사회조사

---

of the Social Sciences since 1945(Cambridge: Cambridge University Press, 2010), pp. 102~135을 참조할 것.

97 하버드대학의 파슨스와 스투퍼가 실질적인 협력관계를 이루지 못했지만 컬럼비아대학에서 중범위 이론을 내세운 머튼과 라자스펠드의 조사 연구는 서로 긴밀한 관계를 이루었다. 컬럼비아대학 사회학과는 피터 블라우, 제임스 콜만, 루이스 코저, 로즈 코저, 앨빈 굴드너, 세이모어 마틴 립셋, 앨리스 로시, 피터 로시, 필립 셀즈닉 등을 배출했다. 머튼과 라자스펠드가 양대 축을 이루고 있던 1950년대 컬럼비아대학 사회학과의 분위기에 대해서는 James Coleman, "Columbia in the 1950s", Bennett Berger ed., Authors of Their Own Lives: Intellectual Autobiographies by Twenty American Sociologists(Berkeley and Los Angeles: University of California Press, 1990), 75~103쪽 참조.

연구소Survey Research Center를 중심으로 활동했다. 위스콘신대학에서는 스웰William Sewell이 강력한 실증주의 학파를 만드는 데 중요한 역할을 했다.[98] 시카고대학의 경우 제2차 세계대전 이후 과학적 사회학이 강화되었음에도 불구하고 에버렛 휴즈, 허버트 블루머, 하워드 베커, 조셉 거스필드, 데이비드 리스먼, 어빙 고프먼 등이 질적 방법, 참여관찰 등을 통해 인종 관계, 도시 문제, 비행 및 범죄, 빈곤 등의 문제를 연구하는 시카고학파의 전통을 유지했다.[99] 그러나 에버렛 휴즈가 은퇴한 1957년 이후 질적 연구와 사례 연구의 전통은 거의 사라지고 양적 연구가 주도하는 학풍으로 바뀌었다.[100]

냉전체제하에서 군부와 대학은 기업과 밀착하여 군산학복합체를 형성하고 체제 유지를 위한 사회과학 연구를 지원했다.[101] 자연과학에 비

98　George Steinmetz, "American Sociology before and after World War Ⅱ: The (Temporary) Settling of a Disciplinary Field", pp. 343~349.

99　Gary Alan Fine ed, *A Second Chicago School? The Development of Postwar American Sociology*(Chicago: The University of Chicago Press, 1995).

100　1958년 시카고대학 사회학과의 과장이던 인구학자 필립 하우저의 보고서에 따르면 "두 개로 나뉘어졌던 학과의 연구 관심"이 하나로 통합되었다. George Steinmetz, "American Sociology before and after World War Ⅱ: The (Temporary) Settling of a Disciplinary Field", p. 343. 1967년 모리스 야노비츠가 부임한 이후 시카고대학 사회학과의 전통을 되살리려는 노력이 있었다.

101　찰스 라이트 밀스, 진덕규 옮김, 《파워 엘리트》, 올재, 2018. "미국을 중심으로 한 '군산軍産복합체'는 사실상 '군산학學복합체', 더 나아가서 '군산학언복합체'로 나타난다." 김진균·홍성태, 《군신과 현대사회─현대 군사화의 논리와 군수산업에 대한 연구》, 문화과학사, 1996, 6쪽과 43~55쪽 참조.

하면 지원 규모가 훨씬 적었지만 냉전 시기 사회학은 이전에 비해 호경기를 맞았다. 연구비를 지원받은 사회학자들은 궁극적으로 '국가 안보'에 기여하는 지식 창출을 요구받았다. 기업가형 엘리트 사회학자들은 "경력, 돈 및 지위를 추구하면서 전시에 형성한 연결망을 바탕으로 정부나 재단이 요구하는 기획을 기꺼이 실행했다."[102]

전후 고등교육 요구 확대와 더불어 주립대학을 중심으로 하는 신생 대학들에 사회학과가 설립되었고 그에 따라 사회학자의 수도 계속 늘어났다. 미국사회학회의 회원 수는 1950년 2,400여 명에서 1968년 1만 2,000여 명으로 증가했다. 그에 따라 1970년대에는 사회학자들 사이에 취업, 연구 경력 축적, 연구비 확보 차원에서 경쟁이 치열해졌다. 1950년 미국 연방정부에 의해 만들어진 국립과학재단NSF(National Science Foundation)은 객관성, 검증 가능성, 일반성이라는 사회과학 연구의 공식 평가 기준을 제시했다. 그것은 사회과학도 '과학'이라면 자연과학의 방법론을 모델로 삼아 검증 가능한 객관적 지식을 산출하라는 압력이었다. 이에 따라 사회학자들은 그 기준에 맞추어 정책 형성이나 사회통제에 이용 가능한 실용적 지식을 산출하기 위해 노력했다.

---

102 이기홍, 〈양적 방법은 미국 사회학을 어떻게 지배하게 되었나?〉, 36쪽. 엘리트대학 사회학과의 교수들은 높은 연봉, 풍부한 학내외 연구 지원, 다수의 우수한 대학원 학생, 가벼운 강의 부담 등의 혜택을 누리면서 지속적으로 학문적 업적을 쌓고 제자를 양성할 수 있다. 이런 상황은 '저절로 강화되는 계층체계self-reinforcing stratification system'로 굳어진다. Craig Calhoun and Jonathan VanAntwerpen, "Orthodoxy, Heterodoxy, and Hierarchy: 'mainstream' Sociology and Its Challengers", Craig Calhoun ed., *Sociology in America: A History*, pp. 369~340.

연구비를 지원하는 민간재단들은 연구계획서 작성과 연구 수행 과정에서 지켜야 할 원칙을 제시하면서 사회학이라는 학문의 성격 자체를 정의하는 거의 심판관과 감시자의 역할을 담당했다.[103] 연구비 지원을 받기 위해 사회학자들이 과학화를 추구하면 할수록 사회학계에 남아 있던 개혁 지향성은 주변으로 밀려나게 되었다.

컬럼비아대학의 라자스펠드와 머튼, 하버드대학의 파슨스와 스투퍼, 시카고대학의 오그번 등은 기존의 관계망preestablished network과 동문관계old-boy methods를 활용하여 뉴욕에 사무실을 둔 거대 재단으로부터 막대한 연구비를 수주하는 데 결정적인 역할을 했다.[104] 1950년대에는 컬럼비아대학의 '응용사회연구소Bureau of Applied Social Research', 하버드대학의 '사회관계연구소Laboratory of Social Relations'를 비롯하여 시카고대학의 '여론연구센터National Opinion Research Center', 미시간대학의 '조사연구센터Survey Research Center', 캘리포니아대학 로스앤젤레스 캠퍼스UCLA의 '사회과학연구소Institute for Social Science Research', 일리노이대학의 '조사연구소Survey Research Laboratory', 캘리포니아대학 버클리 캠퍼스UC Berkeley의 '조사연구센터Survey Research Center' 등이 정부와 민간재단의 연구비 지원을 받아 사회 조사를 수행하는 거대 연구소로 성장했다.[105] 점차 질서가 잡히고 주도권이 확립된 미국 사회

---

103 이기홍, 〈양적 방법은 미국 사회학을 어떻게 지배하게 되었나?〉, 44쪽.

104 Charles Camic, "On Edge: Sociology during the Great Depression and the New Deal", Craig Calhoun ed., *Sociology in America: A History*, p. 255.

105 이기홍, 〈양적 방법은 미국 사회학을 어떻게 지배하게 되었나?〉, 44~45쪽. 위에

학계는 방대한 규모의 양적 자료를 다루는 대규모 연구소들을 중심으로 유의미한 표본 선택, 양적 자료 수집의 체계화, 통계적 분석방법의 세련화를 이룩하면서 사회학의 표준과 규범을 제시했다.[106]

1950년대 연구비 지원재단들은 예측과 개입과 통제를 위한 기술공학적 연구를 요구했고 사회학자들은 사회학의 '과학화'를 내세우며 그들의 요구에 응답했다.[107] 매카시 선풍으로 반공주의가 강화되는 상황

열거한 연구소들의 설립 과정과 폴 라자스펠드, 조지 갤럽 등에 의한 조사 연구의 확산에 대해서는 Jean Converse, *Survey Research in the United States: Roots and Emergence, 1890~1960*(New York: Transaction Publisher, 2009)을 볼 것.

106 1980년대 미시간대학 사회학과에서 공부한 이재경은 미국 엘리트대학의 연구소가 담당하는 기능을 다음과 같이 요약했다. "엘리트대학의 서베이 연구기관이 규모도 크고, 다양한 학문분과가 참여해서 대학원생 지원을 하면서 시너지 효과를 냅니다. 정치학, 사회학, 심리학, 교육학, 보건학, …… 교수, 대학원생 박사후 연구원 등등. 제가 40여 년 전 공부할 때에 미시간대학 사회학과가 핵심적으로 참여하는 교내 연구소가 세 군데 있었습니다. 사회조사연구소Institute For Social Research, 인구센터Population Center, 틸리Tilly가 이끄는 사회운동Social Movement과 역사사회학 관련 연구소(지금은 없어진 것 같음)가 있었고, 대부분의 교수나 대학원생은 1~2군데 참여하고 장학금도 받았습니다. 이야기가 길어졌는데, 대규모의 연구소는 대학 측에 막대한 재정적 기여를 하고, 대학원생 장학금과 때로는 학위논문 자료를 제공하는 것이지요. 이공계는 더하고요. 연구자의 실적이 연구비 수주에 유리하고, 교외 연구비는 학생들의 장학금을 비롯하여 대학의 재정을 일정 정도 담당하는 시스템입니다. 소위 대학원 중심 대학이지요. 최근 한국도 유사하게 나타나고 있지요." 이재경, 2019년 10월 27일 이메일. 참고로 역사사회학자 찰스 틸리는 50여 명의 유급 연구조교를 고용하여 자료 분석을 맡겼다고 진술했다.

107 냉전 시기 사회과학만이 아니라 사진을 비롯한 시각예술에 있어서도 '데이터data'

에서 연구비 지원 재단들은 미국 내의 계급 갈등이나 인종 갈등 등 '위험한' 주제를 다루는 연구 프로젝트에 대한 지원을 삭감했다.

1950년대 미국의 주류 사회학은 인종차별과 불평등, 도시와 농촌의 빈곤층, 위험한 핵기술 개발과 핵무기 경쟁, 소비주의, 대중문화, 청년문화, 극우정치의 부활 등 미국 사회의 중요한 연구 주제를 "놀랍게도 외면했다."[108] 냉전 시기 엘리트대학의 사회학자들은 체제 내에 안주하면서 연구방법을 수량화하고 수학화하면서 정치적 입장과 이데올로기적 성향을 드러내지 않는 '전문가'로 자처했다.[109] 위에서 보았듯이 제2차 세계대전 이후 과학주의 사회학의 주류화는 '학술장academic field' 내부의 논리로만 설명하기 어렵다. 거기에는 이데올로기와 연구비 지원 방침이 중요하게 작용했다. 연구비 지원을 받기 위해서는 '가치중립'을 표방하고 사회학도 더욱 세련된 통계분석 방법론을 개발해야 했다.[110]

에 대한 집착과 '사실fact'을 강조하는 문화가 깊이 스며들었음을 보여주는 Joshua Shannon, *The Recording Machine: Art and Fact during the Cold War*(New Haven: Yale University Press, 2017) 참조.

108 이기홍, 〈양적 방법은 미국 사회학을 어떻게 지배하게 되었나?〉, 47쪽.

109 냉전이 역사학, 정치학, 인류학, 지구과학, 해양학 등에 미친 영향에 대해서는 노암 촘스키 외, 정연복 옮김, 《냉전과 대학: 냉전의 서막과 미국의 지식인들》, 당대, 2001 참조.

110 Neil J. Smelser, "External Influence on Sociology", Hebert Gans ed., *Sociology in America*(Newbury Park, London, New Delhi: Sage Publications, 1990), pp. 58~59. 미연방과학재단NSF 홈페이지에는 '엄격하고 객관적인 평가 기준rigorous and objective merit-review'을 내세우면서 지속적인 새로운 지식 획득의 중요성을 강조하는 내

이런 경향은 앞서 본대로 컬럼비아대학, 시카고대학, 미시간대학, 위스콘신대학 등 미국의 엘리트대학 사회학과를 중심으로 이루어졌다.[111] 1950년대에 컬럼비아대학, 시카고대학, 미시간대학, 위스콘신대학, 하버드대학의 사회학과는 많은 수의 박사를 배출했고 교수 충원 과정에서 상호교환을 통해 폐쇄적인 엘리트대학 집단의 지위와 명성을 굳혔다.

미국 사회학의 주류를 형성한 엘리트대학 사회학과의 역할을 제대로 이해하려면 미국의 대학 시스템에 대한 이해가 필요하다. 미국의 대학의 위계는 50개 정도의 엘리트대학, 학부 교육 중심의 유명 칼리지 liberal arts college, 200개 정도의 중간 수준 대학, 다수의 공·사립 주변부 대학, 마지막으로 2년제 커뮤니티 칼리지community college 등 다섯 개의 범주로 구분할 수 있다. 미국 사회학의 주류 패러다임의 형성에는 엘리트대학 가운데서도 앞서 말한 소수의 핵심 대학 사회학과가 결정적인 역할을 담당했다. 반면 비판사회학이나 질적 방법론 등 비주류 사회학은 중간 수준과 주변부 대학 사회학과에서 강세를 보였다.[112]

엘리트대학 가운데 하버드대학과 버클리대학 사회학과는 다소 예외

용이 나온다.

111 이런 현상을 '학계의 신분제'라는 개념으로 분석한 Val Burris, "The Academic Caste System: Prestige Hierarchies in Ph.D Exchangr Networks", *American Sociological Review*, Vol. 69, No. 2, 2004, pp. 239~264 참조.

112 Jonathan Turner, "Sociology in the United States: its Growth and Contemporary Profile", Nikolai Genove ed., *National Traditions in Sociology*(London: Sage, 1989), p. 220·228.

적이었다.[113] 하버드대학의 경우 1946~1970년 사이에 탈코트 파슨스가 주도한 사회관계학과는 사회학, 인류학, 심리학 세 분과학문의 학제 간 연구를 통해 인성 – 문화 – 사회personality-culture-society를 통합하는 사회학 이론 연구가 주류를 이루었다. 1946~1956년 사이에 하버드대 사회관계학과는 80여 명의 우수한 박사를 배출하면서 미국 사회학계의 최상위 학과로 올라섰다.[114] 1960년대 버클리대학 사회학과에는 블루머, 고프먼, 벤딕스, 립셋, 벨라, 스멜서, 콘하우저, 셀즈닉 등이 다양한 학문적 배경을 가진 학자들이 모여 다양한 이론적 방법론적 전통이 공존하는 학풍을 이뤘다.[115]

---

113 George Steinmetz, "American Sociology before and after World War Ⅱ : The (Temporary) Settling of a Disciplinary Field", p. 349.

114 George Steinmetz, "American Sociology before and after World War Ⅱ : The (Temporary) Settling of a Disciplinary Field", p. 350. 킹슬리 데이비스, 마리온 레비, 해럴드 가핑클, 르네 폭스, 제임스 데이비스, 로버트 벨라, 닐 스멜서, 윌버트 무어, 로빈 윌리엄스, 에드워드 티리아키안, 에즈라 보겔 등이 모두 하버드대학에서 파슨스의 지도로 박사학위를 받았다.

115 버클리대학에는 1923년 '사회제도학과Department of Social Institutions'가 만들어졌으나 두각을 나타내지 못했다. 1946년 과의 명칭을 '사회학과 사회제도학과 Department of Sociology and Social Institutions'로 바꾸고 나서 1960년대에 들어서는 하버드, 컬럼비아, 시카고, 위스콘신, 미시간 등의 사회학과와 더불어 정상급 사회학과의 하나가 되었다. 1939년 버클리대에서 박사학위를 받은 로버트 니스벳은 1946년 사회학과 개혁에 기여했으나 1953년 학내 분규로 버클리를 떠났다. Steinmetz, "American Sociology before and after World War Ⅱ : The (Temporary) Settling of a Disciplinary Field", p. 340 각주 41. 위에 언급한 버클리대 사회학과의 교수진 가운데 블루머, 벤딕스, 고프먼, 콘하우저는 시카고대학 박사이고, 벨라

주요 엘리트대학 사회학과에 통계학과 조사분석에 강한 학자들이
자리를 잡게 되면서 사회학의 철학적 기초가 정비되었다.[116] 시카고대
학의 경우 과학철학자 에른스트 네이글Ernest Nagel의《과학의 구조The
Structure of Science》(1961)가 널리 참조되었다. 이 책에서 네이글은 사회
과학이 과학이려면 자연과학과 마찬가지의 기준을 따라야 한다는 입장
을 제시했다. 컬럼비아대학에서는 머튼과 라자스펠드가 함께 엮은《사

와 스멜서는 하버드대학 박사, 립셋과 셀즈닉은 컬럼비아대학 박사였다. 버클리
대학 사회학과의 역사에 대해서는 Jonathan VanAntwerpen, "Resisting Sociology'
s Seductive Name: Frederick J. Teggart and Sociology at Berkeley", Anthony J. Blaisi
ed., *Diverse Histories of American Sociology*(Leiden: Brill, 2005), pp. 141~177 참조.
1980년대 버클리대학 사회학과의 위기 극복 과정에 대해서는 윤영민, 〈최근 미국
사회학의 위기와 대응—버클리대와 워싱턴대의 사례를 중심으로〉, 한국사회학회
엮음,《21세기의 한국 사회학》, 문학과지성사, 1994, 69~106쪽 참조.

116 미국 사회학계의 교과서를 분석한 한 논문에 따르면 제2차 세계대전 이전에 이
미 사회학은 자연과학을 모델로 삼아야 한다는 광범위한 합의에 이르렀다. E.
Doyle McCarthy and Robin Das, "American Sociology's Idea of Itself: A Review of
the Textbook Literature from the Turn of the Century to the Present", *History of
Sociology*, Vol. 5, No. 2, 1985, pp. 27~30. 그러나 스타인메츠는 자세히 살펴보
면 제2차 세계대전 이전 미국 사회학에서 과학적 사회학이 헤게모니를 장악하기
에는 거리가 멀었다고 주장한다. 1930년대에서 1940년대 사이에 미네소타대학과
노스캐롤라이나대학을 제외하고는 어느 엘리트대학 사회학과에서도 하나의 인식
론적·방법론적 입장이 지배하지 못하는 분열 또는 다양성의 상태에 있었다. 방법
론적 실증주의에 입각한 과학적 사회학은 제2차 세계대전 이후 헤게모니를 장악
하고 1965년 무렵까지 지배적인 흐름으로 군림했다. George Steinmetz, "American
Sociology before and after World War Ⅱ: The (Temporary) Settling of a Disciplinary
Field", pp. 319~320.

회연구의 연속성*Continuities of Social Research*》(1950)이 널리 참조되었고 라자스펠드와 로젠버그가 함께 엮어 펴낸《사회연구의 언어*Language of Social Research*》(1955)가 과학적 사회학의 철학적 기초를 제공했다.[117]

사회학 교육을 위한 입문서에도 변화가 일어났다. 미시간대학의 경우 쿨리Cooley, 앤젤Angell, 카Carr가 공저로 펴낸《사회학 입문*Introductory Sociology*》(1933)이 론 프리드만Ron Freedman, 아모스 홀리Amos Hawley, 게르하르트 렌스키Gerhard Lenski 등의 공저《사회학의 원칙들 *Principles of Sociology*》(1953)로 교체되었다.[118] 새로운 교과서는 '공감적 이해'를 강조한 옛 교과서와 달리 사회학을 자연과학과 같은 의미에서 '과학'으로 정의했다. 조사방법 교과서로는 페스팅거Festinger와 카츠Katz 공저의《행동과학의 조사방법*Research Methods in Behavioral Sciences*》(1953)이 교재로 쓰였고 사회과학의 인식론은 과학철학자 에이브러햄 캐플런Abraham Kaplan의《탐구의 행위*The Conduct of Inquiry*》(1964)가 널리 참조되었다.[119] 컬럼비아대학에서 기딩스의 지도로 사회학 박사학위를 받고 미네소타대학의 사회학과를 창설한 스튜어트 채핀

---

117 Robert Merton and Paul Lazarsfeld, *Continuities of Social Research*(Glencoe, IL.: Free Press, 1950); Paul Lazarsfeld and Morris Rosenberg, *The Language of Social Research: A Reader in the Methodology of Social Science*(Glencoe, IL.: Free Press, 1955).

118 미국 사회학계 최초의 사회학 개론서는 1894년 앨비언 스몰과 조지 빈센트가 공저한《사회에 관한 과학 입문》이다. Albion Small and George Vincent, *Introduction to the Science of Society*(New York: American Book, 1894).

119 George Steinmetz, "American Sociology before and after World War Ⅱ: The (Temporary) Settling of a Disciplinary Field", pp. 347~348.

Stuart Chapin의 제자 조지 런드버그George Lundberg는 1945년에 시작해서 1961년 은퇴할 때까지 시애틀의 워싱턴대학 사회학과에서 가르치면서 방법론적 실증주의에 입각한 과학적 사회학을 전파했다. 런드버그가 1939년에 펴낸《사회학의 기초Foundations of Sociology》는 1964년에 개정판이 나올 정도로 영향력이 있었고 1958년 동료 교수들과 함께 펴낸 사회학 개론서도 1968년 4판이 나올 정도로 장수했다.[120] 1950년대 미국 사회학의 변화를 서술한 립셋과 스멜서는 1961년에 펴낸 책에서 이제 사회학이 도덕적 가치를 내세운 전사前史(prehistory)의 단계에서 과학이라는 역사history의 단계로 진입했다고 선언했다.[121]

통계분석을 전문으로 하는 한 미국 사회학자에 의하면 "지난 50년 동안 사회학에서 전반적인 추세는 가설의 더 복잡한 정식화, 더 광범하고 더 자세한 자료들, 자료들에 대응하여 더 복잡해지는 통계 모델, 그리고 더 수준 높은 통계적 분석을 향한 것이었다. 사회학에서 통계적 방법은 성공적인 반세기를 지냈으며 학문분과의 과학적 엄격성이라는 크게 개선된 표준에 공헌했다."[122] 미국 사회학의 3대 학술지라고 할 수

---

120 George Lundberg, *Foundations of Sociology*(New York: MacMillan, 1939); George Lundberg, Otto Larson and Clarence Schrag, *Sociology*(New York: Harper and Row, 1958). 1959년 런드버그의 지도로 박사학위를 받은 홍승직은 귀국하여 고려대학교 아세아문제연구소에 자리를 잡고 1963년 사회학과를 창설했다.

121 Seymour Martin Lipset and Neil J. Smelser, *The Progress of a Decade*(Englewood Cliffs: Prentice-Hall, 1961), pp. 1~8.

122 Adrian Reftery, "Quantitative Research Methods", Craig Calhoun et al. ed., *The Sage Handbook of Sociology*(London: Sage, 2005), p. 15. 이기홍, 〈양적 방법은 미국

있는 *ASR*, *AJS*, *Social Forces*에 실린 논문들은 제2차 세계대전 이후 양적 자료와 통계분석을 사용한 논문들이 급속히 증가하여 1960년대에는 다수를 차지했다.[123] 이에 따라 양적 접근과 통계적 분석을 전공으로 하는 학자들의 상징자본이 증가하고 그들이 학계에서 차지하는 위상도 높아졌다. 그런 과정에서 미국 사회학은 논리적 명료성을 얻은 대신 현실적합성을 상실했다. 신뢰할 수 있는 과학적 탐구의 절차를 따를 것을 강조함으로써 엄격성을 획득했지만 점차 현실에서 유리되면서 정의, 평등, 자유, 민주주의 등 미국 사회의 근본적인 가치를 증진시키는 일에서는 멀어지게 되었다.[124]

연구비를 관장하는 기관들과 배타적 연결망을 구축한 엘리트 사회학자들의 미국 사회학 정복은 '정치적 성공'이었지만 그와 동시에 '지적 패배'이기도 했다.[125] 민간재단과 정부의 막대한 연구비 지원을 바탕으로 과학주의 사회학은 미국 사회학계에서 주류를 형성하게 되었지만 사회학 안에 내장되어 있던 '비판적 공공성'을 상실했기 때문이다. 그 과정에서 미국 사회학 초창기부터 존재했던 사회 개혁을 목표로 하는 '비판적 지식인'이라는 사회학자의 역할은 사라졌다. 그 대신 사회학자들은 사회 문제를 예측하고 통제하는 데 필요한 지식을 생산하는

사회학을 어떻게 지배하게 되었나?〉, 49~50쪽에서 재인용.

123 Jennifer Platt, *A History of Sociological Research Methods in America, 1920~1960* (New York: Cambridge University Press, 1996), pp. 191~193.

124 Craig Calhoun and Jonathan VanAntwerpen, "Orthodoxy, Heterodoxy, and Hierarchy: 'Mainstream' Sociology and Its Challengers", p. 374.

125 이기홍, 〈양적 방법은 미국 사회학을 어떻게 지배하게 되었나?〉, 51쪽.

‘사회공학자’의 자리를 수락했다.[126]

집합행동 연구를 중심으로 이론적 사회학을 지향한 캘리포니아대학 버클리 캠퍼스에서 가르쳤던 닐 스멜서Neil Smelser는 이런 현상을 두고 사회학자들과 정부 및 연방 연구비 지원 재단들 사이의 관계가 초기의 ‘힘든 결혼troubled marriage’ 관계에서 점차 ‘정략결혼marriage of convenience’ 관계로 변했다고 진단했다. 그는 앞으로도 전반적 상황의 변화에 따라 다소 변화가 있겠지만 자연과학을 모델로 하는 ‘과학’으로서의 사회학을 주장하는 사회학자들이 계속해서 미국 사회학을 주도할 것으로 내다보았다.[127]

7. 주류 사회학에 대한 비판과 오늘의 미국 사회학

그러나 과학적 사회학이 자연과학과 같은 의미에서의 ‘과학’이 될 수는 없었다. 사회학은 ‘불가능한 과학impossible science’이다. 사회과학의 연구 대상은 자연과학의 대상과 달리 인간의 의도와 가치, 자유와 주체

---

126 이기홍, 〈양적 방법은 미국 사회학을 어떻게 지배하게 되었나?〉, 27~48쪽.

127 Neil Smelser, “External Influence on Sociology”, p. 56·59. 스멜서의 예측에 따르면 기존 체제를 비판하고 모순을 폭로하는 비판사회학자들은 늘 비주류 주변부에 남아 있을 것이다.

성이라는 측면을 가지고 있기 때문이다.[128]

미국 사회학계에는 사회학은 애초부터 자연과학에서 말하는 '과학'이 될 수 없을 뿐더러 사회과학 특유의 연구방법을 모색해야 한다는 소수의 사회학자들이 줄곧 존재했다. 초창기부터 미국 사회학은 개별 분야의 전문가들이 만든 과학적 지식에 의해 예측되고 통제되는 관료적 통제사회를 지향하기보다는 비전문가 시민들이 참여와 토론에 의해 만들어지는 참여민주주의 사회를 지향해왔다. 사회 문제의 해결에는 물론 '도구적 이성'과 '통제적 관심'을 작동시켜 산출한 기술공학적 지식이 필요한 부분도 있다. 그러나 사회는 사회적 관계로 이루어지고 사회적 관계 속에는 지배와 복종, 억압과 저항, 정의와 불의가 존재한다. 사회학은 비판적이고 성찰적인 이성에 기초하여 사회를 구성하는 모든 개인이 주체적인 삶을 영위하는 데 도움이 되는 지식을 만들어내고 확산시켜야 하는 임무도 가지고 있다. 사회학은 지배 엘리트들의 정책 형성에 도움이 되는 지식을 만들어낼 수도 있고 시민 참여와 민주주의 확장에 도움이 되는 지식을 창출할 수도 있다.

정책 형성에 도움이 되는 과학적 사회학이 유일한 패러다임으로 군림하는 상황은 기존 사회체제를 유지하는 결과를 초래하기 쉽다. 사회학계뿐만 아니라 사회 전체가 민주적이고 정의롭고 개인의 자유와 주체성을 최대한 보장하는 사회가 되려면 복수의 사회학 패러다임이 공

---

128 미국 주류 사회학에 대한 포스트모던 사회학의 비판과 대응을 정리한 저서로 Jongryul Choi, *Postmodern American Sociology: A Response to the Aesthetic Challenge*를 참조할 것.

존하며 서로 경쟁해야 한다. 진정한 사회학자라면 사회학이라는 학문의 성격이 지배 이데올로기나 연구비 지원 단체에 의해 결정되는 상황을 건강하다고 말할 수 없을 것이며 학문의 자유가 보장된 사회에서 사회학의 성격은 과학적 사회학 하나로 규정될 수 없을 것이다.

어느 분과의 '학술장'이든 주류가 있으면 비주류가 있고 지배가 있으면 저항이 있게 마련이다. 과학적 사회학이 미국 사회학의 주류로 형성되면서 이에 대한 비주류의 비판과 대안 모색이 줄곧 이어져왔다. 1950년대와 60년대에 걸쳐 주류 사회학과 구별되는 사회학자로 데이비드 리스먼, C. 라이트 밀스, 대니얼 벨, 피터 버거, 로버트 벨라, 어빙 고프먼, 찰스 틸리, 해럴드 가핑클 등을 들 수 있다. 리스먼의《고독한 군중Lonely Crowd》(1950), 밀스의《사회학적 상상력Sociological Imagination》(1959), 대니얼 벨의《이데올로기의 종언The End of Ideology》(1960), 고프먼의《오점Stigma》(1963), 벨라의《도쿠가와 종교Tokugawa Religion》(1957), 버거의《사회학으로의 초대Invitation to Sociology》(1963), 틸리의《방데Vendé》(1964), 가핑클의《민속방법론 연구Studies in Ethnomethodology》(1967) 등의 저서는 미국 사회학의 주류와 구별되는 다양한 비주류를 형성했다. 특히 밀스는 현실과 유리된 '추상화된 경험주의abstracted empiricism'와 보편성을 내세우는 개념들의 체계인 '거대 이론Grand Theory'이 지배하는 미국 사회학계를 통렬하게 비판했다. 사회학자이자 공공지식인이었던 밀스는《파워엘리트Power Elite》,《들어라 양키들아Listen Yankees》등의 저서를 통해 사회학의 비판정신을 되살렸다.

학회 차원에서 보자면 1951년에 알프레드 리Alfred M. Lee와 엘리

자베스 리Elizabeth B. Lee가 주도하여 만들어진 '사회문제연구학회 SSSP(Society for the Study of Social Problems)'가 창설되었다. 이 학회는 과학적 사회학이 미국 사회의 현실을 제대로 다루지 못한다고 비판하면서 미국 사회가 겪고 있는 다양한 사회 문제를 비판적이면서 인도주의적인 입장에서 다루는 사회학의 형성을 목표로 삼았다. 이 학회는 사회학자들이 주도하지만 학자들만이 아니라 현장 활동가와 복지제도 운영자 등도 참여하는 학제 간 연구모임을 표방하면서 《사회 문제Social Problems》라는 학회지를 창간했다. 어니스트 버지스, 허버트 블루머, 앨빈 굴드너, 하워드 베커, 루이스 코저, 조셉 거스필드 등이 이 학회의 회장을 역임했다. 이 학회는 매년 학회의 목표에 부응하는 저서에 상을 수여하는데 그 상의 이름은 'C. 라이트 밀스 상C. Wright Mills Award'이다. 해리 브레이버만, 찰스 틸리, 테다 스카치폴, 마누엘 카스텔 등이 이 상을 수상했다.

1960년대 중반 이후 베트남전쟁에 반대하는 평화운동, 흑인들의 민권운동, 페미니스트 여성들의 여성운동, 반자본주의 반문화운동 등이 형성되면서 주류 사회학에 대한 비판이 거세졌다. 앨빈 굴드너는 1970년에 《도래하는 서구 사회학의 위기Coming Crisis of Western Sociology》를 발표하여 기득권 주류 사회학이 당연하게 가정하고 있는 정치적·이념적 보수성을 비판하고 사회학의 갱신을 요구했다.[129] 그는 당시의 상황

---

129 Alvin Gouldner, *The Coming Crisis of Western Sociology*(New York: Basic Books, 1970). 굴드너는 1974년 마르크스주의 사회학과 더불어 고전사회학 이론, 비판이론, 사회과학의 철학 등을 포괄하는 새로운 사회학 학술지 *Theory and Society*

을 이렇게 요약했다.

새롭고 자기비판적인 사회학이라는 개념이 등장하고 '정상적인' 아카데
믹 사회학 'normal' Academic Sociology으로부터 벗어나려는 움직임이 커
지고 있음은 대학을 둘러싸고 대학으로 침투하고 있는 외부 세력의 압
력과 유혹으로부터 탈피하려는 모색의 일부이다. 그와 동시에 새로운
움직임은 사회학이 더 큰 사회에서 인간적인 사회를 위해 일할 수 있게
하는 새로운 자기상self-image과 역사적 사명감을 요청한다.[130]

이런 움직임 속에서 1970년대 들어 주류 사회학에 대한 비판과 대안
으로서 급진주의 사회학, 마르크스주의 사회학, 페미니스트 사회학, 상
징적 상호작용론, 민속방법론, 현상학적 사회학 등이 강화되었다.[131] 월
러스틴의 세계체제론, 찰스 틸리의 국가 형성과 사회운동사를 중심으
로 하는 역사사회학, 스카치폴의 프랑스, 러시아, 중국 혁명에 대한 비
교역사적 연구 등도 주류 사회학과는 구별되는 비판적 흐름의 사회학
이었다.

를 창간했다.

130 Alvin Gouldner, *The Coming Crisis of Western Sociology*, p. 512.
131 에릭 올린 라이트, 제프리 알렉산더, 앤드류 애보트, 크레이그 칼훈 등 1944년에
     서 1951년 사이에 출생한 68세대 사회학자들이 시대적 상황과 대면하면서 사회학
     자로 성장한 과정을 자전적으로 성찰하고 있는 Alan Sica and Stephen Turner eds.,
     The Disobedient Generation: Social Theorists in the Sixties(Chicago: The University of
     Chicago Press, 2005) 참조.

1940년대 출생한 베이비붐 세대의 사회학자들은 이런 지적 분위기의 변화 속에서 미국 주류 사회학계를 대표하는 미국사회학회 ASA(American Sociological Association)를 비판하면서 새로운 학회를 구성하여 지적 저항운동을 전개했다. 1970년에는 흑인사회학회ABS (Association of Black Sociologist)가 결성되었고, 1971년에는 여성사회학회 SWS(Sociologists for Women in Society)가, 1976년에는 인간주의사회학회 AHS(Association for Humanist Sociology)가 출범했다. 새로 결성된 사회학회들은 학술대회와 학술지를 통해 백인 남성들이 주도하는 주류 사회학의 문제의식이 암암리에 무시해온 흑인, 여성, 빈민, 소수인종 등의 문제를 사회학적 연구 대상으로 부각시키면서 불평등, 배제, 억압 등의 사회 문제 해결에 기여하는 비판적 사회학을 지향했다. 제임스 에드워드 블랙웰James Edward Blackwell이 주도한 흑인사회학회는《인종과 사회문제Issues in Race and Society》라는 학술지를 중심으로 전 지구적 차원의 인종 불평등 문제를 제기하고 있으며 앨리스 로시Alice Rossi가 주동이 되어 결성된 여성사회학회는 공식 학회지《성과 젠더Sex and Gender》를 통해 성차별의 현실을 고발하고 젠더 문제를 사회학의 중심 의제로 부상시켰다. 반문화운동에 참여했던 사회학자들이 주도한 인간주의사회학회는 학회지《인간성과 사회Humanity and Society》를 통해 평등과 평화와 정의라는 가치를 지향하면서 사회 속에서 살아가는 인간의 다양한 요구와 관심에 응답하는 사회학을 전개했다.

그러나 1980년대에 들어서 반문화운동과 사회운동의 움직임이 가라앉고 신자유주의적 보수주의의 물결이 주류가 되면서 사회학계에는 다시 주류 사회학이 강화된다. 베이비붐 세대가 대학을 다니는 시기가 끝나고 대학의 확장 시기가 멈추자 사회학 박사는 늘어났는데 사회학 교수 자리는 늘어나지 않은 것도 비판사회학의 강화에 불리하게 작용했다. 이런 상황에서 다시 양적 자료를 사용하여 통계분석을 하는 주류 사회학 지향의 사회학자들을 선호하는 상황이 전개되었다. 대학의 재정 확보에 도움이 되는 연구비의 수주를 위해서는 인문학적 사회학을 지향하는 비판사회학자보다는 양적 자료를 통계적으로 분석하는 과학주의 주류 사회학자가 더 적합했기 때문이다.

1968년 파리의 5월운동을 비롯하여 전 세계적으로 일어난 변화와 개혁의 분위기는 미국 사회학계에도 변화를 가져왔으나 1980년대 사회학과의 양적 성장이 둔화되면서 주류 사회학은 다시 제자리를 찾고 세력을 강화했다.[132] 그러나 주류 사회학에 대한 도전도 끊임없이 계속되었다. 마이클 뷰러웨이가 2004년 미국사회학회 회장으로 취임하면서 '공공사회학public sociology'을 주창한 것은 이러한 움직임의 표현이었다. 그에 따르면 미국 사회학계는 대학사회 내에 머무르는 전문가 사회학professional sociology과 그것을 응용하여 정책 형성에 기여하는 정책사회학policy sociology, 전문가 사회학의 이념적·이론적·방법론적 가정을 성찰하는 비판사회학critical sociology과 사회적 행위자들과 함께 그들

---

132 주류 사회학에 대한 비판과 그것이 초래한 미국 사회학계의 변화에 대해서는 Craig Calhoun and Jonathan Van Antwerpen, *Orthodoxy, Heterodoxy, and Hierarchy: 'Mainstream' Sociology and Its Challenges*, pp. 367~410과 같은 책에 실린 Doug McAdam, "From Relevance to Irrelevance: The Curious Impact of the Sixties on Public Sociology", pp. 411~426, Immanuel Wallerstein, "The Culture of Sociology in Disarray: The Impact of 1968 on U.S. Sociology", pp. 427~437 참조.

의 사회 문제 해결을 지향하는 공공사회학public sociology 등 네 가지 지향성의 사회학이 서로 경쟁하고 협력하는 학술장이 되었다.[133] 그렇다면 오늘날 한국 사회학은 어떤 상황에 있는가? 또한 한국 사회학은 어떤 경로를 밟아 지금 여기의 사회학에 이르렀나? 이에 답하기 전에 제2차 세계대전 이후 영국, 독일, 프랑스 사회학의 전개를 살펴보자. 그런 다음에 이 책의 2부에서 다시 한국 사회학의 역사로 돌아올 것이다.

---

133 Michael Burawoy, "For Public Sociology", *American Sociological Review* Vol. 70, No. 1, 2005, pp. 4~28.

2.

영국·독일·프랑스 사회학의 계보학[134]

신고전주의 정통 경제학이 학문적 제국주의academic imperialism에 의해 '위로부터from above' 세계 여러 나라의 경제학 연구로 보편화되었다면 세계 사회학은 개별적인 각국 사회학의 발전을 통해 '밑으로부터from below' 힘들게 만들어졌다. 세계 사회학의 구성은 각 나라 사회학이 스스로 생존하는 능력과 여러 나라 사회학들이 다양한 방식으로 교류를 증진하는 작업에 달려 있다.
– 마이클 뷰러웨이[135]

1. 제2차 세계대전 이후의 세계 사회학

동서 냉전이 막을 내리고 세계가 하나의 체제로 통합되면서 국가 간의 경계가 느슨해지고 초국적이고 전 지구적인 사회현상들이 등장했다. 그에 따라 사회학계에서도 국경을 넘어서는 전 지구적 현상을 연구해야 한다는 방법론적 세계주의methodological cosmopolitanism가 등장했다. 정보통신기술의 발전과 세계화의 진전에 따라 학자들 사이의 교류

---

134 이 장은 2018년 12월 8일 중앙대학교에서 열린 한국사회학대회의 이론분과에서 발표되었다. 토론해주신 박명규 교수께 감사드린다. 독일 사회학 부분을 검토해 주신 배동인, 차명제, 김건우 세 분께도 감사드린다.

135 Michael Burawoy, "Facing an Unequal World: Challenges for a Global Sociology", Michael Burawoy ed., *Facing an Unequal World: Challenges for a Global Sociology*, Vol. 1(Taipei: Academia Sinica, ISA, 2010), p. 25.

가 활발해지면서 역사적·문화적 배경을 달리하는 세계 각국의 사회학
자들이 자기 사회의 특수성을 벗어나 보편적 담론global discourse을 공유
하게 되었다는 주장이 나오기도 했다.[136] 그러나 아직도 세계체제의 기
본 단위는 국민국가nation-state라는 사실을 부인하기 어렵고 각국의 지
정학적 조건, 문화적 문맥, 역사적 체험은 서로 다르다. 그렇게 나라마
다 서로 다른 특성을 가지고 있기 때문에 각국의 사회학은 세계화 시대
에도 서로 다른 특수성을 가질 수밖에 없다.[137]

1980년대 이후 지금까지 세계사회학회ISA(International Sociological
Association)를 비롯한 세계 사회학계에서도 사회학이라는 학문의 보편
성과 각 나라 사회학의 특수성 사이의 관계, 중심부 국가의 사회학과
주변부 국가 사회학 사이의 관계에 대한 논의가 진행되고 있다.[138] 한국

---

136 Martin Albrow, "Introduction", Martin Albrow and Elizabeth King eds., *Globaliza-*
     tion, Knowledge and Society: Readings from International Sociology(London: Sage,
     1990), pp. 3~15.

137 Sujata Patel ed., *The ISA Handbook of Diverse Sociological Traditions*(London: Sage,
     2010) 참조. 참고로 2010년 비판사회학회 학술대회의 주제는 "세계화와 한국 사회
     이론의 모색: 도전과 희망"이었다.

138 Harry Hiller, "Universality of Science and the Question of National Sociologies",
     American Sociologist, No. 14, 1979, pp. 124~135; Céline Saint-Pierre, "Inter-
     nationalisation de la sociologie ou résurgence des sociologies nationales?", *Sociologie*
     et Sociétés, Vol. 12, No. 2, 1980, pp. 7~20; Nikolai Genov, "Universality and
     Indigeneity in the Development of Theoretical Sociology", *Bulgarian Journal of So-*
     ciology, No. 6, 1983, pp. 31~38; Peter Park, "Toward an Emancipatory Sociology:
     Abandoning Universalism for True Indiginization", *International Sociology*, Vol. 3,
     No. 2, 1988, pp. 161~170; Edward Tiryakian, "Sociology's Great Leap Forward:

사회학계에서도 1970년대 초부터 미국 사회학을 주체적이고 비판적으로 수용하기 위한 문제 제기가 이루어졌다. 한국 사회학의 토착화 논쟁에서 중심적인 역할을 담당하던 황성모는 1983년에 발표한 글에서 다음과 같이 자신의 의견을 밝혔다.

인문과학의 발달이 인간의 주체성이라는 가치의 확립 과정이었다고 할 것 같으면, 사회과학은 인간집단, 따라서 국가, 민족의 주체성을 확립하는 학문이 되어야 한다는 주장을 해서 그것이 사회과학의 과학성을 손상하는 것이 아니고, 오히려 과학성에 에토스를 부여하는 일이 되는 것이다. 조사방법을 기술적인 차원에서 세련시키고 자연과학처럼 만드는 것이 학문의 발전이라고만 생각한다면 무의식중에 기술주의에 빠질 것이고, 그것은 결국 보편주의의 구호 밑에서 실질적으로 세계적 차원에서는 종속의 굴레에서 벗어나지 못하고 마는 결과를 자아낼 것이다.[139]

The Challenge of Internationalization", *International Sociology*, Vol. 1, No. 2, 1986, pp. 155~171; Nikolai Genov, "National Sociological Traditions and the Internationalization of Sociology", Nikolai Genov ed., *National Traditions in Sociology*(London: Sage, 1989), pp. 1~17.

139 황성모, 〈한국 사회과학의 기본과제와 방향〉, 성균관대학교 사회과학연구소 편, 《한국 사회과학론—'사회'가 없는 사회과학들이 어떤가?》, 대왕사, 1983, 296~297쪽. 세계사회학회ISA에서 펴내는 학술지 창간호에 실린 '서문'에서 브라질 사회학자 카르도주Fernando Cardoso는 이 학술지가 각 나라의 민족적·문화적 전통에 의해 동기화된 사회학자들의 글을 실음으로써 '현대사회학에 대한 전 지구적이고 포괄적인 관점'을 제공할 수 있을 것이라고 썼다. Fernando Cardoso, "Forward", *International Sociology*, Vol. 1, No. 1, 1986, p. 2.

사회과학도 자연과학처럼 과학적 방법을 사용하여 학문공동체 구성원 모두가 동의할 수 있는 하나의 진리에 도달할 수 있다는 19세기 사회과학 초창기의 이상은 21세기가 되어서도 실현되지 못하고 있다.[140] 그 결과 사회학을 물리학과 같은 과학으로 만들자고 주장하는 사회학자들의 목소리는 약해졌지만 자료의 수집과 분석의 과학적 절차를 강조하는 방법론 논의는 시간이 갈수록 세련화하고 있다.

이런 상황에서 미국 사회학이 핵심부를 차지하고 그 주변에 독일, 프랑스, 영국 사회학이 동심원을 그리면서 세계 사회학계의 중심부를 구성하고 있다. 그리고 나머지 나라들의 사회학이 반주변부를 거쳐 주변부를 형성하고 있다. 이제 한국 사회학계는 중심부에서 수입한 사회학 이론과 방법론을 활용하여 한국 사회나 동아시아 사회를 연구한 결과를 영문 저서나 국제학술지에 논문으로 발표하는 학문적 역량을 갖추게 되었다. 그런 점에서 한국 사회학은 중심으로부터 일방적인 영향만 받는 주변부 학문적 종속국이 아니라 중심부로 자신의 학문적 연구 결과를 발신하는 반주변부 사회학이 되었다고 볼 수 있다. 다른 한편 세

---

140 과학이 되려다 못 된 미국 사회학의 역사에 대해서는 Stephen Turner and Jonathan Turner, *The Impossible Science: An Institutional Analysis of American Sociology*(London: Sage, 1990)와 Stephen Turner, *American Sociology: From Pre-Disciplinary to Post-Normal*(New York: Palgrave Macmillan, 2014)을 참조할 것. 제2차 세계대전 이후 이탈리아 학계에서는 사회학은 결코 과학이 될 수 없는 '사이비 과학'이거나 '2류급 철학'에 불과하다는 비판이 있었다. Andrea Cossa and Matteo Bortolini, *Italian Sociology, 1945~2010: An Intellectual and Institutional Profile*(London: Palgrave Macmillan, 2017).

계 정치경제 체제에서 일본과 한국에 이어 중국이 부상하면서 동아시아의 지정학적 중요성이 커지고 그에 따라 한국, 중국, 일본을 포함하는 동아시아 사회학이라는 지역사회학이 논의되고 있기도 하다.[141]

2017년 현재 세계사회학회ISA는 연구 주제별로 55개의 연구위원회 RC(Research Committee)와 57개국 사회학회NA(National Association)로 구성되어 있다.[142] 그 가운데 제8연구위원회(RC)인 '사회학의 역사History of Sociology' 위원회에는 중심부와 주변부, 북반구와 남반구 사회학 사이의 차이와 분열, 서구 사회학의 보편성 주장과 비서구 지역 사회학의 주체화 노력을 전체적으로 조망하기 위해 아시아의 한국·중국·일본·싱가포르·인도, 아프리카의 나이지리아·모로코·남아공, 라틴아메리카의 브라질·아르헨티나·멕시코, 중동의 이란·터키·레바논·동유럽의 오스트리아·세르비아·불가리아, 서유럽의 프랑스·독일·영국 그리고 미국 등 23개국 31명의 사회학자들이 모여 세계 사회학 '군도'를 연결할 '다리' 건설을 위해 공동 연구의 필요성을 역설했다.[143]

---

141 2002년 한국, 중국, 일본의 사회학자들로 구성된 동아시아사회학네트워크 East Asian Sociological Network가 결성되어 2018년 동아시아사회학회East Asian Sociological Association로 발전했다. 월러스틴에 따르면 이미 "1970년대 동아시아가 경제적 활동의 새로운 유력지로 변했을 때 비로소 서구사상의 문화적 보편성에 대한 도전이 받아들여지기 시작했다." 이매뉴얼 월러스틴 외, 이수훈 옮김, 《사회과학의 개방》, 당대, 1996, 73쪽.

142 한국사회학회KSA는 1966년에 세계사회학회ISA에 가입했다.

143 Stéphane Dufois and Eric Macé, "Building Living Bridge for a World Sociological Archipelago", ISA, RC, 08, *Newsletter*, November, 2017, pp. 7~15. 이 연구 모임에는 당시 세계사회학회 회장 사리 하나피Sari Hanafi, 전 세계사회학회 회장 미셸

이들의 주장에 따르면 유럽과 미국의 주류 사회학자들은 사회 Society를 대문자 S를 써서 단수로 보지만 비서구 사회학자들에게 사회 societies는 소문자 s의 복수이다. 그에 따라 사회학은 Sociology가 아니라 sociologies이다. 이들은 각국의 사회학자들이 자국의 고유한 사회학을 발전시키는 동시에 서로 대등한 입장에서 대화를 통해 '밑으로부터의' 세계 사회학을 만들어가자고 제안했다.[144]

학문에는 국경이 없으나 학자에게는 국경이 있다는 말이 있다. 하지만 학자만이 아니라 학문에도 국경이 있다. 19세기 후반 대학이라는 울타리 안에 제도화된 근대 학문은 아무리 보편성을 내세웠다 해도 그 밑에 민족주의라는 전제를 깔고 있었다. 프랑스, 독일, 미국의 사회학자들이 각각 자기 나라의 상황을 염두에 두고 학문 활동을 했기 때문이다.

뒤르켐은 프랑스 사회를 배경으로, 베버는 독일 사회를 염두에 두고 사회학을 전개했으며 두 사람 사이에는 아무런 지적 교류도 없었다. 워드, 섬너, 기딩스, 스몰 등 미국 사회학 초창기의 학자들도 자국 중심의

비비오르카Michel Wieviorka, *Southern Theory*의 저자 레윈 코넬Raewyn Connell 등이 참여하고 있다.

144 이와 같은 결의 주장으로 Michael Burawoy ed., *Facing an Unequal World: Challenges for a Global Sociology*(Taipei: Academia Sinica, ISA); Michael Burawoy, "Forging Global Sociology from Below", Sujata Patel ed., *The ISA Handbook of Diverse Sociological Traditions*(London: Sage, 2010), pp. 52~65; Raewin Connell, "Learning from Each Other: Sociology on a World Scale", Sujata Patel ed., *The ISA Handbook of Diverse Sociological Traditions*(London: Sage, 2010), pp. 40~51 참조.

관점을 가지고 있었다.[145] 말하자면 학자들도 자기가 소속된 "민족 전체를 위해 일하는 조직된 집단"의 구성원이었다.[146] 국사학, 국어학, 국문학, 민속학, 고고학 등의 학문은 특히 민족주의와 더욱 밀접하게 연결되었지만 과학성을 내세운 사회학을 비롯한 사회과학도 민족주의와 무관하지 않았다.

사회학이라는 학문이 태동한 유럽의 19세기는 변동과 혁명의 시기였고 민족주의와 제국주의의 시대였다.[147] 사회학은 이미 민족국가를 구성한 나라들의 학문이었다. 사회학에서 말하는 '사회'는 암암리에

---

145 Julian Go, "The Emergence of American Sociology in the Context of Empire", George Steinmetz ed., *Sociology and Empire: The Imperial Entanglement of a Discipline*(Durham and London: Duke University Press, 2013), pp. 83~105.

146 피터 버크, 박광식 옮김, 《지식의 사회사 2: 백과전서에서 위키백과까지》, 민음사, 2017, 315쪽. 평생 망명객이었던 마르크스가 민족국가의 틀을 넘어 자본주의 체제를 연구했지만 그 역시 영국의 경험을 토대로 한 유럽 중심주의를 벗어나지 못했다.

147 1945년 이전 사회학을 포함한 사회과학은 프랑스, 영국, 독일, 이탈리아, 미국 등 다섯 나라에 압도적으로 집중되어 있었다. 월러스틴에 따르면 "사회과학은 유럽이 전 세계체제를 지배하던 역사적 시점에 유럽의 문제들에 대한 대응으로 출현했다. 사회과학이 그 주제 선택이나 이론 작업, 방법론, 그리고 인식론 모두에 있어서 그것을 빚어낸 용광로의 구속 요건을 반영하는 것은 사실상 불가피한 일이다." 이매뉴얼 월러스틴, 백승욱 옮김, 《우리가 아는 세계의 종언》, 창비, 2001, 236쪽. 도널드 레빈은 좋은 사회를 추구한 서구 사회학의 전통을 그리스 전통, 영국 전통, 프랑스 전통, 독일 전통, 마르크스 전통, 이탈리아 전통, 미국 전통 이렇게 7가지 전통으로 제시했다. Donald Levine, *Visions of the Sociological Tradition*(Chicago: The University of Chicago Press, 1995).

'민족국가'라는 범주와 동일시되었다. 그럼에도 불구하고 '사회'는 장소성을 배제한 추상적 용어로 사용되면서 어느 나라에나 적용되는 보편적 의미를 함축하고 있었다. 그러나 비서구 나라들의 역사적 경험은 프랑스, 독일, 영국, 미국의 역사와는 구별되는 것이었다.

식민지 체제를 경험한 비서구 국가들은 제2차 세계대전 이후 민족국가 형성이 시급한 과제였다. 제2차 세계대전이 끝나면서 냉전체제가 형성되고 소련과 동유럽, 중국, 북한, 베트남, 쿠바 등을 제외한 지역에서는 미국과 미국 사회학의 헤게모니가 수립되었다.[148] 그런 상황에서 영국, 독일, 프랑스, 한국에서 사회학이라는 학문이 각자의 모습대로 서서히 발전하기 시작했다. 그렇다면 영국, 프랑스, 독일, 한국의 사회학은 각기 어떤 발전의 과정을 겪었는가? 1993년에 발표한 경북대 사회학과 김규원의 다음과 같은 주장은 한국과 영·독·불 사회학의 차이를 보여준다.

한 학문이 그 나름대로 전통과 역사를 갖기 위해서는 외부세계로부터 오는 충격에 대한 회복력을 지녀야 그 자생력이 인정받을 수 있을 것인데, 한국 사회학은 제도학문으로서 갖추어야 할 이런 복구 재생력이 과

---

148 사회학만이 아니라 심리학의 경우에도 유럽의 몇 나라를 제외하면 학문의 대미 종속성은 세계적인 현상이다. Adrian C. Brock, "introduction", Adrian C. Brock ed., *Internationalizing the History of Psychology*(New York and London: New York University Press, 2006), pp. 1~15.

연 있는 것인지 의문을 갖게 한다.[149]

한국 사회학과 달리 영·독·불 사회학은 제2차 세계대전 이후 미국 사회학으로부터 받은 충격을 '복구 재생력'을 발휘하여 주체적으로 극복하고 자기 나름의 사회학 전통을 만들었다. 아래의 논의는 "영·독·불 사회학계는 어떤 과정을 거쳐 주체적 학문을 수립했는가"에 대한 잠정적인 해답을 찾는 과정이다.

19세기 말 유럽 사회학의 영향을 받으며 시작된 미국 사회학은 제2차 세계대전 이후 미국의 국력과 함께 세계 여러 나라 사회학에 강력한 영향을 미치기 시작한다.[150] 제2차 세계대전 이후 각국 사회학의 발전을 이해하기 위해서는 개별 국가의 사회학이 미국 사회학과 맺는 관계를 살펴보아야 한다.

영국, 독일, 프랑스를 중심으로 한 유럽 학계에 미친 미국의 영향력은 토크빌의 《미국의 민주주의》(1권 1835년, 2권 1840년)에서부터 시작

---

149 김규원, 〈한국의 사회학과 지방 사회학의 자리매김을 위한 하나의 주장〉, 《우리 사회 연구》 1호, 1993, 9~10쪽.

150 앨빈 굴드너가 미국 사회학의 위기를 다룬 저서의 제목을 "서구 사회학의 위기"라고 붙인 데서 알 수 있듯이 1960년대까지 미국 사회학은 서구 사회학을 대표했다. Alvin Gouldner, *The Coming Crisis of Western Sociology*(London: Heinmann, 1970). 굴드너가 유럽 사회학이 미국 사회학을 따라올 것으로 가정하고 프랑스, 독일, 영국 등 서유럽 사회학과 미국 사회학의 차이를 간과하고 있다고 비판한 George Steinmetz and Ou-Byung Chae, "Sociology in an Era of Fragmentation: From the Sociology of Knowledge to the Philosophy of Science, and Back Again", *The Sociological Quarterly*, Vol. 4, No. 1, 2002, p. 126 참조.

한다고 볼 수 있다. 토크빌은 이 책을 통해 프랑스와 미국을 비교하면서 미국 사회의 고유한 특성을 잘 보여주었다.[151] 이후 미국은 남북전쟁과 노예해방으로 남북을 잇고, 1880년대의 철도의 확산과 더불어 동부와 서부를 하나로 이으면서 급속한 경제발전을 거듭했다. 그 무렵 미국의 학자들 가운데 여러 사람이 독일에 유학하여 철학, 경제학, 역사학 등을 공부했다. 스몰, 기딩스, 베블런, 파크 등 초창기 사회학자들은 모두 독일 유학 출신이다. 19세기 말 미국의 대학은 독일의 베를린대학을 모델로 삼아 점차 연구 중심 대학으로 변화하기 시작했다.

20세기 들어 미국은 빠르게 변화했다. 그 모습을 관찰하기 위해 1904년 세인트루이스에서 열린 만국박람회에 퇴니에스, 트뢸치, 베버, 좀바르트 등 독일 사회학자들이 방문했다. 이런 눈부신 발전을 배경으로 1920년대 들어 미국 사회학은 조사 연구와 통계분석을 위주로 과학성을 추구하는 사회학으로 발전했다.[152] 정부와 여러 재단의 연구비 지원에 힘입어 컬럼비아대학, 시카고대학, 하버드대학을 중심으로 하는 엘리트대학의 사회학자들은 과학으로서의 사회학을 미국 사회학의 주

---

151 최근 한국 사회학자가 쓴 토크빌에 대한 저서로 이황직, 《민주주의의 탄생: 왜 지금 다시 토크빌을 읽는가》, 아카넷, 2018을 볼 것.

152 제1차 세계대전 이후 1920년대에는 미국 학자들의 독일 유학은 현저하게 줄어든다. 1920년대 중반 영국과 독일에 유학한 파슨스Talcott Parsons의 경우는 예외에 속한다. 그는 1925년 런던경제대학LSE에서 말리노프스키의 사회인류학에 관심을 갖게 되었고 1926~1927년 사이에는 독일 하이델베르크대학에서 베버, 마르크스, 좀바르트 등의 자본주의 개념에 대해 박사학위 논문을 썼다. Peter Hamilton, *Talcott Parsons*(London and New York: Tavistock, 1983), pp. 34~35.

류로 만들었다.[153] 제2차 세계대전이 끝나고 냉전체제가 수립되면서 미국은 자본주의 진영의 결속을 위해 경제 영역만이 아니라 학문의 영역에서도 지원 활동을 벌였다. 그런 과정에서 미국 사회학이 여러 나라 사회학의 형성과 발전에 커다란 영향력을 행사하게 되었다.

1945년 이후 설문조사와 통계분석을 위주로 하는 미국 주류 사회학은 과학의 객관성과 보편성을 내세우면서 세계 여러 나라로 전파되었다. 1950년대 유럽, 아시아, 라틴아메리카의 젊고 유능한 사회학자들 가운데 많은 사람들이 국무성, 록펠러재단, 포드재단 등의 지원을 받아 미국 대학에 유학하는 혜택을 누렸다. 학술 원조를 통해 미국 사회학 서적이 여러 나라 학자들에게 전달되기도 했다. 그러나 1960년대 중반에 이르면 미국 사회학에 대한 비판적 각성이 일어나고 자기 나름의 고유한 사회학을 모색하는 흐름이 형성된다.

1960년대 영국, 독일, 프랑스 사회학자들은 현장에서 경험적 연구를 수행하면서 이론적 성찰을 계속했다. 1968년 유럽 대륙을 휩쓴 학생운동과 노동운동을 중심으로 한 광범위한 사회운동은 사회학의 위치를 격상시켰고 다양한 이론적·방법론적 학파의 결성을 가능하게 했다. 영국, 독일, 프랑스 사회학은 1960년대 들어 미국 사회학의 영향에서 벗어나 각기 자국의 지적 전통과 현실적 상황과 연결된 고유하고 독자적인 학풍을 형성하기 시작했다. 프랑스의 경우, 부르디외, 투렌, 부동, 크로지에 등으로 대표되는 네 학파가 형성되고, 독일의 경우, 호르크하

153　미국 주류 사회학의 형성에 대해서는 이 책의 1부 1장 '미국 사회학의 계보학'과 2부 3장 '한국 사회학의 미국화'를 참조할 것.

이며, 아도르노에 이어 하버마스로 이어지는 프랑크푸르트학파와 루만 등 체계이론가들이 나왔으며, 영국에서는 노동계급과 불평등에 대한 경험적 연구가 축적되는 한편 앤서니 기든스를 비롯한 사회이론가들이 등장했다.

　프랑스, 영국, 독일은 오래된 사회학 전통을 축적하고 있었다. 영국의 경우 스펜서라는 사회진화론의 시조가 있었고 런던경제대학London School of Economics을 중심으로 홉하우스, 마셜 등의 학자가 있었으며 칼 만하임, 노르베르트 엘리아스 등 망명 학자들의 기여도 있었다. 프랑스의 경우, 사회학의 시조 콩트와 생시몽의 전통을 잇는 뒤르켐학파가 있었고 타르드나 르플레의 전통도 있었다. 독일의 경우 막스 베버와 짐멜, 퇴니에스 등의 사회학 전통이 있었다. 전통은 후속 세대에게 지적 자부심과 더불어 계승하거나 재구성해야 할 지적 준거가 된다. 영국, 독일, 프랑스 사회학계는 1950년대까지는 미국 사회학으로부터 많은 것을 수용하고 배우지만 1960년대에 들어서면 자국의 학문적 전통에 기대어 자기 나름의 사회학 전통을 만들어나가기 시작한다.

2. 현대 유럽 사회학의 주체화 과정

아래에서는 냉전체제 형성 이후 미국 사회학이 세계 사회학계의 중심으로 부상하지만 영국, 독일, 프랑스 사회학이 점차 자기 사회를 연구하면서 독자적인 사회학 연구 전통을 만들어가는 과정을 살펴본다.[154] 이는 1946년에 공식적으로 시작된 한국 사회학이 여전히 미국 사회학의 영향을 크게 벗어나지 못하는 이유는 무엇인가를 우회적으로 살펴보기 위한 사전 작업이다.

2-1. 영국 사회학의 계보학

영국에서 사회학의 발전은 프랑스나 독일에 비해 시기적으로 지체되었다. 영국에는 프랑스의 뒤르켐이나 독일의 베버에 비견할 만한 사회학의 거장이 없었다.[155] 제2차 세계대전 이전 영국에서 사회학 교수는

---

154 사회학의 발전은 민주주의의 역사와 밀접한 관련을 맺는다. 그런 점에서 영국, 프랑스, 독일의 민주화 과정을 분석한 강정인·오향미·이화용·홍태영, 《유럽 민주화의 이념과 역사: 영국·프랑스·독일》, 후마니타스, 2010을 참조할 것.

155 이 글에서는 주로 Martin Albrow, "Sociology in the United Kingdom after the Second World War", Nikolai Genov ed., *National Traditions in Sociology*(London: Sage, 1989)를 참조했다. 영국 사회학의 역사에 대한 연구로는 Philip Abrams, *The Origins of British Sociology: 1834~1914*(Chicago: The University of Chicago Press, 1968); Matin Bulmer ed., *Essays on the History of British Sociological Research*(Cambridge: Cambridge University Press, 1985); Albert Henry Halsey, *A History of Sociology in Britain: Science, Literature, and Society*(Oxford: Oxford University Press, 2014); John Scott, *British Sociology, A History*(London: Palgrave Macmillan, 2020) 등이 있다. 한국 사회학자의 글로는 신준식, 〈초기 영국 사회학의 ethos에 관한 연구: Hobhouse의 사회이론을 중심으로 하여〉, 《사회문화연구》, 대구대학교 사회과학연구소 9호, 1990, 85~104쪽; 윤병철, 〈최근 영국 사회학의 흐름〉, 《새로운 시대

1907년 런던대학University of London에 생긴 사회학 교수직을 맡은 홉하우스Leonard Hobhouse와 웨스터마크Edward Westermark 두 사람뿐이었다.[156] 물론 영국에는 18세기 스코틀랜드 계몽주의자 애덤 퍼거슨Adam Ferguson에서 19세기 사회진화론자 허버트 스펜서Herbert Spencer로 이어지는 전통이 있었다.[157] 하지만 영국에서 정작 사회학이라는 학문이

의 사회학적 상상력: 영국 사회 이해를 위한 탐색》, 한울, 1996, 229~242쪽; 지주형, 〈영국 사회학의 사회학: 탈분과적 접근과 한국 사회학에 대한 교훈〉, 《경제와 사회》 88호, 2010, 120~154쪽 참조.

[156] Martin Albrow, "Sociology in the United Kingdom after the Second World War", pp. 194~195. 당시 런던대학에는 홉하우스와 함께 웨스터마크라는 핀란드 출신의 가족사회학자가 있었으나 이들이 이후 영국 사회학계에 미친 영향력은 거의 없었다. 초창기 영국 사회학의 에토스와 홉하우스의 위상에 대해서는 신준식, 〈초기 영국 사회학의 ethos에 관한 연구: Hobhouse의 사회이론을 중심으로 하여〉 참조. 홉하우스와 동시대 학자로 그와 경쟁관계에 있었던 스코틀랜드의 지식인 패트릭 게디스Patrick Geddes의 사회학에 대해서는 Philip Abrams, *The Origins of British Sociology: 1834~1914* 참조.

[157] 애덤 스미스와 애덤 퍼거슨, 데이비드 흄 등 18세기 스코틀랜드 계몽주의 지식인들이 잉글랜드에서 일어난 사회변동을 설명하기 위해 발전시킨 '도덕철학moral philosophy'은 훗날 경제학과 사회학이 발전하는 뿌리가 되었다. "사회 및 사회변화의 역사에 대한 이론적 통찰을 바탕으로 그들은 '추론적 역사conjectural history'라는 독특한 서술 방식을 개척했는데, 이것이 19세기 사회이론의 선구가 되었다. 다시 말해 스코틀랜드 문필가들의 작업은 다음 세기 근대 사회과학과 역사학의 토대를 형성했다." 이영석, 《지식인과 사회: 스코틀랜드 계몽운동의 역사》, 아카넷, 2014, 176쪽. 콩트가 1830년 사회학sociologie이라는 용어를 처음 사용한 이후 1850년대 중반 스펜서가 사회학sociology이라는 용어를 차용했다. John Scott, *British Sociology, A History*, p. 1.

제도화되어 하나의 분과학문으로 발전한 것은 제2차 세계대전 이후의 일이다. 영국 사회학의 이와 같은 제도적 지체현상을 어떻게 설명할 것인가? 거기에는 몇 가지 이유가 있다.

첫째, 영국 학계의 엘리트들이 사회학을 하나의 분과학문으로 인정하기를 주저했기 때문이다.[158] 옥스퍼드대학과 케임브리지대학이라는 두 명문 대학에 1950년대까지 사회학 강좌가 없었다.[159] 1990년대 말까지도 두 명문대에는 사회학 강좌는 있었지만 사회학과는 존재하지 않았다. 옥스퍼드대학에는 1999년, 케임브리지대학에는 2004년에 가서야 독립적인 사회학과가 설치되었다.[160]

19세기 후반 거대한 제국을 운영하던 영국의 학계는 비서구 원시사회를 연구하는 사회인류학을 중요한 학문으로 인정하고 발전시켰지만 정작 영국 사회 안에서 보통 사람들이 사회를 이루고 살아가는 경험을

---

158 영국 대학의 역사를 보면 18세기 스코틀랜드의 에든버러대학, 글래스고대학, 세인트앤드루스대학이 스코틀랜드 계몽운동의 중심지로서 근대 학문을 개척했다. "19세기 초까지만 하더라도 옥스퍼드와 케임브리지 등 잉글랜드 대학들이 젠틀맨 교육이라는 좁은 틀 안에 갇혀 있을 때 스코틀랜드 대학들은 새로운 학문과 지식을 쌓고 교육하는 좀 더 활력이 넘치는 고등교육 기관으로 발전했던 것이다. 실제로, 18세기 후반 옥스퍼드와 케임브리지대학은 그 오랜 명성과는 달리 교육의 효율성 면에서 스코틀랜드의 에든버러나 글래스고대학에 비해 뒤떨어져 있었다." 이영석, 《지식인과 사회: 스코틀랜드 계몽운동의 역사》, 356~357쪽.

159 사회학 강좌는 없었지만 사회학의 내용은 경제학이나 철학 등 다른 강좌에서 교육되었다. Philip Abrans, *The Origins of British Sociology: 1834~1914*.

160 지주형, 〈영국사회학의 사회학: 탈분과적 접근과 한국 사회학에 대한 교훈〉, 《경제와 사회》 88호, 2010, 124쪽.

연구할 필요성을 느끼지 않았다.[161] 학계의 엘리트를 넘어서 영국 각계의 엘리트들은 있는 그대로의 영국 사회를 당연한 것으로 받아들였기 때문에 영국 사회 자체를 비판적 관찰의 대상으로 설정하고 사회 전체에 대한 이론을 구성하는 사회학 연구를 거부했다.[162]

영국 사회학이 지체된 두 번째 이유는 사회학 이외의 다른 학문 전통이 사회학의 역할을 대신했다는 점이다. 영국 학계에서는 애덤 스미스 Adam Smith 이래 정치경제학이 사회를 다루는 학문으로 주류를 형성하고 있었다. 방법론적 개인주의의 입장에서 선험적이고 추상적인 명제를 만드는 작업에 몰두한 정치경제학자들은 구체적인 사회 문제를 비판적으로 접근하는 사회학을 무시했다.

셋째, 사회학의 사회조사와 사회 문제 해결을 위한 역할을 대신하는 조직과 활동이 존재했기 때문에 굳이 사회학이라는 학문의 필요성

---

161 대영제국의 형성과 해체에 대해서는 이영석, 《제국의 기억 제국의 유산》, 아카넷, 2019 참조. 1930년대 말리노프스키Bronislaw Malinowski(1884~1942)와 래드클리프-브라운Alfred Radcliff-Brown(1881~1955)은 영국 학계에서 사회인류학자로 명성을 누렸다. 이에 대해서는 머원 가바리노, 한경구·임봉길 옮김, 《문화인류학의 역사》, 일조각, 2011, 120~127쪽 참조. 영국 인류학의 역사에 대해서는 George W. Stocking Jr., *After Tylor: British Social Anthropology, 1888~1951*(Wisconsin: University of Wisconsin Press, 1998) 참조.

162 지주형에 따르면 "귀족의 정치적 우위를 수용하고 공동으로 지배 블록을 형성한 영국의 부르주아 계급은 혁명적 이데올로기를 형성하는 대신 현상유지적인 전통주의, 경험주의 그리고 과학주의를 수용했고 그 결과 사회에 대한 총체적 이론으로서의 사회학을 발전시킬 수 없었다." 지주형, 〈영국 사회학의 사회학: 탈분과적 접근과 한국 사회학에 대한 교훈〉, 125쪽.

을 느끼지 않았다. 19세기 이래 영국에는 통계학자들의 기초적인 사회 조사 연구 전통이 있었고 '사회과학증진협회National Association for the Promotion of Social Science'라는 단체가 중심이 되어 사회개혁운동을 전개했다. 이 두 흐름 모두 사회에 대한 기초적 조사를 체계적인 이론으로 구성하는 사회학이라는 학문을 추구하지 않았다. 그 결과 초창기 사회 연구자들은 19세기 내내 대학제도 밖에서 활동했으며 20세기 들어 1903년에 만들어진 '사회학협회Sociological Society'도 학계 밖의 인사들로 구성되었다.[163] 1907년 리버풀대학에 이어 1912년에 런던경제대학에 사회과학 관련 학과가 생겼지만 두 학교 모두 사회복지 문제에 대한 경험적 연구 전통을 따르면서 독립적인 분과학문으로서의 사회학과를 만들지 않았다. 넷째, 영국 학계의 엘리트들은 프랑스와 독일에 이어 미국에서 발전하고 있는 사회학이라는 학문에 대해 암암리에 적대감을 가지고 있었다.[164] 영국의 엘리트 학자들은 다른 나라에서 앞서 발전하고 있는 사회학을 뒤늦게 수용하는 것은 학문적 자존심을 상하는 일로 여겨 사회학을 쉽사리 대학 내에 제도화시키지 않았다. 그러나 제2차 세계대전 이후 영국 사회는 전후 복지사회를 만들기 위해 사회학적 연

---

163 이 학회는 이후 서너 개의 분파로 분열되는 유사사회학자들의 모임이었다. Philip Abrams, *The Origins of British Sociology: 1834~1914*(Chicago: The University of Chicago Press, 1968), p. 149을 볼 것.

164 마틴 앨브로는 영국 학자들의 그런 태도를 "자의식적으로 애국적이고 자민족 중심적인 추진력self-consciously patriotic and ethnocentric impetus"이라고 표현했다. Martin Albrow, "Sociology in the United Kingdom after the Second World War", 198쪽.

구의 필요성을 인식하게 된다.

전후 영국 사회학은 런던경제대학LSE을 중심으로 발전했다. 이 학교에서 홉하우스가 만든 사회학의 전통을 이은 사람은 모리스 긴즈버그Morris Ginsberg였다. 그는 사회학의 연구 주제를 확장시키면서 학계에서 사회학이라는 학문의 정당성을 인정하도록 만들었다. 긴즈버그와 더불어 영국 사회학의 발전에 기여한 학자로 마셜T. H. Marshall과 티트머스Richard Titmus가 있다. 마셜은 국가와 자본주의와 시민권 사이의 관계에 초점을 맞추면서 사회학의 연구 분야를 분명하게 만들었고 티트머스는 사회정책을 독자적인 학문 분야로 개척했다. 1948년에서 1978년까지 런던경제대학 사회학과장을 맡았던 데이비스 글래스Davis Glass는 인구학과 사회조사방법을 가르치면서 다음 세대 사회학자들을 키웠다. 1950년에는 《영국사회학BJS(British Journal of Sociology)》이 창간되었고 다음 해인 1951년에는 영국사회학회BSA(British Sociological Association)가 창립되었다. 초대 회장은 모리스 긴즈버그였다.[165]

영국 사회학의 발전에는 해외에서 영국으로 온 학자들의 기여도 있

---

165 영국사회학회BSA의 역사에 대해서는 Jennifer Platt, *The British Sociological Association: A Sociological History*(Durham, UK: Sociologypress, 2003)을 참조할 것. 1950년 런던경제대학이 주도하여 만든 *British Journal of Sociology*가 영국 사회학의 주요 학술지 역할을 하다가 1968년에 가서야 영국사회학회BSA의 공식 학술지 *Sociology*가 창간되었다. 이는 1895년 시카고대학이 주도하여 만든 《미국사회학저널*American Journal of Sociology*》이 미국 사회학을 대표하는 학술지였다가 1936년에 가서야 미국사회학회ASA의 공식 학술지인 《미국사회학회지*American Sociological Review*》가 창간된 것을 연상시킨다.

었다. 1933년 런던으로 망명한 후 1947년 사망할 때까지 영국에 체류한 헝가리 출신의 사회학자 칼 만하임Karl Mannheim은 루트리지Routledge 출판사와 '사회학과 사회재건 국제문고The International Library of Sociology and Social Reconstruction'라는 총서를 기획하여 영국 사회학계의 주요 저서가 출간되는 거점으로 발전시켰다. 1950년대에 미국 사회학자 에드워드 실스Edward Shils는 런던경제대학에서 유럽의 사회이론 전통을 미국식으로 해석한 파슨스의 사회학 이론을 소개하면서 영국 사회학계에 이론사회학의 기초를 만들었다.

1950년대를 거치면서 서서히 형성되기 시작한 영국 사회학은 1960년대 들어 비약적인 발전을 하게 된다.[166] 1960년대에 영국에서 사회학이 발전할 수 있었던 이유는 크게 보아 두 가지이다. 첫째, 뛰어난 사회학자들 다수가 하나의 집단으로 형성되었다는 점이다. 1920년대에 출생하여 종전 직후 대학에 입학하여 1950년대 초에 졸업한 사회학도들 가운데 데이비드 록우드David Lockwood(1929~2014), 바실 번스타인Basil Bernstein(1924~2000), 퍼시 코헨Percy Cohen(1928~1999), 조 뱅크스Joe Banks(1920~2005)와 올리브 뱅크스Olive Banks(1923~2006), 존 웨스트가드John Westgaard(1927~2014), 랠프 다렌도르프Ralf Dahrendorf(1929~2009) 등이 전후 영국 사회학 발전에 중요한 역할을 담당했다. 제1차

---

166 《풍요로운 노동자》(1968~1969) 3부작의 공동 저자의 한 사람인 제니퍼 플랫은 "나는 1955~1958년 사이에 대학을 다녔는데 그 당시 사회학은 여하튼 이제 막 시작되고 있었다"라고 증언했다. Jennifer Platt, "Biographical Journey in Sociology"(2019년 10월 4일 구글 검색).

세계대전 종전 이후 출생한 이들 동년배 집단은 제2차 세계대전을 경험했고 대체로 노동계급 출신이거나 지방 도시의 중간계급 출신이 아니면 남아공, 독일, 덴마크 등 영국 밖에서 온 이방인들이었다. 이 세대의 사회학자들은 출신 배경에서 형성된 예민한 문제의식을 가지고 영국 사회에 대한 사회학적 연구에 몰두했다.[167]

1950년대 이후 영국에서 사회학이 급속하게 발전할 수 있었던 두 번째 이유는 전후 영국 사회의 변화와 밀접하게 관련된다. 제2차 세계대전이라는 전쟁은 국가안보를 위해 전 국민의 합의를 요구하는 것이었고 그런 공동 체험은 전후 사회적 불평등을 줄이고 교육기회를 확대하고 사회복지 체제를 수립하여 종전과는 다른 새로운 사회를 만들려는 국가 차원의 열망을 불러일으켰다. 전후 집권한 노동당은 물론 보수당도 영국을 복지국가로 만들려는 구상에서 큰 차이가 없었다.[168] 새로운 사회를 건설하기 위해서는 인구 문제, 도시 문제, 노사관계, 직업구조, 사회적 불평등, 교육기회, 사회이동, 계급과 인종 문제를 비롯한 사

---

167 이들에 대한 논의는 A. H. Halsey, "Provincials and Professionals: the British Post-War Sociologists", in Martin Bulmer ed., *Essays on the History of British Sociological Research*(Cambridge: Cambridge University Press, 1985), pp. 151~164에 나온 것을 Martin Albrow, "Sociology in the United Kingdom after the Second World War", pp. 200~202에서 다시 따온 것이다.

168 복지정책만이 아니라 식민지 정책에 있어서도 영국은 프랑스와 달리 제2차 세계대전 이후 식민지의 독립 과정에서 격렬한 내부 갈등을 겪지 않았다. 이는 탈식민화가 불가피하다는 보수당과 노동당 사이의 사회적 합의 때문에 가능했다. 이영석, 《제국의 기억 제국의 유산》, 아카넷, 2019, 250쪽.

회적 갈등 등에 대한 구체적인 조사 자료들이 필요했다. 경제학과 정치학을 비롯한 전통적 사회과학이 다루지 않았지만 합리적인 정책 수립을 위해서는 꼭 필요한 사회학적 주제에 대한 연구의 필요성이 늘어나면서 사회학은 갑자기 환영받는 학문이 되었다. 이에 따라 여러 대학에 사회학과가 설치되고 사회학자들이 배출되면서 사회학 연구와 교육이 크게 확장되었다.

그런 과정에서 중요한 역할을 한 세대는 앞서 말한 1950년대 초 런던경제대학 졸업 세대였다. 요크셔 지방의 흑인 노동자 계급 출신인 데이비드 록우드는 1958년 케임브리지대학의 사회학 담당 교수로 부임하여 사회학을 옥스브리지 안에 '정당한' 학문으로 자리잡게 만들었다. 그가 사무직 노동자들을 연구한 《검은 코트를 입은 노동자*Black-coated Workers*》(1958)는 중간계급 연구의 고전이 되었다. 록우드는 1968년 에섹스대학의 사회학과로 자리를 옮긴 이후에도 영국 사회의 계급 문제에 대한 연구를 계속했다.

남아공 출신으로 1960년 레스터대학 사회학과 교수로 부임한 퍼시 코헨은 《현대사회이론*Modern Social Theory*》(1968)을 펴냄으로써 사회학 이론 연구의 기초를 쌓았다. 덴마크 이민 가족 출신으로 《자본주의 사회에서의 계급*Classes in a Capitalist Society*》(1975)을 통해 영국 사회의 불평등을 연구한 존 웨스트가드는 코펜하겐대학을 거쳐 1975년 셰필드대학 사회학과 교수로 부임했다. 이들이 수행한 인구, 계급구조, 노사관계, 교육 불평등, 사회복지 등에 대한 연구는 영국 학계의 다른 분과학문 종사자들과 미국이나 프랑스를 비롯하여 다른 나라 사회학자들에 의해서도 중요한 사회학 연구로 인정받았다.

이런 연구의 흐름 속에서 점차 여러 대학에 사회학과가 설치되었다. 사회학 학위를 수여하는 대학이 1950년대에는 런던경제대학, 레스터대학, 노팅엄대학, 리즈대학, 헐대학 등 5개 대학뿐이었는데 1960년대에 여러 신설 대학에 사회학과가 설치되고 기존의 대학에도 사회학과가 만들어져 1970년에는 사회학과 설치 대학이 37개로 늘어났다. 1960년대야말로 가히 영국 사회학이 풍성한 제도적 발전을 이룩한 시기였다. 1965년 중고등학교와 대학에서 사회과학을 가르치는 교육자들의 모임인 '사회과학교육협의회The Association for the Teaching of the Social Sciences'가 만들어졌고 사회학 교육이 확대되어 1985년까지 회원 수가 1,100명으로 늘어났다. 1967년에는 새로운 연구자들의 요구에 부응하여 영국사회학회BSA의 학회지 《사회학Sociology》이 창간되었다. 1960년대에 줄곧 증가 추세에 있었던 사회학과 설립과 연구비는 1970년대 들어 서서히 가라앉기 시작하다가 1980년대에 들어서는 마거릿 대처 총리가 집권하면서 견제받기 시작했다. 당시 교육부 장관 키스 조셉Kieth Joseph을 비롯한 우파 정치인들은 좌파 성향의 학자들이 주도하는 '사회과학연구협의회'를 대대적으로 개편하여 사회학 연구비를 삭감하기 시작했다. 사회학과 학생 수도 줄어들기 시작했다.[169]

다른 한편 영국 사회학계의 확장과 더불어 사회학계 안에 급진적인 흐름이 형성되었다. 1968년에 시작되어 1970년대에 강화된 이 흐름

---

169 사회학과 졸업생 숫자는 1958년 294명, 1968년 886명, 1978년 1,383명으로 계속 늘어나다가 1983년 1,273명으로 줄어들기 시작했다. Martin Albrow, "Sociology in the United Kingdom after the Second World War", pp. 204~205.

은 초기에는 상징적 상호작용론과 현상학적 사회학에서 시작하여 마르크스주의를 포괄하면서 기존의 주류 사회학계에 비판적 입장을 취했다.[170] 1951년에 창립한 영국사회학회British Sociological Association는 1985년 1,300여 명의 회원 수를 유지했지만 영국의 사회학자 전체를 대변하지 못했기 때문이다.[171] 200~300명가량의 젊은 사회학자들이 영국사회학회BSA에서 떨어져 나와 매년 요크대학University of York에서 일탈 문제를 중심으로 대안사회학대회를 개최했다.

이런 제도적 발전 속에서 영국 사회학은 영국 사회에 대한 중요한 연구 결과들을 산출했다. 1950년대 중반에 이미 주요한 저작들이 나왔다. 조 뱅크스Joe Banks의 인구학 연구, 《번영과 부모됨*Prosperity and Parenthood*》(1954), 데이비스 글래스Davis Glass가 주도하여 이루어진 교육 기회와 사회이동의 관계에 대한 연구, 《영국의 사회이동*Social Mobilty in Britain*》(1954), 진 플라우드Jean Floud와 알프레드 할시A. H. Halsey의 《사회계급과 교육기회*Social Class and Educational Opportunity*》(1956) 등이 대표적인 저작들이다. 1950년대부터 영국 사회학자들은 교육 불평

---

170 1985년 10월 8일 자 《더 타임스*The Times*》에 실린 글은 사회학을 "폭도들의 언어를 사용하고 전문 학술용어를 남발하면서 교조적인 이념에 불타올라 모든 형태의 권위와 권력에 대해 근본적으로 적대적인 태도를 취하는 학문"이라고 비난했다. Martin Albrow, "Sociology in the United Kingdom after the Second World War", p. 206.

171 Martin Albrow, "Sociology in the United Kingdom after the Second World War", p. 207. 영국사회학회BSA에 대한 사회학적 역사로 Jennifer Platt, *The British Sociological Association: A Sociological History* 참조.

등과 사회적 불평등을 비롯한 구체적인 사회 문제들의 해결 방안을 모색하는 경험 연구를 했다. 그러나 1950년대 후반으로 가면서 이론적으로 의미 있는 가설 없이 단순한 설문조사에 기초한 사회학 연구에 대한 비판이 나오기 시작했다. 1967년까지 루트리지Routledge 사회학 총서에 250권의 저서가 출간되었지만 거의 모두가 구체적인 문제에 대한 경험적 조사 연구에 머무르고 이론적 체계를 갖추지 못한 상태였다.[172]

영국 사회학은 옥스퍼드대학과 케임브리지대학 중심의 영국 학계에서 철학, 역사학, 문학, 경제학, 정치학 등 기존에 자리잡은 학문에 밀려 주변적 위치에 머물렀고 학문적 제도화의 시기도 늦었다. 그에 따라 사회학이라는 학문의 정체성과 다른 학문과의 경계도 분명하지 않았다. 하지만 바로 이런 어려운 조건 속에서 영국 사회학의 특징이 만들어졌다. 영국 사회학자들은 사회학의 울타리를 뛰어넘어 연구 주제를 중심으로 다른 분야 학문의 연구 성과를 자유롭게 활용할 수 있었다. 영국 사회학계의 노동계급에 대한 연구가 그 보기이다.[173]

영문학자 출신의 문화연구자 리처드 호가트Richard Hoggart의 《교양의 효용The Use of Literacy》(1957)은 사회학자들의 노동계급 연구에 많은 영향을 미쳤다. 1964년 문화연구자 리처드 호가트가 만들고 스튜어

---

172 Martin Albrow, "Sociology in the United Kingdom after the Second World War", p. 208.

173 지주형은 영국 사회학의 특징을 '탈분과적pre-disciplinary or post-disciplinary'이라고 보고 있다. 지주형, 〈영국 사회학의 사회학: 탈분과적 접근과 한국 사회학에 대한 교훈〉, 《경제와 사회》 88호, 2010, 120~154쪽.

트 홀Stuart Hall, 폴 윌리스Paul Willis 등이 참여한 버밍햄대학의 현대문
화연구센터CCCS(Center for Contemporary Cultural Studies)는 마르크스주
의 문학이론, 문화인류학, 언어학 등을 포괄하는 학제적 접근으로 민중
계급의 문화를 집중적으로 연구하고 문화와 이데올로기와 정치 사이의
연관성을 파헤치면서 영국을 넘어 세계적으로 주목받는 연구소가 되었
다. 역사학자 톰슨E. P. Thompson의 영국 노동자 계급 형성에 관한 연
구와 인문학자 레이먼드 윌리엄스Raymond Williams의 문화마르크스주
의도 영국 사회학계에 일정한 영향을 미쳤다.[174]

　다른 한편 영국 사회학은 스펜서의 사회진화론 이후 이론적 전통이
거의 없었기 때문에 미국, 프랑스, 독일 사회학으로부터 이론을 수입해
야 하는 상황이었다.[175] 영국 사회학계의 이론 연구는 1956년 록우드가
발표한 〈파슨스의 《사회체계론》에 대한 논평Some Remarks on The Social
System〉에서 본격화되었다. 이 논문은 마르크스의 이론에 기대어 파슨
스의 이론을 비판한 것으로 파슨스의 사회체계론이 규범체계에 지나
치게 집중한 나머지 물질적 요인을 경시하고 있다는 점을 지적했다.[176]
1959년에 나온 다렌도르프의 《산업사회에서의 계급과 계급갈등Class
and Class Conflict in Industrial Society》은 베버적 관점에서 당시 영국 사

174　Martin Albrow, "Sociology in the United Kingdom after the Second World War",
　　pp. 214~215.

175　지주형, 〈영국 사회학의 사회학: 탈분과적 접근과 한국 사회학에 대한 교훈〉, 120쪽.

176　David Lockwood, "Some Remarks on The Social System", British Journal of Sociol-
　　ogy, Vol. 7. No. 2, 1956, pp. 134~145.

회학계에서 널리 이용되고 있던 마르크스뿐만 아니라 미국에서 영국으로 건너와 정통 이론의 자리를 차지했던 파슨스와 머튼의 기능주의도 비판하는 입장을 취했다.[177]

영국 사회학이 1950년대에 록우드와 다렌도르프를 통해 독자적인 이론적 지평을 구성했다면 그들에 이어 존 렉스는 1961년에 발표한 《사회학 이론에서의 중심 문제들Key Problems in Sociological Theory》에서 베버의 행위이론의 입장을 취하면서 기능주의에 녹아 있는 보수주의적 이념의 차원을 파고들었다. 이 책은 이후 영국에서 가장 널리 쓰인 사회학 이론 교과서가 되었다. 리즈대학 사회학과의 존 렉스의 저서가 영국 사회학계 전체를 석권하면서 런던경제대학이 영국 사회학계에서 차지하던 독점의 시대도 끝이 났다. 리즈대학만이 아니라 레스터, 버밍햄, 리버풀, 노팅엄, 헐대학에도 사회학과가 튼튼하게 자리잡았다.[178]

사회학계의 제도적 변화와 더불어 1960년대 후반으로 가면 새로운 이론적 흐름이 형성된다. 1967년에는 가핑클의 《민속방법론연구Studies in Ethnomethodology》, 버거와 루크만의 《실재의 사회적 구성The Social

---

177 Ralf Dahrendorf, *Class and Class Conflict in Industrial Society*(London: Routledge and Kegan Paul, 1959). 다렌도르프는 영국 사회학과 독일 사회학 양쪽에 속한다. 학사와 석사학위는 독일에서 받았고 박사학위는 독일과 영국 양쪽에서 받았다. 그의 주저 《산업사회에서의 계급과 계급갈등》은 1957년 독일 자르란트Saarland대학교 교수자격 논문Habilitation으로 제출된 이후 1959년 영어 단행본으로 출간된 것이다.

178 Martin Albrow, "Sociology in the United Kingdom after the Second World War", p. 210.

Construction of Reality》, 슈츠의《사회세계의 현상학*The Phenomenology of Social World*》이 번역 출판되어 영국 사회학 이론의 장을 풍부하게 만들었다. 다른 한편 일군의 사회학자들이 교육사회학 분야에서 한 개인의 구조적 위치보다는 사회적 행위자들의 의미 창조 능력을 강조하면서 거시적 기능주의와 양적 방법을 벗어나 해석이 전달되고 습득되는 과정을 질적 방법으로 연구했다.[179]

1960년 에드워드 파머 톰슨, 스튜어트 홀, 페리 앤더슨, 테리 이글턴, 로빈 블랙번 등이 주도하여 창간된《뉴 레프트 리뷰*New Left Review*》는 탈냉전 반핵평화라는 입장의 마르크스주의 관점에서 영국 사회를 체계적으로 비판하면서 영국 사회학계에 새로운 바람을 불어넣었다.[180] 이 잡지를 통해 프랑스 구조주의 학파의 알튀세르와 플랑자스, 독일의 프랑크푸르트학파, 이탈리아의 그람시, 헝가리의 루카치, 독일의 칼 코르쉬 등 서구 마르크스주의Western Marism 이론이 비판적으로 수용되었다. 영국 밖 유럽 여러 나라의 사회 이론들은 영국 사회를 새로운 시각에서 비판할 수 있는 이론적 자원이 되었다.

영국 사회학의 경험적 연구는 점차 이론에 의해 인도되는 연구로 발전했다. 1968년 골드소프Goldthorpe, 록우드Lockwood, 벡호퍼Bechhofer,

---

[179] M. F. D. Young ed., *Knowledge and Control: New Directions for the Sociology of Education*(London: Collier Macmillan)이 그 대표적 저서이다. Martin Albrow, "Sociology in the United Kingdom after the Second World War", p. 211.

[180] *New Left Review* 웹사이트에 올라와 있는 *Brief History of New Left Review*(London: New Left Review Ltd., 2019) 참조.

플랫Platt 네 사람이 3부작으로 출간한 《풍요로운 노동자Affluent Worker》는 당시 영국 사회학을 대표하는 저서가 되었다.[181] 케임브리지대학을 거점으로 이루어진 이 연구는 영국 노동계급의 의식이 점차 부르조아화embourgeoisement하는 경향을 심도 있게 다루었다. 마르크스주의 계급이론이 준거가 된 이 경험 연구의 결과는 노동계급이 중간계급에 동화된 것은 아니지만 점차 계급적 연대감이 약해진 반면 개인화된 생활양식을 나타내고 있음을 실증적으로 보여주었다. 이 저작은 영국 사회학이 이론적 성찰과 경험적 연구를 결합시키는 성숙한 단계로 진입했음을 입증했다.[182]

1970년대 영국 사회학계에서는 '실증주의'에 대한 비판이 거세졌다. 영국 사회학계는 이론적 차원을 크게 강화시켜 '소외', '헤게모니', '담론', '정당화', '제도화' 등의 개념을 경험적 연구의 이론적 기초로 활용했다. 이런 와중에 여러 이론적 흐름과 다양한 경험 연구를 종합하려는 시도가 앤서니 기든스Anthony Giddens의 저작을 통해 나타났다. 그는 마르크스, 뒤르켐, 베버의 고전사회학 이론을 다룬 《자본주의와 근대사회 이론Capitalism and Modern Social Theory》(1971)을 펴낸 이후 《선진사회의 계급구조Class Structure of the Advanced Societies》(1973), 《새로

---

181 John H. Goldthorpe, David Lockwood, Frank Bechhofer, Jennifer Platt, *The Affluent Worker: Industrial Attitudes and Behavior*(Cambridge: Cambridge University Press, 1968).

182 Martin Albrow, "Sociology in the United Kingdom after the Second World War", p. 209.

운 사회학방법론의 준칙들*New Rules of Sociological Method*》(1976), 《사회이론에서의 중심문제들*Central Problems in Social Theory*》(1979), 《사적 유물론에 대한 현대적 비판*Contemporary Critique of Historical Materialism*》(1981) 등의 저작을 연이어 펴내면서 개인과 사회, 구조와 행위, 관념론과 유물론 등 사회학 이론 내의 전통적인 대립을 넘어서려고 했다.[183]

기든스는 프랑스와 독일의 고전과 현대 사회이론을 가로지르고 거기에 영국의 분석적 전통을 종합하여 영국 사회학계의 대표적 이론가로 부상했다.[184] 그는 1985년 케임브리지대학에 초빙되었고 1997~2003년에는 런던경제대학의 총장을 역임했고 2004년에는 남작 작위를 받았다. 이론 작업을 넘어 최근에는 환경 문제와 디지털혁명을 다루고 있는 기든스는 이제 세계적인 사회학자가 되었다.[185]

---

183 존 렉스는 경험적 연구와 무관한 기든스의 이론화 작업을 '사회학의 철학화'라고 논평했다. John Rex, "British Sociology 1960~1980: An Essay", *Social Forces*, Vol. 61, No. 4, 1983, p. 1007. 1994~1995년 사이에 레스터대학에 방문학자로 체류했던 윤병철에 따르면 기든스는 "후기 자본주의 사회 이해를 위한 사회학 고전들의 이해로부터 출발하여, 당시에 제기된 실증주의, 비판이론, 해석학, 민속방법론, 구조주의 이론들을 재검토하면서 자신의 '구조화 이론'을 구축했다." 윤병철, 《새로운 시대의 사회학적 상상력: 영국 사회 이해를 위한 탐색》, 한울, 1996 부록으로 실린 〈최근 영국 사회학의 흐름〉, 236쪽.

184 이홍탁, 〈영국의 사회학 현황 및 Anthony Giddens의 사회학 이론〉, 《고시행정》 10호, 1990, 75~84쪽.

185 기든스는 2009년까지 34권의 저서를 출간했고 29개국 언어로 번역되었다. 그가 쓴 《현대사회학*Sociology*》은 한국을 포함하여 세계 여러 나라에서 널리 교과서로 채택되었다.

기든스와 더불어 세계적으로 알려진 영국 사회학자로는 지그문트 바우만Zygmunt Bauman(1925~2017)을 들 수 있다. 그는 1968년 폴란드를 떠나 이스라엘을 거쳐 영국으로 망명하여 1971년 리즈대학 사회학과 교수로 자리잡고 《입법자와 해석자Legislators and Interpreters》(1987)라는 지식인의 역할 변화에 대한 연구와 《근대성과 홀로코스트Modernity and the Holocaust》(1989)라는 유대인 학살에 대한 중요한 저서를 발간하고 포스트모더니즘 사회를 설명하는 《액체 근대Liquid Modernity》(2000) 등의 수많은 저서를 출간했다. 바우만은 오늘날 영국 사회학계에서 기든스와 더불어 가장 널리 알려진 영국 사회학자가 되었다.

제2차 세계대전 이후에 발전하기 시작한 영국 사회학은 초기에는 미국 사회학의 영향을 크게 받았지만 점차 영국 사회 연구를 중심으로 영국다운 사회학으로 발전했다. 프랑스와 독일 사회학이 경험적 연구와 이론 사이의 관계에서 이론 쪽으로 치우쳐 있다면 영국 사회학은 경험주의와 실증주의 전통을 유지했다.[186] 영국 사회학은 추상적 거대 이론화에 적대적이었고 이론을 위한 이론화 작업을 멀리했다.[187] 영국 사회학은 미국 사회학의 양적 방법론을 수용했지만 이를 질적 연구방법론으로 보완하면서 사회정책적 함의를 지니는 중범위 사회이론을 지향하는 한편 기든스와 바우만 같은 학자들의 저서를 통해 일반 이론적 성찰

---

186 Martin Albrow, "The Changing British Role in European Sociology", Szompka, Piotr and Brigitta Nedelman eds., *Sociology in Europe: In Search of Identity*(De Gruyter, 1993), pp. 81~98.

187 Martin Albrow, "The Changing British Role in European Sociology", pp. 214~215.

을 발전시켰다.

2-2. 독일 사회학의 계보학

독일 사회학은 막스 베버, 게오르그 짐멜, 페르디난트 퇴니에스 등으로 대표되는 화려한 고전사회학의 전통을 가지고 있다.[188] 초창기 독일 사회학계에서 이루어진 경험적 연구들에는 사회학적 개념화 작업이 충분히 이루어지지 않았다. 사회학적으로 일관된 개념체계가 미비하고 학문적 독자성의 정도가 낮았다. 그 대신 사회학자 개인의 고유한 특성을 드러내는 독창적 연구들이 많이 나왔다. 1919년에 창립된 독일사회학회는 120~160명 정도의 회원으로 이루어진 폐쇄적 학문공동체였다.[189]

---

188 제1차 세계대전과 제2차 세계대전 사이의 독일 사회학에 대해서는 M. Rainer Lepsius, "Sociology in the Interwar Period: Trends in Development and Criteria for Evaluation", Volker Meja, Dieter Misgeld, and Nico Stehr ed., *Modern German Sociology*(New York: Columbia University Press, 1987), pp. 37~56을 볼 것. 한국 사회학자들이 쓴 독일 사회학의 역사에 대한 연구로는 황성모, 〈독일 사회학의 기원과 현재〉, 《한국사회학》 22집, 1988, 1~14쪽; 최재현 엮음, 《현대 독일 사회학의 흐름》, 형성사, 1991; 김덕영, 《짐멜이냐 베버냐? 사회학 발달 과정 비교 연구》, 한울, 2004 참조.

189 독일사회학회는 1919년 창립 당시 39명이 회원이었으며 회원 수의 상한선을 150명으로 규정했다. 1969년 독일사회학회 설립 50주년을 기념하여 베를린에서 열린 독일사회학대회는 하나의 전기가 되었다. 사회학대회의 주제는 〈현대 사회에서의 사회학의 역할〉이었다. 당시 베를린 시장이었던 빌리 브란트Willy Brandt가 참석

독일 사회학은 1933년 히틀러의 나치 정권 수립 이후 거의 유명무실해 졌다가 제2차 세계대전 이후 재건 과정을 밟았다.[190] 제2차 세계대전이 끝난 직후 독일이 동독과 서독으로 분단되면서 독일 사회학도 두 개의 사회학으로 분리되었다. 전후 독일사회학회는 1946년 4월 5일 바트고 데스베르그Bad Godesberg에서 최초로 개최되었다. 이 회의에서 1933년 히틀러에 의한 독일사회학회 해체 이전에 독일사회학회의 편집위원장 을 역임했던 레오폴트 폰 비제Leopold von Wiese가 회장으로 취임했다. 나치하에서 사회학자들의 협력 행위는 철저하게 규명되지 않았다.[191]

하여 기념 연설을 했고 독일연방공화국(구 서독) 대통령이자 사회학회 회원이었던 테오도어 호이스Theodor Heuss도 참석 예정이었으나 병으로 참석하지 못하고 사과 의 편지를 보내왔다. 이를 보면 사회학의 위상과 사회학에 대한 기대를 짐작할 수 있다. Bernhard Schaefflers, *Soziologie in Deutschland*(Opladen: Leske+Budrich, 1995) 참조. 이 책의 내용을 우리말로 요약해준 차명제 박사에게 감사한다.

190 제2차 세계대전 이후 독일 사회학의 역사에 대해서는 Johannes Weiss, "Sociology in the Republic of Germany", Nikolai Genov ed., *National Traditions in Sociology*(London: Sage, 1989), pp. 100~117을 주로 참조해서 재구성했음.

191 같은 독일어권인 오스트리아 사회학계에서도 1945년 이후 나치 지배 기간에 임 명된 친나치 교수들은 해임되지 않았고, 망명 사회학자들은 귀국하지 못했다. Christian Fleck, *Sociology in Austria Since 1945*(London: Palgrave Macmillan, 2016) 참조. 반면 제2차 세계대전 이후 이탈리아의 사회학계에는 나치즘과 파시즘 체제 하에서 활동했던 어용학자들의 문제가 제기되었다. 이들을 대신하여 반파시스트 운동을 했거나 미국이나 영국 등 외국으로 망명했던 학자들이 귀국하여 사회학 재 건의 주역이 되었다. 제2차 세계대전 이후 이탈리아 사회학의 역사는 과거를 청 산하고 다시 태어나는 '재생'의 과정이었다. Andrea Cossa and Matteo Bortolini, *Italian Sociology, 1945~2010: An Intellectual and Institutional Profile*(London: Palgrave Macmillan, 2017) 참조.

전후 독일 사회학의 재건에는 당시 미 군정 당국에서 대학교육 분야 담당 장교였던 하톤Edward Y. Harthorne의 지원이 한몫했다. 그는 하버드 대학 교수였던 파슨스의 제자이자 동료였다. 그 후 1954년까지 2년마다 격년으로 사회학대회가 개최되어 주로 청소년, 테러, 관료주의, 직업, 이데올로기 등을 주제로 하는 논문들이 발표되었다. 전후 청산 과제였던 나치즘과 히틀러 체제에 대한 분석은 의외로 거의 없었다.[192] 재건된 독일사회학회는 과거보다 훨씬 더 개방적이고 민주적인 학회로 쇄신되었다. 거기에는 나치 정권의 탄압을 피해 미국 등에 망명했던 학자들의 귀국이 중요하게 작용했다. 르네 쾨니히René König, 헬무트 플레스너Helmuth Plessner, 막스 호르크하이머Max Horkheimer, 테오도어 아도르노Theodore Adorno 등이 그들이었다. 그들은 독일 사회학회계를 새롭게 재건하면서 독일 사회의 당면 문제를 사회학적으로 연구할 수 있는 기반을 만들었다. 당시 냉전체제하에서 독일 사회학의 재건에는 미국의 학술 원조가 중요하게 작용했다.[193] 전후 독일 사회학은 미국 사회학의 영향을 받으면서 이전과는 구별되는 새로운 길을 모색하기 시작했다.[194] 1970년대에 독일에 유학하고 서강대학교에서 가르치다 일

---

192 Bernhard Schaefflers, *Soziologie in Deutschland*.

193 냉전체제 아래의 독일 상황에 대해서는 슈테판 크로이츠 베르거, 〈공산주의자를 물리치라: 제2차 대전 이후 독일에서의 정부·비정부 대공 심리전〉, 김동춘 외, 《반공의 시대—한국과 독일, 냉전의 정치》, 돌베개, 2015, 44~72쪽; 기외르기 스첼, 〈냉전의 국제정치와 서독의 내부화된 반공주의〉, 김동춘 외, 《반공의 시대—한국과 독일, 냉전의 정치》, 73~98쪽 참조.

194 제2차 세계대전 이후 미국 학문이 자본주의 진영에 속한 국가들의 학계에 미친 영

찍 세상을 떠난 최재현은 제2차 세계대전 이후 1960년대 초반에 이르는 독일 사회학의 상황을 다음과 같이 정리했다.

> 제2차 세계대전이 끝남에 따라 연합군이 진주한 가운데 독일 사회학이 재건되어 갔지만, 그것은 미국의 점령지 문화정책의 연장선상에서 이루어진 작업이었고, 그 재정적 기초 역시 상당 부분 미국에 의존하지 않을 수 없었던 것이다. …… 연구방법에 있어서도 신실증주의가 대거 수용되었고, 구조기능주의에 토대한 응용사회학의 경험적 연구가 각광을 받기 시작했던 것이다.[195]

그러나 미국 사회학의 영향이 전면적이었던 것은 아니다. 1950년대에 지배적이었던 미국 사회학의 영향력은 1960년대 중반에 들어서면 점점 줄어들기 시작한다. 그 무렵부터 미국 사회학과 구별되는 독일 사회학의 특성이 나타나기 시작한다.[196] 사실 미국 사회학이 독일 사회학에 미친 영향은 애초부터 제한적이었다. 독일에는 독일 나름의 철학 전통이 있었기 때문이다. 아도르노, 호르크하이머, 플레스너, 헬무트 셀스키, 아놀트 겔렌 등은 각자 자기 방식으로 독일의 철학 전통을 계승

향은 지대하다. 인문사회과학보다는 자연과학 분야에 그 영향력이 더 컸고 사회과학 안에서는 사회학보다 경제학과 심리학 분야에서 그 영향력이 더욱 컸다.

195 최재현, 〈서장: 현대 독일 사회학의 흐름〉, 최재현 엮음, 《현대 독일 사회학의 흐름》, 형성사, 1991, 12쪽. 최재현은 현대 독일 사회학의 역사를 전후 복구 과정, 1950년대의 재창조, 1960년대의 발전, 오늘의 상황으로 나누어 다루고 있다.

196 Johannes Weiss, "Sociology in the Republic of Germany", p. 102.

하면서 사회학자로 활동했다. 미국 사회학의 영향은 획일적이지 않았고 독일 내의 사회학파에 따라 차이가 있었다. 르네 쾨니히의 쾰른학파, 셸스키의 뮌스터학파, 호르크하이머와 아도르노의 프랑크푸르트학파는 각기 다른 방식으로 미국 사회학을 수용했다. 독일 사회학의 어느 학파도 미국 사회학을 일방적으로 따르지는 않았다. 독일 사회학계는 미국 사회학뿐만 아니라 뒤르켐으로 대표되는 프랑스 사회학의 전통도 일정 정도 수용했다.[197]

독일 사회학계는 1960년대에 들어서 점차 독자성과 전문성을 확보했다. 이 시기야말로 현대 독일 사회학이 새롭게 창건되는 시기로서 사회학은 독일 대학체계 내에서 철학, 심리학, 역사학, 정치학 등과 구별되는 이론적·방법론적으로 독립된 경험과학이 되었다.[198] 사회학이 학문으로서의 독자성을 확보하는 과정은 사회학을 전공한 학생 수의 증가와 함께했다. 1950년대 중반까지 사회학 학위를 수여하는 대학은 프랑크푸르트대학과 베를린자유대학 두 곳뿐이었다. 1960년대 초반에서 1970년대 초반 사이는 독일 사회학이 극적인 방식으로 확장되는 시기였다.

쾰른대학의 쾨니히, 뮌스터대학의 셸스키, 프랑크푸르트대학의 아도르노와 호르크하이머 등 독특하고 카리스마적인 지도자들이 각각 느

---

197 Johannes Weiss, "Sociology in the Republic of Germany", p. 102.
198 황성모, 〈독일 사회학의 기원과 현재〉, 《한국사회학》 22집, 1988년 여름, 1~14쪽; 최재현 엮음, 《현대 독일 사회학의 흐름》, 형성사, 1991.

슨한 의미에서의 학파를 이루었다.[199] 학파들 사이에는 일종의 경쟁관계가 형성되기도 했다. 프랑크푸르트학파가 철학과 밀접한 연관을 가지면서 비판사회이론critical theory of society을 중심으로 사회학을 발전시켰다면 쾰른학파와 뮌스터학파는 사회학을 경험적이고 전문화되고 자율적인 분과학문으로 발전시키면서 서로 경쟁했다.[200]

이런 상황에서 1961년 독일 사회학계에서 2차에 걸친 실증주의 논쟁Positivismusstreit이 폭발했다. 논쟁은 비판이론과 비판적 합리주의 사이의 대립으로 나타났다. 1차 논쟁에서는 아도르노가 비판이론 대표로, 칼 포퍼Karl Popper가 비판적 합리주의 대표로 논쟁을 벌였고, 2차 논쟁은 위르겐 하버마스Jürgen Habermas와 한스 알베르트Hans Albert 사이의 치열한 논쟁으로 이루어졌다.[201]

연구방법론에 대한 논쟁과 함께 제도적 발전도 이루어졌다. 여러 대학에 연구소가 창설되고 중요한 학자들이 사회학과에 자리잡았다. 헬무트 플레스너가 주도한 괴팅겐대학, 뮐만W. E. Mühlmann과 토피취 E. Topitsch가 이끈 하이델베르크대학, 스타머Otto Stammer와 리버H. J. Lieber가 중심적 역할을 한 베를린대학, 프란시스E. Francis가 가르친 뮌헨대학 등에 중요한 연구집단과 연구소들이 만들어졌다. 그보다 조금

---

199 Bernhard Schaeffers, *Soziologie in Deutschland*. 셸스키, 쾨니히, 아도르노는 전후 독일 사회학을 이끈 세 명의 지도자이다.

200 Johannes Weiss, "Sociology in the Republic of Germany", pp. 114~115.

201 Theodor Adorno et al., *The Positivist Dispute in German Sociology*(New York: Harper and Row, 1976). 독일어 원본은 1969년에 출간되었는데 여기에는 아도르노, 칼 포퍼, 다렌도르프, 하버마스, 한스 알베르트 등의 논쟁적인 글들이 실려 있다.

늦게 루만Niklas Luhmann과 오페Klaus Offe가 빌레펠트대학에 자리잡았고 만하임대학에는 렙시우스R. M. Lepsius가, 튀빙겐대학에는 텐브룩 Friedrich Tenbruck이, 콘스탄츠대학에는 다렌도르프Ralf Dahrendorf와 루크만Thomas Luckmann이 자리잡으면서 독일 사회학은 대학 내에 안정된 제도적 기반을 마련했다. 1969년 사회학자 헬무트 셸스키의 주도로 개교한 빌레펠트대학은 '혁신대학reform university'이라는 기치를 내걸고 '사회학과department of sociology'가 아니라 대규모의 사회학부faculty of sociology를 만들었다.[202]

사회학자들이 독일의 주요 대학에 자리를 잡으면서 사회학과는 양적 성장을 경험했다. 1983년 사회학 학사와 석사 과정을 이수할 수 있는 대학은 43개로 늘어났다. 사회학을 전공한 학생 수는 1960년 1,086명에서 1975년 1만 4,143명으로, 1981년에는 2만 1,705명으로 비약적으로 증가했다. 1950년 독일 대학에서 148개에 불과하던 사회학 강좌는 1975년 2,571개로 늘어났다. 같은 기간 독일의 대학생 수는 4배 늘었지만 사회학 전공학생 수는 20배로 늘었다. 1933년 50명 이하였던 사회학 교수는 1956년 207명, 1968년 312명, 1980년 750명, 1997년 1,300명으로 증가했다.[203] 교수들의 강의와 더불어 연구 활동이 늘어나

---

202 독일에서 교육과 연구의 기본 단위는 미국과 달리 '학과'가 아니라 '학부'였다. 사회학 전공은 대체로 철학부에 속해 있었다. 학제 간 연구를 강조한 빌레펠트대학의 사회학부는 영국에 망명했던 노르베르트 엘리아스를 초빙하여 역사사회학을 강화시켰고 2008년에는 역사학과 사회학을 연계시켜 '역사와 사회학 대학원 Graduate School in History and Sociology'을 만들었다.

203 Johannes Weiss, "Sociology in the Republic of Germany", pp. 104~105.

면서 연구 결과의 출판도 증가했다. 1956년에는 223종의 사회학 저서가 출간되었는데 1977년에는 1,393종으로 늘어났다. 연구논문 발표의 증가율은 저서의 경우보다 더 높았다.

이런 양적 변화는 질적 변화로도 나타났다. 강의과목이 늘어나고 연구 분야가 확장되면서 전공의 분화가 일어났다. 사회학 이론과 경험적 조사방법은 사회학과 과목에서 필수가 되었다. 독일 사회학은 이론 위주라는 일반적 견해와 달리 제2차 세계대전 이후 독일 사회학은 쾰른대학교, 뮌스터대학, 프랑크푸르트대학 사회학과를 중심으로 가족, 청년, 교육, 문화, 노조와 경영진 등 다양한 주제에 대한 경험적 조사 연구를 광범위하게 실시했다.[204] 사회학 이론은 경험 연구와 무관하게 이루어지다가 점차 경험적 연구와 결합되는 방식으로 전개되었다. 이러한 경향에 대하여 아도르노를 중심으로 하는 프랑크푸르트학파는 비판 이론으로 중요한 방법론 논쟁을 주도하기도 했다.

독일 사회학자들은 마르크스주의, 칸트 철학, 현상학, 칼 포퍼의 비판적 합리주의 등 각자 자기가 속한 철학적 전통에 따라 서로 다른 사회학을 발전시켰다. 헬무트 셸스키는 칸트의 도덕철학의 입장에서 사회학의 임무는 개인적 자유를 보장하는 사회적 전제 조건을 분석하는 것이라고 여겼다. 플레스너, 뮐만, 토머스 루크만 등은 방법론적 전제나 인간 이해에 있어서 후설과 슈츠의 현상학 전통을 따랐고, 쾰른과 만하임대학의 사회학자들은 포퍼의 비판적 합리주의의 입장에서 연구

---

204 Johannes Weiss, "Sociology in the Republic of Germany", p. 108.

를 진행했다. 독일 사회학이야말로 사회학이 하나의 패러다임으로 수렴되는 '정상과학normal science'이 아니라 복수의 패러다임이 공존하는 학문multi-paradigmatic science임을 여실하게 보여주었다. 여러 패러다임 사이의 논쟁과 갈등은 지적인 무질서의 표현이라기보다는 독일 사회학의 활력과 건강성을 보여주는 지표라고 볼 수 있다.[205]

최재현은 1960년대 후반 이후 독일 사회학이 미국 사회학의 영향력에서 벗어나 독자적인 발전을 이루고 있는 상황을 다음과 같이 요약했다.

그러나 1960년대 후반에 이르러 독일 사회학은 그 전통을 상당 부분 회복하면서 다시금 세계 사회학계를 향한 '이론의 공급처' 역할을 담당하기 시작하였다. 1960년대 후반 젊은 지식인들의 체제 도전은 맑스주의와 비판이론의 전통을 되살릴 수 있는 사회적 배경을 마련해 주었다. 70년대에 들어서는 막스 베버에 대한 연구가 본격화되었으며, 처음에는 미국으로부터 역수입되었던 현상학의 전통도 사회학에 접목되기 시작했다. 체계이론에서는 니클라스 루만이 파슨스의 이론적 업적을 수용하면서 이를 발전시킴으로써 파슨스 이후의 최대의 체계이론가로 부상해 가고 있다. 80년대에는 막스 베버와 게오르그 짐멜의 전집이 새로이 편찬되기 시작함으로써 독일 고전 사회학의 전통을 되살리는 작업이 본격화되고 있음을 본다. 이러한 발전을 통하여 우리는 미국 사회학의 전후

---

205 1960년대 격렬한 방법론 논쟁을 그러한 활력의 보기라고 할 수 있다. Johannes Weiss, "Sociology in the Republic of Germany", 115쪽.

지배 현상이 끝나고 있음을 본다. 프랑스의 구조주의적 전통과 어울려 독일의 여러 사회학 유파들은 70년대 이후의 세계 사회학계에서 유럽의 고전적 전통을 배경으로 주요한 이론가들을 배출하고 있는 것이다.[206]

그러나 전후 독일 사회학의 발전이 흐르는 강물처럼 순탄하게 이루어진 것은 아니다. 1960년대 중반부터 표출되기 시작한 비판사회학의 물결이 1968년 학생운동을 거치면서 급진화했다.[207] 사회학이 전문화되고 연구 주제별로 세분화되어 특수한 주제에 대하여 경험적 방법을 사용하여 연구하는 경향에 대한 비판이 제기되었다.

세분화한 경험적 연구들은 미국과 유럽의 이른바 선진사회가 안고 있는 사회적 문제들을 총체적으로 보지 못하게 하는 보수적 기능을 하기 때문에 다시 사회를 포괄적이고 비판적으로 볼 수 있는 사회이론이 필요하다는 문제 제기였다. 그에 따라 냉전 시대와 동서독 분단을 거치면서 동독의 지배 이념이었던 마르크스주의 유물론적 사회이론이 다시 등장했다. 마르크스주의 이론이야말로 다양한 과학적 관점을 하나로 아우르면서 종교와 형이상학의 자리를 대신할 수 있는 '세계관'이며 유물론적 사회이론이야말로 복합적인 사회를 총체적인 관점에서 보

---

206 최재현, 〈서장: 현대 독일 사회학의 흐름〉, 12쪽.

207 1964년에는 막스 베버의 사회학을 기리는 특별 학회가 개최되었다. 이 대회는 독일사회학회가 최초로 개인 사회학자를 기념하고 회고하는 자리였다. 이 사회학 대회에 참석한 헤르베르트 마르쿠제Herbert Marcuse는 이후 독일 학생운동의 정신적 지주로 활동했다. Bernhard Schaefflers, *Soziologie in Deutschland*(Opladen: Leske+Budrich, 1995).

게 하고 그것의 내부 동학을 제대로 볼 수 있게 하며 이론에 머무르지 않고 변혁을 위한 실천으로 이어질 수 있는 이론이라는 주장이 힘을 얻었다.

독일 대학의 곳곳에서 그런 주장들이 나타났고 사회학과는 그런 주장의 온상 가운데 하나였다. 1968년 독일 학생운동의 본거지였던 프랑크푸르트에서 열린 제16회 독일사회학대회에서는 기존의 보수적 사회학자들과 그들을 비판하는 진보적 사회학자들 사이의 갈등이 명백하게 표출되었다. 당시 독일사회학회장이었던 다렌도르프와 학회 조직위원장이었던 아도르노 사이의 이념적 대립으로 격렬한 논쟁이 있었다. 그 여파로 한동안 독일사회학대회가 열리지 못했다. 그 후 재개한 독일사회학회에는 진보적 성향의 학자들이 대거 참석했다. 그동안 사회학회의 회원은 교수만 가능했는데 이 대회에서 정관 개정을 통해 박사들에게도 회원 자격이 부여되었다.

1970년대 들어 정도의 차이가 있지만 대학에 따라 교수진과 커리큘럼상의 변화가 생겼다. 1975년 뮌스터대학, 마부르크대학, 하노버공과대학 같은 곳에서는 유물론적 경향의 분위기가 지배적인 반면 쾰른대학, 보훔대학, 뮌헨대학 같은 곳에서는 진보사회학이 약세였고, 프랑크푸르트대학과 베를린자유대학은 그 중간에 위치했다.[208] 비판이론의 강화라는 새로운 경향은 그 이전에 이루어졌던 사회학의 전문화 경향과 정반대의 성격을 지녔다. 유물론적 사회이론은 사회학에 머무르지 않

---

208 Johannes Weiss, "Sociology in the Republic of Germany", pp. 109~110.

고 다른 분과학문들, 이를테면 교육학, 문학은 물론이고 역사학과 법학, 신학에까지 영향을 미쳤다. 사회이론은 모든 것을 바라보는 하나의 '관점'이 되었다. 이런 상황에서 1950년대 이후 사회학을 전문화한 강단사회학자들은 비판 대상이 되면서 정체성의 위기를 겪었다. 그들 가운데는 진보사회학으로 입장을 바꾼 사람이 있는가 하면 기존의 경험주의적이고 가치중립적인 강단사회학을 끝까지 옹호하는 사람도 있었고 조용히 자기 안으로 망명한 사람도 있었다.[209] 한 독일 사회학자는 당시의 상황을 다음과 같이 묘사했다.

독일에서 사회학자라면 두 가지 중의 한 가지 입장을 선택해야 한다. 공적 명망과 정치적 영향력을 확보하기 위해 이데올로기적 운동의 지도자가 됨으로써 어쩔 수 없이 자신의 학문적 책임을 무시하게 되거나, 아니면 엄격한 학문적 연구 기준을 따름으로써 전문가로서 다소간 인정을 받게 되지만 공중으로부터는 현실 적합성이 없는 연구를 하고 있다는 평가를 받게 되든가 둘 중의 하나를 선택해야 한다.[210]

1970년대 초 대학 내에서는 진보적인 방향으로 변화가 일어난 반면 대학 밖에서는 사회학이 기존 체제를 급진적으로 비판하는 위험한 학

---

209 Johannes Weiss, "Sociology in the Republic of Germany", p. 110.
210 Rolf Klima, "Role Conflict and Anomie in German Sociology: Some Problems Confronting West German Sociology as a Profession", 1976. Johannes Weiss, "Sociology in the Republic of Germany", p. 111에서 재인용.

문이라는 관점이 거세졌다. 진보적 입장의 학자들이 주장하여 이루어진 대학 개혁이 제대로 작동하지 않으면서 이들의 활동은 점차 공세에서 수세로 바뀌었다. 이후 정치적인 입장에 따라 상대방을 이데올로기적으로 비판하는 분위기가 가라앉으면서 객관성과 지적 성실성에 따라 사회학의 핵심 문제를 논의하는 분위기가 조성되었다.

1970년대 중반 이후 독일 사회학계는 이데올로기적 운동과 정치적 열기에서 벗어나 경험적 연구와 이론적 성찰의 방향으로 접어들었다. 이런 연구 분위기가 형성되는 과정에는 독일연구재단Deutsche Forschungsgemeinschaft, 폭스바겐재단The Volkswagen Foundation, 티센재단The Tyssen Foundation 등 공공기관과 여러 재단의 기여가 있었다. 이들 연구 지원 재단들은 점차 이론적으로 방법론적으로 복합적이며 연구 주제와 목표가 분명하게 정의되고 현실적인 유용성이 있는 연구 프로젝트들을 지원하는 경향을 보였다.[211] 《사회세계Soziale Welt》, 《쾰른사회학·사회심리학회지Kölner Zeitschrift für Soziologie und Sozialpsychologie》에 이어 1971년 《사회학보Zeitschrift für Soziologie》가 창간되고 1978년에는 《사회학연구Soziologische Revue》가 창간되었다. 이 학술지들은 모두 사회학 공동체가 공유하는 기준에 따라 학술논문을 편집했다.

경험 연구와 더불어 거대 이론적 종합을 지향하는 독일적 성향의 이론적 작업도 활발하게 진행되었다.[212] 위르겐 하버마스와 니클라스 루

---

211 Johannes Weiss, "Sociology in the Republic of Germany", p. 112.

212 엘리아스, 하버마스, 텐브룩, 루만, 루크만, 슐루히터, 벡 등 현대 독일 사회학의

만의 독창적이고 체계적인 이론 작업은 독일 사회학 이론을 세계적인 반열에 올려놓았고 볼프강 슐루히터Wolfgang Schluchter와 리하르트 뮌크Richard Münch는 베버와 뒤르켐, 파슨스 등의 이론을 재구성하면서 사회학 이론의 지평을 넓혔다.[213] 울리히 벡Ulich Beck은 위험사회risk society 이론을 통해 제2의 근대second modernity를 논의하면서 성찰적 근대화reflexive modernization를 주장하여 세계적인 이론가로 떠올랐다. 악셀 호네트Axel Honneth는 '인정투쟁struggle for recognition' 이론을 발전시키면서 하버마스에 이어 프랑크푸르트학파의 전통을 계승하여 세계적인 비판사회이론가로 부상했다. 하노버대학에서는 비판이론의 주요 쟁점을 공유하고 계승, 발전시키면서 정체성, 반유대주의, 반미주의 등의 영역에서 새로운 연구 영역을 개척하고 있다.[214]

1988년 스위스 취리히에서 열린 24회 독일사회학대회에는 독일 사회학자는 물론, 오스트리아와 스위스의 독일어권 사회학자들이 참석했

이론가들을 다루고 있는 최재현 엮음,《현대 독일 사회학의 흐름》, 형성사, 1991을 볼 것.

213 Johannes Weiss, "Sociology in the Republic of Germany", p. 112. Richard Münch, "The Contribution of German Social Theory to European Sociology", Szompka, Piotr and Brigitta Nedelman eds., *Sociology in Europe: In Search of Identity*(De Gruyter, 1993), pp. 45~66.

214 "철학과 구체적 사회 연구의 결합"을 지향하면서 인간해방의 길을 모색하는 독일 비판이론의 흐름 가운데 하노버에서 이루어지고 있는 '비非하버마스적 비판이론'을 논의하고 있는 권오용, 〈프랑크푸르트학파의 비非하버마스적 비판이론: 현대 사회 연구에서 분석적 장점과 연구전략〉,《한국사회학》제45집 1호, 2020, 27~63쪽을 볼 것.

다. 1928년에 이곳에서 처음 3개국 학자들이 모인 이후 처음 다시 모인 것이다. 1990년 프랑크푸르트에서 열린 25회 독일사회학대회에는 동독 사회학자들이 처음 참가했다. 1992년에는 학회 최초로 윤리강령이 선포되었다. 1994년 빌레펠트에서 세계사회학대회가 열림으로써 독일 사회학의 세계 각국 사회학과의 교류가 증진되었다.

크게 보자면 제2차 세계대전 직후 독일 사회학은 미국 사회학의 영향을 받았지만 독일 학문공동체 내부의 보수와 진보 사이의 내적 갈등과 분열을 극복하면서 독일적 특성을 갖는 사회학의 길을 걷게 되었다. 그것은 경험적 연구를 하면서도 독일의 철학적 전통과 역사적 접근 그리고 문화사회학의 전통을 강조하는 사회학으로 나타났다.[215] 1989년 통독 이후 독일 사회가 맞이한 동서독 통합 과정은 물론 세계화, 유럽화, 개인화라는 세 개의 주제를 중심으로 사회변동에 대한 연구가 활성화되었다.[216] 1995년에는 독일 사회학대회 최초로 구동독 지역인 할레 Halle에서 개최되었다. 오늘날 독일사회학회는 36개의 하부 분과로 분화되면서 사회 전체상을 그리지 못하게 되었고 그에 따라 공적 토론을 주도하는 역할을 상실했다는 비판도 있다. 그럼에도 불구하고 독자적

---

215 쾰른대학에서 박사학위를 받고 강원대 사회학과 교수로 가르치다 은퇴한 배동인은 2018년 12월 12일 필자에게 보낸 이메일에서 현대 독일 사회학의 흐름을 프랑크푸르트학파 중심의 마르크스주의 사회학, 영미 구조기능주의 사회학의 영향을 받은 경험적 사회조사 사회학, 비마르크스주의 체계 이론 위주의 사회학으로 분류했다.

216 통독 이후 독일 사회학의 변화에 대해서는 Cüneyd Dinç, "German Sociology After Reunification", *Socyoloji Dergisi*, 3. Dizi, 20. sayi, 2010/1, pp. 89~93 참조.

인 독일 사회학을 모색하는 지적 움직임은 계속되고 있다.

2-3. 프랑스 사회학의 계보학

프랑스 사회학은 19세기 초 오귀스트 콩트에서 19세기 말 뒤르켐에 이르는 오랜 학문적 전통을 자랑한다. 뒤르켐은 사회학이라는 학문을 20세기 초 프랑스 대학 안에 제도화시켰지만 그의 사후 양차 세계대전 사이에 사회학은 크게 발전하지 못했다. 1924년 마르셀 모스, 뤼시앙 레비-브륄, 프랑수아 시미앙, 마르셀 제르네 등 40여 명이 모여 '프랑스사회학연구원Institut français de sociologie'을 창립하여 활동했지만 뒤르켐학파의 범위를 벗어나지 못했다.

오늘의 프랑스 사회학은 제2차 세계대전 이후에 형성되었다.[217] 1945년 이후 세계 사회학계는 미국 사회학이 주도했다. 미국 정부, 포드재단, 록펠러재단 등의 학술 지원 재단들, 유네스코와 같은 국제기구들에 의해 미국 사회학의 국제화가 추진되었다.[218] 그 과정에서 프랑스의

---

217 프랑스 사회학의 역사에 대해서는 정수복, 〈프랑스 사회학의 지성사〉, 《연세 사회학》 제10·11호 합본호, 1990, 50~83쪽; 피에르 앙사르, 정수복 옮김, 《현대 프랑스 사회학》, 문학과지성사, 1992; Alain Douard, "The Development of Sociology in France after 1945", Nikolai Genov ed., *National Traditions in Sociology*(London: Sage, 1989), pp. 66~80; Philippe Masson and Cherry Schrecker, *Sociology in France after 1945*(London: Palgrave macmillan, 2016) 참조.

218 세계사회학회ISA도 1948년 미국이 주도한 유네스코 사회과학국의 발의로 결성

유망한 젊은 사회학자들에 대한 장학금 지원과 미국 유학 기회의 제공, 사회학 관련 연구소 운영에 필요한 경비의 지원이 이루어졌다. 그런 지원을 통해 실증주의에 기초한 과학으로서의 사회학이 전파되었다.

그러나 프랑스에 상륙한 미국 사회학은 세 가지 이유에서 큰 힘을 발휘하지 못했다.[219] 첫 번째 이유는 프랑스 지식인 사회에 마르크스주의 전통과 좌파 정치세력의 영향력이 컸기 때문이다. 제2차 세계대전 중에 프랑스공산당PCF은 나치 정권에 반대하여 레지스탕스 운동을 벌였고 그 결과 제2차 세계대전 종전 이후 강력한 지적·도덕적 정통성을 확보했다. 1956년 헝가리 부다페스트 봉기에 대한 소련의 무력 진압이 일어나기 이전까지 프랑스공산당이 사회학자들을 포함하여 프랑스 지식인 사회에 미친 영향력은 미국의 영향력을 상쇄하는 것이었다. 프랑스공산당은 소련의 공식 입장과 마찬가지로 미국 사회학을 '사이비 과학pseudo science'으로 보았다. 미국의 경험주의 사회학은 자본주의 사회의 근본적 모순을 있는 그대로 수용한 상태에서 현실을 관찰하고 확인하는 학문으로서 사회 변혁의 의지가 거세된 부르주아적 학문이자 제

되었다. 유네스코 본부가 파리에 있었기 때문에 처음에는 미국이 주도하고 프랑스가 협력하는 체제였으나 1951년 영국사회학회가 결성 직후 가입하면서 미국과 영국이 주도하게 되었다. 독일은 패전국이었기 때문에 1949년 독일사회학회를 결성하여 가입하면서 뒤늦게 활동을 시작했다. 초대 회장은 미국 사회학자 루이스 워스Louis Wirth, 부회장은 프랑스 사회학자 조르주 다비Georges Davy와 영국 사회학자 모리스 긴즈버그Morris Ginsberg였다. Jennifer Platt, *History of ISA, 1948~1997*(International Sociological Association, 1998), pp. 16~18과 p. 65.

219 Alain Douard, "The Development of Sociology in France after 1945", pp. 68~69.

국주의의 도구에 불과하다는 것이다.

두 번째 이유는 뒤르켐 사회학의 전통이다. 20세기 초에 뒤르켐은 사회학을 대학 내에 제도화시켰고 그 전통이 제2차 세계대전 이후 소르본대학과 보르도대학, 스트라스부르대학, 툴루즈대학 등에 남아 있었다. 그런데 뒤르켐은 철학에서 시작해서 사회학자가 되었기 때문에 프랑스 사회학은 철학과 밀접한 관련이 있었다. 그런 전통 때문에 프랑스 사회학은 미국의 경험주의 사회학에 저항하면서 개념화와 이론 구성에 몰두하는 경향이 있었다.[220]

세 번째 이유는 미국의 대학체제와 다른 프랑스의 대학체제의 특성 때문이다. 19세기 초에 구성된 프랑스의 대학체제에서는 순수학문적인 인문대학과 실용성이 강한 법과대학이 서로 경쟁하는 관계였다. 그런데 사회학은 인문대학에 속해 있었기 때문에 실용성보다는 인문학적인 경향이 강했다. 미국에서는 교육과 연구와 후속 학자 배출이 모두 대학 내 사회학과와 관련 연구소를 중심으로 이루어지지만 프랑스에서는 사회학자들이 대학뿐만 아니라 대학 밖의 국립과학연구소CNRS, 국립인구연구소INED 등 여러 연구기관에 흩어져 있어서 연구 주제와 방법이 다양할 수 있었다.

---

220 1945년 레비스트로스는 프랑스 사회학은 콩트가 사회학을 창건했던 시기에 겪었던 "이론적 전망의 대담함과 그것을 뒷받침하는 구체적 자료의 결핍 또는 미비 사이에 존재하는 큰 간격에 여전히 시달리고 있다"고 진단했다. Claude Lévi-Strauss, "French Sociology", Georges Gurvitch and W. E. Moore, *Twentieth Century Sociology*(New York: The Philosophical Library, 1945), Philippe Masson and Cherry Schrecker, *Sociology in France after 1945*, p. 2에서 재인용.

뒤르켐 사후 부글레Céléstin Bouglé, 시미앙François Simiand, 알박스 Maurice Halbwachs 등 그의 제자들이 1923년 '프랑스사회학연구원 Institut français de sociologie'을 창설하여 뒤르켐 사회학 연구의 전통을 이어갔다. 그러나 사회학연구원을 후원하던 기업가 알베르 칸Albert Khan이 대공황기에 파산하면서 지원이 끊어지고 프랑스가 나치에 의해 점령되면서 프랑스 사회학계를 이끌던 부글레는 자살하고 알박스는 나치 수용소에서 사망했다. 그런 인적 손실 속에서 뒤르켐학파는 사실상 거의 해체 상태에 이르게 된다. 제2차 세계대전 직후 뒤르켐의 제자 조르주 다비Georges Davy가 소르본대학 사회학 교수로 있었지만 지도적 영향력을 발휘하지 못했다.

제2차 세계대전 종전 이후 1960년대 중반까지 프랑스 사회학계는 조르주 귀르비치Georges Gurvitch(1894~1965), 조르주 프리드만Georges Friedmann(1902~1977), 레이몽 아롱Raymond Aron(1905~1983), 장 스토젤Jean Stoetzel(1910~1987) 네 사람이 주도했다. 러시아 출신의 프랑스 사회학자 귀르비치는 기본적으로 이론사회학자였지만 1939년에서 1945년 독일 점령 시기 뉴욕에 망명하여 자유고등연구원ELHE(Ecole Libre des Hautes Etudes)에서 가르치면서 미국 사회학의 경험적 연구방법을 배우기도 했다.

종전 직후 1945년 가을에 귀국한 귀르비치는 1946년 국립과학연구소CNRS(Centre National de la Recherche Scientifique) 산하에 사회학연구센터CES(Centre d'Etudes Sociologiques)를 설립했다. 그는 이 연구소를 통해 이론적 연구와 경험적 연구 사이의 연계가 이루어지기를 희망했다. 프랑스의 체계적 사유 전통과 엄격한 철학교육이 경험적 연구를 하더라도 미국 사회학과는 다른 프랑스 사회학을 만드는 지적 자원이 될 것으로 기대했다.[221] 귀르비치는 사회학연구센터 설립과 더불어 1946년 사회학 분야의 전문 학술지《국제사회학연구지*Cahiers internationaux de sociologie*》를 창간했고 1950년에는 프랑스대학출판사PUF(Press Universitaire de France)에서 '현대사회학문고Bibliothèque de sociologie contemporaine'라는 총서를 만들어 주요 사회학 저서들을 출간하게 했다. 1948년 스트라스부르대학에서 파리의 소르본대학으로 자리를 옮긴 귀르비치는 1955년까지 뒤르켐의 후계자였던 조르주 다비와 더불어 박사학위를 지도할 수 있는 단 두 명의 사회학자 가운데 한 사람이었다. 조르주 발랑디에Georges Balandier와 장 뒤비뇨Jean Duvignaud, 프랑수아 이장베르François Isambert, 조프르 뒤마즈디에Joffre Dumazdier 등이 그와 관련된 다음 세대 사회학자들이다.

귀르비치는 1958년 프랑스 학계에서 자신의 위치를 강화하는 한편 유네스코의 지원을 받아 미국이 주도하는 세계사회학회ISA에 대항하기 위해 '불어권 세계사회학회AISLF(Association internationale des sociologues de langue français)'를 창립하기도 했다.[222]

1946년 귀르비치가 주도하여 만든 사회학연구센터에는 철학, 문학, 역사학 등 대학체제에 자리잡은 기존의 전통적 학문분과에 만족하지

---

221 Alain Douard, "The Development of Sociology in France after 1945", p. 69. 귀르비치는 미국 망명 당시 미국식 경험주의 사회학 연구방법을 배웠지만 귀국 이후에는 어떤 경험적 연구도 하지 않고 이론적 작업에만 몰두했다.

222 Philippe Masson and Cherry Schrecker, *Sociology in France after 1945*, p. 29.

못한 젊은 세대의 학자들이 모여들었다. 그들은 제도적으로 고립되고 주변화된 위치에서 전쟁으로 피폐한 사회현실을 분석하고 개혁할 수 있는 새로운 학문적 돌파구를 찾는 사람들이었다. 사회학연구센터는 이들이 모여 함께 사회학을 공부하고 현장을 연구하면서 스스로를 사회학자로 훈련하는 거점이 되었다. 전후 영국 사회학의 젊은 세대가 런던경제대학 사회학과라는 제도화된 기구 안에서 형성되었다면 프랑스 사회학의 젊은 세대 학자군은 대학 밖에 있던 사회학연구센터에서 거의 자생적으로 형성되었다. 에드가 모랭Edgar Morin은 당시 누구도 '사회학'이 무엇을 의미하는지 확실하게 몰랐다고 회상했으며, 알랭 투렌 Alain Touraine은 당시 사회학계의 지적 상황을 개척을 기다리는 '서부'나 '북극'에 비유했다. 사회학연구센터는 누구라도 뛰어들어 자기가 생각하는 사회학을 만들어나갈 수 있는 창조의 장소였다.[223] 사회학연구센터는 젊은 사회학자들이 동의할 수 있는 공동의 이론적 패러다임을 제공하지 못했고 적절한 방법론적 훈련도 시켜주지 못했지만 어떻게 보면 이런 상황이 오히려 젊은 세대 사회학자 각자가 독창적인 사회학 이론과 방법론을 개발할 수 있는 기회를 제공했다.[224]

사회학연구센터는 미국 사회학을 수용하는 창구 역할도 했다. 사회학연구센터를 중심으로 활동하던 젊은 사회학자들 가운데 미셸 크로

---

223 Alain Douard, "The Development of Sociology in France after 1945", p. 70.

224 Alain Douard, "The Development of Sociology in France after 1945", p. 76. 1966년 귀르비치는 사회학연구센터가 이론과 경험적 연구 사이에 연결점을 만들지 못했다고 자책했다.

지에Michel Crozier, 알랭 투렌, 프랑수아 부리코François Bourricaud, 앙리 망드라스Henri Mendras 등은 1950년대에, 조르주 발랑디에와 레이몽 부동Raymond Boudon 등은 1960년대에 록펠러재단과 포드재단 등의 지원을 받아 미국 대학에서 연구했다.[225] 미국의 입장에서는 프랑스의 젊은 학자들을 초청하는 것이 공산주의의 영향력에 대응하는 방법의 하나였고 프랑스의 젊은 학자들에게 미국 체류는 미국 사회를 관찰하고 미국 사회학을 배울 수 있는 기회였다.[226]

그들은 미국에서 라자스펠드와 파슨스를 만났고 노동운동과 인종차별의 현장을 관찰하기도 했다. 그들은 미국 체류를 통해 사회사상과 사변적인 이론 연구를 벗어나 현장을 찾아가서 하는 경험적 연구의 중요성을 깨달았다. 하지만 그와 동시에 미국 사회학이 계급구조와 같은 거

---

225 록펠러재단은 1920년대에 이미 뒤르켐의 제자 셀레스탱 부글레Célestin Bouglé가 '사회학자료실Centre de documentation sociale'을 만들 때부터 재정 지원을 했으나 마르셀 모스Marcel Mauss가 주도한 다음 세대 학자들을 위한 교육 프로그램을 실행할 연구소 창립 지원은 거부했다. 록펠러재단은 미국에서와 마찬가지로 프랑스에서도 사회발전에 적용될 수 있는 구체적이고 경험적 연구 지원을 우선시했다. 모스의 계획안은 훗날 사회과학고등연구원EHESS의 전신인 고등연구원EPHE 6분과 설립의 청사진이 되었다. Philippe Masson and Cherry Schrecker, *Sociology in France after 1945*, p. 16.

226 피에르 부르디외는 크로지에, 투렌, 부동과 달리 젊은 시절 미국 유학 경험이 없다. 그는 학자로 자기 자리를 구축한 이후인 1972년에 가서야 프린스턴 고등과학연구소 초빙연구자로 미국에 1년간 체류하면서 앨버트 허시만Albert Hirschman, 클리포드 기어츠Clifford Geertz 등과 교유했다. 이상길, 《아틀라스의 발―포스트식민 상황에서 부르디외 읽기》, 문학과지성사, 2018, 63쪽.

시적 사회구조에 대해 무관심하고, 사회적 사실의 역사적 차원에 대한 인식이 부족하며, 자칫 기술관료체제의 요구에 부응하는 정책사회학에 매몰될 위험성을 안고 있음을 공동으로 인식했다.[227]

조르주 귀르비치와 더불어 조르주 프리드만 또한 제2차 세계대전 이후 프랑스 사회학의 재건에 기여했다. 젊은 시절 마르크스주의자였던 프리드만은 1945년 파리과학기술대학CNAM(Conservatoire National des Arts et Métier)을 거쳐 1948년 파리고등연구원Ecole Pratique des Hautes Etudes 6분과 교수가 되어 다음 세대 사회학자들을 키웠다. 1946년 그가 발간한 《산업기계주의의 인간적 문제들Problèmes humains du ma-chinism industriel》은 알랭 투렌을 비롯한 다음 세대 학자들에게 큰 영향을 미쳤다. 기본적으로 노동사회학자였던 프리드만은 1950년대 초부터 기술소외론과 기술유토피아 모두를 거부하는 입장에서 산업기술의 발전이 노동현장에 어떤 영향을 미치는가에 관심을 기울였다. 그는 특히 기술발전이 노동 과정에서 일정한 자율성을 유지했던 숙련노동자를 사라지게 만드는 한편 주어진 부분 공정을 단순 반복하는 비숙련노동자의 증가를 가져오는 현상에 주목했다. 1955년 알랭 투렌이 펴낸 《르노 자동차 공장의 노동과정 변화L'évolution du travail ouvrier aux usines Renault》는 그런 관점에서 이루어진 현장 연구의 결과였다. 알랭 투렌, 장-다니엘 레노Jean-Daniel Reynaud 등 프리드만의 제자들은 프리드만의 지원을 받아 1956년 《노동사회학Sociologie du traveil》이라는 학

---

227   Philippe Masson and Cherry Schrecker, *Sociology in France after 1945*, p. 36.

술지를 창간하여 프랑스의 노동과 산업사회학 분야를 발전시켰다. 같은 해에 앙리 데로슈Henri Desroche, 프랑수아 이장베르, 에밀 풀라Emile Poulat가 주축이 되어 《종교사회학연구Archives de sociologie des religions》를 창간했다.

조르주 귀르비치, 조르주 프리드만에 이어 레이몽 아롱도 현대 프랑스 사회학의 발전에 기여했다. 《피가로》지를 비롯한 언론계에서 활동하다가 1955년 소르본대학 사회학 교수로 부임한 아롱은 1957년 《유럽사회학연구Archives Européenes de sociologie》라는 제목의 학술지를 창간하고 1960년에는 '유럽사회학연구소CSE(Centre de Sociologie Européenne)'를 설립하여 부르디외를 비롯하여 다음 세대 학자들을 지원했다. 1967년에는 소르본대학에서 행한 강의안을 바탕으로 《사회학적 사상의 제단계Les étapes de la pensée sociologique》를 출간하여 사회이론 연구를 한 단계 올려놓았다.

레이몽 아롱과 함께 1955년 소르본대학 사회학 교수로 임명된 장 스토젤은 뒤르켐학파에 속했던 모리스 알박스Maurice Halbwachs의 제자였으나 이후 뒤르켐학파의 영향을 벗어나 사회학의 새로운 지평을 열었다. 그는 사회학과 사회심리학 강의를 통해 레이몽 부동과 프랑수아 부리코François Bourricaud 등 다음 세대 사회학자들에게 영향을 미쳤고 1960년에는 《프랑스 사회학보Revue Française de la Sociologie》를 창간해 사회학의 학문적 위상을 높이기 위해 노력했다.

제2차 세계대전 이후 프랑스 사회학계의 경험 연구가 발전하는 데 스토젤과 아롱의 지적 영향력이 크게 작용했다. 스토젤은 1938년 '프랑스 여론조사연구소Insitut Frainçais d'Opinion Publique'를 설립하여 태도 조사 등 여러 경험 연구를 실시했고[228] 아롱은 직접 경험 연구는 하지 않았지만 다음 세대 학자들에게 이론에 매몰되지 말고 '현장으로' 가서 경험 연구를 할 것을 강조했다. 아롱과 스토젤은 1960년대에 사회학 박사학위 과정을 지도할 수 있는 위치에 있던 단 두 사람이었다.[229] 1920년 중반에서 1930년대 초반에 태어나 그들의 지도를 받으며 1945년 해방 이후 사회학에 입문한 다음 세대 사회학자들은 추상적 이론 연구에 매몰되지 않고 경험 연구를 바탕으로 이론을 발전시키는 연구 업적을 쌓기 시작했다.

1962년에는 1932년에 만들어진 프랑스사회학연구원Institut français de sociologie을 확대하여 프랑스사회학회Société française de sociologie가 창립되었다. 1963년 정부가 만든 '과학기술연구지원처DGERST'가 사회학 연구 프로젝트에 대규모 재정 지원을 시작하면서 사회학 현장 연구는 활기를 띠기 시작했다.[230] 젊은 세대 사회학자들은 현장을 연구하기

---

228 스토젤은 여론조사의 한계를 다음과 같이 잘 인식하고 있었다. "여론조사는 사실상 일시적이고, 진지하지 않고, 애매하고, 이해하기 어려운 요소들을 담고 있으며 조사자의 중립성이 보장되지 않는다. 게다가 행위자가 표명한 의식적 동기는 실제 행위의 인과성과 아무런 관계가 없을 수 있다." Jean Stoetzel, *Théorie des opinions*(Paris: PUF, 1943), 구글, 'Jean Stoetzel' 항목에서 재인용.

229 레이몽 아롱은 알랭 투렌의 박사학위 논문 지도를 수용했지만 피에르 부르디외의 박사 논문 심사는 넌지시 거부했다. 그래서 부르디외는 박사학위가 없다. 부르디외가 교수로 있던 사회과학고등연구원EHESS의 교수자격 요건에는 '박사학위 소지자'라는 조항이 없다. 롤랑 바르트도 박사학위 없이 이 학교의 교수로 활동했다.

230 필립 마송과 셰리 슈레커는 제2차 세계대전 이후 프랑스 사회학의 역사를 기술하면서 정부가 연구비 지원을 시작한 1963년을 분기점으로 잡고 있다. 그들은 프랑

위한 열의에 가득차 있었고 정부는 전후 프랑스 사회의 개혁을 위한 정책을 입안하기 위해 사회현실에 대한 사회학적 연구를 필요로 했다. 그 결과 현장에서 이루어진 경험 연구가 쌓이면서 점차 프랑스적 특성을 갖는 노동사회학, 도시사회학, 교육사회학, 종교사회학 등 사회학의 전공 분야가 만들어지기 시작했다.[231]

대학 밖에서 사회학 연구가 활성화되자 대학체제 안에도 뒤늦게 변화가 일어나기 시작했다. 1958년에는 사회학 학사학위와 석박사 학위 제도가 만들어졌다.[232] 그때 사회학 강의가 개설된 곳은 소르본대학, 보르도대학, 스트라스부르대학, 툴루즈대학 네 곳뿐이었지만 1960년대 들어 프랑스 사회학은 양적 팽창의 시기를 맞이한다. 1965년 낭테르대학에 이어 낭트대학, 니스대학, 그르노블대학, 렌느대학, 캉대학 등에 사회학과가 만들어졌고 국립과학연구소CNRS, 국립인구문제연구소INED, 국립통계국INSEE, 고등연구원Ecole Pratique des Hautes Etudes 6분과 등에 사회학자들이 자리를 잡았다. 그런 과정에서 각각의 기관마다 자기들의 관심에 따른 사회학 패러다임을 형성했다.

스 사회학의 역사를 1945년 이전, 1945~1963년, 1963~1980년, 1980~현재 이렇게 네 시기로 나누고 있다. Philippe Masson and Cherry Schrecker, *Sociology in France after 1945*.

231 1963년 국립과학연구소Centre National de la Recherche Scientique의 사회학 전공 연구자는 1964년 100명을 넘어섰다. Philippe Masson and Cherry Schrecker, *Sociology in France after 1945*. p. 40.

232 학사학위 제도를 만드는 일을 주도한 사람은 레이몽 아롱이었고 학위의 이름은 뒤르켐의 영향력을 반영하여 '도덕과학과 사회학' 학사였다.

프랑스 사회학은 1968년 5월 학생운동을 거치면서 많은 변화를 겪었다. 다니엘 콘벤디트를 비롯해 낭테르대학 사회학과 학생들이 운동의 전면에 나서면서 젊은 세대 학생들 사이에 사회학에 대한 관심이 커졌다. 대학에서 사회학 전공 학생 수와 교수 수 그리고 강좌 수가 늘어났다. 이런 분위기에서 1975년 아날학파 3세대를 대표하는 역사학자 페르낭 브로델Fernand Braudel의 주도로 고등연구원 6분과가 확대 개편된 사회과학고등연구원EHESS(Ecole des Hautes Etudes en Sciences Sociales)이 문을 열었다. 교육에 비중을 두는 대학과 달리 연구를 중심으로 하되 석박사 과정 학생들을 지도하는 연구소로 구성된 사회과학고등연구원에는 레이몽 아롱과 클로드 레비스트로스 등의 거장이 연구소를 만들었고 알랭 투렌, 피에르 부르디외 등 다음 세대 학자들이 주도하는 사회학연구소들도 문을 열었다. 사회과학고등연구원은 프랑스 사회학이 역사학과 인류학, 경제학과 심리학 등 인접 사회과학 분야는 물론 유럽과 미국, 남미와 아시아 등 여러 지역의 사회학자들과 교류하는 학술 활동의 거점이 되었다.

프랑스 사회학계는 1968년 5월 운동을 해석하고 설명하면서 여러 입장으로 분화되었다. 1970년대 들어 프랑스 사회학계는 크게 네 개의 학파로 정리되었다.[233] 사회를 구성하는 다양한 개인들의 행위로부터 어떻게 사회질서가 형성되는가를 묻는 레이몽 부동의 방법론적 개인주

---

233 Alain Touraine, "Les écoles sociologiques", Marc Guillaume et al., *La Sociologie en France*(Paris: La Découverte, 1988), pp. 26~41.

의 사회학, 불평등한 사회적 지배–피지배 관계는 어떻게 재생산되는가를 묻는 피에르 부르디외의 발생론적 구조주의 사회학, 조직과 합리적 의사결정에 의한 사회변동은 어떻게 일어나는가를 묻는 미셸 크로지에의 조직사회학, 갈등적 사회관계와 행위자들의 집합적 활동이 어떻게 새로운 사회질서를 형성하는가를 묻는 알랭 투렌의 행위주의 사회학이 그것이다.[234] 물론 에드가 모랭Edgar Morin과 앙리 르페브르Henri Lefevre 등 네 학파에 포함되지 않는 사회학자들도 있긴 했다. 그럼에도 불구하고 1970년대와 1980년대 프랑스 사회학은 크게 봤을 때 네 학파가 중심이 되어 학문의 발전을 이루었다.

프랑스 학계의 특징 가운데 하나는 언론·출판계와 밀접한 관계를 유지하면서 학문 연구의 결과를 일반 시민 교양층에게 널리 알리고 공적인 토론에 참여하는 데 있다. 1960년대에 사회학에 대한 교양 시민층의 관심이 증대하는 데는 출판사가 큰 역할을 했다. 갈리마르Gallimard 출판사, 미뉘Minuit 출판사, 아르망 콜랭Armand Collin 출판사, 플롱 Plon 출판사 등이 각각 사회학 총서를 만들었다. 1960년대와 1970년대를 걸치면서 프랑스 사회학계는 '현대의 고전'이 될 경험 연구에 바탕을 둔 저서를 여러 권 출간했다. 미셸 크로지에의 《관료제적 현상 *Le phénomène bureaucratique*》(1963), 피에르 부르디외와 장–클로드 파

---

234 피에르 앙사르, 《현대 프랑스 사회학》. 피에르 부르디외와 알랭 투렌의 사회학을 중심으로 프랑스 사회학의 한국 수용 문제를 다루고 있는 정수복, 〈현대 프랑스 사회학의 한국적 수용을 위하여〉, 《동향과 전망》 1993년 봄·여름 합본호, 258~275쪽도 볼 것.

스롱이 공저한 《상속자들Les héritiers》(1964), 알랭 투렌의 《노동자 의식La conscience ouvrière》(1966), 레이몽 아롱의 《사회학적 사상의 제단계Les étapes de la pensée sociologique》(1967), 앙리 망드라스의 《농민의 종언La fin des paysans》(1967), 에드가 모랭의 《프랑스의 공동체Commune en France》(1967), 레이몽 부동의 《기회의 불평등L'inégalité des chances》(1973), 피에르 부르디외의 《구별짓기La distinction》(1979) 등이 대표적 저서들이다.

1990년대 들어 프랑스 사회학계에는 서서히 2세대에서 3세대로 세대 교체가 일어난다. 1920년대와 1930년대생들이 물러나고 해방 후 태어난 세대가 등장했다. 과거와 같이 카리스마를 가진 몇 명의 학문적 지도자가 학계를 이끄는 상황이 막을 내리고 이론적·방법론적 원칙으로 분화되고 전문화된 주제를 다루는 사회학자들이 프랑스 사회학 공동체를 구성하게 된다. 사회학자와 사회학 전공 학생들 가운데 여성의 수가 증가했고 중하층과 노동계급 출신의 비율이 높아졌다. 여성 사회학자들에 의한 여성 노동에 대한 연구가 활성화되었다.[235] 지방자치가 확대되고 유럽연합이 이루어지면서 연구비 수여기관이 다층화되고 비교 연구가 늘어났다.

1990년에는 기존의 학술지와 결을 달리하는 《기원Genèses》, 《현대사회Sociétés contemporaines》가 창간되었다. 사회학 분과학문을 넘어 여러 학문 분야가 같은 주제를 함께 연구하는 경향이 늘어났다. 사회과

---

235 Margaret Maruani, *Travail et emploi des femmes*(Paris: Découverte, 2003).

학의 '과학성'에 대한 회의가 늘어났고 과학사회학과 젠더 연구 등에서 구성주의적 시각이 강화되었다. 가족, 일탈, 범죄, 이민, 실업, 종교, 문화, 교육사회학 분야의 미시적 현장 연구가 증가하면서 질적 방법론의 비중이 커졌다. 1990년대 중반 이후 프랑스 사회학의 주류가 된 부르디외 사회학의 영향력이 줄어들지 않는 가운데 뤽 볼탕스키Luc Boltanski, 브뤼노 라투르Bruno Latour, 베르나르 라이르Bernard Lahire, 프랑수아 뒤베François Dubet, 미셸 마페졸리Michel Maffesoli 등이 각기 자기 나름의 새로운 사회학 연구의 패러다임을 구성했다.[236]

1962년 창립된 프랑스사회학회Société française de sociologie는 2002년 프랑스사회학연합Association française de sociologie으로 개편되어 현재 1,300여 명의 회원이 활동하고 있다. 프랑스 사회학은 지구화 시대를 맞이하여 미국, 독일, 영국 등 다른 나라 사회학과 개방적으로 대화하면서 사회학이라는 학문의 특성이 이론과 방법, 연구 주제에 있어서 다양한 학파들이 경쟁하고 보완하는 복수 패러다임임을 보여주고 있다.[237] 프랑스 사회학은 외국의 사회학을 주체적으로 수용하면서 프랑스 사회학 고유한 특성을 지키고 프랑스 사회의 자기 성찰성society's auto-reflexivity을 증진시키는 사회학 본연의 역할을 수행하고 있다.[238]

---

236 Philippe Masson and Cherry Schrecker, *Sociology in France after 1945*, pp. 65~66.

237 사회학이라는 학문 내부의 통일성을 상실한 파편화 상태를 스티븐 터너는 사회학이 '포스트 규범' 학문으로 갔다고 본다. Stephen Turner, *American Sociology: From Pre-Disciplinary to Post-Normal*(New York: Palgrave Macmillan, 2014).

238 Philippe Masson and Cherry Schrecker, *Sociology in France after 1945*, p. 76.

3.

주변부 사회학의
역사를 읽는 방법

한국 사회학이 세계 사회학계에 무언가를 내놓을 수 있으려면 우선 세계 사회학계의 현황을 파악하고 거기에서 우리가 차지하는 위치를 파악해야 한다. 그러나 한국 사회학자들은 미국과 영국, 독일, 프랑스 등 중심부 사회학에 대해서는 어느 정도 알고 있지만 주변부 나라들의 사회학에 대해서는 거의 아는 바가 없다. 이번 장에서는 세계 사회학의 지형도를 소략하게 스케치하고 이어서 세계 각국 사회학을 비교할 때 무엇을 눈여겨봐야 하는지를 몇몇 나라들의 보기를 들어 일곱 가지 항목으로 나누어 살펴본다.

1. 세계 사회학계의 현황

19세기 후반 유럽에서 새롭게 등장한 사회학이라는 학문은 20세기 들어 제1차 세계대전과 제2차 세계대전 사이에 학문적 정체기를 경험하다가 제2차 세계대전 종전 이후 크게 부흥했다. 유럽과 달리 미국에서는 1930년대 여러 대학에 사회학과가 설치되었고 연방정부와 민간재단의 지원에 힘입어 분과학문으로서의 위상을 확립했다. 이어 미국은 유네스코와 같은 국제기구, 미국공보원USIS과 같은 교류기구 등을 통해 인적·물적·제도적 자원에서 유럽 여러 나라의 사회학계를 도우며 세계 사회학계의 중심으로 떠올랐다.

오늘날 세계 사회학계를 공식적으로 대표하는 조직은 흔히 '이사ISA'라는 약어로 표기하는 세계사회학회International Sociological Assocition다.[239] 제2차 세계대전 직후 유네스코 사회과학국이 주도하여 만든 세계사회학회는 세계 여러 나라 사회학자들 사이의 협력과 토론의 장이 되었다.[240] 현재 사회학 이론, 연구방법, 역사사회학, 임상사회학, 인구학, 계층과 계급, 집합행동과 사회운동, 문화, 교육, 발전, 법, 여가, 건강, 정치, 경제, 도시, 주거, 종교, 과학기술, 환경, 언어,

---

239 Jennifer Platt, *History of ISA, 1948~1997*(International Sociological Association, 1998).

240 Charles-Henry Cuin, François Gresle, *Histoire de la sociologie, 2. Depuis 1918*(Paris: La Découverte, 1992), pp. 66~67.

예술, 스포츠, 여가, 범죄, 노동, 이주, 가족, 젠더, 청년, 아동, 재난, 이주 등 57개의 주제별 연구위원회Research Committee가 구성되어 활동하고 있다.

다른 한편 세계사회학회는 국가별 사회학회National Association 사이의 교류를 증진시키는 일을 하고 있다. 세계사회학회에 회원이 된 국가별 사회학회는 1953년 25개국, 1966년 41개국, 1978년 25개국, 1994년 45개국이었다가 2021년 현재 67개 국가의 사회학회가 가입되어 있다.[241] 세계사회학회의 회장은 전체를 관장하지만 현재 두 명의 부회장 중 한 명은 주제별 연구위원회를 관리하고 다른 한 명은 국가별 사회학회를 관장한다. 세계사회학회의 초대 회장은 미국의 루이스 워스 Louis Wirth였고 부회장은 프랑스의 조르주 다비와 영국의 모리스 긴즈버그였다. 2대 회장은 미국의 로버트 앤젤Robert Cooley Angell이었고 부회장은 프랑스의 조르주 다비와 영국의 모리스 긴즈버그, 독일의 레오폴드 폰 비제였다.[242]

임원진 구성에서 알 수 있듯 초창기 세계사회학회는 미국이 주도하고 프랑스, 영국, 독일이 협력하는 방식으로 이루어졌다. 1953년에서 2018년 사이에 세계사회학회에 가입한 개인 회원들의 지리적 분포를 보면 유럽연합이 35퍼센트, 북아메리카가 25퍼센트, 동아시아와 태평양 지역이 17퍼센트, 남아메리카가 11퍼센트, 남아시아가 8퍼센트 등

---

241 Jennifer Platt, *History of ISA, 1948~1997*, p. 65과 ISA 홈페이지.

242 Jennifer Platt, *History of ISA, 1948~1997*, p. 63.

으로 구성되어 있다.[243] 개인 회원 구성에서도 유럽과 미국 등 서구 학자들이 주류이고 동아시아와 남아메리카, 서아시아 사회학자들이 주변부를 이루고 있음을 알 수 있다. 세계사회학회는 학술 교류 증진을 위해 《당대 사회학Current Sociology》과 《국제사회학International Sociology》이라는 두 개의 학술지를 펴내는 한편, 단행본 시리즈도 발간하고 있다. 국가별 사회학자들 사이의 이해와 교류 증진을 위해 국가별 사회학사 연구를 조직하고 지원하고 그 결과를 책으로 펴내기도 했다.[244]

세계사회학회에 가입한 67개국의 사회학을 편의상 아홉 지역으로 구분해볼 수 있다. 첫째, 북아메리카의 미국과 캐나다의 사회학, 둘째, 서유럽의 영국, 독일, 프랑스, 이탈리아, 스페인, 포르투갈, 벨기에, 네덜란드, 그리스 사회학, 지리적으로는 아시아·태평양 지역에 속하지만 크게 보면 서구 사회학의 영향권 아래 있는 오스트레일리아와 뉴질랜드 사회학, 셋째, 러시아와 폴란드, 헝가리, 체코, 불가리아, 알바니아 등 동유럽의 사회학, 넷째, 북유럽의 스웨덴, 덴마크, 핀란드, 노르웨이의 사회학, 다섯째, 라틴아메리카의 브라질, 아르헨티나, 멕시코, 칠레, 콜롬비아, 베네수엘라의 사회학, 여섯째, 아프리카의 남아공, 나이지리아, 우간다, 베냉, 에티오피아 등의 사회학, 일곱째, 중동과 중앙아시아

---

243 Jennifer Platt, *History of ISA, 1948~1997*, p. 60.

244 Nikolai Genov ed., *National Traditions in Sociology*(London: Sage, 1989); Piotr Szompka and Brigitta Nedelman eds., *Sociology in Europe: In Search of Identity*(De Gruyter, 1993); Sujata Patel ed., *The ISA Handbook of Diverse Sociological Traditions*(London: Sage, 2010).

의 이스라엘, 팔레스타인, 레바논, 시리아, 이란, 터키, 아르메니아, 아제르바이잔의 사회학, 여덟째 서아시아의 인도, 파키스탄, 방글라데시 사회학, 아홉째 동아시아의 한국, 중국, 타이완, 싱가포르, 말레이시아, 베트남, 필리핀의 사회학을 들 수 있다.

위에 언급한 아홉 지역 여러 나라의 사회학사를 알아볼 수 있는 요약된 정보는 아직 찾지 못했다. 그러나 다행스럽게도 2014년부터 영국 사회학자 존 홀름우드John Holmwood와 미국 사회학자 스티븐 터너 Stephen Turner가 총괄 편집자가 되어 '세계 각국 사회학의 역사National Trajectories in a Global World'를 시리즈로 출간하고 있다. 2021년 현재까지 미국, 영국, 프랑스, 이탈리아, 벨기에, 아일랜드, 포르투갈, 오스트리아, 오스트레일리아, 뉴질랜드, 스웨덴, 덴마크, 러시아, 폴란드, 체코, 헝가리, 이스라엘, 남아공, 중국, 브라질, 아르헨티나 등 21개국 사회학의 역사가 발간되었다.[245] 앞으로 독일, 일본, 한국, 인도, 멕시코 등 지역별로 비중 있는 나라들의 사회학 역사가 출간되면 세계 사회학계를 구성하고 있는 주요국 사회학의 발전 과정과 현황을 비교하면서 체계적으로 파악할 수 있게 될 것이다.

---

[245] 21개국 사회학의 역사에 대한 저서는 1부 3장 〈참고문헌〉에서 확인할 것.

2. 지역별 사회학의 간략한 역사

근대 이후 다른 영역이나 마찬가지로 학문의 영역에서도 서구가 중심 역할을 담당했다. 비서구 국가의 서구화된 지식인들은 서구의 근대적 학문을 수용하고 토착화하는 일을 주요 임무로 삼았다. 사회학이라는 학문의 경우에도 사정은 크게 다르지 않았다. 서구의 지배가 공고화되기 이전 중국, 인도, 이슬람 문명권 등에도 사회사상이나 사회이론이라 부를 수 있는 사유의 내용과 형식이 있었으나 서구 문명 패러다임이 세계를 지배하면서 단절의 경험을 겪었다. 제2차 세계대전 직후 미소가 지배하는 냉전형 세계질서가 만들어지면서 이러한 경향은 더욱 가속화되었다.

세계 사회학계의 중심은 사회학이라는 학문이 시작된 프랑스와 독일을 떠나 미국으로 넘어갔고 사회학은 미국이 주도하고 프랑스, 독일, 영국 등이 중심부를 구성하면서 세계 전역으로 확산되었다. 그러나 서구 안에서도 다시 중심과 주변을 구별해볼 수 있다. 북미 사회학 가운데 캐나다 사회학은 크게 보면 미국의 영향을 받고 있지만 그 안에서 주변부라고 할 수 있는 프랑스 언어권인 퀘벡 지역의 사회학이 있다.[246] 유럽 안에도 중심과 주변이 있다. 유럽 사회학 가운데 영국과 독일, 프랑스 등 중심부 사회학을 제외하면 독창적인 사회학 연구의 흐름은 약

---

[246] 퀘벡 지역 프랑스어권의 사회학자들은 1969년 프랑스어 학술지 *Sociologie et Société*를 창간했다.

한 편이다. 스페인, 포르투갈, 이탈리아, 벨기에, 아일랜드 등의 사회학은 제도화의 시기가 늦고 사회학계의 규모도 작은 주변부에 속한다. 아일랜드, 벨기에, 오스트리아 등 유럽 작은 나라들의 사회학은 지리적으로 서유럽에 속하더라도 중심부라기보다는 주변부에 속한다고 볼 수 있다.[247] 아일랜드 사회학은 가톨릭교회의 영향으로 일단 뒤늦게 제도화되었다. 벨기에 사회학은 지정학과 역사적 영향으로 프랑스 사회학과 네덜란드 사회학의 영향권하에 있다. 오스트리아 사회학은 제2차 세계대전 이전의 학문적 전통을 계승하지 못했다. 스웨덴 사회학이나 덴마크 사회학 등 북유럽 복지국가의 건설과 관련하여 전문사회학과 정책사회학을 발전시켰으나 크게 보면 서유럽 사회학의 전통에 속한다고 볼 수 있다.[248] 지리적으로는 아시아·태평양 지역에 속하지만 문화적으로는 유럽에 속하는 오스트레일리아와 뉴질랜드 사회학계는 영국 사회학의 영향을 받았으나 점차 미국 사회학과의 교류가 강화되고 있다.[249]

---

247 Christian Fleck and Helga Nowotny, "A Marginal Discipline in the Making: Austrian Sociology in a European Context", Piotr Szompka and Brigitta Nedelman eds., *Sociology in Europe: In Search of Identity*(De Gruyter, 1993), pp. 99~118.

248 Erik Allardt, "Scandinavian Sociology and Its European Roots and Elements", Piotr Szompka and Brigitta Nedelman eds., *Sociology in Europe: In Search of Identity*(De Gruyter, 1993), pp. 119~140.

249 오스트레일리아 사회학계에는 북반구 사회학과 구별되는 남반구 사회학을 하자는 흐름이 있다. Raewyn Connell, *Southern Theory: The Global Dynamics of Knowledge in Social Science*(London: Routledge, 2007) 참조.

세계 각국 사회학의 역사는 그 나라의 정치변동과 밀접하게 관련되어 있다. 사회학의 비판적 성격은 억압적 정권에게 위협이 되기도 하기 때문이다. 러시아혁명 이후 소련과 동유럽의 공산주의 체제하에서 사회학은 점차 금지된 학문이 되었다. 스탈린 체제하에서 사회학은 부르주아 학문으로 여겨져 철저하게 억압되었다. 그러다가 1950년대 말 스탈린 체제가 완화되고 사회주의 내부의 계획경제를 실시하는 과정에서 유용한 지식을 생산하는 실용적인 사회학이 허용되었다.[250] 1960년대에 폴란드, 체코, 헝가리, 불가리아 등 동유럽에서도 사회학이 다시 등장하기 시작했다.[251] 그러나 공산당의 이데올로기 통제하에서 독자적인 사회학 연구는 이루어지지 못했고 체제 유지와 정책 실행에 도움이 되는 연구를 크게 벗어나지 못했다. 그럼에도 불구하고 헝가리에서는 1956년 부다페스트 봉기 이후 노동자 자주관리를 위한 노동사회학이 발전했고 1980년대 폴란드에서는 당의 지배에 저항하는 자주적 노동조합운동을 지원하는 사회학 연구가 이루어졌다. 1989년 베를린 장벽이 붕괴되고 1991년 소련이 해체되면서 동유럽 국가들이 유럽연합의 회원국으로 가입하자 동유럽 사회학은 새로운 전기를 맞이했다. 일

---

250 Larissa Titarenko and Elena Zdravomyslova, *Sociology in Russia: A Brief History*(London: Palgrave Macmillan, 2017).

251 Marta Bucholc, Philippe Masson and Vherry Schrecker, *Sociology in Poland-To be Continued*(London: Palgrave Macmillan, 2016); Marek Skovajsa and Jan Balm, *Sociology in the Czeck Republic-Between East and West*(London: Palgrave Macmillan, 2017); Victor Karady and Peter tibor Nagy, *Sociology in Hungary: A Social, Political and Institutional History*(London: Palgrave Macmillan, 2019).

단 사회학 연구가 자유롭게 허용되었지만 시장경제의 논리가 지배하게 되면서 비판적 학문보다는 실용적인 학문을 선호하는 경향이 강화되었다. 그에 따라 사회학자들은 여론조사나 시장조사 등 실용적 연구 쪽으로 기울고 있다.

라틴아메리카의 브라질, 아르헨티나 등의 사회학에는 제2차 세계대전 이후 미국의 영향력이 커졌지만 그에 대한 저항의식을 가진 학자들이 존재했다.[252] 라틴아메리카의 사회학자들은 프랑스 등 유럽의 학문을 수용하면서 진보적 사회학을 발전시켰다. 브라질, 멕시코, 아르헨티나, 칠레, 콜롬비아, 우루과이 등 라틴아메리카 사회학자들이 만들어낸, 세계체제의 중심과 주변을 구분하고 주변부 사회의 저발전에 대한 중심부의 부정적 역할을 드러내는 종속이론이 그 보기이다. 라틴아메리카의 사회학은 1960년대와 1970년대 군부 정권하에서 탄압받다가 1980년대 민주화 이후 다시 살아났다.

아프리카의 알제리, 모로코, 튀니지, 세네갈 등 프랑스 식민통치의 경험이 있는 나라의 사회학은 프랑스 사회학의 영향을 받았다. 이들 나라의 사회학자들은 프랑스에 유학했고 프랑스 서적을 자국어로 번역하면서 사회학을 제도화했다. 남아공, 나이지리아, 케냐 등 영국의 식민지 경험이 있는 나라들은 영미권 사회학을 수용하면서 독자적인 연구전통을 만들었다. 남아공 사회학의 경우 인종 분리 정권에 협력한 보수

---

252 Hugo Neri, *Sociology in Brazil: A Sociological History*(London: Palgrave Macmillan, 2020); Juan Pedro Blois, *Sociology in Argentina: A Long-Term Account*(London: Palgrave Macmillan, 2020).

사회학과 해방적 진보사회학이 공존하다가 후자가 강화되면서 인종 분리 정권의 해체와 민주화에 기여했다.[253]

비서구 지역에서 서구 학문은 근대적인 교육기관인 대학이 설립되면서 본격적으로 수용되었다. 일찍부터 영국에 의해 식민 지배를 받은 인도의 경우 1857년 뭄바이, 캘커타, 마드라스에 옥스퍼드대학과 케임브리지대학을 모델로 삼은 근대적 대학이 설립되어 서구 학문을 수용하고 연구하고 가르치기 시작했다. 전통 학문과의 연계성이 남아 있는 인도의 경우 영국과 미국을 중심으로 하는 서구 사회학계의 흐름에 비판적인 지적 흐름이 형성되었고 말레이시아 사회학에도 이븐 할둔 등 이슬람 사상가의 지적 유산을 되살려 독자적 사회학을 만들려는 움직임이 만들어졌다.

동아시아의 경우 19세기 말 일본과 중국의 지식인들이 스펜서의 진화론과 콩트의 3단계설 등을 소개하면서 사회학이라는 학문이 시작되었다. 일본에서는 1868년 메이지유신 이후 후쿠자와 유키치 등이 서구 사상을 수용했다. 1871년에 게이오대학이 설립되고 1877년에는 도쿄제국대학이 설립되었다. 도쿄제국대학 안에 사회학과가 설치되어 독일 사회학을 중심으로 서양 사회학을 수용했다. 일본 사회학계는 서구 사회학의 고전을 일본어로 번역하면서 한·중·일 세 나라 사회학자들이 공동으로 사용하는 사회, 개인, 권리, 자유 등 서양 사회학 용어의 한자 번역어를 만들었다.

---

253 Radhamany Sooryamoorthy, *Sociology in South Africa-Colonial, Apartheid and Democratic Forms*(London: Palgrave Macmillan, 2016).

중국의 경우 1877년 해군 장교였던 옌푸嚴復가 잉글랜드로 파견되었다가 헉슬리와 스펜서의 사상을 배우고 귀국한 후 소시올로지sociology를 '군학群學'으로 번역하여 소개했다. 옌푸는 애덤 스미스의《국부론》과 존 스튜어트 밀의《자유론》을 번역하기도 했다. 차이위안페이蔡元培는 독일의 베를린대학과 라이프치히대학에서 수학하고 귀국하여 베이징대학을 설립하고 초대 총장으로 중국에 근대적 학문의 기초를 세웠다. 1930년대 페이샤오퉁費孝通은 영국에서 인류학을 공부하고 귀국하여 중국 농촌사회의 특성을 밝히는 연구를 수행했다. 1953년 금지되었던 사회학은 1970년대 말 개혁개방 정책 이후 1980년대에는 베이징대학, 상하이대학, 칭화대학을 비롯한 여러 대학에 사회학과가 설치되면서 빠른 속도로 발전하고 있다.

3. 각국 사회학의 제도화 과정

하나의 학문이 안정된 분과학문으로 정착하기 위해서는 제도화가 필요하다. 한국 사회학은 미 군정 당시 별다른 저항 없이 만들어졌지만 여러 나라에서 사회학의 제도화는 하늘에서 떨어진 현상이 아니라 사회학자들의 끈질긴 지적 투쟁을 거쳐 이루어진 것이다. 여기서 사회학의 제도화란 대학 안에 사회학과의 설립, 사회학자들로 구성된 학회의 창설, 연구 결과를 발표하는 학술지의 창간 등을 뜻한다. 아래에서는 몇몇 나라의 보기를 들어 세계 여러 나라에서 사회학이 제도화되는 과정을 살펴본다.

1947년 세계사회학회가 만들어지고 나라별 사회학회를 회원으로 가입시켰다. 이와 발을 맞추어 나라마다 기존의 여러 학회를 통합하여 대표성을 가진 사회학회를 발족시켰다. 1905년에 창설된 미국사회학회는 연속성이 있었지만 1949년에 독일사회학회, 1950년에 영국사회학회, 1962년에 프랑스사회학회가 새롭게 창설되었다. 학회지의 창간도 중요한데 영국에서는 런던경제대학에서 1950년《영국 사회학 저널*British Journal of Sociology*》을 창간했지만 정작 영국사회학회가 펴내는 공식 학술지《사회학*Sociology*》은 1967년에 가서야 창간되었다. 프랑스 사회학도 19세기 말~20세기 초에 뒤르켐학파가 만들어지고 1898~1925년에《사회학연보*L'Année sociologique*》라는 학술지를 발간했지만 제도화는 늦었다. 공식적인 사회학회 창립은 1962년에 가서야 이루어졌다. 학술지 창간이 학회 창설보다 앞서 1946년 사회학 분야의 전문 학술지《사회학의 국제평론*Cahiers internationaux de sociologie*》이 창간되었다. 1956년에는《노동사회학*Sociologie du travail*》이라는 학술지가 창간되어 노동과 산업사회학 분야를 발전시켰다. 같은 해에 앙리 데로슈Henri Desroche, 프랑수아 이장베르, 에밀 풀라Emile Poulat가 주축이 되어 종교사회학 학술지《종교사회학연구*Archives de sociologie des religions*》를 창간했다.

제2차 세계대전 이후 1950년대에 새로운 사회를 건설하기 위한 사회과학의 지적 자원이 필요했던 유럽은 여러 대학 안에 사회학과를 만들고 사회학자들을 충원했다. 영국, 독일, 프랑스 등의 서유럽과 스웨덴, 덴마크 등의 북유럽에서 1960년대는 사회학의 활발한 성장기였다. 그러나 같은 유럽 국가라 하더라도 스페인과 포르투갈의 경우 파시즘 체제의 지속으로 민주화가 이루어진 1980년대가 되어서야 사회학이 활성화된다.[254] 아일랜드 사회학도 가톨릭교회의 통제로 1970년대에 가서야 제도화된다. 파레토, 모스카, 그람시 등의 사회이론가를 배출한 이탈리아에서도 사회학의 제도화는 의외로 늦은 편이다. 역사학과 법학 등 전통 학문이 오랜 전통을 구축하고 있어서 사회학이라는 신흥 학문이 대학 안에 자리잡기 힘들었다.[255] 1961년에 가서야 국립대학교에 사회학 교수 세 명이 처음으로 임명되었고 1962년에는 북부의 변방 도시 트렌토에 사회과학고등연구대학Higher University Institute of Social Science이 창설되면서 사회학 학위를 수여할 수 있게 되었다. 박사 과정은 1980년대 중반에 가서야 설치되었다. 학술지로는 1973년에 창간된 도시·농촌사회학 학술지 《사회탐구La ricérca Sociale》, 1976년에 창간된 《사회학연구Studi di sociologia》가 있다. 이탈리아 사회학계는 트렌토,

---

254 Bryan Fanning, *Sociology in Ireland: A Short History*(London: Palgrave Macmillan, 2015); Filipe Carreira da Silva, *Sociology in Portugal: A Short History*(London: Palgrave Macmillan, 2016).

255 이탈리아의 경우 오랜 인문학적 전통에서 볼 때 사회학은 고작 2급의 철학이거나 불모의 '과학'이라고 여겨졌다. Andrea Cossu and Matteo Bortolini, *Italian Sociology 1945~2010, An Intellectual and Institutional Profile*(London: Palgrave Macmillan, 2017). 대학 내에 사회학 이전에 이미 자리를 잡은 다른 학문분과들, 예컨대 철학, 문학, 역사학 등의 인문학과 법학, 경제학, 정치학 등과 사회학의 관계도 중요하다. 사회학이 주변 인문사회과학과 협력하는 관계를 만들 경우와 고립될 경우 학문의 성격이 달라진다. 공공사회학public sociology의 전통이 강한 남아공 사회학의 경우 사회학자들 사이의 공동 연구보다 다른 분야 학자들과의 협력이 많다.

밀라노와 토리노, 로마, 남부 도시 등 지역별로 다른 사회학을 발전시켰고 이론, 방법론, 정치적 입장, 종교적 입장 등으로 내부 갈등도 있었다. 그런 이유 때문에 전국 단위의 학회 창립이 늦어져 1982년에 가서야 이탈리아사회학회AIS(Associazione italiana di sociologia)가 창립되었다.[256]

신생국 이스라엘에서는 건국과 함께 사회학이 시작되었다.[257] 1948년 마틴 부버가 예루살렘 히브루대학에 처음 사회학 교수로 임명되었다. 이후 그의 후계자이자 이스라엘 사회학의 실질적인 창건자라고 할 수 있는 슈무엘 아이젠슈타트가 등장했다. 초기에는 미국 사회학계의 산물인 근대화 이론을 이스라엘 사회에 적용하고 변형시키다가 후기로 가면서 문명 비교라는 거대한 연구 주제를 개척했다. 그는 1967년 이스라엘사회학회 창립을 주도하고 초대 회장을 역임했다. 이스라엘 사회학계의 학술지로는 1950년에 창간된 《경향Megamot(trends)》과 1970년대 들어 비판사회학자들이 창간한 《이론과 비판Theory and Criticism》이 있다. 현재 이스라엘에는 6개 대학에 사회학과가 설치되어 있고 5개 대학에서 사회학 박사학위를 수여한다. 사회학 정교수는 100여 명, 사회학회 회원은 400여 명이다.

뉴질랜드 사회학의 경우 1960년 웰링턴 빅토리아대학Victoria University Wellington에 사회학과가 처음 만들어진 후 1962년에는 캔터

---

256 한국사회학회 회원이 1,000여 명인데 비해 현재 이탈리아 사회학회의 회원 수는 그 반에 불과한 600명 정도다. Andrea Cossu and Matteo Bortolini, *Italian Sociology 1945~2010, An Intellectual and Institutional Profile*.

257 Uri Ram, *Israeli Sociology: Text in Context*(London: Palgrave Macmillan, 2018).

베리대학에, 1971년에는 오클랜드Aukland대학과 와이카토Waikato대학
에 사회학과가 설치되었다. 이후 4개 대학에 사회학과 설치되어 총 8
개의 사회학과가 만들어져 있다.[258] 1963년에 오스트레일리아-뉴질랜
드사회학회SAANZ(The Sociological Association of Australia and New Zealand)
가 창립되었고 1970년대 초에는 뉴질랜드 지부가 따로 만들어지면서
이원구조로 활동하고 있다.[259]

4. 세계 각국 사회학의 비교사회학

사회학은 세계 어느 나라에서나 통용되는 보편적 학문이지만 각 나라
의 역사적 경험과 학계의 지향성에 따라 서로 다른 학문적 특성을 갖는
다. 한 나라의 사회학이 갖는 특성을 제대로 이해하기 위해서는 여러
나라 사회학이 어떻게 형성되고 발전했는가를 알아야 한다.[260] 그러려

---

258 Charles Crothers, *Sociologies of New Zealand*(New York: Palgrave Macmillan, 2018), p.
     36.

259 Charles Crothers, *Sociologies of New Zealand*, pp. 101~102.

260 지식사회학의 관점에서 서로 다른 역사적 배경을 지닌 여러 나라 사회학의 역사를
     비교해보면 한국 사회학의 발전 과정을 더 잘 설명할 수 있을 것이다. 그런 작업
     을 하기 위해 프랑스, 서독, 미국, 영국, 소련, 헝가리, 동독, 콜롬비아, 캐나다, 오
     스트레일리아, 인도, 나이지리아의 사회학 전통을 다루고 있는 Nikolai Genov ed.,
     National Traditions in Sociology(London: Sage, 1989)와 독일, 영국, 오스트리아, 스

면 각 나라 사회학의 역사를 살피면서 그와 동시에 여러 나라 사회학을 사회학적으로 비교해서 분석할 필요가 있다. '사회학의 비교사회학'을 위해서는 각 나라 사회학의 특성을 추출하고 그것을 사회학계 안과 밖에서 영향을 미치는 요인들을 통해 설명할 수 있어야 한다. 각 나라 사회학의 형성, 발전, 후퇴, 정체, 부흥에 영향을 미치는 요인으로 다음과 같은 일곱 가지 요인을 고려해볼 수 있다. 나라마다 각각의 요인들이 복합적으로 작용하기 때문에 각 나라 사회학의 특성이 만들어지는 과정에 대한 좀 더 정밀한 연구가 필요하다.

4-1. 역사적 경험과 문화적 전통

모든 학문이 다 그렇듯이 사회학이라는 학문도 특정한 상황 속에서 이루어진다. 세계 각국의 사회학은 그 나라의 역사적 경험, 문화적 전통, 정치적 상황, 사회경제적 조건에 따라 제각기 다른 특성을 갖게 된다. 주어진 상황에 따라 연구 주제와 연구방법이 달라지기 때문이다. 각 나라의 주요 산업, 종교적 전통, 식민지 경험 유무, 전쟁 경험, 혁명 경험,

---

칸디나비아, 헝가리, 폴란드, 일본 사회학을 미국 사회학과 대비시키고 있는 Piotr Sztompka and Brigitta Nedelman eds., *Sociology in Europe: In Search of Identity*(De Gruyter, 1993)와 프랑스, 독일, 벨기에, 러시아, 이탈리아, 미국 사회학을 중심으로 사회학의 역사를 기술하고 있는 Charles-Henry Cuin et François Gresle, *Histoire de la sociologie, 2. Depuis 1918*(Paris: La Découverte, 1992) 등을 참조할 수 있다.

산업화와 도시화의 정도 등이 사회학 연구의 지향성과 문제의식, 연구 주제 등에 영향을 미친다.

예를 들어 이탈리아의 경우 가톨릭 전통의 영향, 북부와 남부의 산업화 정도의 차이, 뒤늦은 국가 형성, 파시즘 체제 경험 등이 사회학의 형성, 발전, 내용에 중요한 영향을 미쳤다.[261] 이탈리아뿐만 아니라 아일랜드, 아르헨티나 등의 경우에도 강력한 가톨릭교회의 존재가 사회학이라는 학문의 성장과 성격에 일정한 영향을 미쳤다. 벨기에 사회학은 가톨릭 프랑스어권과 개신교 네덜란드 언어 사용권 사이의 분리에 따라 학계도 분리되어 있는데 이는 역사적 경험과 지정학의 영향이다.[262] 다른 한편 이란, 터키, 말레이시아 사회학은 이슬람 전통의 영향을 받는다. 스페인과 포르투갈의 경우 1970년대까지 존속한 파시즘 체제가 사회학의 발전을 가로막았다. 포르투갈에서는 1975년에야 사회학이 대학 내에 제도화되었다.[263] 남아공 사회학의 경우 인종 분리 정권의 지배하에서 인종과 언어에 따라 각기 다른 사회학이 형성되었다.[264] 한국의 경우 유교 전통, 일본에 의한 식민지화, 한국전쟁과 분단체제, 권위주의 체제와 급속한 산업화, 사회운동과 민주화 경험 등이 사회학의 성

---

261 Andrea Cossu and Matteo Bortolini, *Italian Sociology 1945~2010, An Intellectual and Institutional Profile.*

262 Raf Varderstraeten and Keat Louckx, *Sociology in Belgium: A Sociological History*(London: Palgrave Macmillan, 2018).

263 Filipe Carreira da Silva, *Sociology in Portugal: A Short History.*

264 Radhamany Sooryamoorthy, *Sociology in South Africa-Colonial, Apartheid and Democratic Forms.*

격에 영향을 미쳤다.

4-2. 국가권력의 성격과 사회운동

학문 활동도 국가라는 틀 안에서 이루어지기 때문에 국가권력의 성격
과 정치체제가 사회학이라는 학문에 결정적인 영향을 미친다. 자연과
학이나 인문학에 비해 사회과학은 더 많은 영향을 받는다. 학문의 자유
를 허용하지 않는 독재체제하에서는 사회학이라는 비판적 성격의 학문
이 자라날 수 없다. 독일, 일본, 스페인, 포르투갈 등이 경험한 파시즘
체제나 소련과 동유럽의 공산주의 체제, 미국과 유럽의 자유민주주의
체제, 제3세계의 군부 통치체제는 각기 다른 방식으로 사회학이라는
학문의 형성, 유지, 소멸, 발전에 큰 영향을 미쳤다. 국가의 통제로부터
상대적으로 자유로운 시민사회가 형성되어 있어야 사회학이라는 학문
이 발전할 수 있다. 구체적으로는 야당, 공정한 언론, 민주적인 노동조
합, 독립적인 종교세력, 사회운동 단체, 분권화된 지방자치 단체 등의
존재가 사회학의 발전에 긍정적 영향을 미친다.

　전체주의 체제, 공산주의 체제, 파시즘 체제, 권위주의 체제에서는
사회학이 자유롭게 발전할 수 없다. 19세기 후반에 시작된 러시아 사
회학은 공산주의혁명 이후 스탈린 체제하에서 공산당의 지배 이데올로
기에 의해 '부르주아의 사이비 학문'으로 여겨져 학문 세계에서 완전
히 사라졌다가 흐루쇼프가 집권하여 스탈린 비판이 이루어진 1950년
대 후반에 가서야 재등장하게 된다. 이후 1970년대 초에 잠시 살아났

던 사회학은 다시 정권의 통제하에 제한된 영역에서 실용적인 연구만 하다가 1985년 고르바초프의 페레스트로이카 정책이 시작되고 1991년 소련이 해체된 이후 독립적인 분과학문으로 여러 대학 내에 제도화되었다.[265]

중국의 경우 사회학은 1930년대에 제도화되었으나 공산화 이후 1950년대에는 '금지된 학문'이 되었다가 개혁개방 정책 이후 1980년대 들어 다시 제도화되었다.[266] 그러나 오늘날에도 당과 국가의 통제가 사회학계의 물적, 조직적, 상징적 자원의 흐름에 결정적으로 중요하게 작용함으로써 사회학의 창의성과 다양성에 부정적 영향을 미치고 있다.[267]

동유럽의 공산권 사회학은 소련과 유사하게 국가권력의 정책 결정과 실현을 위한 도구적 지식 생산에 기여하는 사회학이 주류를 형성했다. 그러나 1956년 헝가리 봉기 이후 헝가리 사회학은 다른 공산권 국가의 사회학과 달리 어느 정도 비판적이고 권력의 통제로부터 자율적인 성격을 갖게 되었다.[268] 스탈린주의에서 벗어나 있던 유고슬라비아에서는

---

265   Larissa Titarenko and Elena Zdravomyslova, *Sociology in Russia: A Brief History*(New York: Palgrave Macmillan, 2017).

266   Hon Fai Chen, *Chinese Sociology: State-Building and the Institutionalization of Globally Circulated Knowledge*(New York: Palgrave Macmillan, 2018).

267   Hon Fai Chen, *Chinese Sociology: State-Building and the Institutionalization of Globally Circulated Knowledge*.

268   Kálmán Kulcsár, "Tradition, Modernization and Sociology: the Case of Hungry", Nikolai Genov ed., *National Traditions in Sociology*(London: Sage, 1989), pp.

노동자 자주관리 등의 주제로 연구가 이루어지기도 했고 민주노동운동
이 형성된 폴란드에서도 사회학자들의 활동이 활발했다. 파시즘 체제
가 오래 지속된 스페인과 포르투갈에서 사회학의 제도화는 파시즘 체
제가 종식되고 민주화가 이루어지면서 1980년대 들어 본격적으로 시
작되었다.[269]

밑으로부터 형성된 노동조합을 기반으로 집권한 사회민주당이 강력
하고 체계적인 복지정책을 실시한 스웨덴과 덴마크 등 북유럽 사회학
은 복지국가가 형성되는 과정에서 계급·계층·불평등 연구, 노동 및 산
업사회학, 사회운동의 사회학, 정책사회학 분야의 연구를 통해 기여했
다.[270] 복지국가가 형성된 이후에는 가족, 여성, 젠더, 섹슈얼리티, 종
교, 문화, 세대, 이민 등의 주제들을 연구하면서 새로운 변화에 대응하
는 연구를 병행했다.

시오니즘의 이념으로 건국된 이스라엘의 경우 1948년 건국 이후
1950년대까지는 사회학이 국가 형성과 사회통합에 기여하는 지식 생
산을 담당했다.[271] 아시아, 라틴아메리카, 아프리카 등의 군부독재, 인
종차별 정권하에서 비판사회학이 출현하기도 했다. 한국의 민중·민족

118~134.

269 Fhilipe Carreira da Silva, *Sociology in Portugal: A short History*(New York: Palgrave
Macmillan, 2016).

270 Anna Larsson and Sanja Magdaleni, *Sociology in Sweden: A Short History*(London:
Palgrave Macmillan, 2015); Kristoffer Kropp, *Historical Account of Danish Sociolo-
gy*(London: Palgrave Macmillan, 2015).

271 Uri Ram, *Israeli Sociology*(New York: Palgrave Macmillan, 2018).

사회학, 남미의 브라질, 아르헨티나, 칠레 등 군부 독재체제하에서 출현한 종속이론, 남아공의 인종 분리 정권하에서 형성된 해방사회학이 그 보기이다.[272]

4-3. 지적 전통의 존재와 계승 여부

한 나라의 학문적 전통의 존재와 그것의 계승 여부가 그 나라 사회학의 성격에 영향을 미친다. 19세기부터 비서구 국가를 지배한 서구의 중심부 국가들에서는 학문적 전통이 단절을 겪지 않고 계승 발전했다. 영국의 경우 로크와 흄 등의 경험주의 전통과 애덤 스미스와 데이비드 리카도 등의 정치경제학 전통이 사회학이라는 신흥 학문의 형성에 직간접적으로 영향을 미쳤다. 독일의 경우에도 칸트, 헤겔, 후설 등의 철학 전통, 마르크스, 베버, 짐멜 등 사회학 초창기의 학문적 전통이 제2차 세계대전 이후 독일 사회학의 부흥에 지적 자산으로 작용했다. 프랑스에서도 콩트의 사회학과 뒤르켐학파의 전통과 몽테스키외, 생시몽, 루소, 토크빌 등의 사회사상 전통이 현대 프랑스 사회학에 계승되었다. 벨기에 사회학에는 사회통계학의 선구자 케틀레Quetelet의 전통이 있었지만 뒤르켐 중심의 프랑스 사회학의 영향을 벗어나 독자적인 사회학을 발전시키지 못했다.

---

272 Radhamany Sooryyamoorthy, *Sociology in South Africa: Colonial, Apartheid and Democratic Forms*(New York: Palgrave Macmillan, 2016).

유럽 내부에서는 주변부에 속하는 동유럽의 폴란드 사회학의 경우 중심부 국가들에 못지않은 독자적인 사회학 연구의 전통을 가지고 있다. 폴란드 사회학자들이 세계 사회학계에서 러시아 사회학자들보다 더 중요한 역할을 하고 있는 이유는 폴란드 사회학이 오랜 전통을 가지고 있기 때문이다.[273] 미국에서 활동한 사회학자 플로리안 즈나니에츠키Florian Znaniecki와 영국에서 활동한 사회인류학자 브로니슬라프 말리노프스키Bronislaw Malinowski는 널리 알려진 폴란드 출신의 학자이지만 폴란드 사회학의 역사에는 바깥에 알려지지 않은 사회학 각 분야의 대가들이 존재한다. 사회사상과 정치사상을 연구한 에드워드 아브람프스키Edward Abrampwski, 사회학자로서 실천적 지식인의 모범이 된 루드비히 크시비츠키Ludwik Kryzywiki, 문화사회학자 스테판 차르노브스키Stefan Czarnowski, 법사회학자 레온 페라지키Leon Perazycki, 인간주의 사회학자 스타니스와프 오소브스키Stanislaw Ossowski, 열린 마르크스주의자 율리안 호흐펠트Julian Hochfeld, 실증주의 사회학자 안드레이 말레브스키Andrei Malewski, 역사·민족·문화·퍼스낼리티 사이의 관계를 연

---

273 세계사회학회 회장을 국적별로 보면 초대 회장인 루이스 워스와 2대 회장인 로버트 앤젤이 미국이고 3대는 프랑스의 조르주 프리드만, 4대는 영국의 T. H. 마셜, 5대는 독일의 르네 쾨니히에 이어 6대는 폴란드의 장 세제판스키Jean Szezepanski, 7대는 다시 미국의 루벤스 힐, 8대는 영국의 톰 보토모어, 9대는 스웨덴의 울프 힘멜스트란드Ulf Himmelstrand, 10대는 브라질의 페르난도 카르도주, 11대는 영국의 마거릿 아처Margaret Archer, 12대는 인도의 T. K. 우멘Oommen이다. 미국과 서유럽이 주도하고 동유럽, 북유럽, 라틴아메리카, 인도가 뒤를 잇고 있음을 알 수 있다. Jennifer Platt, *History of ISA, 1948~1997*, p. 65.

구한 조세프 차타신스키[Josef Chatasinski] 등이 그들이다.[274]

여기에서 중요한 분기점은 문화적·학문적 전통을 지속적으로 유지한 '제국'과 외세의 침략으로 주권을 잃음으로써 문화적·학문적 전통의 단절과 왜곡을 경험한 '식민지' 사이의 구별이다. 미국, 영국, 프랑스, 독일의 사회학이 전통을 유지한 반면 인도와 이란 등 서아시아 나라들과 중국, 한국, 일본 등 동아시아 나라들은 학문적 전통의 단절을 경험했다.[275] 제국에 의한 식민지 체제를 경험한 나라의 사회학의 과제는 식민지 교육을 통해 근대적 교육을 받은 지식인 엘리트들이 자국의 문화적·학문적 전통과 자국의 사회적 상황을 고려하면서 제국의 학문과 구별되는 주체적 학문체제를 수립하는 일이다. 인도에서는 역사학과 사회과학 분야에서 서발턴 이론 등 서구 중심주의를 벗어난 주체적인 학문을 수립하려는 노력이 상당히 이루어졌고 라틴아메리카의 사회학자들도 서구의 보편주의를 비판하고 자국의 문화 전통과 역사적 경험을 사회학적 사유로 이론화하려는 움직임을 계속하고 있다. 한국을 포함한 동아시아 지역에도 서구 사회학의 지배에서 벗어나는 독자적인

---

274 Piotr Sztompka ed., *Masters of Polish Sociology*(Zaktad Narodowy im Ossolinskich, 1980). 양차 세계대전 사이 폴란드 사회학의 역사에 대해서는 Markiewicz-Lagneau, Janina, *La formation d'une pensée sociologique*(Paris: Editions de la Maison des Sciences de l'Homme, 1982)를 참조.

275 인도, 브라질, 중국, 일본, 남아공, 터키, 페루, 세네갈 등 비서구 국가를 중심으로 하고 미국과 유럽을 주변으로 삼아 사회학 이전의 사회사상의 고전들을 서평 형식으로 소개하고 있는 Andrew Abbott, *Varieties of Social Imagination*(Chicago: University of Chicago Press, 2017) 참조.

사회학을 만들기 위한 움직임이 있다.

주변부 국가의 경우 대부분 근대 이전의 학문적 전통이 미약하거나 있더라도 단절을 경험한다. 터키, 이란, 인도, 중국 등은 오래된 학문적 전통을 가지고 있지만 자국의 학문적 전통을 이어가지 못하고 서구 사회학을 수용하다가 각기 다른 방식으로 자국의 전통을 되살리려는 노력을 하고 있다. 한국의 경우 조선 후기 정약용, 박지원 등 실학파의 사회사상과 사회현실 파악을 위한 학문적 전통이 있었지만 제대로 계승되지 못했다. 또한 일제강점기에 미국, 독일, 프랑스, 일본 등에 유학한 하경덕, 한치진, 김현준, 공진항, 신진균 등의 사회학자들이 있었지만 그들이 월북 또는 납북되거나 학계 밖의 활동 등을 함에 따라 학문적 전통으로 이어지지 못했다.[276]

4-4. 중심부 사회학과의 관계

주변부 국가의 사회학의 역사는 중심 국가의 사회학과 어떤 관계를 맺는가가 중요하다. 제2차 세계대전 이후 세계 사회학의 중심이 된 미국 사회학을 누가 어떤 방식으로 수용하고 그것에 대한 비판이나 주체적 수용을 위한 노력이 어떤 방식으로 이루어졌는가에 따라 각국 사회학의 특성이 만들어진다.

---

276 원재연의 하경덕에 대한 연구와 김필동의 신진균과 김현준에 대한 연구를 참조할 것.

영국, 프랑스, 독일 사회학의 경우 제2차 세계대전 이후 미국 사회학의 영향을 받았지만 자국의 학문적 전통과 지적 역량을 자원으로 삼아 1970년대에 이르면 독자적인 사회학 연구 전통을 만들었다. 라틴아메리카의 경우 쿠바혁명 이후 사회학자를 포함한 지식인들 사이에 미국 주류 사회학에 비판적인 분위기가 형성되면서 브라질, 아르헨티나, 칠레 등의 사회학자들이 미국 학계의 근대화 이론을 비판하는 '종속이론'을 만들었다. 한국이나 일본의 사회학은 미국 사회학의 영향을 받으면서 유럽의 사회학도 부차적으로 수용했지만 아직 독자적인 사회학을 구성하지 못하고 있다. 한국과 중국의 일부 사회학자들이 유교적 학문 전통을 현대사회학과 접목시켜 독자적인 사회학을 만들려고 시도하고 있지만 그것이 어느 정도 보편성을 가질 것인지는 미지수이다.

한국 사회학계에서는 1956년 이만갑, 이해영 두 교수가 미국에 1년간 유학하고 돌아와 미국 사회학을 적극적으로 수용한 이후 미국 유학이 학자가 되기 위한 필수 과정으로 자리잡게 된다. 1960년대 말 1970년대 초가 되면 미국에서 사회학 박사학위를 받은 사람들이 귀국하여 한국 사회학계의 주류를 형성한다. 이탈리아 사회학계도 파시즘 체제의 종식과 크로체의 이상주의 역사철학의 후퇴 그리고 미국과의 관계 강화로 미국 사회학 이론과 방법론을 자연스럽게 도입했다.[277] 프랑스 사회학계도 자체적으로 사회학자들을 훈련시킬 준비가 부족했기 때문에 미국 연수를 적극적으로 활용했다. 그러나 프랑스는 자국의 지적 전

---

277 Andrea Cossu and Matteo Bortolini, *Italian Sociology 1945~2010, An Intellectual and Institutional Profile*, p. 14.

통에 대한 자부심과 학문적 능력이 있었기 때문에 이내 미국 주류 사회학의 영향력에서 벗어나 독자적인 사회학을 발전시킬 수 있었다.

각국 학문의 자율성 문제는 후속 세대를 자체적으로 교육하여 양성할 수 있는 능력에 달려 있다. 한국이나 이탈리아 사회학계의 경우 미국 유학을 계속하고 있지만 프랑스, 독일, 영국 사회학계는 국내에서 박사를 자체 배출하는 학문 후속 세대 재생산 체제를 갖추었다. 그렇게 되어야 스승과 제자 사이의 학문적 계승이 이루어지고 연구의 전통이 만들어진다. 사회학의 제도화는 사회학 교수가 임명되고 사회학과가 만들어지고 학사, 석사, 박사 과정이 만들어지고 연구와 교육 내용이 형성되는 과정으로 시작된다. 한국처럼 해외 유명대학 유학이 영향력 있는 학자가 되는 주요 요건인 국가의 경우 역사적 상황과 문제의식이 다른 유학국 학문의 흐름에 따라 새로운 경향을 수입하는 악순환이 계속되면서 자국의 학문적 전통이 만들어지기 어렵다.

4-5. 학문적 지도자의 존재 여부

마르크스, 베버, 뒤르켐이 없는 사회학은 생각하기 힘들다. 파슨스, 머튼, 라자스펠드가 없는 제2차 세계대전 이후 미국 사회학은 상상하기 힘들다. 학계의 발전을 위해서는 학문적 지도자의 존재가 필요하다. 학문적 지도자는 두 가지 능력을 겸비해야 한다. 첫째로 지적·학문적 능력이다. 새로운 학문의 이론과 방법론, 연구 프로그램을 개발하고 연구팀과 네트워크를 구성하고 제자들을 양성하는 능력이 있어야 한다. 둘째는 제도화와 조직 능력이다. 대학 내부에 사회학과를 만들고 학회를 구성하고 학술지를 창간하여 학계를 제도화하는 능력을 갖추어야 한다. 사회학이 존재하는 대학 내부에서 다른 학과와 경쟁과 협력을 통해 사회학이라는 학문의 정당성을 확보하고 고유한 연구 영역과 지위를 인정받을 수 있도록 해야 한다.

세계 각국 사회학의 형성기에 학문적 지도자의 중요성은 여러 나라 사회학의 역사에서 확인할 수 있다. 동유럽 국가 가운데 체코에서 사회학이 일찍 발달한 까닭은 훗날 대통령이 된 토마스 마사리크Thomas Masaryk가 있었기 때문이고, 헝가리 사회학의 발전에는 사회학 연구를 바탕으로 농림부 장관이 된 농촌사회학자 페렌치 에르데Ferenc Erdei가 있었기 때문이다.[278] 중국 사회학의 경우에는 페이샤오퉁이라는 학문적 지도자가 1930년대와 1980년대 두 번에 걸쳐 중국 사회학의 제도화에 기여했다. 스웨덴의 경우 1938년 웁살라대학교의 철학교수로 부임한 세게르스테드Torgny Segerstedt가 1948년 사회학으로 전공을 바꾸면서 스웨덴 사회학이 시작되었다. 포르투갈의 경우 사회학이 제도화되기 이전 누네스Aderito Sedas Nunes라는 학문적 지도자가 있었다. 전후 이탈리아 사회학의 경우 알베로니Francesco Alberoni, 페라로티Franco Ferrarotti, 스타테라Giani Statera 등의 역할이 중요했고 프랑스 사회학의

<hr />

278 Marek Skovajsa and Jan Balm, *Sociology in the Czeck Republic Between East and West*(London: Palgrave Macmillan, 2017); Victor Karady and Peter tibor Nagy, *Sociology in Hungary: A Social, Political and Institutional History*(London: Palgrave Macmillan, 2019).

재건에는 조르주 귀르비치, 레이몽 아롱, 조르주 프리드만 등의 역할이 중요했다. 이스라엘의 경우 1948년 예루살렘 히브루대학에 최초의 사회학과를 만든 마틴 부버와 그의 후계자 아이젠슈타트의 역할이 중요했다.

이와 반대로 학계의 정신적 학문적 지도자가 부재한 경우 사회학의 발전이 지체된다. 오스트리아 사회학계의 경우 독일과 비슷하게 나치 정권에 협력했던 사회학자들이 종전 이후에도 계속 대학 내에서 사회학의 주류를 형성하고 있어서 사회학의 발전을 저해하고 있는 상황이다.[279] 독일과 이탈리아 사회학의 경우에는 전후 오스트리아 사회학계와 달리 나치하에서 활동하던 사회학자들은 소수가 되었고 점차 새로운 세대의 사회학자들이 등장하여 학계를 변화시켰다.

뛰어난 학자들이 망명을 통해 다른 나라 사회학계의 지도자가 되는 경우도 있다. 러시아혁명 이후 미국으로 망명한 피티림 소로킨은 하버드대학 교수로 활동하면서 미국 사회학의 발전에 기여했고, 조르주 귀르비치 역시 러시아에서 프랑스로 망명하여 소르본대학 교수로 프랑스 사회학계를 이끌었다. 제2차 세계대전 중에 독일, 오스트리아, 이탈리아, 폴란드, 헝가리 등의 사회학자들이 나치를 피해 프랑스, 영국, 미국 등으로 망명했다. 보기를 들어 만하임은 영국으로 망명하여 영국 사회학의 발전에 기여했다.

---

279 Christian Fleck, *Sociology in Austria Since 1945*(London: Palgrave Macmillan, 2016).

4-6. 대학의 역사와 고등교육 정책

각 나라의 대학 역사와 정부나 민간재단의 연구 지원정책이 사회학의 특성에 영향을 미친다. 각 나라의 대학이 국공립 위주냐 아니면 사립대학 위주냐에 따라 사회학의 성격이 달라질 수 있다. 옛 공산권의 대학은 모두 국공립이어서 사회학과나 사회학연구소의 존재 여부가 당과 정부의 정책에 따라 좌우되었다. 그러나 프랑스와 독일 등 서유럽 주요 국가의 대학은 국립이지만 대학과 연구제도가 안정화되어 있기 때문에 사회학은 오히려 자율적 지위를 누린다. 미국이나 한국 등 공립과 사립이 공존하는 나라에서 사립대학 사회학과는 수요-공급의 원칙에 따라 지원 학생 수가 지속적으로 줄어들면 사회학과가 축소되거나 폐쇄될 수 있다. 러시아처럼 소련 해체 이후 시장경제가 도입되면서 국공립대학의 사회학과가 경영대학Business School으로 바뀌는 경우도 있다.

각 나라 사회학의 역사를 알기 위해서는 그 나라 대학의 역사와 각 대학 사회학과의 역사에 대한 연구가 필요하다. 미국 대학에는 사회학이라는 학문이 일찍 제도화되었지만 영국과 프랑스의 명망 있는 대학에서는 사회학의 제도화가 늦었다. 미국 대학의 역사, 시카고대학과 컬럼비아대학 등 주요 대학의 역사, 그리고 각 대학에 사회학과가 창설되는 과정이 차례로 미국 사회학이라는 학문의 성격에 영향을 미쳤다. 영국의 옥스퍼드대학과 케임브리지대학, 프랑스의 소르본대학의 역사도 영국과 프랑스 사회학의 역사와 밀접하게 관련된다. 영국과 프랑스의 오래된 대학들은 역사학, 철학, 정치경제학 등의 학문이 자리잡고 있어서 사회학이라는 학문이 자리잡기 힘들었다.

사회학이 제도화된 이후에는 정부의 학술 및 교육 정책이 사회학의 발전에 영향을 미친다. 정부의 정책이 실용적 학문을 강화하고 성찰적이고 비판적인 학문을 약화시킬 경우 사회학은 위축된다. 대학의 연구소와 대학 밖의 국공립·민간 연구소의 분포와 상호관계도 중요하다. 프랑스의 경우 국공립대학의 사회학과뿐만 아니라 국립과학연구소CNRS 등 연구소에 소속된 사회학자도 많다. 대학과 국립연구소에 이중으로 소속되기도 하고 대학과 국립연구소의 공동 연구도 활발하다.[280] 중국 사회학의 경우 베이징대학 등 대학 연구소도 중요하지만 초창기에는 중국사회과학원 사회학연구소 소속 사회학자들의 역할이 결정적이었다.

정부와 민간재단 등의 연구비 지원정책이 사회학의 성격에 영향을 미친다. 정부가 제공하는 연구비의 양도 중요하지만 연구 주제의 선정과 연구 결과의 평가 방식 등이 사회학의 학문적 성격에 영향을 미친다. 1920년대 이후 미국의 포드재단, 록펠러재단 등의 연구비 지원은 사회학의 발전에 결정적인 영향을 미쳤고 뉴딜정책 시기와 제2차 세계대전 기간에 연방정부의 연구비 지원도 사회학의 연구 주제와 연구방법에 결정적인 영향을 미쳤다.[281] 주변부 국가 사회학의 경우 해외의 비영리재단이 지원할 때 정부의 지원과는 다른 기준이 작용하는데 연구

---

280 Philippe Masson and Vherry Schrecker, *Sociology in France after 1945*(London: Palgrave Macmillan, 2016).

281 Stephen Turner, *American Sociology: From Pre-Disciplinary to Post-Normal*(London: Palgrave Macmillan, 2014).

비 수혜자 선정 방식과 더불어 연구의 자율성을 얼마나 허용하는지가 중요하다. 정부나 대학 당국의 정책에 따른 교수들의 연봉 하락, 지위의 하락 등도 사회학의 성격에 영향을 미친다. 소련 해체 이후 정부의 연구비 지원이 없어지자 다수의 러시아 사회학자들은 생존을 위해 기업체를 위해 시장조사를 하거나 정치세력을 위해 여론조사를 하는 수단적 지식을 창출하는 방향으로 전환했다.[282]

4-7. 사회학계 내부의 갈등과 경쟁

한 나라의 사회학계가 살아 움직이기 위해서는 내부 학술장의 성격이 중요하다. 이론적·방법론적 지향성이 서로 다른 학파들 사이의 경쟁과 대화, 자극과 보완의 관계가 형성되어 있느냐 아니면 하나의 학파가 독점적 지위를 가지며 군림하느냐에 따라 각 나라 사회학의 모습이 달라진다.

프랑스와 독일 사회학에는 어느 한 학파나 흐름이 주도하지 않고 다양한 이론적 입장이 공존한다. 미국은 주류 사회학이 강하지만 여러 비주류 사회학의 흐름도 공존한다. 한국 사회학의 경우 1950년대 미국 사회학을 준거점으로 삼아 형성된 주류 사회학과 그것을 비판하면서 형성된 비판사회학과 역사사회학이라는 흐름이 공존한다. 이탈리아 사

---

282 Michael Burowoy, "Public Sociology: South African Dilemmas in a Global Context", *Society in Transition*, Vol. 35, No. 1, pp. 11~26.

회학의 경우, 가톨릭 사회학, 북부 사회학, 로마와 남부 사회학이라는
세 개의 흐름이 공존한다.

나라마다 역사적 경험에 따라 사회학계 내부의 갈등이 존재한다. 프
랑스의 경우 미소 냉전체제의 수립, 베트남과 알제리 등 식민지에서의
독립전쟁, 68년 5월 운동 등의 상황에서 사회학자들 사이에 이론적 입
장의 차이가 생겼다.[283] 독일이나 오스트리아 사회학계의 경우 나치 치
하에서 임명되고 나치를 지지했던 사회학자들이 그대로 학계에 머무르
면서 이 문제를 중심으로 갈등이 잠재했다. 1960년대 중후반의 학생운
동과 문화운동은 유럽의 사회학계를 보수와 진보로 양분시켰다. 나라
마다 사회학계 내부의 잠재적 갈등은 다양한 형태로 표현되었다. 독일
사회학계는 실증주의 논쟁으로 갈등을 표출했다. 이탈리아에서는 사회
학의 정체성 논쟁이 일어나서 과학으로서의 사회학과 문학으로서의 사
회학으로 갈라졌다.[284]

다인종 국가의 경우 인종 문제는 사회학계의 주요한 갈등 요인이다.
미국 사회학계에는 두보이스W. E. B. Dubois에서부터 흑인의 정체성을
주장하는 흑인사회학의 관점이 발전하고 있으며 남아공의 1948년 수
립된 아파르트헤이트, 인종 분리 체제하에서 백인들의 체제 유지를 위
한 사회학과 그를 거부하고 인종 평등을 요구하는 비판사회학의 흐름
사이의 갈등이 존재했다. 프랑스, 영국, 독일 등 서유럽 국가의 경우에

---

283   정수복, 《새로운 사회운동과 참여민주주의》, 문학과지성사, 1993, 30~36쪽.
284   Andrea Cossu and Matteo Bortolini, *Italian Sociology 1945~2010, An Intellectual
and Institutional Profile*, p. 14.

도 이슬람교를 믿는 북아프리카나 중앙아시아 출신 이민들의 사회통합 문제는 매우 중요한 갈등 지점이다. 젠더 문제도 사회학계에 영향을 미칠 것이다. 미국사회학회에서는 1970년대 여성 사회학자들이 여성사회학자들 모임SWS(Sociologist for Women in Society)을 만들어 남성 엘리트 중심 사회학에 도전해서 변화를 이끌었다. 한국 사회학계에서도 여성 사회학자들이 늘어나면서 변화가 예상된다. 전 세계적으로 사회학 분야의 교수, 연구자, 학생 가운데 여성이 늘어나면서 '사회학의 여성화'라는 말이 나오고 있는데 그것이 연구 주제, 이론, 연구방법에서 어떤 변화를 불러올지 주목된다.

종교와 언어권에 따른 갈등도 있다. 아일랜드, 이탈리아, 브라질 등에서 가톨릭교회를 옹호하는 사회학과 자유주의 또는 좌파 사회학 사이에 갈등이 있었다. 벨기에는 프랑스 언어권과 네덜란드 언어권 사이의 갈등이 사회학계에도 반영되어 언어, 종교, 지리적 분리에 따라 사회학도 분리되어 있다.

사회학계 내부의 갈등은 병리적인 것이 아니라 자연스러운 현상이다. 다만 갈등이 분리와 적대적 관계가 되지 않고 차이를 존중하면서 공존하거나 대화와 토론으로 서로가 발전할 수 있어야 한다. 사회학은 신고전주의 경제학처럼 하나의 연구 규범으로 통일되지 않는다. 사회학 내부의 갈등은 학문적 에너지의 분열이라는 약점이 되기도 하지만 변화하는 상황에 따라 새로운 연구 패러다임을 창조할 수 있다는 점에서 장점이 되기도 한다. 사회학은 복수의 패러다임multiparadigmatic의 학문이고 다중심 학문polycentric discipline이다. 과거에도, 오늘날에도, 미래에도 세계 각국의 사회학계에는 복수의 패러다임이 공존할 것이다. 그것이 건강하게 살아 움직이는 사회학계의 징표라고 할 수 있다.

2부

한국 사회학 100년의 계보학

1.

한국 사회학사
연구의 역사

1. 분야별 연구

한국 사회학의 역사와 현황에 대한 연구는 외국 학계를 대상으로 시작
되었다. 1960년대 초부터 한국 학자들이 외국 기관의 지원과 협력을
얻기 위해 한국 사회학의 상황을 알려야 할 필요성이 있었다. 그 역할
을 담당한 사람이 이만갑, 김경동, 임현진 등이다.[1]

---

1 이만갑이 영문으로 발표한 한국 사회학의 역사에 대한 글들, "Sociology, Korean
   Studies Today"(1970), "Development of Sociology in Korea"(1970), "Sociology in
   Korea"(1971) 등이 Man-Gap Lee, *Sociology and Social Change in Korea*(Seoul: Seoul
   National University Press, 1983)에 실려 있다. 이후 김경동과 임현진이 영어로 한국 사
   회학을 소개하는 글을 썼다. Hyun-Chin Lim, "Social Sciences in Korea Towards 21st
   Century: Challenges, Dilemmas and Solutions", *The Review of Korean Studies*, Vol.
   2, 1999, pp. 71~94; Hyun-Chin Lim, "Sociology in Korea", *Korea Journal*, Vol. 41,

1970년대 중반에 이르러서야 한국 사회학의 발전을 위해 한국 사회학의 역사를 정리할 필요성이 제기되었다. 이 일을 맡은 사람이 최재석이다. 최재석은 1974년 〈한국의 초기 사회학: 구한말~해방〉을, 1976년 〈해방 30년의 한국 사회학〉을, 1977년에는 〈1930년대의 사회학 진흥운동〉을 발표함으로써 한국 사회학사 연구의 초석을 마련했다.[2] 첫 번째 글에서는 사회학이 대학 내에 제도화되기 이전의 역사를 다루었고 두 번째 글에서는 1946년 서울대학교에 사회학과가 창설된 이후 30년 동안 이루어진 한국 사회학의 연구 성과를 정리했다. 이 글은 1960년대 이후 한국 사회학의 역사를 전공 분야별로 나누어 연구 경향을 서술하는 방식을 취했다. 최재석은 이 글에서 한국 사회학자들의 연구업적을 이론 및 방법론, 가족, 농촌사회, 계층, 인구, 산업사회, 도시사회, 매스커뮤니케이션, 정치사회와 사회사상, 의식구조(퍼스낼리티와 가치관), 일탈행위, 사회변동 등 12개 분야로 나누어 서술했다.

최재석의 분류 방식은 한국 사회학사 연구의 전범이 되어 이후 약 10년에 한 번꼴로 전공 분야별 연구 성과의 정리가 이루어졌다. 1984년에서 1985년 사이에 한국사회학회는 총 8개 전공 분야에서 연구 성과를 점검했다. 1984년 《한국사회학》 17집에서는 〈한국 사회학 40년 (1)〉이라는 제목으로 도시(권태환), 농촌(왕인근), 가족(한남제), 계층(김채윤),

No. 1, 2000, pp. 101~137.

2   최재석, 〈한국의 초기 사회학: 구한말~해방〉, 《한국사회학》 9집, 1974, 5~29쪽; 최
    재석, 〈해방 30년의 사회학〉, 《한국사회학》 10집, 1976, 7~46쪽; 최재석, 〈1930년대
    의 사회학 진흥운동〉, 《민족문화연구》 12호, 1977, 169~202쪽.

산업 및 노동(심윤종) 분야에서 발표된 연구물들을 정리하는 작업을 시도했고, 1985년《한국사회학》19집에서는 〈한국 사회학 40년 (2)〉이라는 특집으로 이론 및 방법론(정진성), 사회사(박명규), 발전·변동론(이시재)의 연구 성과를 정리했다.

1996년 한국사회학회는 해방 50주년을 맞이하여 한국 사회학의 역사를 돌아보며 스스로를 점검하는 학술대회를 개최했다. 여기서는 고전사회학 이론(한태선, 차성환), 현대사회학 이론(양종회, 이윤희), 방법론(차종천), 지역공동체(강대기, 박대식), 종교사회학(박승길), 발전사회학(김호기, 유석춘), 지역사회학(최진호), 일탈행위(김준호), 문화와 생활양식(강신표), 사회운동(이시재), 국가와 시민사회(김성국), 산업사회학(이정택), 인구학(김태헌), 조직과 직업구조(진수미), 북한 사회(도흥렬) 등 15개 분야에서 해방 이후 50년 동안 이루어진 사회학 연구의 성과를 검토했다.[3] 1999년에는 대한민국학술원에서 해방 이후 1997년까지 사회학 분야에서 이루어진 연구업적을 '사회학 이론 및 방법론'(이만갑), '사회집단 및 제도론'(임희섭), '사회변동론'(홍승직)으로 나누어 정리하는 작업이 이루어졌다.[4]

이런 방식의 사회학사 정리작업은 이후 2004년 이화여자대학교 한

---

3 여기서 발표된 논문들은 안계춘 엮음, 《한국사회와 사회학》, 나남출판, 1998으로 간행되었다.

4 대한민국학술원 엮음, 《학술총람 54집―정치학, 행정학, 사회학(1945~1997)》, 대한민국학술원, 1999, 559~706쪽. 이 정리는 전체 연구사 요약에 이어, 저서, 국내 박사학위 논문, 해외 박사학위 논문을 요약하는 방식으로 이루어졌다.

국문화연구원 총서로 간행된《사회학연구 50년》에서도 계속되었다. 여기에서는 총론(진승권), 제도화(박명규)에 이어 계층과 계급(신광영), 정치사회학(조대엽), 산업사회학(이병훈), 조직사회학(박찬웅), 농촌사회학(김철규), 가족사회학(함인희), 여성사회학(이재경) 등 7개 전공 분야의 연구 성과가 정리되었고 마지막 장에 새로운 연구 과제(김호기)가 제시되었다. 2008년 대한민국학술원이 펴낸《한국의 학술연구》 사회학편은 머리말(홍승직), 총론(임희섭)에 이어 사회학 이론 및 방법론(김용학), 사회사(박명규), 가족사회학(함인희), 사회계층과 사회이동(홍두승), 산업·노동 및 조직·경제사회학(유홍준), 문화, 과학기술 및 정보사회학(김문조), 정치·사회운동 및 시민사회(조대엽), 일탈 및 범죄사회학(이성식), 발전과 변동의 사회학(김경동) 등 9개 분야로 한국 사회학의 연구 성과를 정리했다. 2015년 고려대학교 사회학과 50주년 기념 심포지엄 자료집인《한국사회학의 미래》에서도 전공 분야별 연구 성과 점검이 계속되었다.[5] 여기에서는 총론(김문조)에 이어 계층·계급(신광영), 정치사회학(조대엽), 사회사(정근식), 역사사회학(김동노), 지역사회학(김영정), 산업사회학(이병훈), 조직사회학(한준), 과학기술사회학(김환석), 환경사회학(박재묵), 정보사회학(윤영민), 일탈행위(이성식), 여성사회학(이재경),

---

5 이화여자대학교 한국문화연구원 엮음,《사회학연구 50년》, 혜안, 2004; 고려대학교 사회학과 엮음,《한국 사회학의 미래: 사회학 연구의 위기 진단과 미래 전망》, 서울: 고려대학교 사회학과·고려대학교 한국사회연구소, 2013. 이 자료집은 이후 조대엽·신광영 외,《한국 사회학의 미래—사회학의 위기 진단과 미래 전망》, 나남, 2015 으로 출간되었다.

다문화·이민(이혜경), 의료사회학(조병희), 통일과 북한 사회(조한범) 등 15개 전공 분야의 연구 성과가 논의되었다.

이처럼 일관된 기획에 따라 일련의 사회학자들이 자기 전공 분야의 연구업적을 정리한 작업과 달리 개인적으로 자기 분야의 연구업적을 정리한 경우도 있다. 이미 1967년에 〈한국 사회학 발전 소고〉라는 석사학위논문을 써서 한국 사회학의 초창기 역사를 정리한 바 있는 양춘은 2002년 〈한국 사회계층 연구의 동향과 전망〉이라는 글을 발표했고 양현아는 법사회학 분야 50년의 연구 성과를 정리했다.[6] 김종서는 종교사회학 분야의 50년 연구업적을 논의했고 채오병은 한국 사회사 분야에서 1986~2009년 사이에 발표된 561편의 논문을 역사사회학의 관점에서 분석했다.[7]

6 양춘, 〈한국 사회학 발전 소고〉, 서울대학교 사회학과 석사학위논문, 1967; 양춘, 〈한국 사회계층 연구의 동향과 전망〉, 《한국사회학》 36권 1호, 2002, 1~21쪽: 양현아, 〈《(서울대학교) 법학法學》 50년의 성과와 전망: 법사회학 분야〉, 《법학法學》 50권 2호, 2009, 119~143쪽.

7 김종서, 〈해방 후 50년의 한국 종교사회학 연구〉, 《종교연구》 15집, 1998, 33~72쪽; 채오병, 〈이행과 번역: 한국 사회사의 역사사회학〉, 《한국사회학》 45집 5호, 2011, 168~196쪽.

2. 총체적 회고와 전망

최재석(1976), 한국사회학회(1984~1985, 1998), 이화여대 한국문화연구
원(2004), 대한민국학술원(1999, 2008), 고려대학교 사회학과(2016)가 주
관한 총 일곱 차례에 걸친 한국 사회학사 연구는 한국 사회학의 연구
성과를 전공 분야별로 조망하면서 연구 동향을 추적하는 방식을 사용
하고 있다. 이런 작업은 한 분야를 깊이 천착한다는 장점이 있지만 한
국 사회학을 관통하는 전체적인 역사를 보여주지 못하는 한계를 지닌
다. 전공별로 분업화된 사회학사 작업을 하나로 통합하여 한국 사회학
의 역사를 전체적으로 볼 수 있는 총체적 관점이 필요하다. 김경동, 신
용하, 한완상, 박영신, 김진균, 임현진 등이 한국 사회학의 역사 전체를
조망하는 글을 발표했다.

　김경동은 1960년대와 1970년대에 이루어진 한국 사회학의 성과를
주제별로 분류하고 그것의 양적 변화를 살폈다.[8] 김경동의 연구는 일정

8　김경동, 《현대 사회학의 쟁점—메타사회학적 접근》, 법문사, 1983, 297~380쪽에 실
　린 8장 〈한국 사회학의 사회학〉과 9장 〈1960년대와 1970년대의 한국 사회학계 동향
　의 수량적 고찰〉을 볼 것. 김경동은 동일한 방식으로 이만갑의 저작을 분류하고 양
　적인 분석을 보여주기도 했다. 서울대학교 사회학연구회 엮음, 《한국 사회의 전통과
　변화》, 범문사, 1983에 실린 김경동, 〈이만갑 교수의 사회학의 세계〉를 볼 것. 2008
　년 김경동은 한국 사회학의 역사에서 발전과 변동의 사회학 분야의 연구 성과를 분
　석하면서 "불가피하게 수량적 자료에 기초하여 간단한 추세를 개관하고 전반적인
　내용의 흐름을 검토하는 정도에 그친" 자신의 연구를 스스로 "피상적" 분석이라고

기간 동안 사회학자들이 발표한 논문과 저서 수의 증감과 연구 주제의 변화를 보여주었으나 연구자의 문제의식이나 이론적 관점, 그 글들이 발표된 당시 한국 사회의 상황 등을 고려하지 못하는 한계를 안고 있다. 김경동은 사회학계의 원로로서 2000년대에 들어서도 한국 사회학의 역사를 돌아보며 앞으로 나아가야 할 길을 제시하는 작업을 계속했다.[9] 신용하는 1976년에 한국 사회학이 제도화된 이후 점차 성숙한 단계로 진입하고 있다고 보는 매우 낙관적인 관점에서 간략한 한국 사회학의 역사를 요약했고 1993년에는 한국 사회학의 역사를 비판적으로 보면서 실사구시의 독창적인 한국 사회학을 주장했다.[10] 한완상은 1970년대 중반 이후 민중사회학의 입장에서 한국 사회학의 역사를 되돌아보면서 한국 현실에 대한 문제의식이 없는 한국 사회학을 비판했다.[11]

인정하고 있다. 김경동, 〈발전과 변동의 사회학〉, 대한민국학술원, 《한국의 학술연구: 정치학·사회학》, 대한민국학술원, 2008, 711쪽.

9   김경동, 〈격변하는 시대에 한국 사회학의 역사적 사명을 묻는다: 한국 사회학 50년의 회고〉, 《한국사회학》 제40집 4호, 2006, 1~18쪽; 김경동, 〈한국사회학의 아이덴티티 문제〉, 《한국사회과학》 27권 1~2호, 2005, 145~165쪽.

10 신용하, 〈한국 사회학의 반성과 방향〉, 《사회과학논문집》 제1집, 서울대학교, 1976, 43~60쪽; 신용하, 〈독창적 한국 사회학의 발전을 위한 제언〉, 《한국사회학》 28집 1호, 1994, 1~15쪽; 신용하, 〈구한말 서구 사회학의 수용과 한국 사회사상〉, 《학술원논문집: 인문·사회과학편》 52집 1호, 2013, 223~294쪽.

11 한완상, 《민중사회학》, 종로서적, 1984; 한완상·이기홍, 〈한국 사회학의 반성: 새로운 패러다임의 성격〉, 《현상과 인식》 38호, 1987, 171~216쪽. 1990년대 들어 한완상은 새로운 비판적 사회학을 제창하기 위해 한국 사회학의 역사를 전통사회학, 민중사회학, 정통사회학으로 개관하는 글을 발표했다. 한완상, 〈90년대 사회학의 진로―'전통'과 '정통'의 비적합성을 지양하며〉, 《한국사회학》 제25집, 1991, 1~25

1980년대에 이르면 한국 사회학계의 새로운 변화를 위해서 한국 사회학의 역사를 본격적으로 비판하는 글들이 등장했다. 1970년대 한완상이 제기한 한국 사회학의 현실 적합성 문제는 1980년 광주항쟁 이후 더욱 절실한 문제가 되었다. 학생운동과 노동운동을 중심으로 하는 체제 비판적 사회운동이 형성되면서 한국 사회학의 역사를 반성하고 새로운 방향을 모색하기 위한 글들이 나오기 시작했다.

강신표는 1982년 김경동과 한완상의 사회학을 비교하면서 외국 이론의 수용에 앞장선 김경동의 사회학을 비판하고 한국 현실에 적합한 사회학을 실천한 한완상의 사회학을 옹호했다.[12] 짧지만 논지가 분명한 강신표의 글은 한국 사회학자들의 학문적 작업에 대한 비판적 평론의 길을 열었다. 그는 한국 사회학의 역사를 주체성의 관점에서 비판하면서 한국 사회와 한국 문화의 특성을 살리는 사회학 연구를 주장했다. 이후 사회학과 대학원생들을 중심으로 하는 비판사회학의 움직임이 강해지면서 김진균은 민족·민중의 입장에서 한국 사회학의 지나간 역사와 현재를 비판하고 새로운 방향을 제시하는 글을 발표했다.[13] 이른바

쪽을 볼 것.

12 이 글은 원래 《현상과 인식》 24호, 1983년 봄호, 255~262쪽에 〈인류학적으로 본 한국 사회학의 오늘: 김경동과 한완상의 사회학〉이라는 제목으로 실렸다가 강신표, 《한국 사회학의 반성》, 현암사, 1984, 9~23쪽에 다시 실렸다.

13 김진균의 한국 사회학에 대한 비판적 견해를 보기 위해서는 김진균, 《한국의 사회 현실과 학문의 과제》, 문화과학사, 1997, 173~198쪽에 실린 〈한국 사회학, 그 몰역사성의 성격〉과 199~214쪽의 〈한국 사회과학의 현재적 과제〉를 볼 것. 이효재도 한국 사회학사에 관한 본격적인 논문은 발표하지 않았지만 "보수적인 미국 사회학

'김진균 사단'에 속하는 조희연과 김동춘도 비판사회학의 입장에서 한국 사회학의 주도적 흐름을 비판하고 민족·민중사회학의 발전을 주장하는 글을 발표했다.[14]

이런 흐름과 조금 거리를 두고 1970년대 후반부터 《현상과 인식》을 중심으로 한국 학계를 비판적으로 관찰하던 박영신은 한국 사회학의 초기 제도화 과정에 대한 글에서 1930년대 미국과 유럽에서 사회학을 공부한 사람들이 있었음에도 불구하고 1946년 설립된 서울대학교 사회학과 교수로 전원 일본에서 공부한 사람들이 충원된 점에 주목했다.[15] 그리고 1960년대 들어 사회조사방법 중심의 사회학 연구가 지배적 경향이 된 것을 비판적으로 서술했다. 박영신은 이런 비판에 이어 사회학 이론과 역사사회학의 중요성을 강조하면서 '우리의 문제'를 우리답게 이해하고 해명하는 주체적인 한국 사회학 수립의 필요성을 주장했다.[16]

의 실증주의 방법론을 비판적으로 소화시켜 수용할 능력도 없는 상태에서 …… 몰가치적 실증주의를 과학적 사회학과 동일시하는 그 시대적 풍조"를 비판하면서 한국의 사회학자에게는 '우리 근대사 지식'과 '민족사적 역사의식'이 필요하다고 주장했다. 이효재,《분단시대의 사회학》, 한길사, 1985, 3쪽.

14 조희연·김동춘,〈80년대 비판사회이론의 전개와 '민족·민중사회학'〉, 한국사회학회 엮음,《한국사회의 비판적 인식》, 나남출판, 1990, 16~25쪽; 김동춘,《한국 사회과학의 새로운 모색》, 창작과비평, 1997; 조희연,〈우리 안의 보편성〉, 김경일 외,《우리 안의 보편성—학문 주체화의 새로운 모색》, 한울, 2006, 25~82쪽.

15 박영신,〈사회학 연구의 사회학적 역사〉,《현상과 인식》 9권 1호, 1985, 10쪽.

16 박영신은 그로부터 10년 후 앞서 발표한 논문의 문제의식에서 그 이후 이루어진 한국 사회학의 역사를 비판적으로 논의했다. 박영신,〈우리 사회학의 어제와 오늘을

한국 사회학의 역사를 비판적으로 개괄하는 이런 종류의 글들은 대체로 과거를 비판하고 새로운 방향을 제시한다. 그러나 구체적인 사료에 입각한 근거 있는 비판이 아니라 다분히 인상적이고 추측에 근거한 개괄적인 비판이 주류를 이룬다. 따라서 과거의 역사를 사회학자들이 남긴 논문과 저서를 직접 찾아 읽고 분석하여 비판의 근거를 마련하는 일이 필요하다.

3. 사회사적 연구와 양적 분석

1990년대 들어 한국 사회학사 연구는 다음 세대 학자들로 이어졌다. 김필동은 한국 사회학의 제도화에 기여한 이상백에 대한 연구논문을 세 편 발표함으로써 개별 사회학자의 연구업적을 사회학사의 관점에서 조망하는 길을 열었다.[17] 2010년대 들어 김필동은 도쿄제국대학 사회학과를 졸업하고 해방 정국에 월북한 사회학자 신진균에 대한 두 편의 논문과 1920년대 독일에서 사회학을 공부한 김현준에 대한 논문을 발표하

되새김: 학문 일반사의 한 보기로서〉, 《현상과 인식》 65호, 1995, 121~139쪽.

17 김필동, 〈이상백의 사회사 연구〉, 《한국사회사 연구의 전통》, 문학과지성사, 1993, 83~128쪽; 김필동, 〈이상백의 학창시절〉, 상백 이상백 평전간행위원회 엮음, 《상백 이상백 평전》, 을유문화사, 1996, 97~138쪽; 김필동, 〈이상백의 생애와 사회학 사상〉, 《한국사회학》 28집, 1994, 1~36쪽.

고 최근에는 경성제국대학의 사회학 교육에 대한 논문을 발표했다.[18]

김두섭과 은기수는 2002년 발표한 논문에서 《한국사회학회》의 1964년 창간호에서 2002년 사이에 논문 편수의 증가 현상을 시기별로 확인하고 한국 사회의 변화에 따른 연구 분야의 변화를 개괄했다.[19] 김두섭과 은기수의 연구를 이어받아 설동훈, 고재훈, 유승환은 '구조적 토픽 모델 분석'을 사용하여 1964~2017년 동안 《한국사회학》에 게재된 4,317편의 논문을 세 시기 16개 분야로 구별하여 각 연구 분야의 성장, 지속, 쇠퇴의 형태와 각 분야에서 연구 초점의 변화 양상을 분석했다.[20] 이재민과 강정한도 이론사회학을 중심으로 시기에 따라 《사회와 이론》에 실린 논문 수와 연구 주제의 변화를 밝히는 논문을 발표했다.[21] 고려대학교 사회학과 50주년 기획으로 나온 《한국 사회학의 미래》에 실린 한준의 〈경제사회·조직 연구의 동향과 전망〉, 이병훈의 〈산업사회학

---

18 김필동, 〈일제 말기 한 젊은 사회학자의 초상: 신진균론 (1)〉, 《한국사회학》 51집 1호, 2017, 437~489쪽; 김필동, 〈강단사회학자에서 맑스레닌주의 이론가로: 신진균론 (2)〉, 《사회와 역사》 118집, 2018, 213~272쪽; 김필동, 〈한국 사회학의 개척자 김현준의 재발견〉, 《사회와 역사》 122호, 2019, 51~116쪽; 김필동, 〈경성제국대학의 사회학 교육─제도와 사람들(1926~1945)〉, 《사회와 역사》 127호, 2020, 7~75쪽.

19 김두섭·은기수, 〈《한국사회학》 게재물의 구성과 변화, 1964~2002〉, 《한국사회학》 36집 6호, 2002, 215~234쪽.

20 설동훈·고재훈·유승환, 〈한국사회학회와 사회학 연구, 1964~2017년: 한국사회학회 발표 논문의 연구 분야별 내용 분석〉, 《한국사회학》 52집 1호, 2018, 153~213쪽.

21 이재민·강정한, 〈지식생산의 구조와 이론사회학의 위상: 《사회와 이론》의 키워드 네트워크 분석 2004~2010〉, 《사회와 이론》 19집, 2011, 89~144쪽.

연구의 동향과 과제〉, 김동노의 역사사회학 분야 연구사, 이성식의 〈일탈·범죄 연구의 동향과 전망〉 등도 모두 양적 자료를 제시하면서 자기 분야의 역사를 개괄하고 있다.[22]

2004년 박명규는 한국 사회학의 제도화 과정과 이후의 발전에 대해 이전 연구보다 한 단계 진전된 연구 결과를 발표했다.[23] 그는 사회학사 연구방법의 개선을 다음과 같이 주장했다.

연구자의 수나 연구 활동의 증대, 연구 성과와 저작물의 증가, 학과의 증설과 같은 통계치를 통해 학문의 발달사나 성장사를 정리하는 것은 상대적으로 쉽다. 하지만 하나의 학문체계가 어떻게 제도화되었는지, 어떤 지식이 수용되고 만들어졌는지, 어떤 사회문화적 역할을 수행하였는지, 그 영향력은 어느 정도였으며 학계 바깥의 변화가 미친 효과가 무엇인지 등을 검토하는 일은 일종의 '지식의 사회학' 또는 '사회학에 관한 지식사회학'을 수행하는 일이 된다. 단순한 '분과학문의 발달사'에 대한 서술을 넘어서 한국의 지성사와 사회사, 문화사를 구성하는 관점을 지닐 때 비로소 분과 학문의 역사도 제대로 이해될 수 있다.[24]

---

22 조대엽·신광영 외, 《한국 사회학의 미래—사회학의 위기 진단과 미래 전망》, 나남, 2015.

23 박명규, 〈한국 사회학의 전개와 분과학문으로서의 제도화〉, 이화여자대학교 한국문화연구원 엮음, 《사회학 연구 50년》, 혜안, 2004, 35~91쪽.

24 박명규, 〈한국 사회학 60년—지성사적 성취와 학사적 과제〉, 《지식의 지평》 4호, 2008, 172~173쪽.

아래에서는 이러한 선행 연구들의 성과를 존중하면서 이 책의 고유한 접근방법인 전기적 접근의 의미와 필요성을 논의한다.

4. 분야별 접근에서 전기적 접근으로

지금까지 이루어진 한국 사회학사 연구의 문제점은 분야별 연구 성과의 점검에 치우쳐 한국 사회학의 역사 전체를 관통하는 관점이 없다는 점과 한국 사회학의 역사에서 중요한 역할을 담당한 대표적 사회학자들의 연구논문이나 저서에 대한 구체적 논의가 없었다는 점이다. 모든 역사에는 역사를 만들어가는 주체가 있고 한국 사회학의 역사를 만들어가는 주체는 한국의 사회학자들이다. 그들 가운데 특별히 중요한 연구업적을 남겼거나 중요한 역할을 담당한 사람에 대한 논의가 빠진 한국 사회학의 역사는 역사의 주체가 없는 역사 서술이 되어버린다.[25] 어떤 학문 분야이건 한 학문의 역사를 쓰는 중요한 방법의 하나는 그 분야의 중요한 인물들의 삶과 저작을 분석하는 것이다.[26] 한국 문학사를

---

25 밀스C. W. Mills가 반세기 전에《사회학적 상상력》에서 주장했듯이 "한 개인의 삶과 한 사회의 역사는 따로 따로 이해될 수 없다. 그 둘은 함께 이해되어야 한다." Mills, C. Wright, *The Sociological Imagination*(London: Oxford University Press, 1959), p. 3.

26 "학사 연구는 학사적으로 한 시대를 대표하는 학자에 주목하여 그 내용을 분석하여 역사적 위상을 논의해야 한다." 서규환, 〈한국 사회과학사연구 서론—한국 사

연구한 김윤식은 이광수, 김동인, 염상섭, 이상 등 근현대 주요 작가들의 전기를 쓰고 그들의 작품을 하나하나 분석했다.[27] 한국 법학사를 연구한 최종고는 유진오, 김증한, 함병춘, 최종길 등 한국의 법학자들에 대한 전기적 접근을 시도했다.[28] 한국 정치사를 연구한 심지연은 박헌영, 김두봉, 허헌, 이강국, 최창익 등 대표적인 공산주의자들에 대한 평전을 쓰고 하나의 책으로 집대성했다.[29] 철학 분야에서는 선우현이 안호상, 김두헌, 박종홍, 이규호, 김형효 등의 저작과 활동을 비판적으로

회과학사 연구의 과제〉, 서규환 엮음, 《한국사회과학사연구 1》, 인하대학교출판부, 2006, 20쪽.

27 문학사 연구에서 작가의 삶과 작품을 연결시켜 심층적으로 분석한 전기적 연구의 보기를 들자면 김윤식의 《이광수와 그의 시대 1~2》, 한길사, 1986과 《염상섭 연구》, 서울대학교출판부, 1987를 들 수 있다. 김윤식은 그 밖에도 김동인, 이상, 임화, 김동리, 백철에 대한 전기적 연구를 각각 단행본으로 펴냈다.

28 법률 분야에서의 평전 작업은 개항 이후 한국의 법학자 31인의 생애와 법사상을 정리한 최종고의 《한국의 법학자》, 서울대학교출판부, 2007와 한국의 법률가 34인의 생애와 업적을 정리한 최종고의 《한국의 법률가》, 서울대학교출판부, 2007가 있다. 최종고는 일찍이 《사도 법관 김홍섭》, 육법사, 1975이라는 법률가에 대한 단행본 평전을 쓰기도 했다. 해방 직후에서 한국전쟁까지 남한 법조계의 형성 과정을 인물 중심으로 다루고 있는 김두식의 《법률가들—선출되지 않은 권력의 탄생》, 창비, 2018도 볼 것.

29 김남식·심지연, 《박헌영 노선 비판》, 세계, 1986; 심지연, 《잊혀진 혁명가의 초상: 김두봉 연구》, 백산서당, 1993; 《허헌 연구》, 역사비평사, 1994; 《이강국 연구》, 백산서당, 2006; 《이주하 연구》, 백산서당, 2007; 《최창익 연구》, 백산서당, 2009; 《조선공산주의자들의 인식과 논리》, 백산서당, 2015.

분석 평가했다.[30] 건축 분야에서는 안창모가 박동진, 김정수 등의 작품을 개인적 삶과 교육 과정, 한국 전통 건축사와 연관 지어 분석했다.[31]

프랑스의 학술사와 지성사 분야에서 광범위한 업적을 축적하고 있는 프랑수아 도스François Dosse의 연구방법론도 전기적 접근이다. 그는 철학자 폴 리쾨르Paul Ricoeur, 미셸 드 세르토Michel de Certeau, 질 들뢰즈 Gilles Deleuze와 펠릭스 가타리Félix Guattari, 역사학자 피에르 노라Pierre Nora, 피에르 비달-나케Pierre Vidal-Naquet, 사회이론가 코넬리우스 카스토리아디스Cornelius Castoriadis 등의 학문적 업적을 그의 삶과 학술장 그리고 시대적 배경 속에 넣어 설명하는 방식을 취하고 있다.[32]

---

30 그 보기로 선우현, 〈철학자의 현실참여, 철학적 신념인가, 현세영합적 기회주의인 가: 이규호를 중심으로〉, 《사회철학》 26호, 2013, 385~424쪽; 선우현, 〈안호상의 일민주의 철학과 자생적 실천철학의 자격조건〉, 《철학연구》 141집, 2017, 95~132쪽 참조.

31 안창모는 "건축가가 배제된 근대 건축 연구의 한계"를 극복하고 한국 근대 건축 형성 과정에서 '주체 부재'의 문제를 해결하려고 했다. 안창모, 〈건축가 박동진에 관한 연구〉, 서울대 건축공학과 박사학위 논문, 1997와 안창모·김성우, 《건축가 김정수 작품집》, 공간사, 2008 참조.

32 François Dosse, *Paul Ricoeur, les sens d'une vie*(Paris: La Découverte, 1997); 프랑수아 도스, 이봉지 외 옮김, 《폴 리쾨르: 삶의 의미들》, 동문선, 2005; François Dosse, *Michel de Certeau, Le Marcheur blessé*(Paris: La Découverte, 2002); François Dosse, *Gilles Deleuze et Félix Guattari, biographie croisée*(Paris: La Découverte, 2007); François Dosse, *Pierre Nora, Homo Historicus*(Paris: Perrin, 2011); François Dosse, *Castoriadis, Une Vie*(Paris: La Découverte, 2014); François Dosse, *Pierre Vidal-Naquet, Une Vie*(Paris: Gallimard, 2020). 프랑수아 도스는 아날학파의 역사와 구조주의의 역사를 쓰기도 했다. 프랑수아 도스, 김복래 옮김, 《조각난 역사: 아날학파에 대한 새로운

전기적 접근과 더불어 자전적 접근도 있다. 세계 심리학의 역사를 다루고 있는 책 가운데 1930년에서 2007년까지 70년 이상의 세월 동안 에드워드 손다이크, 플로이드 올포트, 장 피아제, 버러스 프레더릭 스키너, 어니스트 힐가드, 앨버트 반두라, 허버트 사이먼 등 총 103명의 심리학자들이 자신의 학문 연구 과정을 자전적으로 밝힌 글들을 편집하여 나온 《자서전 속의 심리학사A History of Psychology in Autobiography》가 탁월한 본보기이다.[33] 이 책에 수록된 심리학자들은 각자 어떤 역사적·지적 상황에서 학계의 주류에서 벗어나 자신만의 새로운 문제의식을 형성하고 연구를 계속하여 심리학계 내부의 투쟁을 통해 학문적으로 인정받게 되는 과정을 이야기하고 있다. 한국 인류학 연구 50년을 맞이하여 한상복, 이두현, 이광규, 강신표 등이 자전적인 글을 쓰기도 했다.[34] 학자들의 학문적·지적 경력을 서술한 자서전들이 축적되면 그 자체가 학문의 역사가 될 수 있다.[35]

해석》, 푸른역사, 1998; 프랑수아 도스, 김웅권 옮김, 《구조주의의 역사》 1~3권, 동문선, 1998; 2002; 2003.

33 1권은 Carl Murchison and Edwin Boring ed., *A History of Psychology in Autobiography*(Worcester: Clark University Press, 1930)로 나왔고 9권은 Gardner Lindzey and William Runyan ed., *A History of Psychology in Autobiography*(Washington D.C.: American Psychological Association, 2007)로 나왔다. 책에 수록된 학자들은 다섯 명으로 구성된 선정위원회에서 선정하고 그 가운데 두 명이 편집을 담당한다.

34 한국문화인류학회 엮음, 《문화인류학 반세기》, 소화, 2008.

35 한국 사회학계의 경우 2015년부터 《경제와 사회》에서 특집으로 다루고 있는 〈나의 비판사회학〉은 한국 사회학사 연구의 중요한 자료가 된다. 현재까지 이종오, 유팔무, 박노영, 이은진, 이종구, 조은, 조돈문, 강인순, 신광영, 김환석 등이 자신

사회학 분야에도 학자들의 자전적인 글을 편집하여 나온 저서들이 있다. 베네트 버거가 편집한《자기 삶의 저자들: 스무 명의 미국 사회학자들의 자서전》에는 라인하르트 벤딕스, 제임스 콜만, 허버트 겐스, 조셉 거스필드, 네이슨 글레이저, 데이비드 리스먼, 구엔서 로스, 데니스 롱, 게리 마르크스 등의 자전적 글이 실려 있다.[36] 그후 알랜 시카와 스티븐 터너가 편집한《순종하지 않는 세대: 1960년대의 사회이론가들》에는 1940년대 생들로 1960년대 사회운동의 흐름 속에서 사회학자가 된 앤드류 애봇, 제프리 알렉산더, 마이클 뷰러웨이, 크레이그 칼훈, 브라이언 터너, 에릭 올린 라이트, 한스 요아스, 미셸 마페졸리 등 미국과 유럽 사회학자들의 자전적 글이 실려 있다.[37]

한국 사회학사를 쓰기 위해서는 주요 사회학자들이 자기가 속한 사회의 역사적 상황과 학술장 안에서 어떻게 자신의 삶과 학문 세계를 만들어갔는가에 대한 주체 중심의 연구가 필요하다. 나는 한국 사회학의 역사에서 중요한 인물들이 주어진 사회·역사적 상황에서 어떻게 대응

의 학문적 경력을 정리하는 글을 발표했다. 특집 이전에 나온 글로 강정구, 〈나의 삶, 나의 학문: 냉전 성역 허물기와 평화·통일 만들기〉, 《경제와 사회》 87호, 2010, 12~44쪽을 볼 것. 이 글들은 각기 다른 방식의 자전적 접근을 통해 한국 사회학계에서 비판사회학이 어떻게 형성되었고, 어떤 위치를 차지하고 있으며, 개별 사회학자들이 어떤 동기와 문제의식을 가지고 어떤 연구 결과를 산출했는가를 보여준다.

36 Bennett Berger ed., *Authors of Their Own Lives*(Berkeley: University of California Press, 1990).

37 Alan Sica and Stephen Turner ed., *The Disobedient Generation: Social Theorists in the Sixties*(Chicago: The University of Chicago Press, 2005).

하면서 자기 나름의 학문 세계를 만들어갔는지를 분석해보려고 한다. 그것은 사회학자들이 어떤 삶을 살면서 어떤 학문적 자원을 가지고 한국 사회의 어떤 측면을 어떻게 연구했는가를 살펴보는 작업이다. 중요한 개별 사회학자의 저작을 기본 텍스트로 하고 사회학자의 개인사와 학문 활동을 사회학의 역사와 그것을 포함하는 전체 사회의 역사적 문맥 속에 넣어 이해함으로써 한 사회학자가 어떤 문제의식을 가지고 한국 사회의 어떤 문제를 어떻게 분석했는지를 알 수 있게 될 것이다. 또한 한국 사회의 역사적 사건과 사회변동 속에서 사회학자들이 사회학이라는 학문을 통해 어떤 사회적 역할을 했는지도 알 수 있게 될 것이다.[38] 그렇게 함으로써 학문 주체가 배제된 기존 사회학사 연구의 한계를 넘어설 수 있기를 바란다.

---

[38] 한국 사회학자들의 연구목록 정리 작업은 한국 사회학사 연구의 기초 작업이다. "작성된 문헌목록을 읽으면 어떤 분야는 연구되었고 또 어떤 분야는 전혀 연구되지 않았으며 또 어떤 분야는 연구되었다 하더라도 충분하지 않다는 것을 알게 된다." 최재석, 《역경의 행운》, 만권당, 2015, 45쪽.

2.

서양 사회학사에서
한국 사회학사로

1. 학자별로 본 서양 사회학의 역사

모든 사물에는 탄생과 기원과 역사가 있고 흥망성쇠의 이야기가 있다. 하나의 학문이 발아하여 어느 정도 성장하게 되면 그 뿌리를 찾는 작업이 시작된다. 사회학이라는 학문의 경우도 그랬다. 유럽에서 탄생한 사회학이라는 학문이 제2차 세계대전 이후 미국 사회학을 중심으로 세계적으로 확산되기 시작하면서 중요한 학자를 중심으로 사회학의 뿌리를 찾는 사회학사 연구가 시작되었다. 1948년 역사학자 반스가 편집하고 파슨스, 밀스 등이 참여하여 시카고대학 출판부에서 나온《사회학사 서론*An Introduction to the History of Sociology*》은 유럽과 미국을 중심으로 사회학의 역사에서 중요한 사회사상가와 사회학자를 다루었다.[39] 이 책에는 독일 학자로는 분트, 짐멜, 폰 비제, 막스 베버, 트뢸치, 좀바르트, 오펜하이머, 알프레드 베버, 라첸호퍼 등이, 프랑스 학자로는 푸이에, 타르드, 르봉, 뒤르켐 등이, 영국 학자로는 키드, 홉하우스, 웨스터마크, 왈라스, 토인비 등이, 러시아 학자로는 노비코브와 코발레브스키, 이탈리아 학자로는 파레토, 로리아, 지니 등이 스페인 학자로는 아돌프 포사다 등이 망라되고 있으며 초창기 미국 사회학자로 스몰, 토머스, 로스, 쿨리, 엘우드, 소로킨 등이 소개되어 있다.

1967년에 파리에서 출간된 레이몽 아롱의 《사회학적 사상의 제단계 Les étapes de la pensée sociologique》는 소르본대학에서 강의한 내용을 바탕으로 사회학의 기원을 찾아 나선 지적 여행의 기록이다.[40] 아롱은 이 책의 1부에서 '사회학의 창건자'라는 제목으로 몽테스키외, 콩트, 마르크스, 토크빌을 다루고 2부에서는 19세기 말에서 20세기로 들어서는 '전환기의 사회학자'들로 뒤르켐, 파레토, 베버를 다룬다. 이 책은 《사회사상의 주요 흐름들 Main Currents in Sociological Thought》이라는 제목으로 영역되어 지금까지 널리 읽히고 있다.[41]

---

39 Harry Elmer Barnes ed., *An Introduction to the History of Sociology*(Chicago: The University of Chicago Press, 1948).

40 Raymond Aron, *Les étapes de la pensée sociologique*(Paris: Gallimard, 1967).

41 Raymond Aron, Richard Howard and Helen Weaver trans., *Main Currents in Sociological Thought* 1~2(New York: Anchor Books, 1968). 이 책의 우리말 번역본은 이종수 옮김, 《사회사상의 흐름》, 홍성사, 1980으로 출간되었다. 우리말 번역본은 영어판의 중역이었고 지금은 절판 상태에 있다.

캐나다 토론토대학의 사회학과 교수 어빙 자이틀린은 1968년《이데 올로기와 사회학 이론의 발전*Ideology and the Development of Sociological Theory*》을 내놓았다. 이 책에서 자이틀린은 프랑스혁명 이전 계몽주의 시기에 속하는 몽테스키외와 루소를 다루고 프랑스혁명 이후 시기의 사상가로 드 보날과 드 메스트르, 생시몽, 콩트를 다루었다. 다음 장에 서는 마르크스를 중요하게 다룬 다음 마르크스의 유령과 싸운 베버, 파 레토, 모스카, 미헬스, 뒤르켐, 만하임을 다루었다. 사회학 이론 교과 서로서 명성을 얻은 이 책은 이후 개정을 거듭하여 2007년에 나온 7판 에는 메리 월스톤크래프트, 알렉시스 드 토크빌, 헤리엇 마르티노, 헤 리엇 테일러와 존 스튜어트 밀, 프리드리히 엥겔스, 찰스 퍼스, 윌리 엄 제임스, 존 듀이, 조지 허버트 미드가 추가되었다.[42] 1981년에 출간 된 로버트 비어스테드의 저서《미국 사회학 이론: 비판적 역사*American Sociological Theory: A Critical History*》에서는 윌리엄 섬너, 레스터 워드, 찰스 쿨리, 에드워드 로스, 플로리안 즈나니에츠키, 로버트 맥키버, 피 티림 소로킨, 조지 런드버그, 탈코트 파슨스, 로버트 머튼 이렇게 열 명 과 부록으로 다룬 프랭클린 기딩스를 합쳐 11명의 사회학자가 논의되 었다.[43]

---

42 Irving M. Zeitlin, *Ideology and the Development of Sociological Theory*(New York: Prentice-Hall, 1968). 우리말 번역본으로는 초판과 큰 차이가 없는 2판의 번역본이 나 와 있다. I. M. 짜이틀린, 이경용·김동노 옮김, 《사회학이론의 발달사: 사회사상의 변증법적 과정》, 한울, 1985. 이 책은 1992년 2쇄, 2006년 3쇄가 나왔다.

43 Robert Biersted, *American Sociological Theory: A Critical History*(New York: Academic Press, 1981).

내가 평전 형식의 한국 사회학의 역사를 쓰면서 가장 중요하게 참조한 책은 1971년에 초판이 나온 루이스 코저Lewis Coser의 《사회학적 사상의 대가들—역사적·사회적 문맥 속의 사유Masters of Sociological Thought-Ideas in Historical and Social Context》이다. 이 책은 제목이 암시하는 바와 같이 서양 사회학을 대표하는 사회학자들의 사상을 요약하고 그들의 사상이 형성되는 데 영향을 미친 개인적·사회적·학문적 배경을 제시하는 방식으로 구성되어 있다. 한 학자의 사회학적 사상을 그 사람의 가족, 스승, 동료, 청중들과의 관계, 그가 살았던 시대의 사회적 상황과 지성사적 문맥 속에 넣어 그런 사상이 어떻게 형성되었는가를 이해하게 만드는 방식이다. 사회학적 사상을 사회학적으로 분석하는 지식사회학적 접근을 취하고 있는 이 책에서는 콩트, 마르크스, 스펜서, 뒤르켐, 베버, 파레토, 짐멜, 베블런, 파크, 쿨리, 미드, 만하임, 소로킨, 토머스, 즈나니에츠키 등 15명의 사회학자가 등장한다. 마지막 장은 1940년에서 1960년 사이 미국 현대 사회학 이론가들을 종합적으로 다루고 있다. 코저의 책은 지금까지도 미국 대학의 사회학 이론 및 사회학사 과목의 교재로 가장 많이 채택되고 있다.[44]

1981년에 초판이 나오고 2011년 개정 7판이 나와 있는 조나단 터너, 레오나드 비글리, 찰스 파워 공저의 《사회학 이론의 등장Emergence of

---

44 이 책의 한국어 번역판은 신용하와 박명규에 의해 번역·출간되어 지금까지 널리 읽히고 있다. 초판 번역본은 1978년과 1979년에 걸쳐 두 권으로 출간되었다. 루이스 코저, 신용하·박명규 옮김, 《사회사상사》 1~2권, 일지사, 1978·1979. 개정판 번역은 루이스 코저, 신용하·박명규 옮김, 《사회사상사》, 한길사, 2016로 나왔다.

Sociological Theory》은 1830년에서 1930년 무렵까지 사회학 이론 100년의 역사를 콩트, 스펜서, 마르크스, 베버, 짐멜, 뒤르켐, 미드 이렇게 일곱 명의 사회학자를 통해 개괄한다.[45] 루이스 코저가 학자들의 사상을 먼저 요약하고 그 사상의 형성 배경을 제시하고 있다면 조나단 터너와 그의 동료들은 특정 이론의 사상적 기원과 배경을 먼저 살피고 난 다음 이론을 뒤에 제시하고 있다. 저자들은 분석 대상이 된 사회학자들을 개인적 배경, 키워드 분석, 주요 영향, 비판적 통찰력 등으로 구분하여 다룬다.

한국의 사회학자가 개별 학자별로 쓴 서양 사회학 이론의 역사로는 2016년에 김덕영이 출간한 《사회의 사회학》이 있다. 이 책에서 김덕영은 11명의 사회학자를 다루고 있다.[46] 그는 사회학 이론의 대상을 '사회'와 '사회적인 것'으로 구별하고 보편 이론과 중범위 이론을 구별한다. '사회의 보편 이론'으로 콩트와 스펜서를 다루고 '사회적인 것의 중범위 이론'으로 뒤르켐, 짐멜, 베버를 다룬 다음 '사회적인 것의 보편 이론 1'로 슈츠와 파슨스를 다룬다. 이어서 '사회적인 것의 중범위 이론'으로 엘리아스와 부르디외를 다루고 '사회적인 것의 보편 이론 2'로 하버마스와 루만을 다룬다.[47]

---

45 Jonathan Turner, Leonard Beeghley and Charles Power, *Emergence of Sociological Theory*(New York: Sage, 2011). 우리말 번역본으로는 조나단 터너 외, 김문조 엮음, 《사회학 이론의 형성》, 일신사, 1997.

46 김덕영, 《사회의 사회학─한국적 사회학 이론을 위한 해석학적 오디세이》, 길, 2016.

47 이 책이 이론에 초점을 맞추고 있는 반면 김덕영의 다른 저서 《사상의 고향을 찾아

《한국 사회학의 지성사》도 위에서 소개한 여러 책들과 마찬가지로 한국 사회학의 역사를 주요 학자를 중심으로 서술한다. 그러나 한국 사회학 '이론'의 역사가 아니라 한국 사회학 '전체'의 역사를 다룬다는 점에서 위의 책들과 차이가 있다. 이 책은 한국 사회학의 역사에서 중요한 봉우리를 이루는 11명의 학자를 아카데믹 사회학, 비판사회학, 역사사회학이라는 세 갈래 흐름으로 구별한다. 해방 이후 한국 사회의 역사적 변동 속에서 사회학이 아카데믹 사회학, 비판사회학, 역사사회학이라는 세 갈래로 분화되는 과정을 각각의 흐름 안에 포함되는 대표적 학자들의 삶과 학문 활동을 통해 다룬다. 이 점에서 이 책은 선정된 여러 명의 학자를 개인별로 다루어 순서대로 배열하고 있는 코저나 터너 등의 접근방법과 구별된다. 코저와 터너의 저서는 대상이 된 학자들 모두에게 적용되는 일관된 형식과 항목을 마련하고 그에 따라 비슷한 분량으로 개별 학자들을 다루고 있다. 그러나 이 책은 11명의 사회학자 모두에게 적용되는 획일적인 형식을 취하지 않고 대상 학자의 개별적 특성 및 자료의 성격 등에 따라 서술 항목과 분량을 달리할 것이다.

서》, 길, 2015는 마르크스, 베버, 짐멜, 루만 등의 삶을 그들이 살았던 장소와 연결 지어 서술하고 있다.

2. 한국 사회학사의 갈래와 인물들

한국 사회학의 역사를 전기적으로 접근할 경우 1973년 사회학자 하경
덕에 대한 안계춘의 연구는 각별한 의미를 갖는다. 그는 한국 사회학계
에서 까맣게 잊혔던 하경덕이라는 인물을 발굴해서 그의 삶과 저작을
소개하는 글을 발표했다.[48] 이 논문은 1928년 미국 하버드대학에서 박
사학위를 받고 귀국하여 연희전문에서 사회학을 강의한 하경덕의 삶과
1930년 미국에서 발간된 그의 영문 저서 《사회적 법칙Social Law》의 내
용을 소개함으로써 한국 사회학의 역사에서 1946년 서울대학교 사회
학과 설립 이전에 이미 뛰어난 사회학자가 존재했음을 알렸다. 이후 원
재연이 하버드대학교 사료관에서 하경덕에 관한 자료를 발굴하여 안계
춘의 연구를 수정, 보완하고 공공사회학자로서의 하경덕의 모습을 부
각시켰다.[49]

　그러나 개별 사회학자에 대한 본격적인 연구는 김필동에 의해 시작
되었다. 그는 이상백의 연구업적을 사회학과 사회사로 나누어 정리하
고 이상백의 학문적 형성 과정을 학창시절을 중심으로 살폈다.[50] 최근

48　안계춘, 〈우리나라 사회학의 선구자 하경덕〉, 《인문과학》 30호, 연세대학교 문과대
　　학, 1973, 187~208쪽.

49　원재연, 〈안당 하경덕: 격동기의 공공사회학자〉, 《한국사회학》 50집 2호, 2016,
　　67~93쪽.

50　김필동, 〈이상백의 생애와 사회학사상〉, 《한국사회학》 28집, 1994년 여름호, 1~36
　　쪽; 〈이상백의 사회사 연구〉, 《한국 사회사 연구의 전통》, 문학과지성사, 1993,

들어 김필동은 일제하에서 도쿄제국대학에서 사회학을 전공하고 성균
관대학에서 가르치다 해방 정국에 월북한 신진균의 삶과 학문에 대한
연구를 두 편의 논문과 1920년대 독일에 유학하고 1930년대 보성전문
에서 가르친 김현준의 삶과 학문을 다룬 논문을 발표했다.[51] 윤정로는
미국사회학회에서 펴내는 *Contemporary Sociology*에 최재석, 신용하, 박
영신 세 사람을 중심으로 한국 사회학의 정체성 추구에 대한 논문을 발
표했다.[52] 해방 이후 초창기 사회학자로 경북대학교 사회학과를 창설하
고 한국 사회학의 제도화에 기여한 배용광을 다룬 이동진의 논문도 한
학자의 삶과 학문 세계를 전체적으로 조망했다. 이동진은 이후 식민지
시기 일본에 유학한 사회학자 이상백, 김두헌, 신진균 세 사람에 대한
논문도 발표했다.[53]

83~128쪽; 〈이상백의 학창시절〉, 상백 이상백 평전간행위원회 엮음, 《상백 이상백
평전》, 을유문화사, 1996, 97~138쪽. 다른 한편 한영혜는 이상백의 친일 문제와
체육인으로서의 면모를 살폈다. 한영혜, 〈이상백과 근대 체육—식민지 시대 지식인
의 자아실현과 민족 아이덴티티: 일본에서의 체육 활동을 중심으로〉, 《한림 일본학
연구》 1집, 1996, 257~289쪽.

51 김필동, 〈일제 말기 한 젊은 사회학자의 초상: 신진균론 (1)〉, 《한국사회학》 51집 1
호, 2017, 437~489쪽; 김필동, 〈강단사회학자에서 맑스레닌주의 이론가로: 신진
균론 (2)〉, 《사회와 역사》 118집, 2018, 213~272쪽; 김필동, 〈한국 사회학의 개척자
김현준의 재발견〉, 《사회와 역사》 122호, 2019, 51~116쪽.

52 Jeong-ro Yoon, "In Search of identity in Korean sociology", *Contemporary Sociology*,
vol. 26, No. 3, 1997, pp. 308~310.

53 이동진, 〈한국 사회학의 제도화와 배용광〉, 《동방학지》 168집, 2014, 241~278쪽;
이동진, 〈식민지 시기 일본 유학생과 한국 사회학: 이상백, 김두헌, 신진균을 사례
로〉, 《사회와 이론》 33집 2호, 2018, 281~321쪽.

한국 사회학의 역사를 인물 중심으로 연구하는 작업은 2015년 진주 경상대학교에서 '한국 사회학의 사회학'이라는 주제로 열린 한국사회 학대회를 계기로 크게 활성화되었다. 이후 《한국사회학》은 3회에 걸친 기획논문을 통해 이상백(정수복), 이만갑(김봉석), 하경덕(원재연), 박영 신(이황직), 이효재(강인순), 이해영(김인수), 김경동(정수복), 한완상(정수 복), 최문환(정일준), 신진균(김필동)의 삶과 학문을 다루었다.[54]

이렇게 보면 한국 사회학의 주요 인물들에 대한 정리와 작업이 어느 정도 이루어졌다고 볼 수 있다. 그러나 개별적으로 이루어진 연구를 하 나로 모아 한국 사회학의 역사 전체를 일관되게 서술하는 작업은 아직 이루어지지 않았다. 한국 사회학의 역사를 쓰기 위해서는 이미 이루어 진 분야별 연구와 인물별 연구를 종합하면서 그것을 한국 사회 전체의 변동을 배경으로 하여 한국 사회학계라는 학술장의 변화와 연결하는 작업이 필요하다.

나는 이 책에서 한국 사회학의 초창기와 형성기에 중요한 역할을 담 당한 11명의 학자가 주인공으로 등장하는 역사를 쓰려고 한다. 이상 백, 이만갑, 배용광, 이효재, 이해영, 최재석, 김경동, 한완상, 김진균, 신용하, 박영신이 그들이다. 어떤 학자를 포함할 것이며 그들의 삶과 학문을 어떻게 정리하고 그것에 어떤 의미를 부여할 것인가에 대한 하

---

54 괄호안의 이름은 해당 논문의 저자 이름이다.《한국사회학》50집 2호, 2016; 50집 4호, 2016, 51집 1호, 2017의 기획논문 〈한국 사회학, 1, 2, 3〉을 볼 것. 정수복은 2017년 한국사회학대회에서 박영신의 사회학과 신용하의 사회학을 발표했다. 두 논문의 수정본은 《한국 사회학의 지성사》4권에 포함되었다.

나의 객관적 기준은 없다.[55] 대학 내에 사회학이라는 학문을 제도화시키는 데 기여한 학자와 한국 사회학이라는 학문의 기본 줄기를 세우는 데 기여한 학자를 사회학계의 일반적 의견을 참조하면서 나의 개인적 판단에 따라 선정했다.

제일 먼저 이상백은 서울대학교에 사회학과를 처음 창설하여 제자들을 양성했고 한국사회학회를 창설했기에 당연히 포함되었다. 배용광은 경북대학교 사회학과 창설에 기여했고 한국사회학회의 학회지 《한국사회학》의 창간을 주도했으며 대구·경북 지역 5개 대학 사회학과를 담당할 제자들을 양성했다는 점에서 포함되었다. 이해영은 서울대학교에 '인구 및 발전문제연구소'를 만들어 연구비를 조달하고 경험적 조사 연구를 진행하였으며 후속 세대 학자들을 다수 양성했다. 이효재는 고황경과 함께 이화여대와 서울여대의 사회학과 창설에 기여했고 여성 문제와 분단 문제를 사회학의 주요 연구 주제로 부각시켰다. 이만갑은 사회학 조사방법을 교육하고 적용하면서 한국의 농촌사회에 대한 사회학적 연구를 수행했다. 위에 언급한 다섯 사람이 초창기 사회학의 제도화와 학문적 내용 구성에 기여한 학자들이라면 최재석, 김경동, 한완

---

55 로버트 니스벳은 콩트, 스펜서, 마르크스, 베버, 뒤르켐, 짐멜, 베블런, 미드, 만하임 등을 다룬 루이스 코저의 《사회학적 사상의 대가들The Masters of Sociological Thought》에 대한 서평에서 코저가 다룬 학자들 가운데 누구를 빼고 누구를 넣어야 한다고 주장하는 사람은 스스로 자기가 중요하다고 생각한 학자를 다루는 글을 쓰면 된다고 말했다. Robert Nisbet, "*Masters of Sociological Thought: Ideas in Historical and Social Context*. Lewis A. Coser", *American Journal of Sociology*, Vol. 78, No. 1, July, 1972, p. 234.

상, 신용하, 김진균, 박영신 여섯 사람은 그들의 뒤를 이어 한국 사회학이라는 학문의 세 갈래 기본 방향을 설정한 사람들이다. 김경동은 이만갑과 이해영을 이어 아카데믹 사회학을 공고화하였고, 한완상과 김진균은 이효재와 함께 비판사회학의 흐름을 만들었으며, 최재석과 신용하와 박영신은 사회사 또는 역사사회학의 줄기를 만들었다.[56]

무릇 지난날을 뒤돌아보고 정리하는 역사 쓰기 작업의 목표는 오늘날의 상황에서 지난날을 성찰하면서 새로운 미래를 기획하는 데 있다. 그러나 구체적인 학자들을 선정하여 그들의 학자로서의 삶과 학문적 성과를 검토하는 작업은 자칫 기대하지 않은 부작용을 낳을 수 있다.[57] 아직 활동 중인 원로 학자들에 대한 글은 더욱 조심스럽다. 이 점에서 김경동의 다음과 같은 언급은 이 책에도 여전히 유효하다.

성찰이란 개인에게나 사회집단이나 간에, 인간이기에 매우 소중한 능력이요, 경험이다. 한 학문의 발자취를 더듬는 일도 요컨대 하나의 성찰의

---

56 연구자의 관점에 따라 이 책에서 다루지 않은 다른 학자를 추가할 수도 있고 포함된 학자를 제외할 수도 있으며 개별 학자의 삶과 학문에 대해 다른 해석을 할 수도 있다. 고황경(서울여대), 변시민(서울대·제주대), 최문환(서울대), 황성모(서울대·정문연), 홍승직(고려대), 임희섭(고려대), 강신표(인제대), 장윤식(브리티시컬럼비아대학), 김재온(아이오와대학), 구해근(하와이대학) 등을 추가해야 한다는 의견이 있었다.

57 한 후배 사회학자는 한국 사회학을 대표하는 사회학자 열한 명을 다루는 이 책을 두고 '살부殺父' 작업이라고 말하기도 했다. 그러나 살부보다는 '극부克父' 작업이라는 말이 더 적절할 것이다. 아들은 아버지의 유산을 이어받지만 아버지의 한계를 극복해서 더 멀리 나아가야 할 과제를 안고 있다.

과정이며, 그것을 통해 그 학문이 성장하고 발전할 수 있는 계기가 마련될 터이므로 소중한 경험인 것이다. 그러나 한편 성찰은 아픈 경험이 되기도 한다. 학문도 사람이 하는 일, 사회도 사람이 운용하는 삶의 과정이기에 이제까지도 그랬거니와 앞으로도 완벽하고 이상적인 상태에 이르기를 기대할 수는 없다. 그런 만큼 잘못됨과 부족함이 우리의 삶에는 수두룩한 법이다. 성찰은 이처럼 어둡고 미흡하고 때로는 보기 싫은 곳을 들추어내는 일마저 포함한다. 틀림없이 그 경험은 쓰리고 아프며, 때로 안타까운 것이기도 할 줄 안다. 터놓고 말해서 오늘날 우리나라 사회학을 논의하자면 글 쓰는 나 자신을 포함하여, 모두들 서로 아는 이들의 살아 있는 이야기를 하지 않을 수 없다. 그러자면 아픈 대목도 있고, 언짢은 발언도 있을 것이며, 때로는 잘못된 평가나 빗나간 판단이 있기 마련이다. 설사 이런 실수가 있다 해도 그것을 너그러이 양해할 수 없다면, 이런 글은 쓸 수 없는 성질의 것이 되고 만다. 또 객관적인 평가가 마땅치 않다고 해서 인간적인 감정에 호소하는 것으로 받아들여서도 곤란할 뿐 아니라 또 스스로 그래서도 어려운 일이 되고 만다. 어떤 현상이든 보는 이에 따라 그 생김새와 색깔, 성질 같은 것이 조금씩, 혹은 근본적으로 다를 수 있다는 사실을 너나없이 인정할 일이다. 누구나 편견이 있고 얼마간은 자존심이 있게 마련임을 구태여 감출 생각도 없다. 요는 터놓고 주고받는 풍토만 마련된다면 그 학문은 자라고 뻗을 수 있다는 믿음으로 이에 임할 따름이다.[58]

---

58 김경동, 《현대 사회학의 쟁점—메타사회학적 접근》, 법문사, 1983, 298~299쪽.

열한 명의 사회학자를 다루는 이 책이 갖는 의미는 1995년 한국 사회학 50년 역사를 뒤돌아보면서 당시 한국사회학회 회장이었던 안계춘이 쓴 다음과 같은 언급과 크게 다르지 않다.

지난 반세기 동안 한국 사회는 매우 급격한 변동을 겪었고 한국의 사회학 연구 활동도 양적으로나 질적으로 괄목할 만큼 성장을 거듭해 왔다. 이제는 한국 사회의 변동에 비추어 사회학계 연구 활동의 발자취를 더듬어보는 자기 성찰의 기회를 가질 필요가 있다고 생각되어 한국사회학회에서는 '광복 50년의 한국 사회와 한국 사회학'이라는 주제로 특별 심포지엄을 개최하기로 하였다. 사회학계의 연구 활동이 한국 사회 변동과 발전에 어떤 기여를 하였으며 한국의 사회변동에 어떻게 부응해 왔는지 그 적합성을 따져보고 앞으로의 방향을 모색해 보고자 한 것이다. 이러한 작업이 이 땅에서 사회학을 같이 공부하는 동료들에게 자기성찰의 기회가 되고 앞으로 사회학을 공부하려는 동학들에게 하나의 길잡이가 될 수 있기를 바랄 뿐이다. 광복 50년 동안의 한국 사회변동에 비추어 한국 사회학계의 연구 활동을 살펴볼 때 한국의 사회학이 한국 사회의 요구에 적절하게 대응했다고 보기는 어렵다. 이 말은 물론 한국 사회에서 사회학의 공헌을 전적으로 부인하는 것이 아니다. 나름대로 공헌을 스스로 인정하면서도 우리 자신들의 활동을 돌이켜볼 때 불만스러움을 느끼지 않을 수 없는 것이다. 그것은 우리가 한국 사회의 요구에 부응하는 연구 활동을 적절하게 수행하지 못했다는 자기성찰에서 비롯되는

것이다.[59]

　한국 문화인류학 100년의 역사를 쓴 전경수는 손진태의 문화인류학 관련 저서의 서문에 이렇게 썼다. "중요한 학자들에 대한 업적 평가는 직접적인 학사 (연구) 작업으로 이어질 수 있는 바탕이 된다. 학사를 정리하는 이유는 해당 학문의 족적을 정확하게 알아야 하고 그 위에서 현재의 입장을 정리하고, 미래를 위한 전망이 가능하다는 논리를 충족시킴에 있다. 그러한 학사 (연구) 작업은 한 학문의 미래를 위해서 끊임없이 여러 가지 서로 다른 입장에서 전개되는 것이 바람직하다."[60] 이 책에서 선정된 11명의 학자에 대해서도 마찬가지다. 앞으로 《한국 사회학의 지성사》에서 다룬 학자들은 물론 미처 다루지 못한 학자들에 대해서도 "여러 가지 다른 입장에서" 논의가 전개되어 한국 사회학사 연구가 풍부해지기를 기대한다.

59　안계춘, 〈광복 50년의 한국사회와 사회학〉, 안계춘 엮음, 《한국 사회와 사회학》, 나남출판, 1998, 7쪽과 29쪽.
60　전경수, 《손진태의 문화인류학─제국과 식민지 사이에서》, 민속원, 2010, 15쪽.

3.

한국 사회학의
미국화

1. 냉전체제와 근대화 이론의 수용

분단과 전쟁을 거치면서 남한의 사회학은 반공이라는 이데올로기 제약 속에서 미국 사회학을 모델로 삼아 자신의 길을 모색했다. 해방 직후 좌우 이데올로기가 대립하는 상황에서 사회학은 사회주의라는 이념과 동일시되곤 했지만 서울대학교에 사회학과를 만든 이상백은 그러한 물결에 휩쓸리지 않고 칼 마르크스 대신 오귀스트 콩트를 내세워 과학적 정신과 적극적 태도를 주장하고 이념이 아니라 현장 조사를 통한 사실의 수집에 바탕을 둔 경험 연구를 강조했다.

　미군정기와 한국전쟁을 겪으면서 미국이 한국 사회에 미치는 영향력은 절대적이었다. 사회학 분야도 마찬가지였다. 제2차 세계대전 이전 미국 사회학은 주로 미국 사회를 연구했다. 미국 밖 비서구 사회에 대한 연구는 인류학이 담당했다. 그러나 제2차 세계대전 이후 상황이 달

라졌다. 냉전체제가 굳어지면서 자본주의 진영의 중심 국가로 부상한
미국은 정치, 군사, 경제만이 아니라 문화, 예술, 학술의 차원에서도 주
도적인 입장에 서게 되었다.[61] 그에 따라 미국 밖 비서구 사회에 대한
사회과학적 연구를 총칭하는 '지역 연구Area Studies'가 시작되었다.

동유럽이 공산화되고 중국을 비롯하여 아시아 지역에 민족주의와 결
합한 공산주의운동이 위세를 떨치게 되자 미국으로서는 외교적·군사
적 조치와 더불어 문화와 학문의 차원에서도 공산주의에 대응하면서
미국 중심의 세계질서를 유지해야 했다.[62] 1952년 미국 국무성의 정보
국 정세분석가였던 모리스 워트닉Morris Watnick은 미국이 중심이 된 서
구 자본주의 진영이 저개발 국가에 공산주의가 확산되는 것을 막기 위
한 방안을 다음과 같이 제시했다.

---

61 이 장은 학술 차원의 문제에 초점을 맞추고 있기 때문에 문화 차원에서 이루어진
미국 대중문화의 세계적 확산은 다루지 않는다.

62 아시아 지역의 공산주의운동은 국내의 반식민지 투쟁과 1919년에 창립된 코민테
른의 지원이 결합되어 전개되었다. 코민테른은 "세계 각국의 활동가에게 사람과 돈
과 지식을 주어, 코민테른 지부로 각국 공산당을 만들었다. 코민테른의 거대한 기
구, 각국 공산당 활동을 위해 필요한 막대한 비용은, 모두 러시아 국내에서 조달시
켰다. 알려진 것은, 몰수된 교회 재산이 여기에 충당되었다는 것이다. …… 코민테
른이 제2차 대회에서 '민족·식민지 문제에 대한 테제'를 내세운 것은, 제국주의 지
배하에 있는 식민지 종속국의 민중 속에 공산주의운동이 퍼지는 계기가 되었다. 아
시아에서는 중국, 인도, 조선, 인도차이나, 일본, 필리핀에 공산당이 생겼다." 와
다 하루키, 〈러시아 혁명과 동아시아〉, 2019년 11월 1일 서강대학교 Critical Global
Studies Institute 목요 콜로키움 발표문, 9쪽.

현재 서구the West는 저개발 국가들이 공산주의자들의 손에 들어가지 않게 하기 위한 노력에서 분명하게 구별되는 두 가지 도전에 직면해 있다. 그 둘 가운데 더욱 명백한 것은 공산주의자들을 그들의 현재적이고 잠재적인 '대중적 기반mass base'으로부터 분리시키는 일이다. 그것은 저개발 국가들의 현재 상황에 비추어볼 때 적절한 기술원조 계획과 대중들을 빈곤과 착취라는 병충해에서 벗어나게 하는 경제개혁을 실시하는 일이다. 앞의 과제보다 좀 더 헤아리기 힘든 또 하나의 과제는 저개발 국가의 토착 지식인들native intelligentsia을 매혹하고 있는 공산주의 이념과 성공적으로 경쟁할 수 있는 정신과 가치체계를 수립하는 일이다. 그 이유는 공산주의에 끌린 토착 지식인들이 그 지역의 공산주의 운동을 시작했고 공산주의 운동의 주요 지도부를 구성하고 있기 때문이다. 문제의 심각성에 비추어볼 때 현재까지 서구가 그 두 가지 과제에 응답할 준비가 되어 있는지는 분명치 않다.[63]

워트닉의 제안은 개인적인 의견을 넘어서 당시 미국 학계와 지식인 사회의 의견을 반영한 것이었다. 그의 첫 번째 제안에 따라 한국을 비롯한 아시아 후진 국가들에 경제 원조가 시작되었다. 학술 원조도 원조 프로그램 가운데 하나였다. 한국의 경우 "전후 비참한 대중들과 가난한 학자들에 대한 원조의 위력은 강력했다. 대중들은 미국산 옥수수와

---

63 Morris Watnick, "The Appeal of Communism to the Peoples of Underdeveloped Areas", Reinhard Bendix and S. M. Lipset eds., *Class, Status and Power*(New York: The Free Press, 1966), p. 436.

밀가루를 먹고 생명을 부지했으며 학자들은 장학금과 연구비를 받고 도미 유학을 했다."[64] 워트닉의 두 번째 제안은 저개발국의 지식인들이 공산주의와 경쟁할 수 있는 미래 사회에 대한 전망을 담은 이론을 제시하도록 만드는 움직임으로 이어졌다. 그에 따라 미국의 학자들은 후진국의 경제발전과 정치발전을 위한 근대화 이론을 구성하여 저개발국의 지식인들에게 전파했다.[65]

  냉전 상황은 미국의 대학을 중심으로 지식인 사회와 정부 그리고 기업 사이에 긴밀한 관계를 형성하게 만들었다.[66] 미국 내의 여러 대학들이 모리스 워트닉을 비롯한 지식인들의 제안을 받아들여 대학에 연구소를 창설하고 공산주의 이념과 경쟁할 수 있는 대안적 사회발전 이론을 모색하기 시작했다.[67] 미국의 정부와 기업 그리고 민간재단들은 대

---

64 임대식, 〈1950년대 미국의 교육 원조와 친미 엘리트의 형성〉, 《1950년대 남북한의 선택과 굴절》, 역사비평사, 1998, 152쪽. 군인, 공무원, 언론인, 학자 등 여러 집단의 미국 유학 가운데 "특히 학계의 도미 유학이 가장 다수였고 또 체계적이었으며 또 그 효율성이 가장 컸다. 이러한 사정으로 학계의 친미화가 가장 빠르고 효과적으로 진행되었다." 임대식, 〈1950년대 미국의 교육 원조와 친미 엘리트의 형성〉, 153쪽.

65 Nils Gilman, *Mandarins of the Future: Modernization Theory in Cold War America*(Baltimore: Johns Hopkins University Press, 2003).

66 냉전 시대 미국의 대학과 정부와 기업 사이의 관계에 대해서는 Ron Robin, *The Making of the Cold War Enemy: Culture and Politics in the Military-Intellectual Complex*(Princeton: Princeton University Press, 2001), 노암 촘스키 외, 정연복 옮김, 《냉전과 대학: 냉전의 서막과 미국 지식인들》, 당대, 2001과 브루스 커밍스 외, 한영옥 옮김, 《대학과 제국: 학문과 돈, 권력의 은밀한 거래》, 당대, 2004를 볼 것.

67 근대화 이론이 가정하고 있는 반공산주의 자유주의 모델은 이미 1930년대부터

학의 연구소에 연구비를 지원했다.

1946년 하버드대학에 사회관계학과를 창설한 파슨스의 구조기능주의 이론은 1950년대 사회학은 물론 정치학과 경제학을 포함하는 근대화 이론의 기초가 되었다. 그의 제자들 가운데 마리온 레비는 중국 사회를, 로버트 벨라는 일본 사회를, 클리포드 기어츠는 인도네시아 사회의 근대화 과정을 연구했다. 알렉스 잉켈레스는 인도, 이스라엘, 나이지리아, 동파키스탄, 아르헨티나, 칠레 등의 국가에서 광범위한 의식조사를 수행하여 근대적 의식 형성에 영향을 미치는 요소들을 분석했다.

파슨스가 주도한 하버드대학의 사회관계학과가 근대화 이론의 기초를 제공했다면 1951년 매사추세츠공과대학MIT에 창설된 국제문제연구소Center for International Studies는 모리스 워트닉의 제안을 구체적인 정책으로 실현한 대표적인 연구소였다. 국제문제연구소 홈페이지를 보면 연구소의 창설은 "미·소 간의 냉전 투쟁의 직접적 결과direct result of the cold war struggle between United States and Soviet Union"라는 문구가 나온다.[68] MIT대학이 공학뿐만 아니라 정치학을 중심으로 한 사회과학에서도 강세를 보이는 이유는 1950년대 이후의 이 같은 활동에서 비롯된 것이다.

물리학 박사이면서 경제학 박사였던 막스 밀리칸Max Millikan은 1951

CIA와 민간재단의 지원을 받은 두뇌집단think tank에 의해 지속적이고 체계적으로 연구되고 있었다. Pierre Bourdieu and Bertrand Chung, "Mondialisation et domination: de la finance à la culture", *Cités*, No. 51, 2012, p. 131.

68 MIT Center for International Studies 홈페이지 About-History를 볼 것.

년 경제학, 정치학, 사회학, 인류학, 역사학 등 사회과학 분야의 학자들을 불러 모아 연구소를 창립하고 1952~1969년에 소장으로 활동했다. 밀리칸을 비롯한 연구소 창립 멤버들은 제2차 세계대전 이후 독립한 신생국들에 대한 학문적 이해가 미국 외교정책 수립에 필수적이라고 생각했다. 이 연구소는 1950년대와 60년대에 걸쳐 미국의 영향력 아래 있는 신생국의 경제, 정치, 사회, 문화 변동의 기본 방향을 제시하는 근대화론을 개발했다. 경제학자 월트 로스토Walt Rostow의 경제발전론, 정치학자 가브리엘 알몬드Gabriel Almond, 루시안 파이Lucian Pye와 다니엘 러너Daniel Learner의 정치발전론, 언론학자 마이론 위너Myron Weiner의 커뮤니케이션 이론 등이 모두 MIT 국제문제연구소의 연구 성과들이다.[69] 밀리칸과 로스토 등 이 연구소 소속 학자들은 1950년대 아이젠하워 대통령 시절 백악관 고위 관료들과 함께 근대화론에 입각하여 외국 원조정책을 결정하는 데 중요하게 관여했다.[70] 1960년대 초 케네디 행정부 시절 밀리칸은 평화봉사단Peace Corps 설치를 제안했고, 로

---

69 국제문제연구소의 신생국 이론과 정책 제안은 Max Millikan and Donald Blackman ed., *The Emerging Nations: Their Growth and United States Policy*(Boston: Little Brown, 1961)로 정리되어 출판되었다. 이 책은 출간 직후인 1962년 우리말로 번역되었다. M. F. 밀리칸, D. L. M. 블랙크머 엮음, 유익형 옮김, 《신생국가론: 후진국 성장과 미국정책》, 사상계사, 1962. 이후 이 책은 제목과 출판사를 달리하여 여러 번 재간되었다.

70 MIT 국제문제연구소 소속의 학자들이 근대화 이론을 미국의 외교정책으로 정식화한 주역이었음을 밝히고 있는 정일준, 〈미제국의 제3세계 통치와 근대화이론─군산학 복합체와 근대화이론의 탄생〉, 《경제와 사회》 57호, 2003, 125~147쪽을 볼 것.

스토는 국무성 정책기획실장으로 일했으며 칼 케이슨Karl Kayson은 대통령 안보비서관으로 일했다.[71]

  1950년대에 들어서면서 국무성과 카네기재단, 록펠러재단, 포드재단 등 민간재단도 후진국 원조에 적극 나서게 된다. 1950년대 중반 이후 1960년대에 이르기까지 미국 재단의 연구비 지원은 사회학을 포함하여 한국 학계의 연구 패러다임 형성에 결정적인 역할을 했다.[72] MIT 국제문제연구소의 창립 기금도 처음에는 포드재단에서 나왔지만 이후에는 록펠러재단, 카네기재단 그리고 CIA의 지원을 받았다. 2000년대 들어 미국의 대규모 민간재단의 활동이 실제로는 CIA의 활동과 밀접히 연관되어 있었다는 사실이 밝혀지면서 그 기금을 받은 미국, 유럽, 아시아 지역 등 세계 각국의 연구자들이 자신도 모른 채 미국의 냉전정책을 수행하는 학술문화 영역의 '하수인agent' 역할을 하도록 만들었다는 비판이 제기되고 있다.[73] 영국의 지성사 학자 피터 버크Peter Burke에

---

71 이 연구소는 공익public interest과 국익national interest을 내세우면서 오늘날에도 국방과 군비 문제를 포함하여 미국의 대외정책 수립에 중요하게 기여하는 연구소의 하나로 남아 있다. MIT의 정치학과는 1965년 국제문제연구소의 정치학자들이 주축이 되어 만든 것이다.

72 독일과 프랑스의 학계에도 제2차 세계대전 이후 미국 재단의 막대한 학술 지원이 이루어졌다. 빌레펠트대학교와 파리사회과학고등연구원의 경우에도 미국으로부터 원조를 받았다. 그러나 유럽의 대학들은 미국의 학술 원조를 받으면서도 그 이전에 축적한 자신들의 학문적 전통이 있었기 때문에 미국 학문의 영향력이 한국의 경우처럼 지배적이지 않았다. 이 책의 1부 2장, 〈영국·독일·프랑스 사회학의 계보학〉 참조.

73 미국 주요 재단의 활동이 미국의 국익 신장을 위한 외교정책과 밀접히 관련되어

따르면 "냉전 기간 중에는 돈이 특히 '지역 연구'들에 집중적으로 흘러들어가면서 정부가, 그중에서도 특별히 미연방중앙정보국CIA이 관심을 가지고 있던 지역들에 대한 학제적 연구를 지원했다. 지역 연구에 들어간 돈의 상당 부분은 민간재단들(주로 카네기, 포드, 록펠러재단)이 내놓았지만, 여기에 정치적 필요들이 작용하고 있었던 것은 분명하다."[74]

냉전체제가 형성되고 미국이 '자유진영'의 종주국이 되자 미국 사회학의 이론과 방법은 미국이 차지하는 정치적 위상에 힘입어 막대한 영향력을 미치면서 전 세계로 확산되었다.[75] 그 물결은 한반도 남쪽에까지 밀려왔다. 이론은 근대화론이고 연구방법은 양적 분석이었다. 정치학, 경제학, 사회학 등 사회과학 분야에서 비서구 지역 연구를 위한 패러다임으로 구성된 근대화론은 비서구의 "각 사회가 처한 현실과 별개로 근대사회로의 도약이 어디서나 가능하다는 점에서 보편성을 추구한 이론"이었다.[76] 그것은 유럽과 미국의 역사적 경험에서 나온 이론이 시

있음을 밝히고 있는 Inderjeet Parmar, *Foundations of the American Century: The Ford, Carnegie, and Rockefeller Foundations in the Rise of American Power*(New York: Columbia University Press, 2012)를 볼 것. 동아시아와 관련해서는 임성모, 〈냉전과 대중사회 담론의 외연: 미국 근대화론의 한/일 이식〉, 한림대학교 일본학연구소 《한림 일본학 연구》 26호, 2015, 239~264쪽을 볼 것.

74 피터 버크, 박광식 옮김, 《지식의 사회사 2—백과전서에서 위키백과까지》, 민음사, 2017, 377쪽.

75 이기홍, 〈양적 방법은 미국 사회학을 어떻게 지배하게 되었나?〉, 10쪽.

76 안종철, 〈1960년대 한국에서의 '근대화론'의 수용과 한국사 인식—고려대와 동국대 학술회의를 중심으로〉, 《인문논총》 74권 2호, 서울대학교 인문학연구원, 2017,

간과 공간을 초월하여 적용 가능한 보편성을 갖는다는 전제 위에 비서
구권 사회로 전파되었다.[77]

1960년대 들어 한국의 사회과학계는 역사적 맥락을 소홀히 취급하
고 사상과 이념에 관한 논의를 배제한 근대화론의 영향을 받으면서 한
국의 역사와 사상에 대한 연구를 경시하고 양적으로 측정 가능한 사회
적 '행태behavior'에 대한 연구를 강조하게 되었다.[78] 황성모가 지적했

43쪽.

77 초창기 미국 사회학자들은 유럽에 이어 미국이 세계의 중심 국가로 부상하는 과정
에서 미국 사회가 다른 나라들이 따라야 할 모델이 되는 사회라는 미국 중심주의
US Centrism의 관점을 공유하고 있었다. 워드, 섬너, 기딩스, 스몰, 로스 등 초창기
미국사회학회ASA 회장들의 저서와 *AJS*의 초창기에 실린 논문들을 분석한 글에서
줄리안 고Julian Go는 유럽 사회학뿐만 아니라 미국 사회학도 제국주의와 식민주의
의 관점을 가지고 있었다는 점을 입증했다. Julian Go, "The Emergence of American
Sociology in the Context of Empire", George Steinmetz ed., *Sociology and Empire:
The Imperial Entanglement of a Discipline*(Durham and London: Duke University Press,
2013), pp. 83~105. 이와 같은 미국 중심주의는 제2차 세계대전 이후에 더욱 강
화되었다. 1961년 에드워드 실스는 아무런 경험적 증거도 제시하지 않은 채 미국
을 중심으로 하는 "서구 사회는 사회구성원들 사이에 서로를 의식하고, 인지하고,
타인의 마음과 의도를 상상력을 통해 공감하면서 동류의식을 느끼는 정도에 있어
서, 세계사의 어느 시기의 사회보다, 현재 지구상의 어떤 지역의 사회보다 더 적절
하게 통합된 사회이다"라고 썼다. Edward Shils, "The Calling of Sociology", Talcott
Parsons et al. ed., *Theories of Society*(New York: Free Press, 1961), p. 1429.

78 계량분석의 경우에는 경제학 분야가 제일 앞섰고 사회학과 정치학이 그 뒤를 따랐
다. 정치학 분야에서 행태주의의 문제점에 대해서는 이택휘, 〈한국 사회과학의 정
체성과 한국정치사상사 연구〉, 《한국 동양정치사상사》 3권 1호, 2004, 7~15쪽을
볼 것.

듯이 한국의 사회과학자들은 미국의 사회과학 이론이 "우리의 역사적, 사회적 맥락에서 어떤 의미를 가지며 어떠한 긍정적, 부정적 측면이 있는가에 대해서 공백으로 남겨"둔 채 미국 학문을 비주체적이고 무비판적인 방식으로 수용하는 경향을 보였다.[79] 1970년대가 되면 사회학만이 아니라 정치학, 경제학, 경영학, 행정학, 언론학, 심리학, 교육학, 사회복지학 등 사회과학의 거의 모든 영역에서 미국의 주류 학문이 한국의 학계를 지배하게 된다.

---

79 황성모, 〈한국 사회과학의 기본과제와 방향〉, 성균관대학교 사회과학연구소 엮음, 《한국 사회과학론: 사회 없는 사회과학들이였던가》, 대왕사, 1983, 294쪽. 2000년대 들어 미국 학계에서는 냉전 시기 미국의 사회과학과 근대화 이론에 대한 비판적 연구가 활성화되었다. Michael Latham, *Modernization as Ideology: American Social Science and 'Nation Building' in the Kennedy Era*(Durham: University of North Carolina Press, 2000); Kimber Charles Pearce, *Rostow, Kennedy, and the Rhetoric of Foreign Aid*(East Lansing: Michigan State University Press, 2001); Nils Gilman, *Mandarins of the Future: Modernization Theory in Cold War America*(Baltimore: The Johns Hopkins University Press, 2003); 박태균, 〈로스토우 제3세계 근대화론과 한국〉, 《역사비평》 66호, 2004, 133~166쪽; David Ekbladh, *The Great American Mission: Modernization and the Construction of an American World Order*(Princeton and Oxford: Princeton University Press, 2010) 등을 참조할 것. 미국 사회학 초창기의 제국주의적 관점과 제2차 세계대전 이후 근대화 이론의 연관성에 대해서는 Julian Go, "The Emergence of American Sociology in the Context of Empire", George Steinmetz ed., *Sociology and Empire: The Imperial Entanglement of a Discipline*(Durham and London: Duke University Press, 2013), p. 103을 볼 것.

2. 경제개발 5개년 계획과 과학주의 사회학의 전파

해방 후 새롭게 시작된 한국 사회학은 자연스럽게 미국 사회학의 강력한 자장 안에서 전개되었다. 미공보처USIS를 비롯한 여러 원조 단체들을 통해 유입된 미국 사회학 서적들과 1955~56년 이만갑과 이해영의 미국 대학 연수프로그램으로 시작된 한국 사회학자들의 미국 유학은 이후 한국 사회학의 주류 형성에 지대한 영향을 미쳤다. 이만갑의 조사 방법론과 이해영의 인구학은 한국 사회학이 "세계를 주도하는 미국 주류 사회학을 전범으로 삼고 (그에) 예속되는" 과정이었다.[80]

자생적 학문의 전통이 없던 상태에서 초창기 사회학자들은 미국 사회학의 수용을 당연하게 생각했다. 그들에게 미국 사회학은 선진사회의 학문이었기에 당연히 따라야 할 전범이었다. 일본 와세다대학에서 역사학과 사회학을 전공한 이상백이나 같은 학교에서 경제사와 사회사상사를 전공한 최문환은 한국전쟁이 끝나자 조사방법과 통계분석 위주의 미국 사회학을 조속하게 도입해야 할 필요성을 강하게 느끼고 있었다. 그러나 본인들은 미국의 주류 사회학을 직접 배우러 가기에는 너무 늦었다고 판단했는지 이만갑과 이해영에게 미국에 가서 '새로운 사회학New Sociology'을 학습할 기회를 제공했다. 1956년 이만갑과 이해영이 1년 동안의 미국 연수를 마치고 귀국했고 1957년에는 이효재가 컬

---

80   이기홍, 〈양적 방법은 미국 사회학을 어떻게 지배하게 되었나?〉, 52쪽.

럼비아대학에서 사회학 석사학위를 받고 귀국했다. 당시 사회학과 4학년 학생이던 강신표는 한국 사회학의 현황에 대해 다음과 같은 글을 남겼다.

> 1955년 10월부터 1년간은 이만갑, 이해영 두 선생님이 직접 미국에 가 연구할 기회를 가지게 됨으로 본격적인 새 사회학의 수입은 착수되었다. 고도로 발전된 조사방법을 직접 구전으로 소개하게 되었을 뿐만 아니라 미국문화의 자기반성을 위하여 세계문화 내지 인류문화를 체계화시킨 문화인류학도 우리의 관심을 모으게 하였으니 극히 최근에 돌아오신 이효재 선생님의 사회심리학 강의까지 합하여 주류를 파악하기 위한 필요조건은 형성된 것이다.[81]

1960년에는 시애틀의 워싱턴대학교에서 런드버그의 지도로 사회학 박사학위를 받은 홍승직과 미국 루이지애나주립대학에서 사회학 박사학위를 받은 노창섭이 귀국하면서 한국 사회학계가 미국 사회학을 수용하는 통로가 확대되었다.[82] 홍승직은 고려대학교 아세아문제연구

---

81 강신표, 〈최근 사회학과 한국〉,《사회학보》1호, 90쪽. 이동진, 〈한국 사회학의 제도화와 배용광〉,《동방학지》168집, 2014, 264쪽에서 재인용.

82 1959년 루이지애나주립대학에서 "A Comparative Study of Korean and Japanese Family Life"라는 제목의 논문으로 사회학 박사학위를 받은 노창섭은 1960년 이화여대 사회학과 교수로 부임했고 1959년 시애틀의 워싱턴대학교에서 미국의 인종갈등 문제에 대한 논문으로 사회학 박사학위를 받고 귀국한 홍승직은 고려대학교 사회학과를 창설했다. 서울대학교 사회학연구실에서 펴낸《사회학보》3집, 1960에

소에서 일하다가 1963년 고려대학교 사회학과를 창설했고 노창섭은 1958년에 고황경이 만든 이화여대 사회학과에 합류했다. 두 사람은 이 상백이 주도한 서울대학교 사회학과 출신이 아니었으나 사회조사방법과 통계분석을 사용하는 연구 활동으로 한국 사회학계의 주류 형성에 기여했다.

1957년에 한국사회학회가 창립했으나 학회지를 내지 못하고 있다가 1964년에 처음 나온 《한국사회학》 창간호는 초창기 미국 사회학이 한국 사회학에 끼친 영향을 잘 보여준다. 본 논문으로 맨 앞에 김경동의 〈태도 척도에 의한 유교가치관의 측정〉이 실려 있고 미국 농촌사회학을 소개하는 김대환의 〈농촌사회학의 근황〉, 조규갑의 〈미국 가족제도의 문제점〉이 실려 있고 '해외 사회학' 난에는 최홍기의 〈미국 사회학에 있어서의 후진국 이론〉이라는 논문이 실렸고 '서평' 난에는 파슨스와 실스의 《일반 행동 이론을 향하여 Toward a General Theory of Action》에 대한 정철수의 서평이 실려 있다.[83]

1961년 5·16군사쿠데타 이후 1963년 선거를 통해 집권한 박정희 정부는 경제개발 5개년계획을 수립하여 '조국 근대화' 작업에 들어갔다. 정부는 개발계획 수립을 위해 자료와 지표가 필요했고, 미국 주류 사회학의 양적 자료 분석을 위주로 하는 가치중립적 과학주의 사회학은 이에 잘 부응했다. 이만갑의 농촌개발을 위한 농촌사회학 연구와 이해영

는 두 사람의 박사학위 논문 요약본이 실려 있다.

83 한국사회학회, 《한국사회학》 창간호, 1964. 미국 사회학을 소개한 최홍기는 미국 하버드 옌칭연구소에서 1년간 연구 과정을 마치고 1965년 귀국했다.

의 산아제한을 위한 인구학 조사 연구는 그런 시대적 요구와 잘 맞아떨어졌다.

미국 연수 후 이만갑이 개인적인 조사 연구에 몰두한 반면 이해영은 인구 및 발전문제연구소(이하 '인발연')를 만들어 조사 연구와 더불어 후학을 양성하는 일에 정성을 기울였다. 인발연을 창설하고 여러 연구 프로젝트를 진행한 이해영은 이상백이 제시한 오리엔테이션에 따라 한국 사회학계에 과학적 사회학을 정초하고 다음 세대 사회학자들을 양성하여 이상백의 구상을 현실화시켰다.[84]

인발연은 1960년대와 1970년대에 서울대학교 사회학과 졸업생들이 미국에 유학하는 데 발판 역할을 했다. 인발연 조교 출신 가운데 우수한 사람들이 미국에 유학하여 인구학, 사회조사, 통계분석을 전공하고 귀국하여 점차 한국 사회학계의 주류를 형성하게 된다.[85] 냉전 시기 미

---

84 김인수, 《서울대학교 사회발전연구소 50년사, 1965~2015》, 한울아카데미, 2015; 김인수, 〈농석 이해영의 사회학: '한국조사사'의 측면에서〉, 《한국사회학》 50집 4호, 2016, 27~65쪽 참조.

85 미국 엘리트대학 사회학과에서 박사 과정을 이수하는 한국 학생들은 장학금을 받기 위해 연구소 조교 등의 역할을 수행한다. 그 과정에서 언어 표현 능력이 떨어지기 때문에 양적 자료를 다루는 공부를 하게 되고 교수들도 양적 자료를 활용한 통계분석으로 학위 논문을 쓸 것을 권장한다. 유학 갈 당시 자기가 원했던 주제로 논문을 쓰는 것은 도박에 가까웠다. 조돈문은 1980년대 후반과 1990년대 초 "계량적 분석, 인구학과 계층론 등 주류 사회학 영역의 강세로 랭킹 1위의 학과로 평가되고" 있던 위스콘신대학 사회학과에서 박사 과정을 이수하는 과정에서 "두 번째 학기를 맞으면서 고민했다. 인구학 전공 권유를 받아들여 학비 걱정 없이 유학을 마칠 거냐, 아니면 2년차 장학금을 못 받고 귀국하더라도 계급론과 마르크스주의 공

국의 대외 학술정책이라는 큰 틀 안에 위치한 초창기 한국 사회학의 역사는 이해영과 이만갑이 주도한 사회 조사와 통계분석 위주의 사회학이 주류 사회학으로 형성되는 과정이었다. 1970년대 말까지 주류 사회학의 지배에 대항하거나 경쟁할 대안적인 사회학은 존재하긴 했으나 힘이 매우 미약했다.[86] 그럼에도 불구하고 미국 주류 사회학의 수용에 대한 비판적인 의식이 서서히 싹트기 시작했다.

1950년대 중반 이후 한국의 사회학자들은 조사 연구Survey Research 중심의 미국 사회학을 모방하면서 한국 사회의 가족·농촌·도시·인구 문제 등을 연구했다. 1957년에 귀국하여 처음에는 주류 사회학의 흐름에 속해 있었으나 점차 거리를 두기 시작한 이효재는 1968년 한국 사회학자들의 미국 사회학 수용을 다음과 같이 평가했다.

연구의 문제 설정이 주로 미국 사회조사에서 나타난 것을 본떠서 다소간의 수정을 가한 정도로서 이식되어지는 경우가 많다. 이러한 모방 단계가 발전 초기에 있어서는 불가피하며 필요한 것이기도 하지만 그러나 그 영향을 너무나 평이하게 용납하여 적용시킨 결과로서 한국 사회현실을 진지하게 파헤쳐 보는 결과를 가져오지 못하고 마는 것이다.[87]

부를 고집할 것인가. 나는 후자의 도박을 선택했다." 조돈문, 〈계급론자, 연구자·활동가로 살아가기〉, 《경제와 사회》 123호, 2019, 452~453쪽.

86 이기홍, 〈양적 방법은 미국 사회학을 어떻게 지배하게 되었나?〉, 52쪽.

87 이효재, 〈체계 없는 '상식'의 단계 너머: 사회학, 한국 사회과학의 시련〉, 《정경연구》 45호, 1968, 142쪽.

이효재는 상황의 "원인을 미국 사회학의 영향에만 돌릴 수 없는 것"이라면서 한국 사회학자들이 "한국 사회를 연구하는 자세가 단순하고 미숙함으로써 연구에 대한 신중성이 결여되어 있기 때문"이라고 지적했다.[88] 그는 당시 한국 사회의 현실은 불균등한 사회변동에 따른 "도시와 농촌의 이중성 및 계층 간의 격심한 차이, 국내외적 관계에 제약을 받는 정치적 복잡성, 그리고 문화적 전통성과 현대적 영향의 엇갈림 등이 개인들의 의식과 행위들을 비일관적으로 자극하고 좌우하기 때문에" 단순한 설문조사를 활용하는 "평면적 방법으로서의 연구만으로는 심층의 진상을 파헤칠 수 없으며 문제를 파악할 수 없다"고 보았다.[89]

이만갑의 농촌사회 연구를 비롯하여 이해영의 인구와 가족 관련 조사 연구는 아시아재단, 유네스코, 미국인구협회Population Council, 유엔 인구활동기금 등 외국 기관의 연구비를 받아 이루어졌다. 그 과정에서 조사의 목적과 취지, 조사에서 사용되는 개념과 범주, 구체적인 조사 항목 등의 결정에 원조 기관의 직간접적인 간섭과 지도를 피할 수 없었다. 그것은 연구방법을 훈련하는 과정이자 미국 사회학에 동화되는 과정이기도 했다. 특히 산아제한과 출산력 연구에 초점을 맞춘 인구학은 미국 사회학을 제3세계 나라들로 전파하는 데 가장 중요한 전달체의

---

88 이효재, 〈체계 없는 '상식'의 단계 너머: 사회학, 한국 사회과학의 시련〉, 142쪽.

89 이효재는 미국식 조사 연구와 더불어 한국 사회에 대한 역사적 접근과 인류학적 접근이 필요하다고 보았다. 이효재, 〈체계 없는 '상식'의 단계 너머: 사회학, 한국 사회과학의 시련〉, 142쪽.

하나였다.[90]

제2차 세계대전 이후 1950년대와 60년대에는 한국 사회학뿐만 아니라 프랑스, 영국, 서독 등 서유럽 국가의 사회학도 미국 정부와 재단들의 학술 원조를 받으면서 성장했다. 거기에는 앞서 말했듯이 냉전 시대 미국 정부의 외교정책이 작용하고 있었다. 미국의 외국 원조 기관의 영향력은 연구비 지원 신청을 위한 연구계획서 작성 과정에서 시작하여 연구를 마감하는 연구보고서 제출에 이르기까지 지속적으로 작용했다. 이에 대해 서울대 인발연 50년의 역사를 포괄적으로 정리한 김인수는 다음과 같은 문제를 제기했다.

이런 측면에서 보았을 때 이해영 교수의 작업을 비롯하여, 1960~1970년대 이루어진 사회조사의 다수가 외원기관으로부터 재정을 지원받아 수행되었다는 것이 지식 생산에서 갖는 정치적 의미를 물을 필요가 있어 보인다. 다시 말해 국제관계의 비대칭성이 학술 연구의 장에 반영되었을 때 '연구 질문research question'의 편향성, 종속성, 나아가 인식폭력

---

90 Michael D. Kennedy and Miguel A. Centeno, "Internationalism and Global Transformation in American Sociology", Craig Calhoun ed., *Sociology in America: A History*, p. 680. 포드재단과 록펠러재단의 후원으로 제3세계 인구 증가를 감소시키기 위한 인구학 연구를 통해 미국 사회학 내에 인구학이 중요한 자리를 차지하게 되는 과정에 대해서는 Dennis Hodson, "Demography: 20th Century History of the Discipline", *International Encyclopedia of the Social and Behavioral Sciences*(Amsterdam: Pergamm, 2001)를 볼 것.

epistemological violence의 문제를 깊이 숙고할 필요가 있을 것이다.[91]

3. 한국 사회학자들의 미국 주류 사회학 비판

해방 이후 한국 사회학은 근대화 이론과 과학적 사회학을 적극적으로 수용했다. 1960년대 후반 동백림 사건과 민족주의비교연구회 사건을 정점으로 하는 박정희 정권의 지식인 탄압에 이어 삼선개헌이 이루어지고 1972년 유신체제가 수립되었다. 1960년대 이후 분단체제하에서 산업화와 도시화가 빠르게 진행되면서 노동자와 도시빈민이 증가하고 억압적 정치체제가 지속되었다. 이런 상황에서 지식인과 학생, 종교인과 노동자들의 민주화운동이 일어나고 그런 변화에 힘입어 비판사회학이 등장하게 된다. 한국의 비판사회학은 어떻게 보면 이상백이 구상하고 이만갑과 이해영 등이 미국에서 수입하여 한국 사회에 적용한 주류 사회학에 대한 문제 제기에서 시작되었다고 할 수 있다.[92] 1970년대 후

---

91 김인수, 〈농석 이해영의 사회학: '한국조사사'의 측면에서〉, 《한국사회학》 50집 4호, 2016, 54쪽.

92 식민지 시대에 한국 문학사를 연구한 임화가 조선 신문학이 내적 발전에 의해 전통 문학을 비판적으로 계승하면서 신문학을 건설한 것이 아니라 서구 및 일본의 근대 문학을 이식하여 성립되었다고 보면서 그 극복 방안을 모색했듯이 1970년대 후반 이후 1980년대에 일어난 한국 비판사회학의 형성도 미국 사회학의 이식에서 벗어나는 주체적인 사회학의 모색이라고 볼 수 있을 것이다.

반 비판사회학의 물꼬를 튼 한완상은 자신이 학창시절에 배운 미국 주류 사회학을 다음과 같이 비판적으로 회고했다.

사회학은 사회에 관한 학문이다. 남의 사회도 연구해서 그 구조와 변화를 파악해 둘 필요가 있지만 자기가 숨 쉬고 살고 있는 자기 사회의 구조와 변동을 보다 더 깊고 넓게 파악해야 할 것이다. 6·25사변 이후 조국의 분단은 더 여물어지면서 안으로 정치적 부조리, 경제적 불안정, 공동체의 약화, 가치관의 혼란, 대외의존도의 증가, 권위주의 풍토의 만연 등이 우리의 사회를 시들게 하고 있었는데도 우리들로 하여금 이러한 '우리의 현상'에 대해서는 눈을 감게 하는 사회학 책을 주로 읽었던 것이다. …… 심각한 문제가 있어도 문제없는 것처럼, 불안해도 안정되어 있는 것처럼, 전쟁을 겪었어도 아무 일이 일어나지 않았던 것처럼, 사회가심각하게 병들었어도 건강한 것처럼 생각하도록 은근히 유도해 준 그러한 보수적 사회학을 얼마간 터득한 셈이다.[93]

한완상에 이어 김진균은 1960년대 이후 한국의 사회과학계가 수용한 근대화론에 대해 다음과 같은 비판적 평가를 남겼다.

우리 한국에 있어서 1960~1970년대에 학계뿐만 아니라 정책의 측면에있어서도 활발하게 논의되거나 그 이름 밑에 추진되었던 근대화론은 사

---

93 한완상, 《민중과 사회: 민중사회학을 위한 서설》, 종로서적, 1981, 2쪽.

실 미국의 기능주의 이론에 근거한 신진화론이었다. 신진화론 자체가 이미 역사적 대상물이 없는 순수한 추상적 개념으로 구성되어 무시간적 체계를 제시하고 있으며 분명한 인과적 분석을 제공하고 있지 못하다는 비판을 받고 있을 뿐만 아니라, 근대화론에서 제시되는 개념들이 대체로 애매하다고 비판받고 있다. 사실 이렇게 애매한 근대화론은 문화결정론이며 서구문화지상주의적이다. 기능주의에 입각한 신진화론으로서의 근대화론은, 합리적 가치의 성숙성과 그 성숙의 척도가 서구적 경험에 의거할진대, 후진국의 입장에서 보면 후진국 사회의 발전론이라기보다는 서구의 산업자본주의가 세계적 체계로 발전해 가는 데 필요로 하는 이론에 불과하다는 것이다.[94]

1972년 유신체제가 수립되고 점점 더 억압적인 상황이 지속되자 지식인운동, 학생운동, 노동운동이 일어나기 시작했다. 이런 분위기에서 이효재, 한완상, 김진균 등은 체제 순응적 주류 사회학을 비판하고 분단체제, 독재체제, 자본주의 체제의 문제점을 지적하고 정치적·사회적·민족적 모순을 극복하기 위한 비판사회학의 문을 열었다. 그들은 모두 미국 사회학을 공부하는 것으로 사회학이라는 학문 세계에 입문했지만 분단·독재·산업화의 모순이 드러나는 1970년대와 1980년대 한국 사회의 현실 속에서 '지적 개종intellectual conversion'을 체험하고 비판사회학의 길로 들어선 사람들이다. 이들이 주도한 한국 비판사회학

---

94 김진균, 〈발전과 내생적 변동이론의 필요성〉(1979), 《비판과 변동의 사회학》, 한울, 1983, 126쪽.

의 역사는 《한국 사회학의 지성사》 3권에서 자세히 다루게 될 것이다.

4. 한국에서 미국 사회학의 재생산 기제

미국 사회학의 수용은 나라마다 다른 양상을 보였다. 패전국인 서독과 일본이 전후 처리 과정에서 미국의 영향력을 크게 받았지만 프랑스는 승전국의 일원으로서 독자성을 보유하고 있었기 때문에 미국의 영향력이 상대적으로 약했다. 냉전체제가 수립되면서 서독과 남한에서는 공산주의자들이 활동할 수 없었던 반면 프랑스공산당은 항독운동에 적극적으로 참여했기 때문에 해방 이후에도 상당한 정치적·이데올로기적 영향력을 행사했다.

　각 나라마다 전쟁 이전에 축적한 지적 전통도 미국 사회학의 수용 양상을 다르게 만들었다. 영국, 독일, 프랑스는 자생적이고 주체적인 학문적 전통을 가지고 있었다. 영국은 페이비어니즘을 비롯한 개혁주의 전통과 런던경제학교LSE라는 제도적 틀이 있었고, 프랑스는 뒤르켐학파, 독일의 경우는 베버와 짐멜 등의 지적 자원이 있었다.[95] 영국, 프랑스, 독일 등 서유럽 나라들의 경우 자국의 학문적 전통이 있었기 때문

95　영·독·불 유럽 사회학의 역사에 대해서는 이 책의 1부 2장을 볼 것. 그것은 2018년 12월 한국사회학대회에서 발표한 나의 글 〈2차 대전 이후 영독불 사회학의 발전 과정〉을 수정·보완한 것이다.

에 미국 사회학의 영향력을 상대화하고 주체적인 사회학을 발전시킬 수 있었다. 그러나 식민지 체제를 겪으면서 자생적인 지적 전통과 단절된 채 일본을 통해 간접적으로 서구 학문을 수입한 한국의 경우 미국 사회학의 영향력이 절대적이었다.[96]

자국의 자생적 지적 전통이 약하더라도 자기 사회의 문제를 주체적으로 해결하려는 의지를 가진 주체적이고 독립적인 학자들이 있는 경우에는 미국 사회학의 영향력이 상대화될 수 있다. 라틴아메리카·인도·남아공 사회학의 경우가 그렇다.

예를 들어 1959년 콜롬비아국립대학 사회학과를 창설한 올란도 팔스 보르다Orlando Fals Borda(1925~2008)는 미국 플로리다대학 사회학과에서 박사학위를 받았지만 귀국 후 자기 사회의 문제를 연구하면서 '참여행동 연구participatory action research'라고 불리는 고유한 연구방법을 개발했다. 그는 이 연구방법을 사용하여 저항적인 민중문화에 대한 자료를 수집하면서 민중들의 사회의식을 고양시켰다. 주변부와 경계선

---

96 일본 사회학은 한국 사회학과 마찬가지로 제2차 세계대전 이후 미국 사회학의 영향을 크게 받았으나 한국과 달리 자기 나름의 몇 가지 특성을 보였다. 첫째, 가족사회학이 중시되고 이 분야의 대가가 여러 명 나왔다. 둘째, '사회의식론'이라는 독특한 분야를 발전시켰다. 셋째, 인간, 퍼스낼리티, 생활 등의 주제를 일찍부터 중요하게 다루었다. 넷째, 마르크스, 베버, 뒤르켐 가운데 베버의 위상이 높고 베버를 반反마르크스주의자로 보지 않고 진보적으로 해석한다는 점이다. 한영혜, 〈역자 후기〉, 이시다 다케시石田雄, 한영혜 옮김, 《일본의 사회과학》, 소화, 2003, 332쪽. 패전 이후 일본 사회과학의 소생에 대해서는 이시다 다케시, 《일본의 사회과학》, 221~254쪽 참조.

의 시각을 강조한 그는 '적극적 전복positive subversion'이라는 개념을 만들어서 사회현실을 변화시키고 민중들의 정치적 영향력을 증진시키는 실천적 사회학 전통을 만들었다.[97]

일찍이 혁명을 겪은 멕시코의 사회학자들도 미국 사회학의 영향을 받으면서도 현실에 개입하여 변화를 유도하기 위한 자생적 사회학 연구의 전통을 수립했는데 이들의 인식론적 기반은 미국 사회학의 인식론과 크게 달랐다.[98]

한국 사회학의 미국화는 미국 엘리트대학 사회학과 유학을 통해 이루어졌다.[99] 한국의 최상위권 대학인 서울대학교, 연세대학교, 고려대학교, 서강대학교, 이화여자대학교 사회학과의 교수진에는 하버드대학, 시카고대학, 컬럼비아대학, 위스콘신대학 등 미국의 엘리트대학 사회학과에서 박사학위를 받은 사람들이 주류를 이루고 있다. 2019년 현재 SKY대학이라고 불리는 서울대학교, 고려대학교, 연세대학교 세 학교 사회학과의 전임 교수들이 박사학위를 취득한 대학을 살펴보면 다음과 같다.

---

97 Gonzalo Catano and Gabriel Restrepo, "The Development of Sociology", Nikolai Genove ed., *National Traditions in Sociology*(London: Sage, 1989), p. 63.

98 Daniel Little, "Styles of epistemology in World Sociology", from Understanding Society-Innovative Thinking about Global Society, Website 참조.

99 윤상철, 〈미국 사회학의 지적·인적 지배와 한국 사회학의 지체〉, 한국학술단체협의회 엮음,《우리 학문 속의 미국: 미국적 학문 패러다임 이식에 대한 비판적 성찰》, 한울, 2003, 184~206쪽.

서울대학교 사회학과의 경우 교수 15명 가운데 해외 박사가 10명인데 그 가운데 미국 박사가 8명이고, 독일 베를린자유대 박사 1명, 프랑스 사회과학고등연구원EHESS 박사 1명이다. 국내 박사 5명은 모두 서울대 박사이다. 미국 박사 가운데 하버드대 박사 2명, 시카고대 박사 2명, 브라운대 박사 2명, 컬럼비아대 박사 1명, 코넬대 박사 1명이다. 고려대학교 사회학과의 경우 총 12명의 교수 가운데 해외 박사가 10명이고 그 가운데 미국 박사가 9명이다. 시카고대 박사 2명, 텍사스대(오스틴) 2명, 하버드, 컬럼비아, 위스콘신, 코넬, 아이오와 대학 박사 각 1명씩이다. 그리고 독일 빌레펠트대 박사, 고려대 박사, 서울대 박사가 각 1명이다. 연세대학교 사회학과의 경우 총 14명의 교수 가운데 미국 박사가 12명인데 그 가운데 시카고대 박사가 5명, 코넬대 2명, 예일대, 스탠퍼드대, 버클리대, 노스캐롤라이나대, 일리노이대 각 1명이고 독일 빌레펠트대 박사 1명, 연세대 박사 1명이다. SKY대학 사회학과 교수 총 41명 가운데 29명, 비율로 보면 70퍼센트가 미국 박사이다. 그 가운데 시카고대 박사가 9명으로 가장 많고, 하버드대 박사 3명, 코넬대 박사가 3명, 컬럼비아대 박사 2명, 브라운대 박사가 2명, 텍사스대 박사 2명 등이다. 독일과 프랑스를 합쳐 유럽 대학 박사는 4명이고 국내 박사는 총 8명으로 서울대 박사 6명, 고려대 박사 1명, 연세대 박사 1명이다.

세 학교를 비교하면 연세대학교가 미국 박사 비율이 85퍼센트로 가장 높고 특히 시카고대학 박사 비율이 지나치게 높다. 고려대학교 교수진의 미국 박사 비율은 75퍼센트이고 서울대학교는 53퍼센트이다. 서울대학교 사회학과의 경우 국내 박사의 비율은 33퍼센트인데 모두 서울대 박사이다. 연세대학교의 국내 박사 한 명은 연세대 박사이고 고려대학교는 고려대 박사 한 명과 서울대 박사 한 명이다.

SKY대학 사회학과 교수진의 박사학위 취득 대학을 기준으로 보면 한국 사회학은 미국 엘리트대학에서 박사학위를 받은 학자들이 주류를 이루고 있다. 서울대학교 사회학과의 경우에만 국내에서 박사학위를 받은 사람들이 세 명에 한 명꼴로 교수진을 구성하고 있다. 최근 서울대 교수로 서울대 박사학위를 받은 사람이 임용된 것을 보면 서울대의 경우 국내 박사의 비율을 일정 정도로 유지할 가능성도 보인다. 그러나 연세대학교의 경우 최근 임용된 교수들은 미국에서 박사학위 취득 후 몇 년 정도 미국 대학에서 교수 경력을 이수하면서 미국의 주요 사회학 학술지에 여러 편의 논문을 게재한 사람들이다. 서강대학교, 고려대학교 등의 경우도 그렇다.

이런 추세로 간다면 미국 엘리트대학 사회학과에서 박사학위를 받고 미국에서 교수 생활을 하면서 미국 사회학의 주류에 깊숙이 편입된 사람들이 한국 SKY대학의 사회학과 교수로 임용되어 미국 사회학의 학문적 특성과 학술 규범을 재생산할 가능성은 더욱 높아질 것이다.

앞에서 살펴보았듯이 미국 사회학의 주류 패러다임의 형성에는 엘리트대학 가운데서도 컬럼비아대학, 시카고대학, 위스콘신대학, 미시간대학, 하버드대학 등의 사회학과가 결정적인 역할을 담당했다. 반면 미국 사회학계에서 비판사회학이나 질적 방법론 등 비주류 사회학은 비

엘리트대학 사회학과에서 강세를 보였다.[100]

한국 유학생들이 미국 엘리트대학을 선호하는 이유는 귀국 후 한국에서 교수 임용이나 사회적 명성의 확보에 엘리트대학 박사학위가 유용하기 때문이다. 미국에서 비판적인 사회학자들은 오히려 비엘리트대학에서 연구하고 가르치는 경우가 많지만 한국 유학생들은 그런 대학을 지원하지 않는다.[101] 미국의 엘리트대학 사회학과에도 비주류 성향의 사회학자들이 존재하긴 하지만 가치중립적이면서 양적 방법을 사용하는 학자들이 주류를 형성하고 있다.[102] 미국 엘리트대학에서 박사학위를 받은 한국 사회학자들은 대부분 미국 주류 사회학의 이론, 방법론, 학술 규범을 자연스럽게 내면화한다.[103] 이들은 한국 사회학계의 교

---

100 Jonathan Turner, "Sociology in the United States: its Growth and Contemporary Profile", Nikolai Genove ed., *National Traditions in Sociology*(London: Sage, 1989), p. 220~228. Anthony J. Blaisi ed., *Diverse Histories of American Sociology*(Leiden: Brill, 2005) 참조.

101 1918년 뉴욕에 설립된 '사회과학뉴스쿨New School for Social Research'이 그 보기이다. 컬럼비아대학에서 해직된 찰스 비어드Charles Beard와 스탠포드대학에서 해임된 소스타인 베블런Thorstein Veblen 등이 이 학교의 설립을 주도하면서 사회민주주의적 지향성과 연계된 사회과학 연구가 이루어졌다. 대규모 재단은 이들에게 연구비를 지원하지 않았지만 준재벌급 기업의 후계자들 가운데 개혁적 입장을 가진 자녀들, 특히 딸들이 이 학교의 운영을 지원했다. 도로시 로스, 《미국 사회과학의 기원 2》, 254~255쪽.

102 Jonathan Turner, "Sociology in the United States: its Growth and Contemporary Profile", p. 228.

103 "한국 대학과 학계의 인프라적·조직적·문화적·심리적 조건들은 탁월한 연구를 위한 학문적 토대에 장애가 된다. 미국 유학파 교수들은 한국과 미국 사이에 '양

수 임용, 연구 규범, 커리큘럼, 연구 평가 등에서 지배적인 방향을 설정하고 여타 대학의 사회학과가 따라야 할 방향을 암암리에 제시한다.

그러나 미국 엘리트대학에서 사회학을 공부했다고 평생 미국 사회학의 영향하에 있을 필요는 없다. 귀국하여 한국의 사회학자로 살아가면서 자기 나름대로 주체적인 학문을 창조할 수 있다. 미국 사회학은 미국이라는 특수한 나라의 역사적 배경 속에서 형성된 것이다. 미국 사회학의 역사 연구를 통해 '미국 사회학을 지방화Provincializing American Sociology'하고 우리다운 사회학의 길을 추구해야 한다.[104]

<hr />

다리'를 걸쳐야만 하는 학문적 트랜스내셔널 상황으로 인해 집중력을 상실한다. 따라서 이들에게 적합한 생존 전략은 탁월한 연구업적을 내는 것이 아니라 미국에서 생산된 탁월한 지식을 한국적 맥락에서 재가공하여 로컬 지식인들에게 판매하는 미들맨의 역할을 담당하는 것이다. 이들은 학문적 탁월함과 생존 사이에서 끊임없이 왔다 갔다 하는 시계추 같은 운명을 받아들여야만 한다." 김종영, 《지배받는 지배자—미국 유학과 한국 엘리트의 탄생》, 돌베개, 2015, 198~199쪽.

104 뷰러웨이는 미국 사회학과 다른 나라 사회학 전통 사이의 대등한 입장에서의 대화를 주장한다. Michael Burawoy, "For Public Sociology", *American Sociological Review* Vol. 70, No.1, 2005, p. 20. 그러기 위해서는 우리 나름의 주체적 학문적 전통이 필요하다.

4.

한국 사회학
100년의 통사

1. 한국 사회학사를 위한 시대 구분

모든 역사 서술은 시대 구분을 요구한다. 시간의 흐름에 따라 성격의 변화가 일어나는 지점들을 분기점으로 설정하고 시기를 구별하여 서술하는 방식이 일반적이다. 한국 사회학의 역사를 쓰기 위해서도 시대 구분이 필요하다. 흔히 구한말에서 1945년까지를 '근대'라 부르고 1945년 해방 이후 오늘날까지 이어지는 시기를 '현대'라 칭한다. 해방은 한국 사회학의 역사 서술에서도 자연스런 분기점이 된다.[105] 식민지 근대화가 이루어지던 일제강점기, 특히 3·1운동 이후 1920년대부터 해방 이전까지 일본, 독일, 프랑스, 미국 등에 유학하여 사회학을 공부한 사

---

105   한국 사회학의 역사 연구의 물꼬를 튼 최재석도 그런 시대 구분을 따랐다. 최재석,
〈사회학 관련 문헌목록, 1945~1964〉, 《한국사회학》, 제1집, 1964, 115~126쪽.

람들이 있었다. 그러나 그들의 학문적 노력은 전사前史로서의 의미만 갖는다. 한국에서 사회학은 1946년 서울대학교 문리대에 사회학과가 만들어지면서 본격적으로 시작되었다. 그렇다면 사회학이 대학 안에 제도화되어 오늘에 이르는 '현대' 한국 사회학의 역사를 어떻게 시대 구분할 것인가?

첫째, 사회학의 역사는 한국 현대사의 역사와 밀접한 관련을 갖는다. 따라서 한국 현대사의 전개라는 시대적 맥락에 따라 한국 사회학의 역사를 다음과 같이 구별하여 서술할 수 있을 것이다.

1) 1906년 이인직의 사회학 소개에서 1945년 해방까지
2) 1945년 해방 이후 냉전이 고착되면서 대학 안에 사회학이 제도화되는 시기
3) 1960년대와 1970년대 산업화가 본격화되는 시기
4) 1980년대 광주항쟁 이후 민주화운동이 강화되는 시기
5) 1987년 민주화 이후 1998년 금융위기까지 전환기
6) 2000년대 이후 세계화와 정보화가 심화되는 신자유주의 시대

둘째, 학문은 학문 외부의 변화에 영향을 받으면서 변화를 경험한다. 사회학이라는 학문은 특히 그런 상황 변화에 민감하다. 한국의 사회학자들도 정치 상황의 변동 등 학문 외부의 영향을 받으면서 사회학이라는 학문을 계속해왔다. 그러나 학문 활동은 학문 외부의 시대적 변동에 대응하면서 학문 내적으로 자기 자신을 정립하는 과정이다. 시대 상황

을 고려하면서 학계 내부의 관점에서 보면 다음과 같은 시대 구분이 가능하다.

1) 1946~1956년: 해방 이후 일본 유학파가 주도한 시기
2) 1956~1979년: 미국 사회학을 수입하여 조사방법론이 강조되고, 통계분석을 주로 하는 '과학'으로서의 사회학이 주류가 되는 시기
3) 1980~1992년: 광주민주화운동 이후 주류 사회학에 대한 대안으로 비판사회학과 역사사회학이 형성되는 시기
4) 1993~현재: 문민정부 수립 이후 세계화와 더불어 주류 사회학의 건재 속에 비판사회학과 역사사회학을 포함하는 다양한 비주류 사회학이 공존하는 시기

세 번째 시대 구분은 대학 내에 사회학과가 설립된 시기에 따른 구분이다. 하나의 학문이 성립하려면 일단 학자들이 지속적으로 학문에 종사할 수 있어야 하고 그러기 위해서는 대학 안에 사회학과가 만들어져야 한다. 대학이라는 제도 안에서 연구와 교육을 통해 학문 활동이 한 세대에서 다음 세대로 전달된다. 한국의 대학 안에 사회학과가 형성되는 시기를 기준으로 다음과 같은 시대 구분이 가능하다.

1) 1945~1970년대 전반기(발생기): 1946년 서울대학교, 1954년 경북대학교, 1958년 이화여대, 1961년 서울여자대학교, 1963년 고려대학

교, 1972년 연세대학교에 사회학과가 설립되었다.[106]

2) 1970년대 후반기~1990년대(확장기): 1975년 충남대학교, 1976년 부산대학교, 성균관대학교, 전남대학교, 전북대학교, 1978년 제주대학교, 대구대학교, 1979년 동국대학교, 1980년 영남대학교, 성심여대(1995년 가톨릭대학교로 교명이 바뀜), 1981년 강원대학교, 계명대학교, 서강대학교, 충북대학교, 한양대학교, 고려대학교 서창캠퍼스, 동아대학교, 청주대학교, 1982년 경남대학교, 경상대학교, 1983년 덕성여자대학교, 한양대학교 안산캠퍼스, 1988년 경희대학교, 한림대학교, 1989년 국민대학교, 아주대학교, 1994년 울산대학교, 성공회대학교(종교사회학과), 1995년 창원대학교, 1996년 배재대학교, 한신대학교, 1997년 서울시립대학교(도시사회학과), 1998년 숭실대학교(정보사회학과), 중앙대학교 등에 각각 사회학과가 개설되었다.[107]

---

106 서울여자대학교 사회학과는 1968년 사회복지학과로 바뀌었다. 1961년 숭실대학교에 생긴 농촌사회학과는 1965년에 폐과되었다가 1998년에 정보사회학과로 신설되었다. 임희섭, 〈총론〉, 대한민국학술원, 《한국의 학술연구: 정치학·사회학》, 대학민국학술원, 2008, 409쪽. 국민대학교의 경우에도 1968년에 법정대에 사회학과가 신설되었으나 1년 만에 폐과되었다가 1989년에 다시 만들어졌다. 배규한, 〈국민대 사회학과 20년 전사前史〉, 배규한 교수 정년기념문집 간행위원회 엮음, 《캠퍼스에서 본 한국사회》, 도서출판 띠앗, 2016, 201쪽.

107 1970년대에는 사회학과 신설 허가가 잘 나오지 않았지만 1980년 광주항쟁 이후 정부가 발표한 7·30 교육 방안은 졸업정원제를 내세워 대학의 입학 정원을 늘렸고 이에 따라 학과 증설이 가능해지면서 여러 대학에 사회학과가 신설되었다. 1980년대에는 지역사회개발학과에서 '지역' 떼고 '개발' 떼고 사회학과가 되거나 민주화 이후 국민윤리학과가 사회학과로 전환하기도 했다. 1990년대에는 정

3) 2000년대 이후~현재(정체기 또는 쇠퇴기): 새로 생기는 사회학과는 없고 정년퇴임한 교수가 있어도 더 이상 교수를 충원하지 않는 학교가 많아졌으며 청주대에서는 사회학과가 폐과되는 상황까지 벌어졌다. 전체적으로 볼 때 1960년대까지 사회학과는 불과 4개 대학에 설치되어 있었다. 그러나 1970년대에 서서히 늘어나기 시작하여 1980년대와 1990년대에 비약적으로 증가했다. 그러나 2000년대에 들어서 더이상 학과 신설이 이루어지지 않고 다소 쇠퇴하는 불안정한 상태에 있다.[108]

한국 사회학의 역사를 제대로 서술하기 위해서는 한국사회학회를 비롯한 학회의 역사와 더불어 각 대학 사회학과의 역사가 바탕이 되어야한다. 1970년대와 80년대를 거쳐 90년대 말에 이르기까지 30여 개 대학에 사회학과가 설치되었다. 특히 서울대학교, 경북대학교, 고려대학교, 이화여자대학교, 연세대학교 사회학과의 역사는 설립연도가 빨라서 1980년대 이후 신설되는 다른 대학 사회학과의 교수진을 배출했다는 점에서 한국 사회학사 연구에 중요하다.

1980년대 이후 설립된 여러 대학의 사회학과가 누구에 의해 어떻게

보사회학과, 도시사회학과 등의 경우처럼 사회학 앞에 특정 형용사가 다시 붙기도 했다.

108 사회학은 국립대학에서 제도화되기 시작했다. 1946년 서울대학교에 이어 1954년 경북대학교에 사회학과가 설치된 이후 전남대학교, 전북대학교, 충남대학교, 충북대학교, 강원대학교, 부산대학교, 경상대학교, 제주대학교에 사회학과가 차례로 설립되었다. 국립대학의 비율은 전체의 30퍼센트 정도다.

만들어졌으며 초창기 교수들이 어떤 학과를 만들려고 기획했으며 어떤 사람을 교수로 뽑아 그 기획을 실현했는가를 살펴볼 필요가 있다. 사회학과 창설을 주도한 학자가 대학 정원이 늘어나면서 별생각 없이 사회학과를 만들어 교수 충원 과정에 영향력을 행사하며 과의 어른 노릇을 하는 것으로 만족한 경우도 있고 한국 사회를 사회학적으로 분석하여 한국 사회학을 발전시키고 한국 사회의 변화에 기여하기 위해 사회학과를 창설한 경우도 있을 것이다. 성공회대학교 사회학과처럼 특정 지향성을 가지고 출발한 경우도 있지만, 그렇지 않은 경우도 많다. 그나마 나름의 특색을 갖고 출발한 경우라고 할지라도 중도에 변화를 맞이하기도 한다. 이런 변화 과정에 대한 분석도 사회학사 연구의 주제가 될 수 있을 것이다.[109]

한국 사회학사 연구를 위한 시대 구분의 네 번째 기준으로 한국 사회학의 제도화가 이루어지는 과정을 들 수 있다. 하나의 학문이 성립하기 위해서는 일단 대학 안에 학과가 만들어져야 하지만 그와 더불어 같은 분과학문에 속하는 사람들이 공동의 학문적 활동을 하기 위해 학회가

---

109 학과의 성격은 많은 경우 학과 내 교수들 사이의 관계에 따라 달라진다. "학과가 번창하기 위해서는 학과 분위기가 좋아야 하고, 그러기 위해서는 교수 임용이 투명하게 이루어져야 한다. 그 기준이 지켜지지 않을 경우 학과 내에는 반목이 생길 수밖에 없으며" 그런 상황은 학문의 발전에 저해되고 "학생들에게도 나쁜 영향을 주게 된다." 이는 국민대 배규한 교수의 생각을 채오병 교수가 정리한 것이다. 채오병, 〈교수님과의 짧지만 긴 시간〉, 배규한 교수 정년기념문집 간행위원회 엮음, 《캠퍼스에서 본 한국사회》, 229쪽.

구성되고 학회지가 발행되어야 한다. 학회와 학회지를 통해 개별 대학의 사회학과라는 울타리를 넘어 사회학을 연구하는 사람들이 모여 '학계'라는 학문공동체를 형성한다.[110] 그런 제도화의 관점에서 봤을 때 다음과 같은 시대 구분이 가능하다.

1) 1945~1956년: 대학 내 제도화 시기
2) 1957~1979년: 학회 구성과 학회지 발간
3) 1980~1988년: 대안 학회 등장과 대안 학술지 발간
4) 1989년 이후~현재: 분과학회의 설립과 여러 학회의 공존

전체적으로 보면 1946년 서울대학교 사회학과 설립 이후 10년이 지난 1957년에 비로소 한국사회학회가 창립되었고 1964년에 가서야《한국사회학》이라는 학회지가 창간되었다. 1980년 이후에는 여러 대안 학회 또는 분과학회들이 만들어졌다. 1980년 한국사회사연구회가 결성되었고 1986년 학회지《한국사회사연구회논문집》이 창간되었다. 1984년 한국산업사회학회가 구성되었고 1988년에는《경제와 사회》를 창간했다. 1990년에는 농촌사회학회가 구성되고 1991년《농촌사회》가 창간되었다. 1993년에는 지역사회학회가 결성되고 같은 해에《지역사회연구》를 창간했다. 1997년 정보사회학회가 만들어지고 2000년《정보와 사회》를 창간했다. 2000년 환경사회학회가 구성되고 2001년《환경

---

110 박명규, 〈한국 사회학의 전개와 분과학문으로서의 제도화〉, 이화여자대학교 한국
     문화연구원 엮음,《사회학 연구 50년》, 혜안, 2004, 35~91쪽.

사회학연구 ECO》를 창간했다. 2001년 한국이론사회학회가 창립되고 2002년《사회와 이론》을 창간했다. 2005년 문화사회학회가 구성되고 2006년《문화와 사회》를 창간했다. 사회학자들만이 아니라 인접 사회과학자들과 함께 만들어진 인구학회(1976년 창립), 가족학회(1977년 창립), 조사연구학회(1999년 창립) 등도 있다.

다섯 번째로 사회학자들의 세대를 기준으로 한국 사회학의 역사를 시대 구분하는 방법이 있다.

1) 1세대 사회학자들(1900~1920년대 출생): 일본 유학을 한 학자들이 주류였던 시기
2) 2세대 사회학자들(1930~1940년대 출생): 미국 유학파가 주류가 되는 시기
3) 3세대 사회학자들(1950~1960년대 출생): 미국 유학파가 강세를 이루지만 국내에서 수학한 비판적 사회학자들의 입지가 생기고 유럽에서 공부한 사람들도 늘어나면서 사회학자들의 학문적 경향이 다원화되는 시기
4) 4세대 사회학자들(1970년대 이후 출생): '학진체제'가 수립되면서 다시 미국 유학이 일반화되고 국내 박사도 증가하는 시기

아래에서는 위에서 제시한 다섯 가지 시대 구분 방식 가운데 어느 하나를 적용하지 않고 다섯 가지 구분 방식 모두를 염두에 두면서 유연성을 가지고 한국 사회학의 시대별 역사를 개괄적으로 서술한다.

2. 학문의 제도화와 학문 생태계

학문의 발전은 학자 개개인의 연구 작업을 통해 이루어지지만 그러한
연구 작업은 학문 생태계 속에서 진행된다. 하나의 학문이 사회에서 공
식적으로 인정받기 위해서는 학문의 제도화가 필수적이다. 대학 내에
학과가 만들어지고 학술 활동을 위한 학회가 구성되어야 한다. 학자들
이 연구 결과를 발표할 수 있는 학술대회와 학술지 등의 매체가 있어야
하고, 연구비 지원 단체와 발표된 지식에 관심을 갖는 학계 안팎의 전
문가 집단을 비롯한 교양 독자층이 형성되어야 한다. 한 나라의 학문
생태계를 알기 위해서는 그 나라의 근대적 대학체제 수립, 학과 설립,
학회 형성, 세대에 따라 달라지는 연구자의 양적·질적 변화, 연구 결과
가 발표되고 소개되는 매체의 양적·질적 변화(국내 학술지, 해외 학술지,
단행본, 해외 단행본, 종합지, 일간지, 라디오와 텔레비전 방송 프로그램 등),
연구자 집단의 형성과 재생산 제도(국내 대학원 과정, 외국 유학), 교수 충
원 방식, 연구 패러다임과 연구 주제의 변화(학문 연구의 외래성과 주체
성), 연구비 지원 단체의 성격과 지원 방식, 학문장의 성격 변화(학계의
권력구조, 서열구조, 학맥, 인맥, 지역주의의 작동, 여성 연구자 집단의 형성)
등을 체계적으로 연구해야 한다.[111]

　또한 한 나라의 학문 생태계는 주변 국가들과 영향을 주고받으며

111　박명규, 〈한국 사회학의 전개와 분과학문으로서의 제도화〉, 이화여자대학교 한국
　　문화연구원 엮음, 《사회학 연구 50년》, 혜안, 2004, 35~91쪽.

전개된다. 한반도의 역사는 중국, 일본, 러시아, 미국이라는 네 나라에 의해 영향을 받으면서도 독자적 문화와 주권을 유지한 독특한 과정의 역사였다.[112] 해외 한국학자 마르티나 도이힐러의 표현을 따라 정치이념과 생활양식의 차원에서 고려에서 조선 사회로의 변동을 '유교적 전환Confucian Transformation'이라고 부를 수 있다면 1945년 이후 한반도 남쪽의 사회변동은 '미국적 전환American Transformation' 과정이라고 볼 수 있다.[113] 말하자면 20세기 전반부의 한국 역사가 식민화Colonization 또는 일본화Japanization 과정이었다면 해방 이후 20세기 후반부의 역사는 미국을 모델로 삼아 한국 사회의 전환을 추구한 미국화Americanization 과정이었다고 볼 수 있다.[114] 한국 문화를 연구하는 최준식은 해방 후 미국화의 정도를 다음과 같이 생생하게 묘사했다.

다른 아시아 국가도 비슷한 운명이었지만, 한국인은 미국문화를 만나, 역사상 최초로 가장 기본적인 생활문화를 모두 바꾸어버렸습니다. 처음

---

112 함재봉은 개화기 이후 한국 사회의 주도집단을 친중 위정척사파, 친일 개화파, 친미 기독교파, 친러 공산주의파로 나누어 각각에 대해 단행본 저서를 출간하고 있다. 함재봉, 《한국사람 만들기 1》, 아산서원, 2017.

113 Martina Deuchler, *The Confucian Transformation of Korea: A Study of Society and Ideology*(Cambridge, Massachusetts and London: Council on East Asian Studies, Harvard University, 1992). 한국 사회의 '미국적 전환'이라는 표현은 정일준에게 빌려온 것이다. 정일준, 〈미제국의 제3세계 통치와 근대화이론─군산학 복합체와 근대화이론의 탄생〉, 《경제와 사회》 57호, 2003년 봄호, 125~147쪽 참조.

114 김덕호·원용진 엮음, 《아메리카나이제이션: 해방 이후 한국에서의 미국화》, 푸른역사, 2008.

으로 고유의 옷인 한복을 벗어 던졌고, 한옥이 아닌 양옥에서 살게 되었으며, 빵과 커피를 밥보다 나은 먹거리로 여기게 되었습니다. 또 종교도 미국에서 들어온 것을 신봉하는 사람의 숫자가 엄청나게 늘어났습니다. 한국인이 이 정도로 타문화에 동화된 적은 한 번도 없었습니다. 그만큼 미국문화의 충격이 컸습니다.[115]

해방 직후 미군정 치하에서 시작된 한국 사회의 미국화는 한국전쟁 이후 더욱 빠른 속도로 진행되었다. 남한은 자유민주주의와 자본주의를 수용했고 군사적으로 미국의 보호망 안에 들어갔으며 미국의 각종 지원에 의존하게 되었다. 1961년 5·16군사정변 이후에는 일본과 국교를 정상화하고 베트남전쟁에 참여하면서 한미일 동맹체제 아래서 빠른 경제성장을 추구했다. 그런 과정에서 미국 문화와 미국식 생활양식이 자연스럽게 지배적인 자리를 차지하게 되었다. 해방 이후 한국의 지성사와 학술사도 다른 분야와 큰 차이 없이 '미국화'의 길을 걸었다고 볼 수 있다.

아래에서는 이 같은 한국 학문 생태계에 대한 이런 일반적 문제의식을 고려하면서 한국 사회학 100년의 역사를 전체적으로 조감하는 작업을 시도한다.[116]

---

115 최준식,《세계가 높이 산 한국의 문기》, 소나무, 2007, 17쪽.
116 최원식은 "자료창고 같은 방대한 문학사, 독자를 오히려 한국 문학으로부터 도피시키는 그런 유형 말고 높은 문학적 안목으로 쓰인 간명한 한국 문학사 또는 한국 현대문학사가 한 권이라도 있었다면, 그래서 그 책을 대학 1학년 때 필수교양처럼

3. 제도화 이전의 사회학

1839년 콩트가 사회학이라는 용어를 처음 쓴 이후 1850년대 영국에서 스펜서가 사회학이라는 이름으로 사회진화론을 발전시켰다. 사회학이라는 분과학문은 19세기 말에 이르러 프랑스의 뒤르켐과 독일의 베버에 의해 대학 내에 제도화되어 체계적으로 연구되고 교육되기 시작했다. 제1차 세계대전, 러시아혁명, 제2차 세계대전 등으로 유럽 사회와 유럽 사회학은 소강상태에 빠졌고 1945년 세계 사회학의 중심은 미국으로 넘어갔다. 1892년 시카고대학에 사회학과가 생긴 이후 1930년대에 이르자 미국의 여러 대학에 사회학과가 창설되었다.[117] 1810년 빌헬름 폰 훔볼트가 만든 베를린대학을 모델로 하는 독일의 대학제도를 수

읽힐 수 있는 행복한 일"을 꿈꾸고 있는데 높은 사회학적 안목으로 쓰인 간명한 한국 사회학사가 요청됨은 말할 필요도 없을 것이다. 최원식, 〈왜 지금 문학사인가〉, 《창작과 비평》 2019년 여름호, 21쪽.

117 1892년 시카고대학 사회학과가 창설되면서 사회학과장에 취임한 앨비언 스몰 Albion Small(1854~1926)은 독일의 베를린대학교와 라이프치히대학에 유학한 바 있다. 그는 1895년에 《미국사회학저널American Journal of Sociology》을 창간하여 30년간 편집 책임을 맡았다. 지그문트 바우만은 "사회학이란 더 좋은 사회를 만들려는 현대적 열의에서 생겨난 학문"이라는 스몰의 말을 언급하면서 "오랜 세월이 흘러 돌이켜 살펴보니 우리는 사회학이 현대적 열의에서 '탄생'했을 뿐만 아니라, 사회를 더 좋게 만들겠다는 바로 그 현대적 열의를 위해 존재한다고 말할 수 있다는 생각이 들었다"라고 썼다. 지그문트 바우만, 정일준 옮김, 《부수적 피해: 지구화시대의 사회적 불평등》, 민음사, 2013, 247쪽.

입한 일본 도쿄제국대학에는 일찍이 1893년에 사회학과가 설립되었다. 나라마다 역사적 상황, 대학의 역사, 지성사의 흐름에 따라 대학 내에 사회학과가 설치되고 사회학이 하나의 학문으로서 자리잡는 과정은 서로 다르다.

우리나라에서 근대적 사회사상의 뿌리를 찾는다면 정약용이나 박지원 등 실학자들까지 올라갈 수 있지만 그것이 사회학이라는 학문으로 발전하지는 못했다. 근대 학문으로서의 사회학의 출발점은 1906년이다. 1900~1903년 일본에 유학했던 신소설 작가 이인직이 1906~1907년 《소년 한반도》라는 잡지의 창간호에서부터 5회에 걸쳐 사회학을 소개했는데 이것을 한국 사회학의 시작점으로 볼 수 있다.[118]

이인직이 1906년 글로 사회학이라는 학문을 처음 소개했다면 원한경Horace Horton Underwood은 대학 강단에서는 강의를 통해 사회학을 처음 소개했다. 그는 1918년 연세대학교의 전신인 연희전문에서 우리나라 최초로 사회학 강좌를 열었다.[119] 원한경은 미국인 장로교 선교사로서 연세대학교를 창립한 원두우Horace Grant Underwood의 아들로 뉴욕대학교를 졸업한 이후 연희전문에서 강의하다가 교장을 역임한 인물이다. 한국 사회학은 이렇게 일본과 미국을 통해 유입되었다.

---

118 이인직은 1900년 관비유학생으로 동경정치학교에 입학하여 1903년 졸업했다. 1904년 러일전쟁 당시에는 일본군 1군사령부에 소속되어 통역사로 종군했다. 이후 언론 활동을 통해 한일합방에 찬성하는 분위기를 만들면서 이완용의 비서로 일했다. 최재석, 《역경의 행운》, 13쪽.

119 박영신, 〈사회학연구의 사회학적 역사〉, 《현상과 인식》 9권 1호, 1985, 9~28쪽.

1919년 3·1운동 이후 1920년대에는 소수의 한국인들이 사회학을 공부하기 위해 해외로 떠났다. 일본, 중국, 러시아만이 아니라 미국, 독일, 프랑스로도 유학을 떠났다. 이들은 1920년대 말~1930년대 초에 귀국하여 식민지 치하의 제한된 조건에서나마 사회학을 가르치고 저서를 출간했다.[120] 도쿄제국대학교에서 철학을 공부한 채필근은 1925~1928년 동안 평양의 숭실전문에서 사회학을 강의했고, 독일 라이프치히대학에서 한·중·일 동아시아 근대 언론 형성 연구로 박사학위를 받고 귀국한 김현준은 1929년부터 보성전문에서 강의하면서 1930년 《근대 사회학》이라는 저서를 출간했다.[121] 미국 남가주대학USC에서 사회학과 철학을 공부하여 박사학위를 받은 한치진은 1932~1937년 동안 이화여전에서 강의하면서 《사회학개론》(1933)을 비롯하여 많은 저서를 출간했다. 프랑스 소르본대학에서 사회학을 공부하고 돌아온 공진항은 천도교 사회교육기관에서 가르치면서 1933년 《사회과》라는 책을 출간했다.[122] 일본에서 경제학을 공부하고 귀국한 백남운은 1930년대에 연희전문에서 경제사와 더불어 사회학을 강의했다. 1927년 하버드대학에서 사회윤리학으로 박사학위를 받은 하경덕은 1930년 귀국하여 연희전문에서 사회학을 강의했고, 1937년 미시간

120　최재석, 〈1930년대의 사회학 진흥운동〉, 《민족문화연구》 12호, 1997, 169~202쪽.

121　김필동, 〈한국 사회학의 개척자 김현준의 재발견〉, 51~116쪽.

122　최재석, 〈韓國의 初期社會學〉, 《한국사회학》 9집, 1974, 5~29쪽; 〈解放 30年의 韓國社會學〉, 《한국사회학》 10집, 1976, 7~46쪽. 또는 최재석, 《한국 초기 사회학과 가족의 연구》, 일지사, 2002, 47~80쪽.

대학에서 사회학 박사학위를 받고 귀국한 고황경은 이화여전에서 사회학을 강의했다.[123] 1940년대에는 일본 도쿄제국대학 사회학과 출신의 신진균이 귀국하여 명륜전문에서 사회학을 강의했다.[124]

이처럼 여러 사람들이 식민지 시기에 전문학교에서 사회학을 가르쳤지만 그들 가운데 누구도 해방 이후 대학에 사회학과를 창설하지 못했다. 김현준은 해방 후 광주의 조선대학교 학장으로 갔다가 한국전쟁 중에 사망했고, 한치진은 해방 정국에서 방송을 통해 민주주의를 강의하다가 한국전쟁 당시 납북되었으며, 공진항은 학계를 떠나 이승만 정부시절 프랑스 대사와 농림부 장관을 지냈고, 하경덕은 해방 후 언론계에 투신하여 《매일신문》 사장을 역임하고 한국전쟁 당시 일본의 연합군최고사령부GHQ로 가서 일하다가 사망했다. 고황경은 서울여자대학교를 설립하고 사회학과도 개설했으나 사회학 연구를 계속하지 못했다. 결과적으로 그들의 사회학 연구는 한국 사회학의 역사에 지적 유산을 남기지 못하고 잊혔다.[125]

---

123 일제강점기에 미국 유학을 했던 학자들은 학술언어로서의 영어와 사회조사 능력을 갖추고 식민국가가 주도하는 '관학'과 구별되는 '민학'을 수행할 수 있는 '대안적 학술 능력'을 소유했다고 볼 수 있다. 이훈구가 그 보기이다. 숭실전문에서 강의했던 그는 1931~1932년 식민지 조선의 토지이용 관련 조사를 실시했다. 김인수, 〈기독교와 사회조사—일제하 이훈구의 토지이용 조사의 정치적 의미〉, 김예림·김성보 엮음, 《한국의 근대화와 기독교의 문화정치》, 혜안, 2016, 124~125쪽.

124 식민지 시기 사회학 강의를 다룬 논문으로 김필동, 〈한말·일제하의 사회학 교육(1906~1945)—전문학교를 중심으로〉, 《사회와 역사》 130집, 2021년, 9~79쪽을 볼 것.

125 박명규, 〈한국 사회학의 전개와 분과학문으로서의 제도화〉, 이화여자대학교 한국문화연구원 엮음, 《사회학 연구 50년》, 혜안, 2004, 38~39쪽.

4. 1946년 이후: 초기 제도화

해방 이후 한국의 사회학은 전 세대로부터 아무런 지적 유산도 상속받지 못한 '정신적 고아'나 다를 바 없는 척박한 상태에서 시작되었다.[126] 미소 냉전체제의 수립과 남북 분단에 따라 학계도 남북으로 분단되었다.

한국전쟁 이후 국가권력이 강화되고 지식인들이 숙청되고 학문의 자유가 통제되면서 북한에서 사회학이라는 학문은 제도화될 수 없었을 것이다. 소련의 경우 혁명 이후 1920년대에 사회학이 부르주아 학문으로 여겨져 금지되었고 중국의 경우에도 1950년대 초 사회학이 무용한 학문으로 여겨져 사회과학원의 사회학연구소와 베이징대학 등 모든 대학의 사회학과가 폐지된 상황을 염두에 둔다면 북한의 경우도 미루어 짐작해볼 수 있다.[127]

---

126 '정신적 고아'라는 표현은 원래 김윤식이 이광수에 대해서 한 말인데 송호근은 이 말을 1970년대의 한국 사회학의 상황을 묘사하기 위해 다시 사용했다. 송호근, 〈학문의 후진성에 대한 지성사적 고찰: 사회학 혹은 사회과학의 역사적 굴레와 출구〉, 일송기념사업회 엮음, 《한국 인문·사회과학 연구, 이대로 좋은가》, 푸른역사, 2013, 102쪽과 127쪽.

127 러시아 사회학의 역사에 대해서는 Larissa Titarenko and Elena Zdravomyslova, *Sociology in Russia: A Brief History*(New York: Palgrave Macmillan, 2017)를 볼 것. 1920년대 이후 형성된 중국 사회학이 공산주의 혁명 이후 1952년에 폐지되었다가 1979년 부활하는 과정에 대해서는 Hon Fai Chen, *Chinese Sociology: State-Building and the Institutionalization of Globally Circulated Knowledge*(New York: Palgrave-Macmillan, 2018), pp. 29~52를 볼 것.

북한에서 사회학이라는 학문은 '미 제국주의의 첨병'이자 반동적인 학문으로 여겨졌다. 사회학은 제국주의의 모순을 은폐하고 자본가 계급의 이익을 변호하는 부르주아 학문이라는 것이다. 1960년대 중반 이후 주체사상이 마르크스-레닌주의를 대체하면서 사회학이라는 외래학문은 더욱 존재하기 어려웠을 것이다.[128] 1964년 사회과학 분야 연구소들이 '과학원'으로부터 분리되어 설립된 '사회과학원'에는 경제연구소, 법학연구소, 주체사상연구소, 고고학연구소, 역사연구소, 철학연구소, 문학연구소, 언어학연구소, 고전연구소 등이 있으나 사회학연구소는 없다.[129] 북한에는 대학 내에도 사회학과가 없을 뿐만 아니라 사회학 교과서나 연구서도 없다. 그러나 1990년대 이후 《김일성종합대학학보》, 《법학연구》, 《철학연구》, 《력사연구》, 《근로자》 등의 학술지에 인

---

128 도쿄제대 사회학과를 졸업하고 해방 후 성균관대학교에서 가르치다가 월북한 사회학자 신진균이 북한에서 한 연구 활동에 대해서는 김필동, 〈강단사회학자에서 맑스레닌주의 이론가로: 신진균론 (2)〉, 《사회와 역사》 118집, 2018, 213~272쪽을 참조할 것.

129 북한의 인문사회과학 일반에 대해서는 강인덕 엮음, 《북한전서》, 극동문제연구소, 1980, 619~654쪽과 북한의 학문 분류체계와 법학, 경제학, 철학, 주체철학, 역사학, 혁명역사학, 고고학과 민속학, 문예학, 언어학, 군사학, 정치학 등 각 분야별 연구 경향을 다룬 강성윤 엮음, 《북한의 학문세계》 상권, 선인, 2009과 《김일성종합대학학보》(1956~2007), 《경제연구》(1956~2007), 《철학연구》(1962~2007), 《조선어문》(1956~2007), 《력사과학》(1955~2007), 《사회과학》(1976~1986) 등 북한의 주요 학술지 목차를 소개하고 있는 동국대학교 북한학연구소 엮음, 《북한의 학문세계》 하권, 선인, 2009 참조. 북한의 법학, 법학사상, 법학자를 중심으로 북한 법학사를 다루고 있는 최종고, 《한국법학사》, 박영사, 1990, 523~582쪽도 참조.

구 문제, 가족사회학, 남한사회론, 동양사상 연구 등 사회학과 관련된 논문들이 실리고 있다.[130]

북한에서 출간된 사회학 관련 논문들은 아직 주체사상의 틀을 벗어나지 못하고 있다. 하지만 대외 개방의 폭이 확대될수록 체제 유지와 사회 관리를 위한 기초자료를 필요로 할 것이므로 사회조사에 기초한 응용사회학 연구의 필요성이 크게 증가할 것이다. 북한에서 "사회에 대한 리론을 연구하는 목적은 리론 그 자체에 있는 것이 아니라 사회를 정확히 파악하여 사회 관리를 과학적으로 하고 사회의 빠른 발전을 이룩하는 데"[131] 있기 때문이다. 아래에서는 분단 이후 북한 사회학의 역사를 훗날의 과제로 남겨둔 채 남한 사회학의 역사를 다룬다.

광복 직후 남한을 점령한 미 군정청은 1945년 10월 16일, 법령 15호를 통해 경성제국대학이란 교명을 경성대학으로 바꾸고 흩어져 있던 여러 고등교육 기관들을 하나로 모아 국립 종합대학을 설립하겠다는 '국립서울대학교 설립안'(국대안)을 발표했다. 좌익 성향의 학생들과 교수들을 중심으로 국대안에 반대하는 운동이 격렬하게 일어났지만 미 군정청은 1946년 휴교와 미등록 학생 제적, 반대 교수 해직 등의 강경책을 쓰는 한편 법령 102호를 공표하여 국대안을 관철했다.

이 법령에 의해 경성대학은 서울대학교로 이름이 바뀌었고 서울대학

---

130 북한의 사회학에 대한 개괄적인 소개로 도흥렬, 〈북한의 사회학: 경계과학과 응용사회학〉, 《북한연구학회보》 2권 2호, 1998, 5~23쪽 참조.

131 도흥렬, 〈북한의 사회학: 경계과학과 응용사회학〉, 13쪽.

교 문리과대학 안에 사회학과가 설치되었다.[132] 사회학과 설립 과정에서 주도적 역할을 담당한 사람은 이상백이었다. 그는 1920년대 와세다 대학에서 역사학과 사회학을 전공한 이후 일본 체육계에서 활동했으며 1939년 만주로 가서 연구 활동을 하다가 1944년 귀국했다. 해방 정국에는 여운형을 지지하며 정치운동에 투신했다가 여운형 사망 이후에는 정치 활동에서 물러나 서울대학교 사회학과 설립에 헌신했다. 이상백은 1930년대부터 진단학회 회원으로 활동한 경력을 토대로 서울대학교에 사회학과를 창설할 수 있었다.[133] 해방이 되면서 국립서울대학교 문리대가 만들어지는 과정에서 이병도를 중심으로 하는 진단학회가 중요한 역할을 했기 때문이다.[134]

1942년 조선어학회 사건 이후 활동을 중단했던 진단학회는 해방이 되자마자 1945년 8월 16일 인사동 태화관에서 모여 회칙을 개정하고

---

132 서울대학교 사회학과 초창기에 교수를 지냈던 변시민의 회고에 따르면 1946년 서울대학교 사회학과 설치는 사회학을 '미국의 학문'으로 자랑스럽게 생각한 미군정의 의도에 따른 것이다. 변시민, 〈회고〉, 한국사회학회 엮음, 《한국사회학회 50년사: 1957~2007》, 한국사회학회, 2007, 15~20쪽.

133 이상백은 1934년 경성에서 진단학회가 결성될 때 학회지인 《진단학보》의 편집진의 일원으로 참여해 창간호에 〈서얼차대의 연원에 대한 일 문제〉를 게재했다.

134 진단학회는 일제강점기에 경성에 거주하며 조선을 연구하는 일본인 학자들의 연구단체인 '청구학회'의 관변적이고 식민주의적 학문 활동에 맞서 조선의 사회, 문화, 언어, 역사를 연구하는 조선인 학자들이 만든 연구단체다. 이현희, 〈진단학회와 이상백〉, 상백 이상백 평전출판위원회, 《상백 이상백 평전》, 을유문화사, 1996, 155~172쪽.

바로 활동을 개시했다. 이때 이상백은 상임위원으로 선출되었다.[135] 김
필동에 따르면 "상백의 진단학회 활동은 해방 후 상백이 경성대학교
및 서울대학교 교수가 되고, 서울대학교에 사회학과를 창설하는 데 결
정적인 배경이 되었다. 왜냐하면 해방 후 서울대학교 문리과대학 문학
부의 교수진 구성은 진단학회 출신이 중심이 되었기 때문이다."[136] 김
필동의 설명은 초대 국립박물관장을 지낸 진단학회 회원이었던 김재
원에 의해서도 확인된다. 그에 따르면 "1946년 12월 말 진단학회 회원
들이 대거 법문학부의 교수 진용을 구성하였다."[137] 당시 진단학회에서
중요한 역할을 하던 이상백도 당연히 교수진에 포함될 수 있었다. 그
무렵 민속학자 송석하가 서울대학교 문리대 안에 인류학과를 개설했다
가 일찍 사망함으로써 학과 설립이 유명무실해진 것을 보면 이상백이
사회학과를 설립하려는 의지가 분명했고 학과 설립에 필요한 사무적
절차를 충실히 실행했음을 짐작할 수 있다.[138] 이상백은 해방 직후 사회
학과를 만들고나서 1930년대부터 축적한 사회사 연구의 결과를 묶어

---

135 이현희, 〈진단학회와 이상백〉, 162쪽.

136 상백想白은 이상백李相佰의 호다. 김필동, 〈강단사회학자에서 맑스레닌주의 이론
      가로: 신진균론 (2)〉, 131쪽. 경성제대 법문학부에서 법학부가 분리되어 나갔고 문
      학부와 이학부가 합쳐서 서울대학교 문리과대학으로 출범했다. 설립 당시 문리과
      대학은 3부로 구성되었다. 1부는 어학 및 문학으로, 2부는 사회과학, 3부는 자연
      과학이었다. 2부 사회과학부는 사학과, 사회학과, 심리학과, 인류학과, 정치학과,
      종교학과, 철학과, 지리학과로 구성되어 있었다.

137 김재원, 《박물관과 한 평생》, 탐구당, 1992, 325쪽.

138 서울대학교 인류학과 설립 문제에 대해서는 전경수, 〈인류학과의 시종〉, 《한국 인
      류학 백년》, 일지사, 1999, 150~161쪽을 볼 것.

《조선문화사 연구논고》와 《이조 건국의 연구》 등의 저서를 발표하면서 학문적 권위를 확보했다.[139]

해방 공간에서 사회학과를 창설한 이상백이 사회학의 내용을 어떻게 생각하고 있었는지는 이후 한국 사회학의 성격 형성에 중요한 준거가 된다. 이상백은 해방 이후 을유문화사와 밀접한 관계를 맺고 있었는데 1948년에는 《학풍學風》이라는 학술지를 창간하고 창간호에 〈과학적 정신과 적극적 태도〉라는 글을 발표했다. 이 논문에서 이상백은 콩트의 실증주의를 소개했다. 1950년 한국전쟁 발발 직전 《학풍》의 사회학 특집호에 발표한 〈질서와 진보〉라는 논문에서도 콩트의 진보와 질서에 대한 이론을 소개했다.[140] 이상백은 이 두 논문을 통해 한국 사회학이 이데올로기에서 벗어나 과학을 지향해야 한다는 입장을 제시했다.

이상백에 이어 서울대학교 사회학과에 최문환(1916~1975), 양회수(1916~불명), 변시민(1918~2013), 이만갑(1921~2010) 등 모두 일본에서 공부한 사람들이 교수로 자리잡았다. 이상백 등은 1950년 6월 당시 최고의 종합학술지 《학풍》에 사회학 특집을 기획하여 사회학이라는 학문의 범위와 성격을 학계에 널리 알렸다. 그러나 사회학이라는 학문의 뿌리가 채 내리기도 전에 한국전쟁이 터졌다.

---

139 이상백, 《조선문화연구논고》, 을유문화사, 1947; 이상백, 《이조 건국의 연구》, 을유문화사, 1949.

140 이상백, 〈질서와 진보〉, 《학풍》 13호, 1950년 6월호.

5. 1950년대와 1960년대: 제도적 공고화

한국전쟁 기간 중에도 부산과 대구의 전시대학에서 사회학 강의가 계속되었고 1952년 변시민은 해방 이후 최초의 사회학 개론서를 발간했다.[141] 1953년 휴전협정 체결 이후 1950년대는 본격적인 사회학 연구를 위한 준비기였다. 전후 미국의 원조에 의한 재건이 시작되면서 각 분야에서 미국과의 교섭이 증가했다. 사회학도 예외가 아니었다. 미국 사회학의 도입이 본격화되었다. 최문환은 1957년에 발표한 글에서 "한국의 사회학은 아직도 태동기에 있다"면서 "서울대학교 문리과대학에 재직 중인 이만갑, 이해영 두 교수가 록펠러재단의 장학금으로 1955년 10월에 도미하게 되어 미국 학계에서 발전하고 있는 실증적 조사의 이론과 실제를 견습하게 되어 한국 사회에 대한 앞으로의 과학적 분석에 필요한 선진기술을 이 나라에 도입 보급할 것이 크게 기대되고 있다"고 전망했다.[142]

이만갑과 이해영의 귀국 이후 "1950년대 후반의 사회학은 미국 사회학을 의미했다."[143] 이만갑과 이해영은 미국 연수를 마치고 귀국할 때

---

141 변시민, 《사회학》, 장왕사, 1952.

142 최문환, 〈사회학〉, 유네스코 한국위원회 엮음, 《유네스코 한국총람》, 삼협문화사, 1957, 173쪽과 175쪽.

143 박명규, 〈한국 사회학의 전개와 분과학문으로서의 제도화〉, 이화여자대학교 한국문화연구원 엮음, 《사회학 연구 50년》, 혜안, 2004, 66쪽.

"새로운 개념과 방법론으로 가득 찬 많은 새로운 책들을 가지고 왔다. 교과 과정이 혁신적으로 바뀌었고 그해에 사회조사방법과 문화인류학과 같은 새로운 제목을 가진 최초의 강의가 서울대학교에 생기게 되었다."[144] 당시 한국 사회학자들이 미국 사회학에 대한 관심이 얼마나 컸는지 1958년에는 한국사회학회 주최로 열린 고황경(전 서울여대 총장)의 '미국 사회학대회를 다녀와서'라는 강연이 있었고 1962년에는 임성희(전 중앙대 총장)의 '세계사회학회 참가보고'와 이만갑의 '미국사회학회 참가보고'가 있었다.[145]

한국 사회학자들의 미국 연수와 더불어 미국의 학술 원조도 초창기 한국 사회학의 발전에 기여했다. 1954년에는 아시아재단의 지원으로 사회과학 분야의 영어 서적을 구비한 '사회과학연구도서관'이 발족했다. 1958년 사단법인 '한국연구도서관'으로 개칭한 이 기관에 만들어진 '한국문제연구소Korea Research Center'는 인문·사회과학 분야 학자들에게 연구비를 지원했다.[146] 이러한 지원에 힘입어 사회학자들은 1950년대 말부터 현장조사와 통계분석을 활용하여 농촌과 도시, 인구

---

144 이만갑, 〈한국의 사회학〉, 서울대학교 동아문화연구소 엮음, 《교양인을 위한 한국학》, 현암사, 1972, 515쪽.

145 《한국사회학》 창간호, 1964, 129~131쪽에 실린 1957년 5월부터 1964년 9월까지 학회 활동을 정리한 〈활동〉 참조.

146 재단이사장은 백낙준 연세대 총장이었고 이사는 김활란 이화여대 총장, 유진오 고려대 총장, 윤일선 서울대 총장 등이 맡았고 관장은 서울대 교수 동천이었다. 이만갑의 《한국 농촌의 사회구조》, 한국연구도서관, 1960는 이 연구소의 지원으로 이루어진 것이다. 이만갑의 저서 앞에 실린 동천(동덕모), 〈간행사〉를 볼 것.

이동과 가족구조의 변동, 근대화와 계층분화 등의 주제를 연구할 수 있었다.[147] 1954년에는 배용광의 주도로 경북대학교에 한국 두 번째 사회학과가 설립되었다.[148] 이후 최홍기, 류시중, 양회수, 권규식, 이순구, 정철수, 한남제 등이 부임했다.[149] 1956년 10월 24일에는 이상백, 최문환, 이만갑, 배용광 등 서울대학교와 경북대학교 교수들을 중심으로 14명의 사회학자들이 모여 "한국 사회학의 건실한 발전을 기하며 사회학자들 상호간의 친목을 도모"하기 위해 '한국사회학회Korean Sociological Society'를 발기하고 1957년 5월 5일에는 창립총회를 개최했다. 이후 1957년 10월 20일 제1회 연구발표회를 개최했다.[150] 1958년에는 고황경과 이효재가 중심이 되어 이화여자대학교에 사회학과가 창설되었고 1960년에는 미국에서 사회학 박사학위를 받은 노창섭이 부임했다.[151]

---

147 고황경. 이만갑, 이해영, 이효재 등이 연구비를 받아 한국 농촌가족을 연구했다. 연구 결과는 고황경·이만갑·이효재·이해영, 《한국 농촌가족의 연구》, 서울대학교출판부, 1963로 출간되었다.

148 배용광의 사회학에 대해서는 이동진, 〈한국 사회학의 제도화와 배용광〉, 《동방학지》168집, 2014, 241~278쪽을 볼 것.

149 이 가운데 최홍기는 서울대로, 양회수는 전북대로 옮겼다. 경북대 사회학과의 제도화 과정에 대해서는 경북대학교 사회학과, 《우리의 기억, 시대의 기억: 경북대학교 사회학과 창설 60주년: 1954~2014》, 경북대학교 사회학과, 2014, 18~28쪽을 볼 것.

150 한국사회학회 50년사 간행위원회, 《한국사회학회 50년사: 1957~2007》, 한국사회학회, 2007. 전문 7장 28조로 이루어진 한국사회학회 최초의 규약은 《한국사회학》 1집, 1964, 127~129쪽에 나와 있다.

151 1929년 생인 노창섭은 1959년 미국 루이지애나주립대학에서 "A Comparative Study of Korean and Japanese Family Life"라는 제목의 논문으로 박사학위를 받았

1963년에 고려대 사회학과가 창설되어 홍승직이 교수로 부임했고 1966년에는 최재석, 1968년에는 임성희, 1970년에는 이순구, 1972년에는 임희섭이 차례로 교수로 부임하여 교수진을 구성했다. 1964년에는 한국사회학회의 학회지 《한국사회학》이 창간되었다. 학회 구성 이후 7년 만에 학회지를 출간하게 됨으로써 "연구자들에게 이론 및 방법론을 둘러 싼 과학적 토론과 검증, 상호비평이 가능한 학문공동체"로서의 '학계' 또는 '학술장'이 성립되었다.[152] 1960년대 초반까지 한국 사회학자들의 연구논문 발표는 드물었으며 사회학 개론서를 넘어서는 연구서 발간은 더욱 희귀했다. 그러나 학회지가 발간되면서 사회학자들의 논문 발표가 서서히 늘어나기 시작했다. 배용광 한국사회학회 회장은 《한국사회학》 창간호에서 그 무렵 학계의 상황을 다음과 같이 묘사했다.

여느 학계나 마찬가지로 8·15 이후 비로소 햇빛을 볼 수 있었던 사회학계가 제대로 자리 잡히기는 아마 1953년 정부 환도 후의 일이 아니었던가 한다. 그로부터 10년, 우리의 발걸음은 비록 느린 템포일 망정 꾸준하였다고 하겠다. 학문적으로도 사회적으로도 선진인 여러 외국에서 알

다. 노창섭은 1965년 이화여대를 떠나 다시 미국으로 갔다.

152 박명규, 〈한국 사회학의 전개와 분과학문으로서의 제도화〉, 이화여자대학교 한국문화연구원 엮음, 《사회학 연구 50년》, 혜안, 2004, 37쪽. 학술장 개념을 활용한 연구로 서은주·김영선·신주백 엮음, 《권력과 학술장: 1960년대~1980년대 초반》, 혜안, 2014를 볼 것.

뜰히 공부하고 귀국한 학도들이 늘어가는 한편, 국내에서도 참으로 과학적인 방법을 터득한 소장학도들이 진지한 학구태도로 말미암아, 바야흐로 이 땅의 사회학은 앞날의 알찬 발전을 기약할 수 있는 단계에 들어선 것 같다.[153]

당시 사회학자들의 주요 연구 주제를 보면 1950년대와 1960년대 초반에는 농촌사회학과 가족사회학이 주류를 이루었지만 1960년대 후반에 들어서는 농촌과 가족 연구를 포함하여 인구와 출산력, 사회계층과 사회이동, 사회변동과 사회개발, 도시에 대한 연구가 증가했다.[154] 훗날 김경동은 1950년대 말~1960년대 초 한국 사회학의 역사에 대해 다음과 같은 평가를 남겼다.

비록 우리나라에서 사회학의 제도적 기틀이 생긴 것은 1940년대 말이었지만 실제로 사회학자들이 정식으로 연구 활동에 착수할 수 있었던 것은 한국전쟁이 끝난 뒤 1950년대 후반의 일이다. 이 시기까지는 광복 후의 혼란과 전쟁의 소용돌이 속에서 사회학적인 논문조차도 제대로 발표하지 못하는 형편이었다. 결국 전후 냉전체제에서 미국이 대한 정책의 일환으로 고등교육과 학술연구의 진흥을 겨냥하며 개시한 근대화 내지

---

153 배용광, 〈머리말〉, 《한국사회학》 1집, 1964, 1쪽.
154 최재석, 〈해방 30년의 사회학〉, 《한국사회학》 10집, 1976, 7~46쪽. Man-Gap Lee, "Development of Sociology in Korea", *Sociology and Social Change in Korea*(Seoul: Seoul National University, 1982), p. 274의 표도 볼 것.

개발 프로그램의 지원을 받아 비로소 사회학적인 연구를 시도할 수 있게 된 것이다.[155]

1961년 5·16쿠데타 이후 1960년대 중반에는 당시 미국 사회과학 이론의 주류였던 근대화론이 한국 사회과학계 전반을 지배했다. 1960년대 후반으로 갈수록 정부의 경제개발 5개년 계획 추진과 함께 급격한 인구 이동과 도시화, 그에 따른 농촌사회의 변화, 계층분화와 빈곤 문제, 가족구조와 가치관의 변화, 관료제적 통제의 강화, 대중매체의 확장 등 사회학적 연구 주제들이 부각되었다. 1960년대에는 아시아재단, 록펠러재단, 포드재단, 미국인구협회, 하버드대 옌칭연구소, 농촌개발협회, 한미재단 등 미국의 재단과 연구기관의 연구비 지원에 힘입어 서울대학교 동아연구소, 인구 및 발전문제연구소, 고려대학교 아세아문제연구소, 이화여자대학교 한국문화연구소, 연세대학교 동방학연구소 등이 만들어졌고 사회학자들은 이런 연구소들을 거점으로 다양한 연구 활동에 참여했다.[156]

1960년대 중반 무렵에는 "사회과학 계열을 전공하고 있는 사람은 물론이고 일반 인사들의 사회학에 대한 관심이 점차로 높아가고" 있었

155 김경동, 〈한국사회학의 아이덴티티 문제〉, 148쪽.

156 Man-Gap Lee, "Development of Sociology in Korea", *Sociology and Social Change in Korea*(Seoul: Seoul National University, 1982), p. 273. 미국의 재단들이 "연구를 지원하는 일반적인 방법은 대학과 계약을 맺는 것이었다." 피터 버크, 박광식 옮김, 《지식의 사회사 2—백과전서에서 위키백과까지》, 민음사, 2017, 376쪽.

다.[157] 이 시기에 사회학자들이 사회조사방법론을 활용하여 수행한 연구 결과들은 학계 전반과 지식인 사회에 학문적 정체성이 분명하지 않던 사회학을 '과학적인 학문'으로 인식시키는 데 기여했다. 특히 현지 조사에 기초한 자료 수집과 통계적 분석 결과는 정부의 정책 수립에 도움이 되는 중요한 자료로 인정받았다. 사회학의 쓸모가 사회적으로 인정받게 되면서 연구비 지원이 늘어나고 사회학자들의 조사 연구가 활기를 띠기 시작했다. 이만갑의 농촌사회 연구와 이해영이 주도한 서울대학교 인구 및 발전문제연구소의 〈이천 출산력 조사 연구〉는 대표적인 사례였다.

1966년에는 한국사회학회가 세계사회학회International Sociological Association에 가입했다.[158] 그해 9월 프랑스 에비앙에서 열린 제6차 세계사회학대회에서는 홍승직이 논문을 발표했고 이만갑, 배용광, 강신표가 참석했다.[159] 한국사회학회가 세계사회학회에 가입함으로써 한국의

157　주락원, 이해영 편, 〈서평: 고영복 저 《社會學要論》, 민조사, 1965〉, 《한국사회학》 2집, 1966, 183쪽.

158　한국사회학회의 영문명은 원래 Korean Sociological Society였다가 1966년 9월 세계사회학회 회원이 된 직후인 1966년 12월 평의원회(이사회) 결의로 Korean Sociological Association으로 바뀌었다. 미국사회학회도 1906년 American Sociological Society에서 시작하여 1950년대 후반 American Sociological Association으로 바꾸었지만 1924년에 창설된 일본사회학회는 Japan Sociological Society라는 원래 영문명을 고수하고 있다. 사회학회의 영문 명칭에서도 미국의 모범을 따른 것이 흥미롭다.

159　당시 한국사회학회 회장이었던 이해영은 불참했다. 아마도 그 이전부터 국제 사회학계에서 한국 사회학계를 대표한 이만갑이 이해영의 역할을 대신했을 것이고 당

사회학자들이 국제적인 교류를 할 수 있는 통로가 제도화되었다. 이에 대해 홍승직은 다음과 같은 의미를 부여했다.

금반今般 불란서에서 개최되었던 제6차 세계사회학대회는 한국사회학회에게 대단히 뜻깊은 것이었다. 첫째는 이번 학회를 계기로 한국사회학회가 정식으로 국제사회학계의 정회원이 되었다는 점과 둘째로 한국사회학사가 8·15 이후 근 20년에 달했지만 금년에 이르러 비로소 한국사회학자가 국제사회학회에 정식으로 논문을 발표하게 되었다는 점에 있어서 그러하다. 이제 한국 사회학도 우물 안 개구리가 될 수 없다는 것을 자각하고 앞으로 더욱 사회학의 발전을 위해서 노력 있기를 바라며 이 글을 맺는다.[160]

시 한국사회학회 부회장이었던 홍승직이 실무를 맡았을 것으로 생각된다. 프랑스어를 하고 프랑스 사회학에 관심이 있던 한국사회학회 전임 회장 배용광도 이만갑과 함께 한국 사회학계를 대표했던 것 같다. 강신표는 당시 서울교육대학 전임강사였다.

160 홍승직, 〈제6차 국제사회학회 참가기〉, 《한국사회학》 2집, 1966, 174쪽. 6차 세계사회학대회 제2분과 제15소분과(직업군인과 군사주의)에서 홍승직은 〈군인층과 비군인층의 가치관을 통해서 본 한국사회의 정치적 진단〉이라는 논문을 발표했다. 이 소분과에서 재미학자 김종익은 〈1961년 군사쿠데타의 원인과 그 지도자의 사회적 배경〉이라는 논문을 발표했고 당시 서울대 외교학과 교수였던 손제석은 〈대한민국에 있어서의 군의 역할〉이라는 논문을 발표했다. 홍승직은 1970년 토론토에서 열린 제8차 세계사회학대회에 한국의 사회학자로서는 유일하게 참가했다. 홍승직, 〈제8차 세계사회학대회 참가기〉, 《한국사회학》 9집, 1974, 77~86쪽을 볼 것.

해방 후 시작된 미국 유학은 1960년대에 본격적으로 늘어났다. 1957년 컬럼비아대학에서 석사학위를 마친 이효재가 귀국하여 이화여대에 부임했고 1959년 워싱턴대학에서 사회학 박사학위를 받은 홍승직이 고려대학교에 부임했다. 1960년 이화여대 사회학과에는 미국 루이지애나주립대학에서 박사학위를 받은 노창섭이 부임해서 조사방법을 활용한 미국 사회학을 가르쳤다. 이효재, 홍승직, 노창섭 등이 서울대학교 사회학과와 무관하게 미국에서 사회학을 공부한 사람들이었다면 장윤식, 김재온, 한완상, 임희섭, 김일철, 김경동, 신의항, 오갑환, 안계춘, 박상태, 석현호, 양춘, 구해근 등은 서울대학교 사회학과를 졸업하고 미국에서 박사학위를 받은 사람들이다. 서울대 사회학과를 졸업하고 미국에서 전공을 바꾼 사람들도 있었다. 이강수, 오인환, 강현두, 이상회, 유재천 등은 신문방송학 박사학위를, 강신표, 한상복, 이문웅 등은 인류학 박사학위를, 김형국은 도시계획학 박사학위를 받았다. 1960년대 말부터는 미국에 유학 갔던 연구자들이 박사학위를 받고 귀국하면서 한국 사회학계에 "미국 중심의 지식체계와 방법론이 본격적으로 자리잡게" 된다.[161]

---

161 박명규의 조사에 따르면 1960년대 서울대 사회학과 출신 유학생 29명 가운데 미국 26명, 독일 2명, 오스트레일리아 1명이고 프랑스나 독일 유학생은 없었다. 당시 미국 유학은 미국 재단과 대학 측의 각종 장학금 지원을 받아 이루어진 것으로, 미국에 대한 강한 동경과 함께 뛰어난 지적 능력을 보유했지만 경제적 여유가 없던 한국의 학생들에게 일생일대의 기회였다. 특히 인구학 관련 장학금이 많았기 때문에 인구 및 발전문제연구소 조교 출신들에게 유리했다. 박명규, 〈한국 사회학의 전개와 분과학문으로서의 제도화〉, 이화여자대학교 한국문화연구원 엮음, 《사

6. 1970년대: 미국 사회학의 수용과 변용

한국전쟁 종전 후 1950년대에 대학을 다닌 해방 이후 2세대 학자들이 1960년대 말~1970년대 초부터 귀국하여 대학에 자리잡기 시작하면서 한국 사회학계는 활기를 띠기 시작했다. 고려대학교에는 이미 1959년 워싱턴대학에서 조지 런드버그의 지도를 받으며 조사방법을 공부한 홍승직이 중심이 되어 1963년 사회학과를 창설했고 1972년에는 에모리 대학에서 박사학위를 받은 임희섭이 부임했다. 서울대학교에는 1969년 에모리대학에서 박사학위를 받은 한완상이 부임했고, 1970년 노스캐롤라이나주립대학에서 박사학위를 받은 김일철, 1972년 코넬대학에서 박사학위를 받은 김경동이 뒤를 이어 부임했다. 1972년에 신설된 연세대학교 사회학과에는 인디애나대학에서 박사학위를 받은 전병재, 시카고대학에서 인구학으로 박사학위를 받은 안계춘, 버클리대학에서 박사학위를 받은 박영신이 차례로 부임했다.[162] 이화여대에는 1975년 하버드대학에서 박사학위를 받은 조형이 부임했다. 1970년대 중반에

회학연구 50년》, 혜안, 2004, 86~88쪽. 아직 사회학과가 없던 연세대 출신으로는 1960년대에 교육학과 출신의 박영신과 법학과 출신의 전병재가 미국 유학을 떠나 1970년대 초중반에 사회학 박사학위를 받고 귀국해서 연세대 사회학과에 자리잡았다.

162 연세대학교 사회학과에는 전병재와 안계춘에 이어 서울대학교 정치학과를 졸업하고 언론계에서 활동하다가 하와이대학에서 석사학위를 받은 송복이 부임했다. 송복은 훗날 서울대학교 정치학과에서 정치사회학으로 박사학위를 받았다.

이르러 한국 사회학계는 미국 사회학을 본격적으로 수용할 수 있는 능력을 갖추게 되었다.

1975년에는 서울대학교가 관악캠퍼스로 이전하고 개편되면서 미국에서 학위를 받고 서울대학교 신문대학원에서 가르치던 김일철과 오갑환, 상대에 소속되어 있던 신용하와 김진균이 사회학과로 합류했다. 고려대학교에는 홍승직과 임희섭에 이어 양춘이 노스캐롤라이나주립대학에서 학위를 받고 부임했다.

이들이 본격적인 연구 활동을 시작한 1970년대 한국 사회는 유신체제가 수립되고 학문의 자유가 탄압받으면서 자유로운 사회학 연구가 불가능한 시기였다. 이런 상황에서 사회학자들은 각자 다른 입장에서 연구를 진행했다. 한완상은 체제를 비판하면서 '민중사회학'을 제창한 반면 김경동은 체제 내에서 온건한 방식으로 '인간주의 사회학'을 내세웠다. 1970년대 들어 사회학은 점차 비판적이고 저항적이며 새로운 사회를 지향하는 학문으로 인식되었다.[163] 김채윤은 1978년 《한국사회학》 11집 〈머리말〉에서 당시의 분위기를 이렇게 표현했다.

그동안 우리 학회는 성장에 성장을 거듭하여 근자에는 우리나라 학회의 가위 모범적 존재로 인정되기에 이르렀다. 우리 회원들의 저작에는 명저로 손꼽히는 것이 적지 않고 우리 회원들의 발언은 사방에서 경청되고 있다. 특히 우리 젊은 회원들이 한국 학계에서 차지하고 있는 비중은

---

163 이철, 이해찬 등의 젊은 사회학도들은 반정부 학생운동에 관여하다가 1974년 민청학련사건으로 투옥되기도 했다.

너무나도 두드러진다. 이 모두가 우리 학회의 눈부신 발전을 뜻하는 것
이리라.[164]

　그럼에도 불구하고 1970년대 한국의 사회학은 '정치적 억압'이라는
외부적 상황과 '고유한 이론적 자원의 결핍'이라는 내부적 요인으로
인해 밑으로부터 올라오는 지적 요구에 충분히 응답하지 못했다. 식민
지 시대 이후 학문적 성과를 축적한 국문학과 한국사 분야에 비해 사회
학은 의존할 만한 지적 유산이 빈약했다. 1960년대에 이루어진 농촌사
회 연구와 인구 연구는 고속 압축성장이 초래한 파행적 사회변동을 총
체적으로 설명하기 위한 이론적 자원을 제공하지 못했고, 미국에서 수
입된 세련된 사회학 이론은 분단체제와 권위주의적 근대화 과정에서
파생된 여러 가지 사회 문제에 시달리던 한국 사회의 실상과 거리가 있
었다.[165]

　이런 상황에서 등장한 것이 비판사회학이다. 1970년대에 문학과 신
학에서 시작하여 역사학, 경제학 등으로 퍼져나간 '민중론'을 사회학
도 적극 수용해서 사회 개혁에 기여하는 학문을 해야 한다는 주장이 나
왔다. 한완상은 이러한 흐름을 정리하고 종합하여 '민중사회학'을 제
창했다. 민중사회학은 권력층이나 기득권을 옹호하는 학문이 아니라

164　김채윤, 〈머리말〉, 《한국사회학》 11집, 1978, 1쪽.
165　송호근, 〈학문의 후진성에 대한 지성사적 고찰: 사회학 혹은 사회과학의 역사적
　　　굴레와 출구〉, 일송기념사업회 엮음, 《한국 인문·사회과학 연구, 이대로 좋은가》,
　　　푸른역사, 2013, 107쪽.

경제적으로 착취당하고 정치적으로 억압당하고 문화적으로 소외된 사람들의 삶에 관심을 가지고 그들의 입장에서 사회를 개혁하는 지식을 생산해야 한다는 일종의 '공공사회학public sociology'이었다.[166] 한완상이 뿌린 비판적 사회학의 씨앗은 1980년대에 더욱 급진화하면서 학생운동과 노동운동을 비롯한 사회운동의 전개에 큰 영향을 미쳤다.

1970년대 중반 이후 비판적 사회학의 흐름을 일군 또 한 명의 사회학자로 이효재를 들 수 있다.[167] 해방 직후 이화여자대학교를 다니다가 미국에 유학하여 앨라배마대학과 컬럼비아대학에서 사회학을 공부하고 1957년 귀국한 이효재는 1970년대 들어 주류 사회학에서 벗어나 나름의 비판사회학을 전개했다. 1970년대 초부터 여성들을 주체화시키는 사회학을 전개한 이효재는 1970년대 후반 '분단시대의 사회학'을 제창했다. 가족사회학에서 시작해서 한국 여성학과 여성운동의 기초를 세운 이효재는 남성 중심의 한국학계에서 그나마 자신의 학문을 계속할 수 있었던 제도적 기반으로서 여자대학의 존재를 들었다.[168]

---

166 Michael Burawoy, "For Public Sociology", *American Sociological Review*, Vol. 70, No. 1, 2005, pp. 4~28.

167 사실 이효재는 1세대와 2세대 사이의 1.5세대 학자라고 할 수 있다. 2세대 사회학자인 김경동, 한완상, 김진균 등은 1957년 이효재가 귀국 직후 서울대학교 심리학과에 개설한 사회심리학 강의를 들었다.

168 "우리 같은 사회에서 이화대학이 아니었다면 내가 이런 학문적인 성과를 내고 전문인으로 살 수 있었을까 하는 생각도 합니다. 여자대학이 없었으면 우리 같은 사람들이야 대학교수로서, 사회 연구자로서 생활하면서 사회적으로 인정받는 전문인으로서 성장할 수 있었겠어요?" 이효재·이승희, 〈나의 학문, 나의 인생: 이효재, 한국 여성학·여성운동의 선구〉, 《역사비평》 36호, 1994, 253쪽.

버클리대학에서 로버트 벨라Robert Bellah의 지도로 박사학위를 받고 1975년 연세대학교 사회학과에 부임한 박영신은 사회학 이론과 역사 사회학을 강조하면서 타 학문과 교류하는 인문학적 사회학으로 여러 제자들을 양성했다. 그는 1977년 동인들과 함께 학술계간지《현상과 인식》을 창간하여 인문학과 사회과학 사이에 가교를 놓았다.[169]

연세대학교의 경우 연세대 출신이 사회학과를 주도하면서 연세 사회학의 정체성을 추구한 반면 서울대 출신들이 주류가 된 고려대학교 사회학과는 그런 움직임이 비교적 약했다. 시애틀의 워싱턴대학에서 박사학위를 받고 1960년 고려대학교에 자리잡은 홍승직은 1963년 사회학과를 창설하고 고려대학교를 대표하는 아세아문제연구소에 사회조사 연구실을 만들어 한국인의 가치관에 대한 조사 연구를 실시했다.[170] 에모리대학에서 박사학위를 받고 1972년 고대 사회학과 교수로 부임한 임희섭은 빈곤 문제에 대한 사회학적 접근을 제시했고, 한국인의 법의식에 대한 사회학적 조사 연구를 실시했다.[171] 1970년대 고려대학교

---

169 박영신은 1984년에는 사회학 학술지《사회학연구》를 창간해서 사회학 이론과 역사사회학을 강조하는 연세 사회학파의 형성 가능성을 모색했다.

170 홍승직은 미국 주류 사회학의 조사방법론을 개척한 런드버그George A. Lundberg의 제자로서 고려대학교 사회학과의 기초를 마련했다. 1929년에 초판이 나오고 1968년에 개정판이 나온 런드버그의 저서 *Social Reseach: A Study in Methods of Gathering Data*(New York: Longmans Green and Co., 1929)는 한국 사회학 초창기에 조사방법 참고도서로 널리 읽혔다.

171 '임희섭의 사회학'에 대한 종합적 정리와 평가 작업으로 김문조, 〈임희섭의 사회학 세계〉, 열천 임희섭 교수 정년퇴임기념논문집간행위원회 편,《사회운동과 사회변동》, 나남출판, 2002, 83~104쪽 참조.

사회학과에서 특징적인 연구를 한 학자로는 "막스 베버로 돌아가라"를 외친 이순구와 가족사회학을 연구한 최재석을 들 수 있을 것이다. 최재석은 역사적 자료를 활용하여 한국 가족제도사를 파고들어 나름의 고유한 학문적 업적을 축적하고 있었다.

1975년 서울대학교가 개편되면서 상과대학에서 사회학과로 소속을 옮긴 신용하와 김진균은 이후 각자 독자적인 사회학의 길을 마련했다. 1980년대 들어 신용하는 한국사회사연구회를 주도하면서 사회사를 전공하는 많은 제자들을 양성했고 김진균은 산업사회연구회를 대표하면서 마르크스주의 이론으로 민중사회학을 급진화시킨 비판사회학파를 구성했다.[172] 신용하와 김진균이라는 두 사람의 존재에 의해 대학원생들 사이에 미국 유학에 대한 문제 제기가 이루어지고 그들 가운데 여러 사람들이 1980년대에 국내 대학원에서 수학하면서 사회사 분야와 비판사회학 영역을 개척하게 된다.

---

172 1975년은 박영신, 김진균, 신용하가 사회학과 교수로 자리잡았다는 점에서 한국 사회학의 역사에서 중요한 해이다. 박영신은 연세대학교 사회학과에서 점차 비주류가 되었지만 신용하와 김진균은 서울대학교 사회학과에서 일정한 영향력을 지속적으로 행사했다. 오늘날 연세대학교의 교수진이 시카고대학을 중심으로 거의 미국에서 공부한 사람들로 이루어져 있는 반면 서울대학교 사회학과 교수진의 학문적 배경이 해외 박사와 국내 박사 출신으로 다양하게 구성된 것은 신용하와 김진균의 영향 때문이라고 해석할 수 있다.

7. 1980년대: 비판사회학과 역사사회학의 형성

1980년 5월 광주항쟁 이후 학생운동이 급진화하고 저항적 민주노동운동이 형성되면서 석박사 과정에서 공부하는 차세대 사회학자들은 프랑크푸르트학파의 비판이론, 종속이론과 세계체계론, 국가론과 계급론, 알튀세르와 발리바르의 구조주의 마르크시즘을 거쳐 마르크스와 레닌, 북한의 주체사상에 이르는 좌파 이론의 부흥을 주도했다. 마침 1980년대 초 대학 정원이 늘어나면서 서울과 지방의 여러 대학에 사회학과가 창설되었다. 서울대, 고려대, 연세대, 이화여대, 경북대 대학원 등에서 석사학위를 받았거나 박사학위 과정에 있던 소장 학자들이 새로 생긴 사회학과의 교수직을 맡게 되면서 안정된 자리를 확보한 소장 사회학자의 수가 늘어나고 사회학계의 분위기가 달라지기 시작했다.[173]

1980년대에는 미국은 물론 독일, 프랑스, 일본 등에 유학하여 박사학위를 받은 사람들이 차례로 귀국하면서 사회학계는 더욱 활기를 띠게 되었다. 1980년대 들어 서울대학교 사회학과에는 시카고대학에서 박사학위를 받은 홍두승, 서던일리노이대학에서 박사학위를 받은 한상진, 하버드대학에서 박사학위를 받은 임현진 등이 부임했다. 1980년대

---

173 "전두환 정권의 유화책으로 대학에 사회학과 인가가 나기 시작하면서 80년대 중반에는 국내 대학에 사회학과 박사 과정을 밟고 있는 경우에도 교수 임용이 가능했다." 조은, 〈아웃사이더 사회학자 그리고 페미니스트〉, 《경제와 사회》 119호, 2018년 가을호, 272·274쪽.

에는 미국이 아닌 유럽에서 사회학을 공부한 사람들이 사회학계에 진입했다. 일찍이 1959년 독일 뮌스터대학에서 박사학위를 받고 귀국한 황성모와 1973년 하이델베르크대학에서 박사학위를 받은 심윤종에 이어 빌레펠트대학에서 박사학위를 받은 이각범과 최재현, 뮌스터대학에서 박사학위를 받은 박영은, 마부르크대학에서 박사학위를 받은 이종오 등이 귀국했다. 프랑스 사회과학고등연구원에서 박사학위를 받은 이영자, 이병혁, 일본 도쿄대학에서 박사학위를 받은 이시재, 이종구 등이 귀국함으로써 한국 사회학계는 세계 여러 나라의 사회학 전통을 수용하는 능력을 갖추게 되었다.

다른 한편 1980년대 중반으로 갈수록 학생운동과 노동운동이 전국적인 조직으로 형성되면서 사회학계의 소장학자들과 사회운동권의 이론가들을 중심으로 한국 사회의 성격과 사회운동의 목표를 놓고 이론 논쟁이 진행되었다. 산업사회연구회와 서울사회과학연구소에 속해 있던 젊은 학자들이 사회구성체 논쟁이라고 불린 사회과학 논쟁에서 중요한 역할을 담당했다. 사회구성체 논쟁이 한국 사회의 근본 성격을 놓고 운동권 내부에서 이루어진 거시적·추상적 이론 논쟁이었다면 공식적인 사회학계에서는 노동현장의 문제를 연구하는 산업사회학, 사회계급론, 사회운동론 등이 소장 학자들의 핵심적 관심사가 되었다.[174]

이미 대학에 자리잡은 기성 사회학자들은 소장 학자들을 중심으로 진행되던 사회학의 급진화 경향에 대해 방어적 입장을 취하게 되었다.

---

174   이런 관심은 국내 대학원 석박사 과정만이 아니라 해외 유학생의 경우에도 마찬가지였다.

각 대학의 사회학과에서 교수들과 학생들 사이에 교과 과정과 교육 내용을 중심으로 긴장과 갈등이 발생했다.[175] 대학 내의 '제도권' 사회학이 학생들의 관심을 끌지 못하고 사회현실과 유리되자 대학 밖의 '운동권'에서 현실 비판의 성격을 담은 지하 문서들이 쏟아져 나왔다.[176] 한국 사회 전체가 정치적으로 양극화된 상태에서 대학원의 석박사 과정에 있던 다수의 젊은 사회학도들은 분단상태의 극복과 자본주의의 모순 해결을 위한 사회학 지식, 한국 사회 내의 진보적 사회운동의 전개에 도움이 되는 지식의 형성을 목표로 하는 비판적 사회학의 흐름을 만들었다. 그들의 학문적 열기는 광주항쟁 이후 형성된 학생운동과 노동운동의 저항에너지와 상승작용을 일으키며 1987년 6월 항쟁에 이르기까지 뜨겁게 계속되었다. 그 과정에서 독재정권에 저항하고 사회운동에 헌신한다는 실천적 입장이 사회학적 지식 구성의 내용과 방법론을 압도하게 되었다.

이런 분위기 속에서 1984년 출간된 서관모의 《한국 사회의 계급 구성과 계급 분화 연구》는 마르크스주의적 관심에서 경험적 사회계급 연구의 길을 열었다.[177] 서관모의 사회계급 연구는 해방 이후 금기시되던 사회계급 구성에 대한 논의의 장을 열어젖혔다.[178] 그는 기존의 통계자

---

175 보기를 들자면 1980년 4월 '서울의 봄'이라는 분위기 속에서 서울대학교 사회학과 대학원생들은 〈사회학의 학풍 개선을 위한 백서〉라는 유인물을 통해 현실과 유리된 통상적인 사회학 커리큘럼을 비판하고 새로운 학풍의 조성을 요구했다.

176 〈야학비판〉, 〈야방타방〉 등을 비롯해 수많은 사회구성체 논쟁 문서들이 그 보기다.

177 서관모, 《현대 한국사회의 계급구성과 계급분화》, 한울, 1984.

178 1980년대 이전까지는 "양적인 차이를 중심으로 불평등을 분석하는 접근과는 달

료를 활용하여 자본주의의 발전에 따른 노동계급을 비롯한 계급 범주의 양적 변화를 제시함으로써 한국 사례에서 자본주의 발전의 보편성을 입증했다.

다른 한편 허석렬과 조희연 등은 종속적 발전을 경험한 한국 자본주의의 특수성을 밝히기 위해 비공식 분야 하청산업에 대한 연구를 진행하기도 했다. 노동현장과 노동운동에 대한 관심이 급증하면서 임영일, 신광영, 남춘호, 박준식, 정이환, 조형제, 백욱인 등이 노동계급 의식, 노사관계, 노동통제, 노동과정, 노동자의 일상적 삶에 대한 연구를 시작했다. 공제욱과 홍덕률은 한국 자본가계급을 연구했고 독일에서 공부하고 귀국한 이종오와 유팔무는 사회운동과 이데올로기 현상을 연구했다.

이에 따라 대학 밖의 지하서클을 중심으로 진보적 사회학자들과 운동권의 이론가들이 참여한 사회구성체 논쟁이 한동안 격렬하게 진행되었다.[179] 그러나 사회구성체 논쟁은 제도권 사회학계에서는 금기시된 외국의 진보적 좌파 이론을 학습하여 한국 사회에 거칠게 적용한 수준을 벗어나지 못한 것이었다는 비판이 뒤따랐다.[180] 1980년대 진보적 사

리, 불평등을 계급관계의 산물로 인식하는 계급론적 접근은 철저하게 배제되었다." 신광영, 〈한국 계층과 계급연구사〉, 이화여자대학교 한국문화연구원 엮음, 《사회학 연구 50년》, 혜안, 2004, 96쪽.

179 이 논쟁은 NL–PD논쟁으로 불렸다. 사회구성체론의 기본 개념을 설명한 이진경, 《사회구성체론과 사회과학방법론》, 아침, 1987 참조. 당시 이 책은 10만 권 이상 팔린 베스트셀러였다.

180 이 논쟁에 참여했던 한 사회학자에 따르면 "논쟁 분위기는 엄청 험악했습니다. 팸

회학의 경우에도 외국 이론을 수입하여 가공하는 단계를 벗어나지 못했다는 점에서 보수적 사회학과 큰 차이가 없었다. 이는 자생적 "이론 생산 능력의 저발전"을 드러내는 것에 다름 아니었다.[181]

1980년대 제도권 내의 사회학자들 가운데 한상진과 김진균은 한완상의 민중사회학을 각기 다른 방향으로 발전시켰다. 먼저 한상진은 한완상의 민중론民衆論을 중민론中民論으로 변형시켰다. 미국 서던일리노이대학에서 박사학위를 받고 독일 빌레펠트대학을 거쳐 1981년 귀국한 한상진은 소장 사회학자들의 노동계급 중심의 변혁론과 거리를 두면서 사회 개혁의식에 관한 경험적 조사자료를 활용하여 '중민론'을 주장했다. 중민론은 개혁적 중간계급이 중심이 되어 관료적 권위주의를 극복하고 민주화를 이루어야 한다는 정치적 입장을 전제한 이론이었다.[182]

김진균은 한상진과 다른 방향에서 민중론을 변형시켰다. 김진균은 1980년대 초 해직교수 시절 소장 학자들과 함께 진보적 사회학의 흐름을 모색하다가 1984년 산업사회연구회를 만들었다. 김진균은 이전의 사회학 패러다임과 단절하고 정치경제학적 패러다임을 수용하여 노동

플릿이 익명이기도 하고 레닌에게서 배운 논쟁 수사법의 영향도 컸으니까요." 한상진 외, 《한상진과 중민이론》, 새물결, 2018, 84쪽.

181 이기홍, 〈진보적 사회학의 위상과 과제〉, 한국산업사회연구회 엮음, 《현대 한국 인문사회과학 연구사—80, 90년대 비판학문의 평가와 전망》, 한울, 1994, 54쪽.

182 한상진, 《민중의 사회과학적 인식》, 문학과지성사, 1987. 2018년 한상진은 자신의 삶과 학문을 정리하는 저서를 출간했다. 한상진 외, 《한상진과 중민이론》, 새물결, 2018.

자를 중심으로 하는 계급적 민중 노선과 민족자주의 노선을 결합하는 민족·민중 패러다임을 제시했다.[183]

1980년대 사회학계 일각에서는 한국 사회가 조선 시대를 지나 근대적 변동을 겪는 과정을 역사적으로 접근하면서 한국 사회학의 정체성을 모색하는 흐름이 형성되었다. 1980년 신용하가 중심이 되고 대학원생들이 참여하여 시작된 한국사회사연구회는 1984년 정식 학회로 재창립하면서 한국의 사회현실에 대한 비판의식을 연구에 대한 열정으로 전환시켜 개화기와 식민지 시대를 거치는 과정에서 한국의 근대가 어떻게 형성되고 어떤 문제를 안고 있는가를 주체적으로 연구하는 학회 활동을 계속했다. 1986년부터는 《한국사회사연구회 논문집》을 창간하고 정기적인 학술모임을 주최했다.

다른 한편 학제 간 연구의 중요성을 강조하던 박영신을 중심으로 1983년 한국사회이론학회가 창립되었다. 이 학회는 "사회의 총체성은 다차원성을 전제"로 하기 때문에 "다각적인 이론의 빛을 제공할 수 있는 여러 학문 분야"에 종사하는 학자들의 참여를 요구한다는 기치 아래 사회학만이 아니라 역사학, 종교학, 철학 법학으로부터 인류학, 심리학, 정치학, 경제학, 경영학, 언론학에 이르는 여러 학문 분야 학자들의 학문적 협동체를 구성했다. 이 학회는 이후 《사회이론》이라는 학술지를 꾸준히 발간하고 있다.

---

183 김진균, 〈80년대 한국 사회과학의 과제〉, 《산업사회연구》 제1집, 1985, 7~22쪽과 〈민족적 민중적 학문을 제창한다〉, 학술단체협의회 엮음, 《1980년대 한국 인문사회과학의 현 단계와 전망》, 역사비평사, 1988, 13~25쪽.

1984년에는 연세대, 이화여대, 서강대 등이 자리하는 신촌이라는 지역을 배경으로 '또하나의문화'라는 여성 문화운동 단체가 형성되었다. 이 모임은 사회학자들로 이루어진 학회라기보다는 뜻을 함께하는 여성들의 동인 모임이었지만 조형, 조은, 조혜정, 조옥라, 이재경 등 사회학자와 인류학자들이 중요한 역할을 했다.[184] 사회학자들은 고정희, 김혜순, 강은교 등의 시인, 박혜란, 오숙희 등의 대중적 영향력을 가진 여성학자들과 함께 모여 가족, 여성, 사회라는 큰 주제 아래, 육아, 학교 교육, 청소년 문제, 가정폭력, 환경, 지역운동, 통일 문제 등을 진지하게 논의하고 생활 속에서 실천했다. 이 모임이 펴낸 계간지 《또하나의문화》는 논문체의 글쓰기를 피하고 각자 자신의 삶이 녹아들어 있는 고백체의 문학적 글쓰기와 비평적 글쓰기를 통해 대중적 영향력을 확보했다. '또하나의문화'는 여성적 관점과 일상문화를 강조하면서 사회학을 넘어 인문학과 사회과학을 결합시키는 다양한 지적 활동을 펼쳤다.[185]

사회운동의 시대였던 1980년대는 여러 대학에 사회학과가 설치되는 한편 위에서 논의한 바와 같이 사회학 내에 다양한 학문적 흐름이 형성

---

184 "'또하나의문화'는 인간적 삶의 양식을 담은 대안적 문화를 창조하고, 이를 실천하여 가는 동인들의 모임입니다. 이 모임은 남녀가 평등하고 진정한 벗으로 협력할 수 있는 사회를 지향하며 또한 하나의 대안적 문화를 사회에 심음으로써 유연한 사회체계로의 변화를 이루어갈 것입니다." 또하나의문화 동인들, 《평등한 부모 자유로운 아이―또하나의문화 제1호》, 또하나의문화, 1985.

185 조혜정의 《탈식민지 시대의 삶 읽기와 글 읽기》, 또하나의문화, 1993와 조은의 《사당동 더하기 25》, 또하나의문화, 2013는 이 모임의 산물이다.

되고 있었다. 1987년 6월 항쟁으로 민주화가 시작되면서 대학 내에도 민주화 바람이 불기 시작했다. 그에 따라 대학원생들과 소장학자들이 추구하던 마르크스주의 사회과학이 대학 내에 제도화될 수 있는 정치적 기회가 마련되었다. 사회학계 내에도 진보사회학의 발언권이 강화되었다.[186] 여러 대학 사회학과에 학생들의 요구로 정치경제학과 마르크스주의 사회학 강좌가 열리기도 했다. 그러나 이런 분위기는 그리 오래가지 못하고 사그라지게 된다.

8. 1990년대 이후: 전문화와 다양화

민주화가 시작되고 공산권이 붕괴하면서 사회학계에도 변화가 일어났다. 1990년대 초 그동안 '불온서적'으로 취급되던 비판적 지식인들의 저서, 월북 작가들의 작품, 마르크스와 레닌의 원전 등이 해금되면서 진보적 사회학이 공식화되기 시작했다. 노태우 정권의 사회운동 탄압으로 정권에 대한 비판적 분위기가 지속되었다. 하지만 1993년 김영삼 문민정부가 시작되면서 1980년대의 비판사회학의 열기는 급속한 냉각

---

186 1987년 한국사회학회는 진보사회학의 강력한 부상에 따른 사회학계 내부의 의견 조율을 위해 김일철의 사회로 황성모, 배용광, 김진균, 박영신, 조형, 정창수, 김성국, 이각범, 김용학, 박명규, 김미숙 등 12명의 사회학자를 초청하여 심포지엄을 열었다. 황성모 외, 〈심포지엄 보고〉, 《한국사회학》 22집, 1988, 205~228쪽.

기를 경험하게 된다. 민주화의 진전에 따라 1980년대 진보적 사회학의 '조야함', '지적 협소함', '실천적 자폐성' 등을 자성하는 내부 비판이 나오기도 했다. 진보를 자처하는 사회학도들이 노동계급 중심의 본질론적 주장에 매몰되어 다양하고 풍부한 현실 분석을 실행하지 못한 점과 주체적인 이론 구성보다는 서구의 좌파 이론을 앞 다퉈 '수입'하여 급진성을 기준으로 이론적 '정통성'을 주장하는 경향도 비판의 대상이 되었다.[187] 이를테면 이기홍은 다음과 같은 논평을 남겼다.

사실상 80년대 중후반 젊은 사회학도들 사이에서 맑스주의적 관점의 확산은 인식의 발전에 의해 초래된 필연이라기보다 상당한 정도는 '유행'의 추종이었으며, 따라서 그것의 속성이 그러하듯 유행이 변하면 언제든지 진지한 검토 없이 '폐기'를 선택한 기회주의적 요소를 포함하고 있었다.[188]

원로 철학자 박동환은 1980년대 사회학을 포함한 한국 사상계 전체의 상황을 다음과 같이 평가했다.

---

187 김동춘은 진보사회학이 경험적 현실의 변화를 끈기 있게 탐색하고 검증하는 작업을 충분히 수행하지 못했다고 비판했다. 김동춘, 〈1980년대 후반 이후 한국 맑스주의 이론의 성격 변화와 한국 사회과학〉, 《창작과 비평》, 1993년 겨울호, 313쪽.
188 이기홍, 〈진보적 사회학의 위상과 과제〉, 한국산업사회연구회 엮음, 《현대 한국 인문사회과학 연구사─80, 90년대 비판학문의 평가와 전망》, 한울, 1994, 54~55쪽.

80년대에 들어서 한국 사상계를 새로이 제압하기 시작한 제3세계 종속 제국주의론이나 계급 및 분단모순론은 거의 모두 맑스주의 이론의 원용이나 정통 노선 위에 재구성된 외래 사조에서 유래하는 것이다. 그럼에도 불구하고 우리 학계 혹은 사회운동권에서 논의되는 맑스주의에는 한국인이 겪은 파란만장한 삶의 바탕이 되던 체질이나 그의 공적 역사체험의 특수성을 반영하여 자주성을 찾으려는 노력이 보이지 않는다. 그러나 공산주의 체제를 유지하기 위한 국가 철학으로서 모든 인민에게 똑같이 강요되는 경우가 아니라면, 맑스주의 연구와 운동은 언제나 민족의 체험과 학자의 경향에 따라서 각기 다른 해석을 얻게 되고 새로운 이념과 행동 가설로서 변형된 체계를 갖추어 나타나는 것이다.[189]

해방 후 동서 냉전의 와중에서 정치적 이데올로기로 분출된 마르크스주의가 분단체제가 수립되면서 반공의 이름으로 억압되었다면 1980년대의 마르크스주의 열풍 또한 주류 학계와 학문적 토론과 비판의 과정을 충분히 거치지 못하고 급하게 후퇴하기 시작했다.

김영삼 정권이 들어서면서 사회학을 둘러싼 시대의 분위기가 바뀌고 있었다. 광주항쟁 이후 전두환 정권의 탄압을 받아 미국에서 망명 생활을 하다가 귀국한 한완상은 1993년 김영삼 정부의 교육부총리가 되어 서울대를 떠나면서 한 고별 강연에서 이제 사회학은 사회변혁의 구호를 외치는 단계를 지나 삶의 현장에서 고통받는 사람들에게 실질적인

---

189 박동환, 〈한국사상사의 과제—맑스주의〉, 《동양의 논리는 어디에 있는가》, 사월의 책, 2017, 128~129쪽.

도움을 줘야 할 때가 왔다고 말했다. 사회운동의 시대에서 사회복지의 시대로 이행해야 할 필요성을 이야기한 셈이다.

1990년대 들어서도 여러 대학에 사회학과가 만들어졌다. 1994년 울산대학교와 성공회대학교, 1995년 창원대학교, 1996년 배재대학교와 한신대학교, 1997년 서울시립대학교(도시사회학과), 1998년, 숭실대학교(정보사회학과)와 중앙대학교에 사회학과가 창설되었고 그에 따라 대학에 자리잡는 사회학자의 수가 증가했다. 다른 한편 세계화와 정보화의 물결이 밀려오고 새로운 사회적 문제들이 증가함에 따라 지역사회학회, 정보사회학회, 환경사회학회, 비교사회학회 등 연구 주제별로 분과학회가 만들어졌다. 관심 분야가 다양해지고 자료 분석방법의 수준이 높아졌다.

1990년대가 되면서 기존의 학풍과 구별되는 새로운 흐름들이 만들어지기 시작했다. 박재환이 중심이 된 부산대학교의 '일상문화연구모임'과 서울에서 활동한 '일상문화연구회'는 비슷한 문제의식으로 한국인의 일상성을 연구하는 흐름을 만들었다. 1990년대 중반부터 이영자와 이병혁 등 프랑스에 유학했던 학자들이 중심이 되어 활동한 일상문화연구회는《한국인의 일상문화》(1966),《일상 속의 한국문화》(1998),《일상문화 읽기》(2004) 등의 단행본을 출간했고, 부산대학교 일상성·일상생활연구회는《술의 사회학》(1999),《부산인의 신생활 풍속》(2004),《현대한국사회의 일상문화 코드》(2004) 등의 저술을 간행했다.

1990년대 중반으로 가면서 "사회학 전반의 이념화는 상당히 잠자게 되고" 미국 주류 사회학과 연계된 실증주의 사회학이 다시 주류의 위치로 복귀하게 된다. "여기에 정보화라는 기술 혁신에 힘입은 전 지구화와 신자유주의 물결, 그리고 전 지구적 시민사회의 등장 등은 사회학에 새로운 화두를 던지기 시작하였다."[190] 그러나 한국의 사회학계는 자생적인 이론을 생산하지 못하고 서구 이론을 수입하여 한국 사회 연구에 적용하는 학문 활동을 이어갔다. 하버마스, 기든스, 부르디외, 루만, 벡 등의 유럽의 비판적 사회이론가들의 저작이 소개되고 포스트구조주의, 포스트모더니즘, 포스트콜로니얼리즘 등의 사조가 유행처럼 밀려왔다.

1990년대에는 학창시절 비판의식을 키운 젊은 학자들 가운데 산업사회학, 조직사회학, 경제사회학 등을 전공한 학자들이 미국과 국내에서 박사학위를 받고 대학에 진출하면서 활발한 학술 활동이 이루어졌다.[191] 이들은 사회운동권과 관련된 추상적 사회구성체론과 달리 미국사회학계의 이론적·방법론적 자원과 도구를 활용하여 한국의 노동시장과 노동과정, 경제조직과 사회연결망 등을 정교하게 분석하기 시작했다. 한준의 평가에 따르면 "1990년대 경제 및 조직사회학의 경험적 연구는 이론과 대상, 방법론의 측면에서 이전 시기와 차이를 보인다. 이론적으로는 1990년대 초반에 활발하게 소개된 새로운 이론을 활발하게 적용하고 검증하려는 시도를 보였으며, 대상의 범위 또한 다양했

---

190 김경동, 〈한국사회학의 아이덴티티 문제〉, 152쪽.

191 이병훈, 〈산업사회학 연구의 동향과 전망〉, 이화여자대학교 한국문화연구원 엮음, 《사회학 연구 50년》, 혜안, 2004, 191쪽. 이병훈이 산업사회학 분야의 연구자 집단의 형성을 긍정적으로 본 반면 김경동은 1987년 하버드대학 사회학과 박사 과정의 한국 학생 5명 모두가 노동 및 경제사회학을 전공하고 있었다며 특정 분야 편중현상을 우려했다. 김경동, 〈한국사회학의 아이덴티티 문제〉, 150쪽.

으며 조직과 시장에 대한 분석과 설명이 시도되었다. 마지막으로 방법론적으로도 정교한 계량적 모형(사건사 분석이나 연결망 분석, 다수준 분석 등)이 적용되어 복잡한 가설을 엄밀하게 검증할 수 있었다."[192]

길게 보면 콩트의 실증주의 정신을 강조한 이상백에서 시작하여 이만갑의 사회조사방법론, 이해영의 인구통계학이 주류가 된 한국의 초창기 사회학은 1970년대 미국에서 유학하고 돌아온 학자들에 의해 대학 내 아카데믹 사회학으로 제도화되었다. 그러나 1980년대에는 신진 학자들을 중심으로 노동, 계급, 사회운동을 중심으로 하는 민중·민주·민족을 내세운 비판적 사회학의 흐름이 형성되었다. 1987년 민주화가 이루어지고 뒤이어 베를린 장벽이 무너지고 소련과 동유럽 공산권 국가가 붕괴하면서 세계화라는 구호가 힘을 발휘하게 되자 사회학계에도 변화가 일어났다. 이념 과잉의 비판적 사회학이 약화되고 정통 아카데믹 사회학이 다시 강화되기 시작했다. 그것은 정치적 '중립'을 지키며 전문성을 주장하는 과학적인 사회학으로 되돌아가려는 움직임이었다.

1997년 외환위기 이후 사회 전체가 재구조화되면서 한국 사회학도 큰 변화를 경험하게 되었다.[193] 학술진흥재단이 한국연구재단으로 통합

---

192 한준, 〈경제사회·조직 연구의 동향과 전망〉, 조대엽·신광영 외, 《한국 사회학의 미래: 사회학 연구의 위기 진단과 미래 전망》, 나남, 2015, 140~141쪽.

193 외환위기에 대한 반성과 대안 제시적 연구인 송호근, 《또 하나의 기적을 향한 짧은 시련》, 나남출판, 1998 참조. 금융위기에 따른 한국 사회의 변화에 대한 연구로 박길성, 《한국사회의 재구조화: 강요된 조정, 갈등적 조율》, 고려대학교출판부, 2004과 한준 외, 《외환위기 이후 20년—한국 사회구조와 생활세계의 변화》, 대한민국역사박물관, 2018을 참조.

되면서 학계에 대한 정부의 지원과 통제가 강화되기 시작했다. 교수업적 평가제와 등재지 제도가 생기면서 사회학계에도 연구재단에 등재된 학술지가 늘어나고 발표되는 논문의 양이 크게 증가하기 시작했다. 이에 따라 사회학 학문공동체의 연구 방향을 규정하는 규범이 만들어지기 시작했다.

미국에서 공부한 학자들이 주도해온 한국사회학회는 미국사회학회의 규범을 모델로 삼아 사회학의 전문화 방향을 추구했다. 김경동의 진단대로 "1990년대 중반 이후로는 일단 국내외 사회학 전반의 이념화는 상당히 잠자게 되고 다시 미국 주도의 뿌리 깊은 경험적 사회학이 주류의 위치를 회복하는 기회가 온 셈이다."[194]

이런 분위기 속에서 체계적인 사회조사가 시작되었다. 1999년 사회학자 홍두승이 중심이 되어 사회학뿐만 아니라 통계학, 행정학, 심리학, 언론정보학, 교육학, 보건학 등을 아우르는 '한국조사연구학회'를 만들고 2000년에는 학회지 《조사연구》를 창간해 현재 연 4회 발간하고 있다. 이 학회는 경험적 조사 연구의 질을 높이고 조사자료들을 체계적으로 축적하고 효과적으로 활용하기 위한 방안을 모색하면서 여러 주제의 조사 연구를 진행하고 있다. 2003년에는 석현호가 중심이 되어 '한국종합사회조사Korean General Social Survey'가 시작되었다. 한국연구재단의 지원을 받아 이루어진 이 조사 연구 사업은 학술적인 목적으로 한국 사회의 변화를 파악하기 위해 매년 핵심적인 질문에 대한 응답

---

194 김경동, 〈한국사회학의 아이덴티티 문제〉, 152쪽.

을 반복해서 조사하고 있다. 이미 10년 이상 계속되고 있는 이 조사 연구는 과학의 제반 핵심적 주제들을 포함하고 방법론적 원칙들을 엄정히 준수하며 주기적이고 반복적인 방식으로 확률 표집의 이상적 기준을 최대한 충족시키면서 국제 비교 연구를 가능케 하는 조사 결과를 축적하고 있다.

2000년대 들어 시카고대학과 하버드대학 등 미국 명문대학 사회학과에서 박사학위를 받은 학자들이 서울대, 연세대, 고려대 등에 자리잡고 선도적인 역할을 하면서 한국 사회학자들이 쓰는 논문의 수준이 크게 향상되었다. 다른 한편 사회학의 비판적 성격이 약화되고 현실 적합성이 떨어지게 되었다. 동료 심사를 받아야 하는 등재지 게재 논문들은 《미국사회학회지American Sociological Review》 등 미국사회학회의 학회지에 실리는 논문들을 모델로 삼아 엄격한 개념화와 분석방법의 세련화를 추구했다. 그런 과정에서 사회학은 사회적 실천으로부터 멀어지는 대신 전문화professionalization의 길을 걷게 되었다. 전문성을 내세우고 비판성을 배제한 주류 사회학이 강화되면서 1980년대 이후 형성된 사회학계 내부의 다양성은 약화되었다. 연구방법의 세련화에 몰두하는 과학적 사회학의 규범이 일반화되는 상황에서 무엇을 위한 사회학이고 누구를 위한 사회학인가라는 비판사회학 쪽의 질문이 다시 제기되었다.[195]

---

195 이기홍, 〈사회과학에서 생산성 그리고 구상과 실행의 분리〉,《경제와 사회》 제77호, 2008, 28쪽.

시장논리의 지배에 따른 업적 관리의 강조는 학진의 학술지 등재제도와 결합하여 연구의 양적 증가를 낳고 있다. 하지만 구미의 이론을 수입하여 통계 기법을 사용하여 시험하는 방법을 과학적 방법으로 이해하고 과학적 노동과정에서 구상은 포기하고 실행에 몰두하는 한국 사회학계에서 연구의 양적 증가는 학문의 발전과 무관하다. 오히려 전문용어와 복잡한 기법의 사용은 학문공동체의 내부의 분절 그리고 사회과학과 사회의 단절이라는 결과를 가져와 사회과학의 논의를 그들만의 리그로 만들고 있다. 그리고 이것은 사회과학을 납득할 수 없는 것으로 나아가 사회 자체를 납득할 수 없는 것으로 만들면서, 기존의 질서를 변동 불가능한 것으로 인식시키는 이데올로기적 효과를 수반한다.[196]

국내의 상위권 대학을 졸업하고 미국의 상위권 대학에서 양적 방법론으로 훈련받은 한국 사회학계의 주류 엘리트 학자들은 자기들끼리만 이해할 수 있는 전문용어와 분석방법으로 전문성을 과시하는 경향을 보였다. 그들은 교수직의 배분, 연구비의 확보, 사회적 명망 획득 등 여러 차원에서 지배적인 위치를 점유했다. 그 결과 현실 적합성이 높은 비판적 지식을 생산하려는 다양한 접근이 질식되는 결과를 초래했다.[197] 원로 사회학자 김경동은 이런 상황에 대해 다음과 같은 의견을 표명했다.

---

196   이기홍, 〈사회과학에서 생산성 그리고 구상과 실행의 분리〉, 10쪽.

197   이기홍, 〈사회과학에서 생산성 그리고 구상과 실행의 분리〉, 28쪽.

이와 관련하여 한 가지 우려스러운 추세는 요즘도 미국을 중심으로 하는 현대 사회학의 메타이론을 지배하는 조류가 여전히 실증적 과학을 표방하는 경험주의적이고 계량주의적인 연구방법론이라는 점이다. 이와 같은 수량적 방법론으로 접근하다 보니 아무래도 거시적인 자료보다는 미시적인 자료들을 주로 다루게 되고 따라서 이들 자료로써 평가하는 이론들도 미시적이거나 아니면 매우 제한적인 변수들로 구성된 명제들로 한정될 수밖에 없다. 사정이 그러하다 보니 사회학적 연구의 발전은 거시적 쟁점의 설명을 추구하는 거대 이론이나 현실 문제를 이론적으로 접근하는 실질적인 연구보다는 기술적으로 첨단적이고 정교한 분석이 가능한 수준의 미시적이고 지엽적인 가설적 명제의 검증에 치중하는 방향으로 흐르게 된다. …… 과연 그와 같이 기술적으로 정교한 연구들이 인간의 문제를 옳게 이해하고 해결에 도움이 될 수 있는 이론적 통찰을 얼마만큼이나 효율적으로 생산해낼 수 있었던가에 대해서 만족할 만한 정도의 긍정적 평가가 나오기 어려운 것이 역사적인 현실이다.[198]

2000년대 이후 사회학의 전공 분야별로 조각조각 분리된 단편적 지식들은 쌓여가지만 그것들을 하나로 꿰어 전체상을 보여주는 사회학 연구는 거의 나오지 않고 있다. 전문화 과정에서 사회학은 사회와 절연되고 사회를 살아가는 시민들과 격리되어 오로지 '사회학자들을 위한 사회학'이 되어버리는 경향을 보였다.

---

198 김경동, 〈한국사회학의 아이덴티티 문제〉, 160쪽.

그러나 사회학계 전체가 주류 사회학으로 통일된 것은 아니다. 1980년대에 시작된 비판사회학회는 《경제와 사회》를 중심으로, 사회사학회는 《사회와 역사》를 중심으로 계속 활발하게 활동하고 있으며 이론사회학회는 《사회와 이론》, 사회이론학회는 《사회이론》을 펴내면서 사회를 거시적이고 전체적으로 파악하기 위한 이론적 성찰을 계속하고 있다.

주류 사회학과 다소 거리를 둔 사회학자들의 새로운 모임이 형성되기도 했다. 1997년 유교와 불교를 중심으로 전통사상을 사회학적으로 조명하면서 한국적인 사회학 이론 구성을 목표로 하는 동양사회사상학회가 출범했다. "동양 사회사상을 바탕으로 하여 사회학의 새로운 정체성을 탐구하고, 새로운 사회학 이론을 모색하며, 현실사회를 분석하고 연구"하는 동양사회사상학회는 1998년 학회지 《동양사회사상》을 창간했다. 최석만, 이영찬, 우실하, 최봉영, 홍승표, 유승무, 정학섭 등이 중심이 된 이 학회의 활동은 꾸준히 계속되고 있으며 학회지 이름을 《사회사상과 문화》로 바꾸고 2015년부터는 1년에 4회 학회지를 발간하고 있다.

한국사회학의 주류와 거리를 두는 또 하나의 학회로 한국문화사회학회가 2005년 창립되었다. 김무경, 박선웅, 전상진, 최종렬, 김홍중, 이나영, 최샛별 등이 중심이 된 이 학회는 여러 현상 가운데 문화현상을 연구하는 '문화에 대한 사회학sociology of culture'이 아니라 사회의 모든 현상을 문화의 관점에서 이해하고 설명하는 '문화적 사회학cultural sociology'을 지향하면서 2006년 학회지 《문화와 사회》를 창간했다.[199] 2010년대 들어 사회학계 일각에서 세상물정을 파악하고 시민들의 내면적 삶에 밀착하여 그들의 질문과 고통에 응답하는 사회학이 필요하다는 주장이 나오기도 했다.[200]

2020년대의 한국 사회학계는 주류 아카데믹 사회학, 비판사회학, 역사사회학, 문화사회학, 이론사회학 등 지향성을 달리하는 학문적 흐름 사이의 상호 교류·비판·경쟁·협력을 통해 한국 사회를 다면·다층·복합적으로 이해하면서 현실적합성을 높여 한국 사회의 문제 해결에 기여하는 사회학을 발전시킬 것으로 기대한다.

---

199 박선웅, 〈문화연구의 사회학화: 한국문화사회학회가 걸어온 길〉, 《문화와 사회》 20호, 2016, 7~33쪽.

200 노명우, 《세상물정의 사회학》, 사계절, 2013; 정수복, 《응답하는 사회학》, 문학과 지성사, 2015.

5.

한국 사회학계의 지형도 —
주체적 이론을 향한 미완의 여정[201]

조선에서라고 로크나 루소가 나오지 말라는 법이 있으며, 벤담이나 밀이 나지
말라는 법이 있습니까.
－ 이광수[202]

자립을 이루지 못한 학문이 국제화될 수는 없다.
－ 조동일[203]

나이 오십 이전의 나는 한 마리 개에 불과하였다. 앞에 있는 개가 자기 그림자를
보고 짖으면 같이 따라 짖었던 것이다. 만약 누군가 내가 짖은 까닭을 묻는다면
나는 정말로 쑥스럽게 웃을 수밖에 없다.
－ 이탁오[204]

1. 한국 사회학에서 이론이 차지하는 위치

한국에서 사회학은 1946년 서울대학교에 사회학과가 설치되면서 본격
적으로 시작되었다. 한국 사회학은 자생 학문이 아니라 수입 학문이었
기 때문에 서구의 학문을 배우고 익히는 일을 우선할 수밖에 없었다.
초창기 사회학자들은 서구 사회학의 이론과 방법을 도구 삼아 우리의

---

201 이 장은 2019년 8월 22일 강원대학교에서 열린 한국이론사회학회 연례 학술대회
    에서 발표한 글을 수정한 것이다.
202 이광수, 〈우리의 이상〉,《학지광》 14호, 1917년 11월, 4쪽.
203 조동일,《독서 · 학문 · 문화》, 서울대학교출판부, 1994, 39쪽.
204 박동환,《X의 존재론》, 사월의책, 2017, 11쪽에서 재인용.

사회현실을 이해하고 설명하고 진단하는 작업을 시작했다. 그런 단계는 꽤 오래 지속되었다. 이효재는 1968년 한국 사회학의 수준을 다음과 같이 진단했다.

> 현재로서 한국 사회 연구를 토대로 한 주목할 만한 이론적 관점이나 접근방법이 전혀 발생하지 않고 있다는 점에서 현 단계를 한국 사회학의 형성을 위한 기초작업의 시기로 특징지을 수 있지 않을까 생각한다.[205]

한국전쟁 이후 1950년대 후반에서 1970년대 초반에 이르기까지 한국 사회학계에서는 가족사회학과 농촌사회학 분야를 중심으로 조사방법을 활용한 연구가 주류를 이루었다. 파슨스와 머튼의 구조기능주의 이론이 소개되고 근대화 이론이 수입되었지만 이론 자체에 대한 진지한 논의는 발견하기 어려웠다. 수입된 사회학 이론은 경험적 연구를 치장하고 포장하는 역할을 크게 벗어나지 못했다. 1985년 박영신은 한국 사회학계에서 이론적 관심이 부재한 조사 연구의 문제점을 다음과 같이 지적했다.

> 우리 사회학은 앞으로 이론 자체에 대한 보다 깊은 연구를 펼칠 필요가 있다. 사회조사 연구가 오랫동안 사회학의 주요 흐름을 이끌어 오면서 연구의 양적 생산에 기여한 것이 사실이지만, 이론에 대한 인식과 이론

---

[205] 이효재, 〈체계 없는 '상식'의 단계 너머: 사회학, 한국 사회과학의 시련〉,《정경연구》45호, 1968년 1월호, 141쪽.

과의 관련성이 간과된 채 사회학 연구가 조사방법이라는 간편한 도구에
내맡겨져 온 경향 때문에, 조사방법survey research method과 방법론
methodology을 혼돈하였는가 하면, 사회학 이론 자체에 대한 도전은 그
만두고라도 이론적 논의를 비경험적이라고 규정하려는 몰이론적인 분
위기가 생겨나기도 했던 것이다. 경험적인 것이란 무엇이며, 과학적 지
식의 생산은 무엇이며, 개념의 경험적 준거는 또 무엇인가 하는 기본적
이론적 및 방법론적인 물음을 우리 사회학이 던져 따져보지 않았었다.
이러한 물음과 이에 대한 해명을 빼놓은 방법은 방법론상의 큰 문제를
안고 있으며, 그것은 결코 사회학에서 의미 있는 과학적 지식의 생산과
이론적 발전을 지향하는 뜻있는 연구가 될 수 없었을 것이다.[206]

같은 1985년에 발표한 한국 사회학계의 이론과 방법을 평가하는 글
에서 정진성은 한국 사회학계에서 "대부분의 (이론) 연구들이 외국에서
발전된 이론을 비판적으로 검토하고 수정하는 데" 그치고 있으며 "한
국적 시각에서 새로이 구성된 이론적 틀에 의한 (경험) 연구는 나오지
못하고 있다"고 평가했다.[207]

1980년대 이후 젊은 세대의 비판적 학자들을 중심으로 구조기능주
의와 근대화론을 비판하는 종속이론, 세계체계론, 마르크스주의 사회
학 등이 널리 수용되었다. 그러나 보수 이론에서 진보 이론으로 수용의

---

206 박영신, 〈사회학적 연구의 사회학적 역사〉, 《현상과 인식》 9권 1호, 19~20쪽.
207 정진성, 〈한국 사회연구의 이론 및 방법론 반성〉, 《한국사회학》 19집 1호, 1985,
      17쪽.

방향만 바뀌었을 뿐 우리 이론의 구성을 위한 진지한 노력은 이루어지지 않았다. 1993년 이기홍은 1980년대에 성행했던 마르크스주의 이론에 대해 다음과 같은 평가를 남겼다.

사실상 80년대 중후반 젊은 사회학도들 사이에서 맑스주의적 관점의 확산은 인식의 발전에 의해 초래된 필연이라기보다 상당한 정도는 '유행'의 추종이었으며, 따라서 그것의 속성이 그러하듯 유행이 변하면 언제든지 진지한 검토 없이 '폐기'를 선택한 기회주의적 요소를 포함하고 있었다.[208]

사회학이 일관성 있는 지식체계가 되기 위해서는 가족사회학, 산업사회학, 교육사회학, 종교사회학, 경제사회학, 사회계급과 사회계층론, 집합행동과 사회운동론, 정치사회학, 조직론, 사회변동론 등 각 전공 분야별 경험 연구에 의미와 방향을 제시하는 일반 이론이 필요하다. 사회를 전체적으로 조망하는 일반 이론에 의해 개별적인 경험 연구들이 자기 위치를 찾고 일반 이론을 더욱 촘촘하게 체계화하는 데 기여한다. 그러나 한국 사회학계에서 이론 연구는 누구나 조금씩 하지만 정작 이론의 중요성을 파악하고 있는지는 의문이다. 2014년 김우식은 한국 사

---

208 이기홍, 〈진보적 사회학의 위상과 과제〉, 한국산업사회연구회 편, 《현대 한국 인문사회과학 연구사―80, 90년대 비판학문의 평가와 전망》, 한울, 1994, 54~55쪽. 김동춘, 〈1980년대 후반 이후 한국 맑스주의 이론의 성격 변화와 한국 사회과학〉, 《창작과 비평》, 1993년 겨울호, 302~328쪽도 볼 것.

회학계에서 사회학 이론이 차지하는 위치를 다음과 같이 진단했다.

현재 사회학의 핵심이 되어야 할 세부 전공은 사회학 이론인데 사회학
이론은 개별 분야와의 연관성이 매우 약한 상태에 있고, 그래서인지 개
별 분야에서도 사회학 이론 교재에 나오는 이론들을 중시하지 않는다.
고전이나 현대 사회학 이론들은 기본적인 사회구조와 과정에 대한 관점
과 설명 틀을 제공하고 있어서 사회학의 각 분야에 대해 핵심적인 틀이
될 수 있음에도 불구하고 현실에서는 이론과 각 분야 간의 대화 부족이
지배적이다. 이론적 체계의 허약함은 통합된 학문으로서의 위상을 저해
하고 학문의 실용성을 추락시킨다.[209]

2. 한국 사회학계의 이론 구성을 위한 흐름

한국 사회학계는 70년이 넘는 긴 세월 동안 서구에서 생산된 이론을 수
입하여 한국 사회를 이해하고 설명하기 위해 노력해왔다. 많은 사람들
이 이제 한국 사회학도 해외 학계를 향해 우리가 이룩한 학문적 성과를
수출하는 단계로 나아가야 한다고 주장한다. 세계 학계에서 자신의 연
구 결과를 발표하는 학자들도 늘어나고 있다. 아직 소수지만 한국 사회

---

209 김우식, 〈한국 사회학의 위기의 원인과 처방에 대한 이론적 논의〉, 《사회와 이론》
    25집, 2014년 2호, 349쪽.

학자들이 해외 학술지에 논문을 발표하고 영문 저서를 출간하고 있다. 해외 학술지에 영어로 논문을 발표하여 해외 학자들과 소통하는 일은 소중하다. 그것은 그만큼 한국 사회학자들의 학문적 역량이 증대되었음을 의미한다. 그러나 어떤 논문을 발표하고 있는지를 생각해봐야 한다. 원로 사회학자 김경동의 말을 들어보자.

> 근자에는 외국의 우수 학술지에 한국 학자들의 발표가 전보다 더 자주 눈에 뜨인다. 그러나 이들은 지금도 서방의 이론과 방법론의 틀 안에서 연구를 진행한 결과를 발표하는 수준이다. 그 자체를 부정할 까닭은 전혀 없다. 우리도 세계무대에서 어깨를 겨룰 필요가 있는 것은 당연하다. 다만 이제부터는 우리의 틀로써 우리 사회를 설명, 해석하는 보기를 외국에도 더 널리 알려야 한다. 거기서 다른 사회의 호응을 얻는 순간부터 한국 사회학은 세계화하고 보편성으로 다가가는 계기가 생긴다.[210]

한국 사회학계의 궁극적 과제는 한국 사회의 현실을 제대로 설명하면서 보편성을 지향하는 '한국발 사회학 이론'의 구성이다. 한국 사회학자가 만든 한국 사회를 잘 설명하는 이론이 외국 학자들에 의해 널리 인정받고 참조의 대상이 된다면 그 이론을 '한국발 사회학 이론'이라고 부를 수 있을 것이다.

한국발 사회학 이론을 좀 더 자세하게 정의하면 그것은 다음과 같은

---

210 김경동, 〈한국사회학의 아이덴티티 문제〉, 159쪽.

조건을 충족시켜야 한다. 첫째, 사회학 내부의 특정 분야에 한정된 특수 이론이 아니라 사회 전체를 다루는 일반 이론 또는 패러다임 수준의 이론이어야 한다. 이것은 사회학이 사회과학 전체의 기초학문이 되기 위한 기본조건이기도 하다. 둘째, 추상적 담론이나 개념 구성을 넘어 구체적이고 경험적인 연구로 뒷받침되는 이론이어야 한다. 셋째, 당연한 말이지만 한국의 역사적 경험과 현실을 고려하는 이론이어야 한다. 특히 한국의 근현대사에 관한 역사적 연구를 배경으로 하여 해방 이후 한국 사회에 대한 경험적 연구를 통해 현재를 설명하고 미래를 예측하고 전망하는 데 도움이 되는 이론이어야 한다. 넷째, 한국의 경험에서 출발한 이론이지만 동아시아 사회, 비유럽 사회, 남반구 사회, 지구적 차원에서도 참조할 수 있는 일정 정도의 보편성을 지닌 이론이어야 한다.

그런 수준의 사회학 이론 구성은 뛰어난 개인의 작업만으로 이루어질 수 없다. 그것은 한국 사회학계가 한국 사회학 이론의 구성이라는 공동의 목표를 설정하고 장기간에 걸친 집합적인 노력을 통해 이루어질 수 있다. 아래에서는 한국발 사회학 이론의 구성이라는 궁극적 목표를 염두에 두면서 지난 70여 년 동안 한국 사회학계의 이론 구성을 위한 노력을 열 갈래로 나누어 정리해본다.[211]

---

[211] 물론 열 가지 접근법은 서로 중복되는 부분도 있지만 각각의 특징을 강조하기 위해 서로 겹치는 부분을 의도적으로 무시했음을 밝힌다. 중요한 연구임에도 불구하고 빠진 부분이 있다면 이는 나의 능력의 한계에서 비롯된 것이다. 앞으로 누군가에 의해 더욱 포괄적이고 깊이 있는 '한국 사회학계의 지형도'가 그려지기를 기대한다.

2-1. 고전과 현대 사회학 이론 연구

국내 30여 개 대학의 사회학과에서 '사회학사'라는 이름으로 마르크
스, 베버, 뒤르켐 등 고전사회학 이론을 가르치고 '현대사회학 이론'이
라는 과목에서는 기능주의, 갈등론, 상징적 상호작용론, 비판이론, 구
조주의, 후기구조주의, 포스트모더니즘, 포스트콜로니얼리즘, 페미니
즘 등을 가르친다.

한국에서 고전사회학 연구는 사회학 초창기부터 시작되었다. 1950
년 6월에 발간된 종합학술지 《학풍》 13호 사회학 특집호의 부록은 〈학
설 중심: 사회학자 군상〉이라는 제목으로 마르크스, 베버, 뒤르켐을 비
롯하여 40여 명의 서구 사회이론가들을 소개하고 있다. 이후 고전사회
학 이론 가운데 막스 베버 연구가 가장 활발하게 진행되었다.[212] 최문
환, 양회수, 이순구, 황성모, 권규식, 이종수, 전성우, 양영진, 차성환,
박성환, 조혜인, 김덕영 등의 베버 연구와 번역 작업이 이에 속한다. 그
가운데 황성모, 전성우, 차성환, 조혜인, 박성환, 김덕영은 독일에 유학
했던 사람들이다.[213] 국내에서 수학하고 고려대학교 사회학과 교수를

---

212 한국에서 막스 베버 연구사는 이종현, 〈'자본주의 옹호자'로서의 막스 베버: 그 수
   용의 한국적 기원에 대한 연구〉, 《한독사회과학논총》 15권 2호, 2005, 133~149쪽
   참조.

213 최문환, 《웨버》, 지문각, 1966; 《막스 웨버 연구》, 삼영사, 1977; 막스 베버, 양회
   수 옮김, 《사회과학논총》, 을유문화사, 1975; 이순구, 〈Max Weber에 있어서의 인
   식의 대상〉, 서울대학교 사회학과 석사학위 논문, 1961; 이순구, 《막스 베버의 연
   구》, 한얼문고, 1974; 권규식, 《종교와 사회변동: 막스 웨버의 종교사회학》, 형설

역임한 이순구는 줄곧 "베버로 돌아가라"고 외쳤다. 박영신은 1978년에 펴낸 《현대사회의 구조와 이론》에서 막스 베버의 카리스마 개념을 활용하여 사회운동론을 재구성했고 뒤르켐의 현대사회론을 재해석하고 이를 베버와 비교했다.[214] 김덕영은 베버와 짐멜의 주요 저서를 번역하고 여러 권의 연구 저서를 펴냈다.[215]

뒤르켐 연구는 베버 연구보다 늦게 시작되었다. 1956년 고영복은 뒤르켐의 방법론을 주제로 석사학위논문을 썼다.[216] 1978년 임희섭은 뒤

출판사, 1983; 이종수, 《전환기 사회학의 좌표》, 대영사, 1988; 전성우, 《막스 베버의 역사사회학 연구》, 사회비평사, 1996; 전성우, 《막스 베버 사회학》, 나남출판, 2013; 양영진, 《막스 베버의 사회주의론—마르크스와의 대화》, 한국개발연구원, 1992; 차성환, 《막스 베버와 근대세계의 의미》, 학문과사상사, 1997; 박성환, 《막스 베버의 문화사회학과 인간학》, 문학과지성사, 1992; 조혜인, 《상처받은 절개, 날개 접은 발전: 유교적 유산과 한국 자본주의의 부침》, 나남출판, 2007; 김덕영, 《막스 베버: 통합과학적 인식의 패러다임을 찾아서》, 길, 2012. 베버에 대한 공저로는 배동인 외, 《막스 베버 사회학의 쟁점들》, 민음사, 1995; 이재혁 외, 《현대사회와 베버 패러다임》, 나남, 2013; 한국사회이론학회, 《다시 읽는 막스 베버》, 문예출판사, 2015 등이 있다.

214 박영신, 《현대사회의 구조와 이론》, 일지사, 1978.

215 김덕영, 《짐멜이냐 베버냐; 사회학 발달과정 비교연구》, 한울, 2004; 김덕영, 《막스 베버, 이 사람을 보라》, 인물과사상사, 2008; 막스 베버, 김덕영 옮김, 《프로테스탄트 윤리와 자본주의 정신》, 길, 2010; 게오르그 짐멜, 김덕영 옮김, 《돈의 철학》, 길, 2014; 김덕영, 《게오르그 짐멜의 모더니티 풍경 11가지》, 길, 2014.

216 고영복, 〈Durkheim사회학 방법론—사회적 사실의 양화量化문제〉, 서울대학교 사회학과 석사학위논문, 1956. 고영복 이전에 1950년 서울대 사회학과 1호 석사학위논문으로 전명제의 〈Durkheim 사회학의 방법론 비판〉이 있었으나 한국전쟁 중 분실되었다.

르켐의《자살론》과《사회분업론》을 번역했다.[217] 1992년 노치준과 민혜숙은 뒤르켐의《종교 생활의 원초적 형태》를 번역했다. 1980년대 프랑스에 유학했던 민문홍은 뒤르켐에 대한 단행본 연구서를 펴냈고《사회분업론》을 다시 번역했다.[218] 김종엽은 서울대학교에서 뒤르켐에 대해 쓴 박사학위논문을 단행본 저서로 출간했다.[219] 시카고대학에서 수학한 양영진은 베버와 뒤르켐 비교 연구를 시도했다.[220] 고전사회학 연구에서 두각을 나타낸 김덕영은 베버와 짐멜 저서의 번역과 연구에 이어 뒤르켐에 대한 연구서를 펴냈다.[221]

마르크스 연구는 해방 직후《자본론》번역이 이루어지는 등 붐을 이루었으나 분단과 한국전쟁을 겪으면서 반공 이데올로기에 의해 연구 자체가 금기시되었다. 그러다가 1980년대 들어 젊은 학자들에 의해 다시 연구되기 시작했다. 유팔무, 박노영, 서관모, 이진경, 백승욱 등을 한국 사회학계의 대표적인 마르크스 연구자로 들 수 있다.[222] 독일에서 공부한 박영은은 콩트와 스펜서에서 시작해서 마르크스와 베버로 이어

---

217 에밀 뒤르켐, 임희섭 옮김,《자살론, 사회분업론》, 삼성출판사, 1978.

218 민문홍,《에밀 뒤르케임의 사회학: 현대성 위기 극복을 위한 새로운 패러다임을 찾아서》, 아카넷, 2001 ; 에밀 뒤르케임, 민문홍 옮김,《사회분업론》, 아카넷, 2012.

219 김종엽,《연대와 열광: 에밀 뒤르켐의 현대성 비판 연구》, 창작과비평사, 1998.

220 양영진, 〈종교집단에 대한 일 고찰: 베버와 뒤르켐의 비교〉,《한국사회학》23집, 1989, 13~36쪽.

221 김덕영,《에밀 뒤르케임: 사회실재론》, 길, 2019.

222 백승욱,《생각하는 맑스: 무엇이 아니라 어떻게》, 북콤마, 2017.

지는 고전사회학 연구를 남겼다.[223] 2010년대 들어 고전사회학 연구가 약해지는 추세 속에서 김명희는 2017년 '비판적 실재론'의 입장에서 마르크스와 뒤르켐을 비교하는 저서를 출간했다.[224]

현대사회학 이론 연구는 고전사회학 이론 연구보다 훨씬 다양하고 풍부한 편이다. 한상진, 박영도, 김문조, 김호기 등의 하버마스 연구와 번역, 김종길, 노진철, 이철 등의 루만 연구와 번역, 한상진, 홍성태, 홍찬숙 등의 울리히 벡 저서 번역과 연구, 푸코에 대한 수많은 논의들, 현택수, 이기현, 이상길 등의 부르디외 연구, 임현진, 이수훈 등의 월러스틴 연구,[225] 민문홍의 레이몽 부동 연구, 알튀세르와 발리바르에 대한 서관모의 연구, 윤수종의 가타리 번역, 이진경의 들뢰즈 연구, 이기홍의 로이 바스카의 비판적 실재론 연구, 김환석의 부르노 라투르 연구 등을 보기로 들 수 있다.

김경만은 하버마스, 부르디외, 기든스의 비판이론에 대한 비판 작업을 했다.[226] 그 밖에도 일일이 열거하기 어려울 정도로 수많은 현대사회학 이론가들에 대한 논의가 있다. 김호기가 엮은 《현대 비판사회이론의 흐름》에서는 이매뉴얼 월러스틴, 에릭 올린 라이트, 페미니스트 근대론자들, 앤서니 기든스, 스튜어트 홀, 데이비드 하비, 미셸 푸코, 피

---

223 박영은, 《사회학의 고전연구—실증주의의 형성과 비판》, 백의, 1995.

224 김명희, 《통합적 인간과학의 가능성: 맑스와 뒤르케임의 실재론적 귀환》, 한울아카데미, 2017.

225 이수훈, 《세계체제론》, 나남, 1993.

226 김경만, 《담론과 해방: 비판이론의 해부》, 궁리, 2005; 김경만, 《글로벌 지식장과 상징폭력》, 문학동네, 2014.

에르 부르디외, 알랭 투렌, 위르겐 하버마스, 클라우스 오페, 요스타 에스핑 안데르센 등의 이론이 다루어졌고 김문조 교수의 정년을 기념하여 나온《오늘의 사회이론가들》은 대니얼 벨, 리처드 세넷, 이매뉴얼 월러스틴, 마누엘 카스텔, 울리히 벡, 지그문트 바우만, 니클라스 루만, 제임스 콜만, 레이몽 부동, 조지 리처, 질베르 뒤랑, 로버트 벨라, 피터 버거, 도나 헤러웨이, 엘리 혹실드, 에바 일루즈 등 16명의 서구 이론가들을 다루었다.[227] 김덕영은《사회의 사회학—한국적 사회학 이론을 향한 해석학적 오디세이》에서 콩트, 스펜서, 마르크스, 뒤르켐, 짐멜, 베버 등 고전사회학자 6명과 슈츠, 파슨스, 엘리아스, 부르디외, 하버마스, 루만 등 현대 사회학 이론가 6명을 합쳐 12명의 사회학 이론가를 다루었다.[228]

한국 사회학의 초창기에 서구의 고전 이론과 현대사회학 이론에 대한 연구는 서구 사회학에 접근하는 방법의 하나였다. 1950년대 서울대학교 사회학과 대학원의 석사논문은 베버, 뒤르켐, 맥키버, 루스 베네딕트 등에 대한 이론적 고찰이 대부분이었다. 사회학이 무엇인가를 외국의 유명 사회학자의 저작을 통해 접근하는 것은 철학이란 무엇인가를 데카르트, 스피노자, 칸트, 헤겔, 비트겐슈타인의 저작을 통해 이해하거나, 문학이란 무엇인가를 괴테, 셰익스피어, 발자크 등의 작품을

---

227 김호기 편, 《현대 비판사회이론의 흐름》, 한울, 2001; 김문조 외, 《오늘의 사회이론가들》, 한울아카데미, 2015.

228 김덕영, 《사회의 사회학—한국적 사회학 이론을 향한 해석학적 오디세이》, 길, 2016.

통해 이해하는 것과 같다. 그러나 개별 철학자나 작가 연구가 철학이나 문학이 무엇인가에 대한 직접적인 답을 주지 않듯 고전사회학자나 현대 사회이론가에 대한 연구가 한국 사회가 어떻게 움직이고 있는가에 대한 직접적인 답을 주는 것은 아니다. 게다가 고전사회학자나 현대 사회학자를 한 사람씩 따로 떼어 텍스트 해석 위주로 연구하다 보면 학문이 형성된 역사적·사회적 콘텍스트를 잘 모르기 때문에 텍스트의 의미에 대한 정확한 이해에 도달하기 어렵다. 사회학 이론 텍스트 해석을 중심으로 하는 이론 연구의 문제점은 '훈고학'이나 '이론주의' 이론에 머무를 가능성이 크다는 것이다. 이론은 현실을 더 잘 보기 위해 필요한 것인데 현실과 단절된 채 이론에만 머무르게 되는 것은 문제다. '탈서구 중심주의의 관점'에서 고전과 현대사회학 이론을 상대화시키면서 한국 사회학 이론 구성을 위해 비판적이고 창조적인 접근방법이 필요하다.

2010년대 들어 특정 학자에 대한 연구에서 벗어나 서구의 고전 이론과 현대사회학 이론 연구의 새로운 흐름이 나타났다. 먼저 특정 주제를 가지고 서구 이론을 정리하는 작업이 있다. 강수택의 '연대주의', 김광기의 '이방인'에 대한 논의가 그 보기이다.[229] 특정 주제를 중심으로 이론적 논의를 정리하는 작업은 그 분야의 문제의식을 심화시키고 경험적 연구를 위한 이론적 준비 작업으로서 의미가 크다. 다른 한편 김성국은 아나키즘의 입장에서 국내외의 다양한 저작을 종합하여 잡종 이

---

229 강수택, 《연대주의》, 한길사, 2012; 김광기, 《이방인의 사회학》, 글항아리, 2014.

론을 제시했다.[230] 사회학의 인식론적 기초를 연구하는 이기홍의 이론적 작업도 있다. 그는 사회과학의 철학적 기초를 탐색하면서 사회학 이론 구성을 위한 기초 작업을 전개했다.[231] 이런 연구들은 나름 한국 사회학 이론 구성을 향하는 징검다리 역할을 하지만 그 자체가 한국 사회학 이론을 구성하는 것은 아니다.

2-2. 서구 이론 비판

사회학 이론 연구의 한 방법으로 서구 사회학 이론 텍스트 안으로 들어가 맹점과 허점을 찾아내서 비판하는 작업이 있다. 이것은 외국 이론에 대한 한국 사회학자 나름의 비평 작업이라고 볼 수 있다. 박영신의《사회학 이론과 현실 인식》은 뒤르켐, 부하린, 파슨스, 블루머, 다렌도르프, 벨라, 알튀세르, 월러스틴, 하버마스, 사이드 등 서구 사회 이론가들의 이론을 자신의 관점에서 비판하는 작업을 했다. 그러나 박영신의 서구 이론가 비판은 '메아리 없는 외침'이다. 서구 이론가에 대한 비판은 서구 학자들과 직접 논쟁하기 위해 영어, 프랑스어, 독일어 등으로 쓰는 것이 바람직하다. 그래야 서구 학자들과 대등한 수준에서 대화와 토론이 가능하다. 김경만은 하버마스, 기든스, 부르디외 등 대표적인 서구 사회학 이론가들에 대한 비판적 논의를 영어 저널에 발표함으로

---

230 김성국,《잡종사회와 그 친구들》, 이학사, 2015.

231 이기홍,《사회과학의 철학적 기초: 비판적 실재론의 접근》, 한울아카데미, 2014.

써 국제적인 토론을 가능하게 했다.[232]

그러나 서구의 대표적 이론가들을 이론과 담론 수준에서 비판하는 작업을 통해 우리 이론이 저절로 만들어지는 것은 아니다. 서구에서 유행하는 지배적 이론이 바뀌고 나면 그 이론을 비판한 연구논문이나 저서들은 큰 의미를 갖지 못하게 된다. 따라서 서구 이론가 비판을 넘어 한국 사회의 현실에서 출발하는 자기 이론을 적극적으로 구성하려는 노력이 필요하다.

2-3. 서구 이론 수용과 한국 사회 설명

이론을 이론 자체로 연구하지 않고 적절한 외국 이론을 선택적으로 수용하여 그것을 한국 사회 연구에 적용하는 사회학자들이 있다. 외국에서 발전된 여러 이론 가운데 특별히 한국적 상황에 적절한 이론을 수용

---

232 그러나 김경만은 우리 이론을 만들려는 헛된 노력 대신 서구 이론가와 맞붙어 토론하자고 주장했다. 행정학자 최병선의 다음과 같은 주장도 김경만의 주장과 논리적으로 동일하다. "서구 이론에 이의가 있다면 그 이론을 반박하는 연구를 하고 대안이 될 이론이나 가설을 제시해나가면 될 일이다. 이 일에 굳이 '한국화'란 이름을 내걸어야 할 이유가 없고, 만일 그런 이름을 붙이고자 한다면 이는 한국 행정학/정책학의 과학성을 스스로 포기하거나 부정하는 꼴이다." 최병선, 〈한국에서 행정학의 적실성에 대한 비판과 대안: 전문성과 고유성을 중심으로(박통희)에 대한 논평〉, 박종민·윤견수·김현준 편, 《한국 행정학의 방향: 교육·연구 및 제도》, 박영사, 2011, 157~159쪽.

하여 변형시키는 방법이다.

예를 들면 한상진은 오도넬의 관료적 권위주의론, 하버마스의 의사소통이론, 울리히 벡의 위험사회론 등을 활용하여 한국 사회 및 동아시아 사회의 변동을 설명했다.[233] 임현진은 세계체계론과 종속이론 등을 이용해 한국 사회를 설명했다.[234] 정태석은 서구의 여러 이론을 재구성하여 한국의 6월 항쟁을 설명했다.[235] 최샛별은 부르디외의 '문화자본' 개념을 활용하여 한국 사회의 문화실천을 연구했다. 최종렬은 제프리 알렉산더의 사회공연론으로 한국 사회의 여러 현상을 설명했다. 이런 연구들은 한국 사회의 여러 현상을 새로운 이론적 시각에서 바라볼 수 있다는 장점이 있으나 당시에 유행하는 지배적 외국 이론을 한국 사회에 적용하는 것으로 끝나고 한국의 사회 이론으로 발전할 가능성은 거의 없다. 외국 이론의 활용 단계를 넘어 우리 이론의 구성으로 나아갈 수 있는 방법을 모색해야 한다.

---

233 한상진, 《한국 사회와 관료적 권위주의》, 문학과지성사, 1988; 한상진, 《중민 이론의 탐색》, 문학과지성사, 1991; 한상진 외, 《한상진과 중민이론》, 새물결, 2018. 울리히 벡의 연구를 동아시아의 관점에서 적용한 연구로는 Sang-Jin Han, "Emancipatory Catastrophism from East Asian Perspective", *Current Sociology*, Vol. 63, No. 1, 2014, pp. 115~120을 볼 것. 한상진은 그 밖에도 기든스와 오페 등의 저서를 번역하고 활용했다.

234 임현진, 《현대한국과 종속이론》, 서울대학교출판부, 1987; 임현진, 《제3세계 연구: 종속, 발전 및 민주화》, 서울대학교출판부, 1993; 임현진, 《지구시대 세계의 변화와 한국의 발전》, 서울대학교출판부, 1998.

235 정태석, 《사회이론의 구성: 구조/행위와 거시·미시 논쟁의 재검토》, 한울, 2002.

2-4. 한국 사회에 대한 문제의식에서 출발한 개념화 작업

한국 사회의 현실에 대한 문제의식을 통해 초보적이지만 우리 나름의 이론적 개념을 구성하려는 노력의 흐름이 있다. 최재석의 '한국인의 사회적 성격', 이효재의 '분단시대의 사회학', 한완상의 '민중사회학', 강신표의 '대대문화문법', 김경동의 '문화로 다듬은 경제성장론', 박영신의 '가족주의'와 '경제주의' 비판, 김진균의 '민족·민중사회학', 한상진의 '중민론', 김성국의 '잡종 이론', 정수복의 '한국인의 문화적 문법', 조희연의 '투 트랙 민주주의', 김동춘의 '기업사회론', 김홍중의 '마음의 사회학', 송호근의 '시민의 탄생', 김종영의 '지배받는 지배자', 김명수의 '발전국가'의 문화적 기원, 장경섭의 '압축 근대'와 '가족자유주의', 김덕영의 '환원 근대' 등이 그 보기이다.

한국 사회의 현실과 한국 사회의 역사적·문화적 특수성에 주목하는 이러한 연구들은 일단 우리의 사회현실을 우리의 체험을 바탕으로 설명한다는 점에서 적합성을 갖는다. 그러나 이러한 논의가 우리 이론으로 발전하기 위해서는 좀 더 정교한 개념 구성과 경험적 자료의 뒷받침과 중국, 일본, 타이완 등 동아시아 다른 나라와의 비교 연구를 통한 일반화가 필요하다.

2-5. 실천 지향적 비판사회학

해방 이후 1980년대까지 한국 사회학계는 냉전 반공 분단체제에서 마르크스주의를 비롯한 비판적 사회과학은 원천적으로 차단당했다. 1980년 광주항쟁 이후 젊은 세대 학자군에 의해 싹튼 비판의식은 분단 체제와 자본주의 체제의 모순을 극복하기 위해 마르크스주의를 비롯한 다양한 진보 이론을 수용했다.[236] 그것은 그 자체만으로도 한국 학계의 보수적 연구 풍토를 비판하고 변화를 촉구하는 일이었다. 그러나 1980년대 중반에서 1990년대 초반까지 한국의 진보적 사회학도들이 주도한 진보 학계의 분위기도 결코 우리 이론을 만드는 작업에 적합한 풍토는 아니었다. '사회과학의 시대'라고 불렸던 1980년대 사회과학계 전체의 중심에서 활력과 생명력을 과시했던 젊은 사회학도들은 이념적 열기로 넘쳤지만 정작 한국 사회를 설명하는 구체적 경험 연구나 이론 구성 작업은 미비했다. 이기홍은 그 시기를 이렇게 평가했다.

진보를 표방하기만 하면 인정받고 수용되는 시대 상황은 진보에의 의식과 지향을 내세우는 주장과 사회진보의 계기와 동력을 개념화하는 이론에 대한 구분을 희석시켰다. 진보적 사회학은 사회현실에 대한 진지한 이론화에 몰두하기보다는 내실 없이 '혁명'만을 외치면서 이러한 상황에 편승하는 (좌파) 상업주의적 모습을 적잖이 보였던 것이다.[237]

---

236 홍덕률, 〈1980년대 한국 사회학의 성과와 과제〉, 《사회문화연구》 9호, 대구대학교 사회과학연구소, 1990, 143~165쪽.

237 이기홍, 〈진보적 사회학의 위상과 과제〉, 한국산업사회연구회 편, 《현대 한국 인문 사회과학 연구사―80, 90년대 비판학문의 평가와 전망》, 한울, 1994, 52쪽.

1980년대 사회구성체 논쟁이라는 이름으로 진행된 이념 논쟁은 '현실의 이론화'를 확보하지 않은 채 '이론의 현실화'만 강조하면서 '이론의 빈곤'을 초래했고 '이론의 빈곤'은 '실천의 빈곤'을 낳았다. 이 논쟁에 직간접으로 참여한 젊은 사회학도들은 한국 사회의 변혁운동에 일반적 방향을 제시하겠다는 긴급한 목표의식에 구속되어 '현실의 이론화'를 위한 성찰의 시간을 갖지 못했다.

사회구성체 논쟁은 한국 현실에서 출발한 비판이론의 구성을 목표로 내세웠지만 사실상 이론의 '생산'이 아니라 서구와 일본의 좌파 이론을 한국 사회에 성급하고 무리하게 '적용'하는 작업이었다.[238] 보수적 입장의 사회학자들뿐만 아니라 진보적 사회학을 주장한 학자들도 한국의 특수한 사회적 맥락에 대한 면밀한 검토 없이 수입된 좌파 이론에 교조적으로 매달림으로써 한국적인 사회 이론을 만들지 못하고 '좌파 판본'의 서구 이론을 수용하는 행태를 보여주었다.[239]

2-6. 전통사상 연구

우리 이론 구성을 위한 사회학 중 또 하나의 갈래로 유교, 불교, 도교

---

238 이기홍, 〈진보적 사회학의 위상과 과제〉, 52쪽.

239 정승현, 〈1980년대 진보 학술운동과 탈서구 중심 기획: 과학, 마르크스주의, 주체성〉, 강정인 편, 《탈서구 중심주의는 가능한가―서구 중심주의에 대한 우리 학문의 이론적 대응》, 아카넷, 2016, 115~161쪽.

등 동양사상 속에서 현대 사회를 설명할 수 있는 개념들을 찾아내 우리
식 사회 이론을 만들려는 시도가 있다.[240] 동양사회사상학회가 이러한
작업을 지속적으로 추진하고 있다. 이영찬의《유교 사회학》, 유승무의
《불교 사회학》, 홍승표의《깨달음의 사회학》등이 이러한 흐름에 속한
다.[241]

　원로 사회학자 김경동의 만년의 작업인 '문화적으로 독립적인 사회
학'도 그런 흐름에 속한다. 동양사회사상학회를 중심으로 활동하는 학
자들이 해외 학계의 흐름과 큰 관련을 맺지 않고 다소 고립적인 상태에
서 학문적 작업을 진행하고 있다면 김경동은 자신의 주장을 영어 저서
3부작으로 출간하여 해외 학계와의 대화를 시도하고 있다.[242] 김경동은
우리의 사상적·문화적 전통에서 주체적인 사회학 이론 구성을 위한 요
소들을 창조적으로 발굴하여 재창조하는 지적 작업에 대해 다음과 같
은 의견을 표명했다.

---

240 이런 흐름을 대표하는 공동 저작으로 최석만 외,《유교적 사회질서와 문화, 민주
　　주의》, 전남대학교출판부, 2006; 정학섭 외,《사회학적 관심의 동양사상적 지평》,
　　다산출판사, 2014을 볼 것.

241 이영찬,《유교 사회학》, 예문서원, 2001; 유승무,《불교 사회학―불교와 사회의 연
　　기법적 접근을 위하여》, 박종철출판사, 2010; 홍승표,《깨달음의 사회학》, 예문서
　　원, 2002; 우실하,《전통문화의 구성원리》, 소나무 1998.

242 Kyong-Dong Kim, *Alternative Discourses on Modernization and Development:*
　　East Asian Perspective(New York: Palgrave and Macmillan, 2017); *Korean Modern-*
　　ization with Uneven Development: Alternative Sociological Accounts(New York:
　　Palgrave and Macmillan, 2017); *Confucianism and Modernization in East Asia: Crit-*
　　ical Reflections(New York: Palgrave and Macmillan, 2017).

이제는 다원적 근대성multiple modernities을 서방 학계가 인정하는 단계를 거쳐 대안적 근대성의 수용으로 넘어가는 추세다. 이런 시대적 흐름 속에서 우리의 독자적 이론이 다른 문화에서도 보편성을 확보하는 일은 노력 여하에 따라 충분히 가능하다. …… 여기에 한 가지 희망적인 요소는 바로 우리가 풍부한 문화적 유산을 가진 민족이라는 데 있다. 동방의 무궁무진한 문화적 보고를 어떻게 잘 활용하느냐에 따라서 그리고 우리의 독창성을 발휘하여 그 지식과 사상을 어떻게 요리하느냐에 따라서 학문의 문화적 종속을 탈피할 여지가 생길 수도 있다는 뜻이다. 이것이 바로 한국 사회학의 아이덴티티로 연결되는 고리라고 할 것이다.[243]

이론 구성은 경험적 연구나 개념 구성 작업을 넘어서는 패러다임 구성의 차원을 갖는다. 그것은 존재론과 인식론을 포함하는 사회학의 철학적 기초에 관한 질문을 포함한다. 김경동은 이런 수준의 작업을 '메타이론'이라고 부르면서 이 수준에서 작업이 이루어져야 한국 사회학의 정체성이 수립될 수 있다고 본다.

한국 사회학이 독자적 아이덴티티를 갖게 되는 최종 단계는 바로 사회학의 패러다임 자체를 결정하는 메타이론의 정립이다. 한국 사회이기 때문에 독특한 방법론적 패러다임과 거기서 도출할 수 있는 한국에 특유한 이론들을 찾아내는 일이다. 동시에 이들이 일정한 범위 안에서 보

---

243   김경동, 〈한국사회학의 아이덴티티 문제〉, 158쪽과 161쪽.

편적 타당성을 확보하는 것도 수반해야 한다. …… 우리 스스로가 적극적으로 새로운 이론과 방법론을 우리의 문화적 토양 속에서 창안하고 개발하는 작업이 한국 사회학의 진정한 아이덴티티를 확립하는 길이 될 것이다. …… 그것으로서 우리의 사회학이 다른 나라의 사회학과 구별될 수 있는 근거가 생기며 동시에 우리 내부에서 최소한의 동일감을 자아내는 기초가 되어야 하기 때문이다. 우리가 추구할 목표는 거기에 있다. 이를 위하여 한국 사회학계가 활발한 의견 교환과 천착을 전개할 것을 기대한다.[244]

동양사상에 대한 사회학적 접근은 동아시아 고전 텍스트의 사회학적 독해와 해석을 넘어 새로운 개념을 구성하는 작업으로 나아가고 있다.[245] 그러나 근대와 탈근대 사회를 전근대적인 용어로 설명함으로써 역사변동의 계기를 포착하지 못할 위험성도 안고 있다. 근대 이전 사회의 전통사상을 서구 근대 사회학과 결합시켜 새로운 사회학 이론으로 재구성하려는 시도의 적절성에 대한 비판도 있다. 대표적인 보기로 서양 사회학 이론을 연구하는 김덕영의 비판을 들 수 있다. 그에 따르면 "서구의 이론이 따로 있고 한국의 이론이 따로 있는 것이 아니다. 이

---

244 김경동, 〈한국사회학의 아이덴티티 문제〉, 159쪽과 165쪽. 김경동은 "한국 사회학계가 활발한 의견 교환과 천착을 전개할 것을 기대한다"면서 이영찬의 《유교 사회학》이나 유승무의 《불교 사회학》에 대해서는 한 마디도 언급하지 않고 있다. 이영찬과 유승무도 김경동의 작업을 거론하지 않는 것은 마찬가지이다.

245 김성국, 〈동아시아의 잡종화와 문명전환〉, 《잡종사회와 그 친구들》, 522~583쪽.

모두가 근대적 인식과 사유의 체계에 속하기 때문에 한국 사회학 이론이라는 말은 허구이다. 다만 이 체계의 한국적 버전이 있을 수 있다."[246] 이런 주장에 대한 활발한 토론이 필요하다.

2-7. 일상언어를 사회학적 개념으로 만들기

한국적 사회학 개념을 만드는 작업에는 위에 말한 전통사상을 재해석하는 작업과 더불어 "한, 연고, 인정, 눈치, 명분, 기 싸움 등 우리나라 사람들이 일상적으로 사용하는 단어들을 재구성하여 한국 사회의 조직 원리와 한국인의 사회적 행동을 이해하는 분석 틀을 형성하는" 방법도 있다.[247]

이미 오래전에 최재석은 《한국인의 사회적 성격》에서 일상언어의 사회학적 이해를 시도한 바 있다.[248] 김경동은 이런 작업을 좀 더 보편적으로 수용될 수 있는 방식으로 접근했다. 그에 따르면 이런 접근의 장점은 "한, 기, 정 등 우리에게 익숙한 언어로 사회현상을 설명함으로써 우리 마음에 쉽게 와 닿는 우리식 사회학을 할 수 있다는 점이다. 그러나 여기서 한 걸음 더 추진해 나가야 할 과제는 보편성의 확보다. ……

---

246 김덕영, 《사회의 사회학─한국적 사회학 이론을 향한 해석학적 오디세이》, 길, 2016, 16쪽과 20쪽.

247 김경동, 〈한국사회학의 아이덴티티 문제〉, 158쪽.

248 최재석, 《한국인의 사회적 성격》, 민조사, 1965.

일단 우리의 문화적 자원으로 우리 사회를 해석, 설명하는 것이 그 설명과 해석의 대상들인 우리나라 사람들이 보기에 그럴듯하고 적절하다는 인정을 받는 것이 중요하다. 그러나 그 이론이나 해석이 다른 나라 사람들에게도 타당성을 인정받아야 비로소 보편적 이론의 지위를 얻게 된다. 비록 쓰는 단어는 다르지만 설명 방식과 해석의 내용으로 미루어 그런 접근이면 자기 사회에서도 자기들 나름의 단어를 적용할 때 유사한 해석과 설명이 적절성을 얻는다는 결론이 나올 때 보편적 이론으로서 자리를 굳히게 된다."[249]

한국 이론사회학계의 최종 목표는 서구 사회학의 패러다임을 넘어서는 새로운 패러다임 구성이다. 새로운 패러다임 구성은 옛 패러다임의 일방적 폐기가 아니라 기존의 패러다임을 포괄하면서 그것이 감당하지 못하는 새로운 영역을 개척하고 포함하는 작업이다. 그렇기 때문에 사회학의 새로운 패러다임을 창조하기 위해서는 기존의 서구 사회학 패러다임에 대한 철저한 이해가 필요하다. 새로운 패러다임의 구성은 기존 패러다임과 무관하게 동떨어진 작업이 아니라 기존 패러다임의 특정 요소들을 선별적으로 수용하여 변용시키면서 새로운 패러다임 안에 포함시키는 작업이기 때문이다. 전통사상의 사회학적 의미를 재구성하면서도 서구 사회학 이론을 깊이 있게 이해해야 하는 이유가 여기에 있다.

---

249 김경동, 〈한국사회학의 아이덴티티 문제〉, 158쪽.

2-8. 경험 연구 축적

우리다운 사회학 이론이 형성되기 위해서는 경험적 연구가 축적되면서 창의적인 이론적 성찰이 결합되어야 한다. 1960년대 이만갑, 이해영, 홍승직 등이 주도한 조사 연구의 전통은 한국 사회학의 주류로 면면히 이어지고 있다. 그동안 많은 학자들이 설문조사와 통계자료를 이용하여 한국 사회에 대한 경험 연구를 축적했다. 그러나 개별적인 연구들이 파편화된 상태에 머물러 있다. 하지만 다행스럽게도 몇 해 전부터는 성균관대학교에서 실시하는 한국종합사회조사KGSS를 비롯하여 한국 사회의 구체적이고 경험적인 현상을 장기적으로 분석할 수 있는 양적 자료들이 축적되고 있다. 이런 자료들을 사용하면서 새로운 개념을 만들어내고 한국 사회를 잘 설명할 수 있는 논리적 설명을 하다 보면 한국적인 이론이 형성될 가능성이 있다.

그런데 양적 자료를 사용하는 많은 연구들이 아주 미세한 주제를 중심으로 통계분석을 하는 일에 몰두하면서 아직 새로운 개념의 구성이나 이론적 설명의 수준에는 미치지 못하고 있다.

최근 문화사회학회와 여성학자들 중심으로 양적 방법론으로 접근하기 어려운 한국인의 의미 세계와 내면 세계, 생활 세계를 질적 방법론으로 탐구하는 연구물들이 나오면서 한국 사회와 한국인의 삶을 잘 설명할 수 있는 사회학적 개념이 만들어지고 있다. 김홍중의 '생존주의', 최종렬의 '성찰적 겸연쩍음', 전상진의 '시간 고향' 등이 그 보기이다.[250] 그러나 이런 연구들 역시 특정 집단, 특정 주제에 대한 경험 연구이기 때문에 한국 사회의 여러 현상을 장기적인 관점과 총체적인 전망에서 설명하는 일반 이론과는 거리가 있다. 앞으로 양·질적 자료를 사용하는 경험 연구가 축적되면서 이론적 성찰이 계속된다면 어떤 의미에서든 한국적인 사회학 이론이 만들어질 수 있을 것이다.

2-9. 사회사 및 역사사회학 연구

최재석, 신용하, 박영신 등으로 대표되는 사회사와 역사사회학 연구의 흐름은 한국의 근현대사를 사회학적으로 연구하면서 한국적인 사회학 이론을 추구했다. 신용하를 중심으로 만들어진 '한국사회사학회'는 사회사 연구의 축적을 기반으로 한국에 고유한 독창적 사회학을 수립하는 것을 목표로 시작되었다. 이런 연구 작업은 조선 후기와 일제강점기를 거쳐 현대 한국 사회의 여러 주제에 대한 구체적 이해를 증진시켰다.

그러나 서로 연결되지 않는 파편화된 개별 연구가 차곡차곡 쌓인다고 저절로 독창적인 한국적 사회학 이론이 구성되는 것은 아니다. 자료 분석에 근거한 '서술적 연구'에서 개념을 구성하고 이론적 질문에

---

250 김홍중, 《마음의 사회학》, 문학동네, 2009; 《사회학적 파상력》, 문학동네, 2016; 최종렬 외, 《베버와 바나나》, 마음의 거울, 2015; 최종렬, 《복학왕의 사회학》, 오월의 봄, 2018; 전상진, 《음모론의 시대》, 문학과지성사, 2014; 전상진, 《세대게임》, 문학동네, 2018.

답하는 '설명적 연구'로 나아가야 한다. 박영신의 《현대 사회의 구조와 이론》이나 송호근의 《인민의 탄생: 공론장의 구조 변동》, 이철승의 《쌀 재난 국가: 한국인은 어떻게 불평등해졌는가》 등은 설명적 연구의 보기라고 할 수 있다.[251] 한국 사회사 연구는 개별적 주제의 기술적 연구를 축적하는 한편 분석적 개념을 창안하여 연구 결과를 종합하면서 한국 사회의 장기적 구조와 변동의 논리를 설명할 수 있어야 한다.

2-10. 현대 한국 사회발전 경험의 이론화

서구 사회와 구별되는 해방 이후 한국 사회의 근대화 경험을 이론화하는 작업도 중요한 흐름을 이루고 있다. 특히 1960년대 이후 한국 사회의 근대화 과정은 한국의 사회학자들에게 중요한 연구 영역이다. 장경섭의 '압축 근대'와 김상준의 '중층 근대', 김덕영의 '환원 근대'라는 개념은 일정한 보편성을 갖는 한국발 또는 동아시아발 이론으로 볼 수 있을 법하다.[252] 류석춘은 이와 조금 다른 입장에서 '정서적 연결망 affective network'의 긍정적 활용으로 한국 사회의 근대화를 설명했다.[253]

---

251 박영신, 《현대사회의 구조와 이론》, 일지사, 1978; 송호근, 《인민의 탄생》, 민음사, 2011; 이철승, 《쌀 재난 국가》, 문학과지성사, 2021.

252 장경섭, 《가족·생애·정치경제: 압축적 근대성의 미시적 기초》, 창작과비평사, 2009; 김상준, 《맹자의 땀, 성왕의 피》, 아카넷, 2011; 김덕영, 《환원 근대—한국 근대화와 근대성의 사회학적 보편사를 위하여》, 길, 2014.

253 Seok-Choon Lew, *Korean Economic Developmental Path: Confucian Tradition,*

장경섭은 서구 사회의 이론을 통한 한국 사회 설명에서 벗어나 한국 사회 연구를 통해 서구 사회질서의 가족적 기초를 설명할 수 있는 이론과 명제가 만들어질 수 있다고 주장한다. 그는 한국 사회의 구성원리를 '가족자유주의'라는 개념으로 설명하면서 '압축 근대'라는 이론적 관점이 한국 사회의 고유성을 설명하는 이론적 틀이지만 아시아 다른 나라들의 연구에도 활용할 수 있다고 본다. 그의 '압축 근대' 이론에 따르면 지난 100여 년 동안 한국 사회에서는 토착과 외래, 전통과 근대, 탈근대와 코즈모폴리턴 가치들이 시간과 공간을 단축하고 압축하면서 경쟁, 충돌, 접합, 혼합되는 문화적 잡종성, 혼합성 등이 나타났는데 이는 한국 사회학의 중요한 연구 과제로 등장한다. 장경섭은 해외 학술지 기고와 영문 저서 발간을 통해 세계 학계에서도 열심히 활동하면서 연구 성과를 널리 알리고 있다.[254]

김상준은 서구적 근대가 여러 층으로 구성된 근대의 표층에 해당하며 중국은 그 이전에 이미 근대적인 요소를 가지고 있었다는 역사적 사

Affective Network(New York: Palgrave Macmillan, 2013).

254 Kyung-Sup Chang, *South Korea under Compressed Modernity*(London and New York: Routledge, 2010); Kyung-Sup Chang, *Developmental Liberalism in South Korea*(New York: Palgrave Macmillan, 2019). 장경섭의 '압축 근대'에 대한 논의로는 Cheol-Sung Lee, "Book Review of *South Korea under Compressed Modernity*, By Kyung-Sup Chang", *Korean Journal of Sociology*, Vol. 44, No. 6, 2010, pp. 135~139과 Stevi Jackson, "Modernity/Modernities and Personal Life: Reflections on Some Theoretical Lacunae", *Korean Journal of Sociology*, Vol. 49, No. 3, 2015, pp. 1~20을 볼 것.

실에서 출발한다. '중층 근대화와 동아시아 유교 문명'이라는 부제를 달고 있는《맹자의 땀, 성왕의 피》에서 김상준은 근대(화)=서구(화)라는 통념을 흔들어 전복시키고 새로운 개념을 재구성하는 작업을 시도했다. 그는 '중층 근대'라는 개념을 통해 동아시아의 유교문명권이 문명 판도의 지구적 재편에 주도적인 역할을 할 수 있는 가능성을 모색했다.[255]

김덕영은 1960년대 이후 한국 사회의 근대화 과정을 설명하면서 한국의 근대를 '환원 근대'라고 명명했다. 그가 볼 때 근대화는 경제성장뿐만 아니라 사회 여러 영역의 합리화와 분화 그리고 주체적 개인의 탄생을 동반하는 복합적 과정임에도 불구하고 한국의 근대화는 경제성장으로 환원되는 일방적인 근대화였다고 비판한다.[256] 류석춘은 유교윤리와 자본주의 정신 사이의 선택적 친화성을 밝히는 유교자본주의론으로 한국 사회의 근대화를 설명했다.[257]

이런 몇 가지 논의들이 비판과 논쟁을 통해 발전한다면 근대 및 근대화에 대한 우리 학계 나름의 이론적 성과가 나올 법하다. 그러나 장경섭, 김상준, 김덕영, 류석춘 등 한국의 근대를 논의하는 학자들 사이에 상호 비판과 의견 교환을 통한 종합적 이론 구성의 노력은 보이지

---

255 김상준의《맹자의 땀, 성왕의 피》의 후속편으로 김상준,《붕새의 날개 문명의 진로: 팽창문명에서 내장문명으로》, 아카넷, 2021 참조.

256 김덕영의《환원 근대》의 후속편으로《에리식톤 콤플렉스: 한국 자본주의의 정신》, 길, 2019 참조.

257 류석춘의 영문 저서 *Korean Economic Developmental Path*(2013)의 번역본으로《유교와 연고: 대한민국 발전의 사회·문화적 동력》, 북앤피플, 2020 참조.

않는다.[258]

3. 한국 사회학 이론의 구성을 위한 제도적 조건

3-1. 상호 참조와 '집합적 열정' 만들기

위에서 제시한 열 가지 방식으로 사회학을 하고 있는 학자들은 서로 어
떤 관계를 맺고 있는가? 사회학자들의 연구 성과는 동료학자들에 의해
비판되고 검증되면서 누적적으로 발전하고 있는가?[259] 아니면 상호 무
관심과 무시로 낱낱이 흩어져 파편화되어 있는가? 학계의 발전을 위해
서는 학계 구성원들이 상대방의 작업을 상호 모니터링하고 격려하고

---

258 하나의 보기로 임혜란, 〈동아시아 발전국가론의 적용 가능성과 한계〉, 임현진·임
   혜란 공편, 《동아시아 협력과 공동체―국가주의적 갈등을 넘어서》, 나남, 2013,
   53~82쪽 참조 .

259 김수한의 조사에 따르면 2002~2013년 발표된 《한국사회학》의 논문 540편 가운
   데 《한국사회학》에 실린 동료들의 논문에 한 번도 인용되지 않은 논문이 233편으
   로 43.2퍼센트에 해당하고 단 1회 인용된 논문이 133편으로 25퍼센트에 불과하
   다. 김수한, 〈'한국 사회학의 현실과 미래 전망' 토론문〉, 고려대학교 사회학과,
   《한국 사회학의 미래―고려대학교 사회학과 창립 50주년 기념 특별 심포지엄 자
   료집》, 고려대학교 사회학과, 2013, 344쪽. 한국사회학회 2015년 사회학대회 자
   료집에 실린 김수한의 글도 참조할 것.

비판하는 관계를 형성해야 한다.[260] 자신이 발표하는 논문과 저서에 동료 학자들의 논문과 저서를 읽고 인용하고 논의하면서 참고문헌에 제시하는 관행이 필요하다.[261] 동료 학자의 글을 읽지 않는 '지적 태만'과 읽고도 논의하지 않는 '지적 기만'은 사라져야 한다. 우리 이론을 구성하기 위해 한국 사회학자들 사이에 상호 지지와 협력관계를 구성해야 한다. 자기의 논의에 상대방의 논의를 끌어들여 복잡성과 보편성을 높이는 방향으로 집합적 노력을 기울여야 한다. 그것이 우리 학계의 자율성을 높이는 길이다.

시카고대학 사회학과 교수 자격으로 《미국사회학저널*American Journal of Sociology*》의 부편집장으로 일했던 서강대학교 사회학과 교수 이철승에 따르면 미국 사회학계에서 한국과 라틴아메리카의 '노동−시민 연대'와 복지정책 문제를 다룬 어느 사회학자의 저서를 판단하는 기준은 다음과 같다.

(새로 발표된 저서가) 얼마나 동시대 사회학과 정치학 분야에 쌓여온 지식과 앎을 이론적 경험적으로 진전시켰는가? 이 연구는 기존의 이론적 주장과 가설들을 다시 생각하도록 만드는가? 동시대 사회운동, 사회정

---

260 김경만, 〈세계 수준의 한국 사회학을 위하여〉, 《한국사회학》 35집 2호, 2001, 1~28쪽.

261 크레이그 칼훈은 이것을 '기존 지식의 공유sharing existing knowledge'라고 표현했다. Craig Calhoun, "Sociology in America: An Introduction", Craig Calhoun ed., *Sociology in America: A History*, p. 12.

책, 비교정치 분야의 주요 업적들을 넘어서는 새로운 발견과 주장이 담겨 있는가? 제시된 이론틀과 발견 및 증거들은 동시대 사회과학의 규준에 적합한 방법론을 통해 엄격하게 테스트되었는가? 궁극적으로 이 연구는 사회과학의 언어를 이용해 인류 사회의 앎을 증진하고, 다음 세대 사회과학도와 정책 생산자들 그리고 시민사회의 독자들에게 유익한 영감을 제공하는가?[262]

한국 사회학계의 연구업적 평가에도 '학계의 기존 연구업적을 얼마나 폭넓게 이해하고 있으며 그것을 한걸음 더 진전시키는 연구를 하고 있는가'라는 기준이 적용되어야 한다. 한국 사회학계가 자율적인 지식 생산체제가 되기 위해서는 동료 학자들의 연구업적을 숙지하고 그것을 어떻게 종합하고 진전시키고 있는가라는 평가 기준이 적용되어야 한다. 한국 사회학계에 속한 옆에 있는 동료 학자들의 작업에는 관심을 기울이지 않고 해외 학계의 최신 연구 동향을 빨리 파악하고 수용하고 적용하는 해외 의존적 연구 방식을 탈피해야 한다.

학문의 발전이 학자들 사이의 격의 없는 대화와 토론을 통해 이루어진다고 할 때 한국 사회학 이론의 창조를 위해서는 한국 사회학자들 사이에 출신 학교, 세대, 성별, 유학한 나라, 학문적 배경, 근무처와 상관없이 자유롭고 격의 없는 대화와 토론이 이루어져야 한다.[263] 그런 점에

---

262 이철승·박광호 옮김, 《노동—시민 연대는 언제 작동하는가—배태된 응집성과 복지국가의 정치사회학》, 후마니타스, 2019, 8쪽.

263 조선 후기 조선의 지배층이 서양 학문을 적극적이고 주체적으로 수용하지 못한 이

서 볼 때 학계 구성원들 사이의 토론을 강조하고 자신의 주장을 실천해
온 원로 사회학자 강신표의 말을 귀담아 들어볼 필요가 있다.

> 한국 사회학의 토착화의 길은 우리의 사회학도들의 글들을 본격적으로
> 심도 있게 검토하고 논의를 나누어 가질 때 한 걸음 한 걸음 앞으로 나아
> 가게 될 것이다. 그러는 가운데 한국 사회학은 한국인과 한국 사회에 좀
> 더 의미 있는 학문이 될 것이다. …… 우리들 한국 사회학자 간의 대화와
> 토론이 더 활발히 전개되어야 한다. '잡담'이 아니라 학문적 대화와 토
> 론으로 시간(생명)을 보내도록 노력해야 한다. 이것이 '한국인, 사람'을
> 고려하는 첫걸음이다. 우리가 가야 할 길은 멀리 있는 것이 아니다. 옆에
> 있는 한국 사회학자의 연구를 주목하고 경계하며, 한국 사회에 살고 있
> 는 사람들의 삶이 보다 더 풍요로울 수 있도록 노력해야 하는 것이 아닌
> 가?[264]

강신표의 주장은 결국 우리 학계 내부의 상호 작용과 토론을 거쳐 사
회학적 지식을 발전, 변화, 수정, 폐기시키면서 여러 영역의 연구를 종
합하여 우리 나름의 이론을 만들고 그에 대한 비판으로 대안 이론이 등

유를 지방 사족과 경화세족의 구별, 경화세족 내부의 토론 부재에서 찾고 있는 강
명관, 《조선에 온 서양 물건들》, 휴머니스트, 2015, 306~307쪽을 볼 것.

264 강신표, 〈연결망의 그물코와 송호근의 녹우당〉, 《사회와 이론》 5집 2호, 2004, 40
쪽; 강신표, 〈한국이론사회학의 방향에 대한 작은 제안—한완상과 김경동의 사회
학 비판(1983) 이후〉, 《사회와 이론》 6집 제2호, 2005, 289~290쪽.

장하고 여러 학파들이 서로 경쟁해야 한다는 뜻으로 이해될 수 있다. 그것이야말로 해외 학계의 동향에 열려 있으면서도 자율적인 한국 사회학계를 만들어나가는 길이다.

3-2. 연구자 충원 방식과 연구 풍토의 개선

1987년 민주화가 이루어지고 1989년 베를린 장벽이 무너지고 소련이 해체되고 동유럽이 민주화되어 서유럽에 통합되면서 마르크스주의 진보사회학은 일시에 후퇴했다. 1997~1998년 외환위기를 겪으면서 한국 사회는 IMF의 권고를 받아들여 글로벌 스탠더드에 맞는 투명성과 효율성 확보를 위해 노력하게 되었다. 그런 상황에서 한국의 사회학자들은 변화하는 한국 사회의 현실을 따라가지 못하고 미세하고 지엽적인 경험 연구에 몰두했다. 연세대학교 총장을 역임한 김용학은 2008년 한국 이론사회학계의 상황을 다음과 같이 진단했다.

> 우리의 사회이론은 뛰어가는 현실을 절름발이로 쫓아가고 있으며 그 격차는 더 벌어질 것만 같다. 뿐만 아니라 높이 쌓았던 학문 사이의 경계가 서서히 무너져 내리면서 통섭이 진행되는데, 과연 사회이론은 홀로서기를 할 수 있는가에 대한 의문도 제기되고 있다.[265]

---

265 김용학, 〈사회학 이론 및 방법론 연구〉, 대한민국학술원, 《한국의 학술연구: 정치학·사회학》, 대한민국학술원, 2008, 457쪽.

그렇다면 지금 우리는 무엇을 어떻게 해야 하는가? 한국 사회학 이론은 세월이 간다고 그냥 만들어지지 않는다. 그것을 만들기 위해 지속적으로 노력하는 한국의 사회학자들이 있어야 한다. 그런데 한국의 사회학계에는 그런 목표의식을 갖고 노력하는 사회학자들이 그리 많지 않다. 미국에 유학하여 박사학위를 받고 귀국한 후 대학에 자리를 잡은 주류 사회학자들은 학생들을 가르치고 평가받기 위한 논문을 쓰기에도 바쁜 실정이다. 나이 40대 말 50대 초가 되어 정년이 보장되면 그때야말로 한국 사회학 이론의 구성을 위해 노력해야 할 시기인데 그때쯤이면 이미 학문에 대한 열정이 식어 다른 일을 찾게 된다.[266] 많은 대학교수들이 일단 정교수 지위에 올라 신분이 보장되고 나면 더 이상 연구에 몰두하지 않는다. 지식을 도구로 삼아 원하던 '지위'와 '자리'를 얻었기 때문이다. 교수들의 이 같은 학문적 조로현상을 이철승은 다음과 같이 분석한다.

> 많은 내 (사회과학계의) 동료들은, 적당한 연차(연공제 사다리의 꼭대기)에 이르면 서구의 인식과 분석의 틀로 우리의 정체성과 사회구조를 해석하는 작업에서 손을 뗀다. 그 작업이 도달하는 미망迷妄 상태를 여러 번 겪어 본 탓이다.[267]

한국 사회학계가 주체적인 한국 사회학 이론을 만들어내기 위해서

---

266 이철승, 《불평등의 세대》, 문학과지성사, 2019, 289쪽.
267 이철승, 《쌀 재난 국가》, 문학과지성사, 2021, 367쪽.

는 이론 창조의 주체인 한국의 차세대 사회학자들이 제대로 양성되어야 하는데 학문에 대한 열정이 식어버린 전임 교수들은 제자들에게 더 이상 가르칠 것이 없어서 미국 유학을 권한다. 스스로 학문에 관심을 잃었기 때문에 자신의 학문을 계승하고 발전시킬 능력 있는 제자를 양성할 수가 없는 것이다. 그래서 명문대 교수들도 스스로 차세대 학자를 키우지 못하고 미국 대학에 위탁교육을 시킨다.[268] 그 결과는 학문의 대미종속과 서구 이론 수용이라는 악순환이다.

조동일은 이런 상황을 극복하고 주체적 이론을 만들기 위해서는 국내에 대학원 중심의 연구대학을 강화하여 국내에서 박사학위 논문을 쓰는 풍토를 만드는 작업이 필요하다고 주장한다.

외국 특히 미국에 유학해 학문의 대외의존을 가중하는 잘못을 청산하고, 박사학위를 국내에서 하도록 해야 한다. 그렇게 하는 데 반드시 요구되는 내실을 갖추면서, 다른 한편으로 외국어 공부를 최대한 다변화하고, 국내에서 학위 과정을 이수하는 동안에 필요하면 세계 어느 곳에든지 가서 자료를 수집하고 문제 검토를 심화할 수 있어야 한다. 그래야만 학문의 주체성과 세계성을 함께 확보해, 세계 학문의 새로운 발전을 적

268　이러한 상황은 식민지 시대 도쿄제대, 교토제대 등 일본 제국대학 유학이 해방 이후 하버드, 예일, 프린스턴 등 미국 명문대학 유학으로 바뀌었을 뿐 학문적 식민지 상황은 계속되고 있음을 보여준다. 정종현, 《제국대학의 조센징》, 휴머니스트, 2019; 김종영, 《지배받는 지배자—미국 유학과 한국 엘리트의 탄생》, 돌베개, 2015 참조.

극 주도할 수 있다.[269]

2000년대 이후 실질적으로 국내에서 박사학위를 받은 사람들이 양적으로 증가했고 박사 과정 중간만이 아니라 박사후postdoctoral 과정을 외국에 나가서 하는 경우도 많아졌다. 그러나 현재 국내 대학의 사회학과는 상위권 대학일수록 미국의 명문대학에서 박사학위를 받은 신진 학자를 교수로 임용하는 경향이 지배적이다. 하버드대학, 시카고대학, 스탠포드대학, 컬럼비아대학, 예일대학, 노스캐롤라이나대학, 캘리포니아 버클리대학, 위스콘신대학, 코넬대학, 미시간대학 출신들이 국내 상위권 대학 사회학과 교수로 자리잡고 한국 사회학계의 주류를 형성하고 있다. 미국사회학회 회장과 세계사회학회 회장을 역임한 버클리대학 사회학과 교수 마이클 뷰러웨이가 연세대학교 사회학과에 강연하러 와서 연세대 사회학과 교수들과 인사를 나누다가 그들 가운데 대다수가 시카고대학 박사인 것을 알고는 "여기는 시카고 마피아네!"라는 말을 던졌다는 일화가 있을 정도이다.

이런 상황에서 한국 사회학계에서 한국에서 박사학위를 받고 대학교수가 되어 주체적 한국 사회학 이론을 만들기 위해 노력하는 학자를 기대하기는 어렵다. 위에서 본대로 조동일 같은 원로 학자들이 한국의 대학원 교육을 강화하여 제대로 된 박사를 배출하자고 주장하지만 상위권 대학들이 학부 중심의 대학 운영 방침을 고수하고 있어 대학원 교육

---

269 조동일, 《독서·학문·문화》, 서울대학교출판부, 1994, 60쪽.

을 위한 제도 정비가 미비하고 자원이 부족한 형편이다. '유능한' 학생들은 여전히 한국에서 학사나 석사 과정을 마치고 미국의 '유수한' 대학으로 박사학위를 받으러 유학 가는 코스를 선택하고 있다. 그 결과 한국 사회학의 대미종속이 지속된다. 김종영은 미국 유학 출신 한국 학자들을 "지배받는 지배자"라고 부르면서 그들의 멘탈리티를 다음과 같이 묘사했다.

(미국에 유학한) 한국 학생들이 미국 대학과 학문에 대해 갖는 감정은 존경, 찬사, 경외, 사랑을 포함한다. 미국 대학의 글로벌 헤게모니에 대한 인식은 한국 대학에서 이미 간접적인 경험을 통해 형성되며, 미국 대학원 생활에서 직접적인 경험을 통해 더욱 공고해진다. 유학생들은 비록 이방인으로서 소외감과 자기 모멸감을 느끼면서도 미국 대학의 헤게모니에 대해 자발적이고 적극적으로 동의를 한다.[270]

미국에서 박사학위를 받고 귀국하는 사람들은 "미국에서 생산된 지식을 한국으로 수입하는 역할을 하며, 이를 한국 실정에 맞게 변형시켜 적용한다. 귀국 이후 이들의 한국에서의 지식 생산은 일반적으로 미국의 연구 중심 대학보다 독창성, 중요성, 파급력이 떨어지는데, 이는 연구 자원의 부족, 연구 인력의 전문성 부족, 연구 인정체계의 파편화, 연구 집중 강도의 약화, 연구 문화의 파벌화와 정치화, 한국 학문공동체

---

270   김종영, 《지배받는 지배자─미국 유학과 한국 엘리트의 탄생》, 118쪽.

의 천민성pariahood으로부터 기인한다. 따라서 트랜스내셔널 미들맨 지식인의 주요 생존 전략은 미국에서 생산된 지식을 빨리 받아들여 한국의 로컬 지식인에게 판매하는 것이다."[271]

오늘날에도 학자가 되려는 사람들은 미국 유학을 거의 당연시한다. 그것은 식민지 시대에 시작되어 해방 이후 강화되어온 엘리트가 되기 위한 코스이다. 이 당연한 경로를 바꾸기는 쉽지 않다. 미국 유학 대신 한국에서 박사를 배출하는 자율적 학자 양성체제를 만들기 위해서는 한국의 대학원 교육이 미국 대학에 비해 비교우위가 있어야 한다. 그러나 한국의 대학원 교육은 미국 대학의 대학원 교육과 경쟁 상대가 되기 어렵다. 그것은 꼭 재정적 열악함에서만 비롯되는 것은 아니다.

한국 대학은 미국 대학과 경쟁할 수 없는 재정적 열악함을 경험해왔다. 또한 한국 대학은 몇몇 대학에 명성과 자원이 집중되어 있고 학벌 체제로 인한 폐쇄성을 특징으로 한다. 이러한 중앙집중적인 체제는 미국 대학의 탈중심적인 체제와 정반대로 경쟁을 제한하고, 연구 활동의 창조성과 생동성을 제한한다. 이러한 대학 구조는 폐쇄적인 학벌 중심 또는 파벌 중심의 학문 문화를 낳고, 학문공동체의 신뢰를 현격하게 떨어뜨린다.[272]

그렇기 때문에 앞으로도 미국 대학으로의 유학 행렬은 계속될 것이

---

271 김종영, 《지배받는 지배자—미국 유학과 한국 엘리트의 탄생》, 25~26쪽.
272 김종영, 《지배받는 지배자—미국 유학과 한국 엘리트의 탄생》, 29쪽.

다. 그렇다면 미국에 유학하여 박사학위를 받고 귀국하여 국내 대학 사회학과에 자리잡은 사람들이 한국 사회학 이론 창조의 주체가 될 수는 없는 것일까? 그들은 서구 사회학 이론을 공부한 것을 자원 삼아 한국 사회를 연구하다가 점차 한국 사회학 이론을 창조하는 작업으로 나아갈 수 없는 것일까? 미국 유학파는 귀국 후 미국에서 공부한 내용을 한국 사회에 적용하다가 어느 순간 자기 나름의 새로운 연구 영역을 개척하고 한국 실정에 맞는 사회학 연구를 할 수 있다. 그런 과정에서 미국에서 배운 지식체계와 구별되는 독자적인 학문을 만들려고 노력하는 사람들이 모여 비판과 지지의 상호 작용을 하면서 한국 사회학계의 학술장의 자율성을 높이는 작업을 할 수 있다.

그러나 현실은 그렇지 못하다. 세월이 가면서 많은 사람들이 학문적 열정을 상실하고 보직을 추구하거나 언론 활동이나 정치 활동에 나서거나 무사안일에 빠져 마지못해 학문 활동을 한다. 물론 소수지만 학문적 열정을 잃지 않고 해외 학계의 동향에 안테나를 세우고 글로벌 지식장에서 활동하려고 노력하는 학자도 있다. 그러나 그들은 글로벌 학계에서의 인정을 추구하지 한국 사회학계의 자율성을 높이는 일에는 큰 관심이 없다.

1980년대 한국 상황에 뿌리내린 사회학을 하기 위해 미국 유학 대신 국내 대학원에서 박사학위를 하고 교수가 된 학자들이 있다.[273] 그들 가

---

273 서울대의 경우 박명규, 정근식, 정일균, 배은경 등 모교 박사 출신이 있고 연세대에는 김왕배, 고려대학교에는 조대엽이 있다. 정일준은 서울대 박사인데 고려대 교수로 임용되었다.

운데 일부가 명문대 교수로 임용되었다. 그러나 학술업적 평가에 외국 저널에 발표한 논문의 비중이 커지면서 국내 박사학위 소지자들이 명문대 사회학과 교수로 임용될 가능성은 크게 줄어들고 있다. 국내에서 박사학위를 받은 학자들이 교수로 임용될 수 있기 위해서는 교수 임용의 기준이 달라져야 한다. 미국 일류대학 학위 소지자냐 국내 대학에서 박사학위를 했느냐가 기준이 되는 것이 아니라 주체적인 문제의식으로 독창적인 연구를 풍성하게 수행할 수 있는 학문적 잠재력을 가진 사람이 교수로 임용되어야 한다. 다른 한편 양적 평가와 질적 평가가 함께 이루어져야 한다. 우리나라 학계의 연구 능력 평가는 일방적으로 양적 평가라는 문제점이 있다. 그래서 박사학위 취득 이후에는 대학에 자리 잡기 위해 논문의 질보다는 양에 우선을 두게 된다. 한 연구자의 다음과 같은 고백은 양적 평가의 문제점을 보여준다.

박사학위를 받은 후 4년여 동안, 공부가 영글지도 않았는데 너무 많은 논문을 써댔다. 크고 작은 사업계획서를 작성하며 무책임하고 공허한 말들을 쏟아냈다. 문득 허기가 졌다. 진짜 공부가 고팠고, 또 다른 세상을 보고 싶었다.[274]

김종영에 따르면 "미국 대학에서 실력 평가는 양적이라기보다는 질적이다. 논문의 수와 출판된 논문이 실린 학술지의 명성도 물론 중요하

---

274 정종현, 《제국대학의 조센징》, 5쪽.

지만 그 후보자가 가진 잠재성을 더 중요하게 평가한다. 미국 대학의 임용 과정에서 실력 평가는 한국 대학의 교수 임용 과정에 비해 훨씬 심도 있게 이루어진다. 한국 대학의 교수 임용 과정에서 후보자의 논문을 직접 읽어보았다는 사람은 거의 없었다. 반면 미국 대학의 교수 임용 과정에서는 고려하고 있는 후보자들의 논문을 읽어보았다는 대답을 거의 모두에게서 들었다. 한국 대학에서 이루어지는 실력 평가가 정량적이고 표피적인 반면, 미국 대학에서 진행되는 실력 평가는 질적이고 심층적이다."[275]

물론 "학벌, 인맥, 젠더, 성격 등은 미국 대학과 한국 대학에서 공히 개입된다. 그러나 평가 과정과 평가자에 대한 권위와 신뢰는 이를 전적으로 다르게 경험하게 만든다. 특수주의의 존재에도 불구하고 미국 대학의 후보자에 대한 평가가 한국 대학보다 권위와 신뢰를 가지는 것은 평가 과정의 전문성, 민주성, 공공성이 이 특수주의를 최대한 억제하도록 기능하기 때문이다. 한국과 미국 모두 학벌이 교수 임용에 작용하지만, 출신 '학부'의 학벌이 교수 임용 과정에 지대한 영향을 미치는 것은 한국이다(가령 미국 박사라도 서울대, 고려대, 연세대 출신이 아니라면 SKY대학에 임용될 가능성이 낮다). 한국은 학부의 학벌 요소가 대단히 중요하며, 특히 서울대를 정점으로 하는 연고주의(서울대와 '자대' 사이의 갈등, 서울대와 비서울대의 갈등 등)는 교수 임용 과정에 큰 영향을 미친다. 더 나아가 한국의 유교문화와 가족주의는 후보자를 독립적인 인격

---

275 김종영, 《지배받는 지배자—미국 유학과 한국 엘리트의 탄생》, 129~130쪽.

체라기보다는 '아랫사람'으로 보고, 한국 대학의 작은 학과 규모와 정년제도는 예비 교수를 '평생 같이할 사람'으로 보기 때문에 성격을 중시하는 경향이 있다. 이러한 질적 경험의 차이 때문에 한국 대학의 교수 임용이 훨씬 폐쇄적이고 비합리적인 것으로 여겨진다."[276]

교수 임용 후 본격적인 연구 활동을 시작하여 자기 나름의 이론적 연구 성과를 내놓는다고 해도 동료들 사이에 인정認定의 기제가 형성되어 있지 않으면 연구를 지속한 열기와 동기가 얼마 가지 않아 사그라지기 쉽다. 이에 대해 김용학은 다음과 같이 말한 바 있다.

미래지향적으로 이론의 토착화를 위해서 무엇보다도 중요한 것은 누군가가 자신의 고유한 이론을 제안했을 때 이것을 평가하고 수용하고 개선하는 과정을 수용할 제도적 정치가 마련되어 있는가이다. 동료 이론

---

[276] 김종영, 《지배받는 지배자―미국 유학과 한국 엘리트의 탄생》, 154쪽. 괄호 안의 문장은 155쪽. 한 교수는 서울대 중심주의를 다음과 같이 증언했다. "우리 사회에 어쩔 수 없는 학연(주로 학부 출신)이라는 거 너무너무 중요하잖아요. 아직도 그러니까 서울대 나온 사람들은 서울대 이하의 대학을 나온 사람들이 공부했다는 거 자체에 믿음이 없는 거 같아요. 거기에 대한 폄하가 있는 거 같아요." 김종영, 《지배받는 지배자―미국 유학과 한국 엘리트의 탄생》, 157쪽. 우리 학계의 서울대 중심주의는 식민지 시기 제국대학 체제의 유산이다. 전후 일본 '내지內地'의 7개 제국대학은 중심적인 '연구대학Research University'으로 변모했다. 일본의 경우 1962년 조사에 따르면 일본 대학교수 가운데 구 제국대학 출신이 56퍼센트를 차지하고 그 가운데 도쿄제국대학 출신은 25퍼센트를 차지했다. 아마노 이쿠오天野郁夫, 박광현·정종현 옮김, 《제국대학―근대일본의 엘리트 육성장치》, 산처럼, 2017, 200쪽의 〈표 12-2〉 참조.

가는 물론 같은 연구실에 소속된 학문 후속 세대들조차도 동료나 스승의 이론을 받아들이지 않는 학풍을 이어간다면, 이론의 토착화는 요원한 꿈일 것이다.[277]

학계에서 이루어지는 연구 성과에 대한 공정한 평가와 인정의 장치가 없는 상황에서는 이미 설정되어 있는 대학의 위계질서에 따라 교수의 지위는 저절로 결정된다. 명문대 교수는 연구업적 평가와 상관없이 자동적으로 인정받는다. 대학 사이의 교수 이동도 거의 없는 편이다. 개별 학자들에 대한 평가가 독창적 업적에 의해 이루어지고 그 평가에 따라 상향이동이나 하향이동이 이루어지는 경우는 거의 없다. 있다면 지방대학에 가 있던 교수가 모교에 자리가 나면 상경하는 식이다. "한국 대학은 교수 시장의 협소함, 학벌체제, 폐쇄적 학문문화 등으로 경쟁이 제한적이다. 특히 한국의 학벌체제가 경쟁을 저해한다. 학벌체제는 대학의 지위가 상징적 질서에 의해 고착된 것으로 경쟁에 의해 그 위계가 쉽게 깨지지 않음을 의미한다."[278]

학문의 수준이 높아지려면 학문적 업적에 대한 평가가 학계 내부에서 제대로 이루어져야 한다. 그런데 최근에는 명성 있는 해외 학술지에 논문을 발표한 사람이 높은 평가를 받고 있다. 한국 학계는 "스스로

---

277 김용학, 〈사회학 이론 및 방법론 연구〉, 456쪽.

278 김종영, 《지배받는 지배자—미국 유학과 한국 엘리트의 탄생》, 257쪽; 장수명, 〈대학 서열화 극복의 정책 방향과 그 실현 가능성〉, 한국대학학회 편, 《대학정책, 어떻게 바꿀 것인가》, 소명출판, 2017, 77~87쪽도 볼 것.

'앎의 평가'를 수행하지 못하고 서구 아카데미의 평가 시스템에 의지하고" 있는 것이다.[279] 교수 임용 초기 절차에서 행정직원들이 지원자들의 연구업적을 정해진 기준에 맞춰 기계적으로 점수를 매기고 있다. 해외 학술지 발표 논문이 없는 사람은 명문대 교수 임용의 경우 일단 서류심사에서 탈락한다.

우리의 기준으로 학문적 업적을 평가하기 위해서는 일단 학자들 사이에 동료 학자들의 글을 열심히 읽고 진지하게 평가하는 풍토를 만들어야 한다. 논문 수뿐만 아니라 논문의 주제, 문제의식, 이론, 방법, 각주, 참고문헌 등을 진지하게 살펴보면서 그 논문이 기존 학계의 연구 성과를 어떻게 확장시키고 심화시키고 새롭게 만들고 있는가를 따져봐야 한다. 또한 짧은 호흡으로 쓰는 논문뿐만 아니라 긴 호흡으로 쓰는 연구서에 강조점을 두는 평가 기준도 필요하다. 긴 시간을 요구하는 저술 작업이 동료들 사이에 공정하고 객관적인 평가의 대상이 되어야 깊이 있는 연구가 나온다. 학술지에 실린 논문은 해당 학계 안에서만 유통되지만 저서는 타 분야의 학자들은 물론 교양 시민들도 독자가 될 수 있기 때문에 공공성이라는 가치를 갖는다는 점에서 중요하다.

김덕영은 우리 학문의 발전을 위해서는 등재지에 게재하는 짧은 논문을 넘어서 긴 호흡으로 장기간 연구한 결과를 저서로 발표하는 풍토가 필요하다면서 다음과 같은 냉소적 비판을 날렸다.

---

279 이철승, 《불평등의 세대》, 문학과지성사, 2019, 288쪽.

(한국 사회학계를 주도하는 미국 유학파 사회학자들은) 미국에서 피상적으로 배운 서구 이론을 가르친다. 그리고 바로 그 이론에 입각하여 연구 활동을 하면서 그 결과를 A4 용지 10장 정도의 논문으로 포장한다. 한국의 대학은 한마디로 말해서 '미국의 식민지에 건립된 A4-10 논문 공장'이다.[280]

같은 맥락에서 김문조는 다음과 같은 의견을 밝힌 바 있다.

(사회학이) 복합적 위기 상황을 돌파할 수 있는 지적 소임을 다하기 위해서는 공공성과 종합적 사고역량의 온축이 필요하다. '경쟁력 강화'를 앞세워 국내외 저명학술지 등재 논문 수효만 헤아리는 기존의 성과 중심적 학술지원체제는 상기 두 가지 요건 모두와 대척적 입장에 놓여 있다. (논문 발표 중심으로) 시한부 게재 가능성을 우선시하게 되면 창의적 착상을 기대할 수 있는 종합적 사유 공간이 허용되지 않을 뿐 아니라, 공공적 가치를 외면한 쪼잔한 연구물들이 전문성이라는 미명하에 양산될 가능성이 높다.[281]

---

280 김덕영, 《사회의 사회학—한국적 사회학 이론을 향한 해석학적 오디세이》, 길, 2016, 39~40쪽.

281 김문조, 〈복합전환 시대의 한국 사회학〉, 《한국 사회학의 미래—고려대학교 사회학과 창립 50주년 기념 특별 심포지엄 자료집》, 고려대학교 사회학과, 2013, 16쪽.

4. 한국 사회학 이론 구성을 위한 제안

안타깝게도 지난 50년 이상 한국의 주류 사회학계는 물론 그에 대한 비판으로 시작한 비판사회학계 또한 한국 사회를 주체적으로 설명하는 이론을 스스로 생산하지 못하고 해외 이론의 수입에 의존했다. 주류 학계가 구조기능주의, 근대화론, 조사방법과 통계분석을 수입했다면 비판이론, 종속이론, 세계체제론, 마르크스주의 등은 진보 학계가 수입한 일련의 이론들이다. 주류 사회학이나 비판사회학 양쪽 모두 한국 사회학 이론을 창조하지 못하고 수입된 외국 이론을 한국 사회에 적용하는 단계에 머물렀다는 점에서는 크게 다를 바가 없다.[282]

우리 나름의 주체적인 토착사회학 이론을 구성하기 위한 세 가지 방향을 제시하면 다음과 같다. 첫째, 분과 학문별, 전공별 전문화가 심화되고 있는 상황에서 사회학이 다른 인문학과 사회과학을 비롯하여 다른 분과학문들과 대화를 확장 심화시키는 학제 간 연구의 중심 역할을 해야 한다. 둘째, 인접 학문들과의 대화를 통해 얻어진 인문사회과학적 통찰력을 바탕으로 서구의 고전사회학과 현대사회학 이론을 종합하고 재구성하여 새로운 이론을 만들어내려는 노력이 필요하다. 셋째, 그렇게 만들어진 이론적 틀을 활용하여 한국 사회에 대한 경험적 연구를 지속적으로 축적하면서 이론을 지속적으로 수정하는 작업이 필요하다.

---

282 이기홍, 〈진보적 사회학의 위상과 과제〉, 한국산업사회연구회 편, 《현대 한국 인문 사회과학 연구사》, 한울, 1994, 54쪽.

세 가지 방향의 연구는 상호 영향을 미치면서 동시적으로 이루어져야 한다. 아래에서는 세 가지 방향을 조금 더 논의해본다.

첫째, 사회학은 정치학, 경제학, 인류학, 심리학 등의 다른 사회과학 분과는 말할 것도 없고 역사학, 철학, 문학 등 인문학 분야와도 긴밀하게 대화하면서 인간과 사회에 대한 기초적인 일반 이론을 만들어야 한다.[283] 20세기에 만들어진 분과학문 사이의 불필요한 칸막이를 제거하고 문제의식을 종합하면서 일반 이론을 만들어내려는 노력이 필요하다. 그 첫 단계로 영국 사회학자들이나 남아공의 사회학자들처럼 특정 연구 주제를 다룰 때 사회학의 경계를 넘어 다른 학문분과와 공동 연구를 진행할 수 있다.[284] 사회학의 종합적 관심과 이론적 자원은 그런 학제 간 연구에서 주도적인 역할을 할 수 있을 뿐만 아니라 그런 과정에서 타 학문 분야의 논의를 종합하면서 독자적인 이론을 만들어낼 수 있다.

이런 문제의식에서 김문조는 한국 사회학이 "인접 학문들의 지식을 적극적으로 수용한 확장된 사회학적 상상력을 통해 융복합적 도전 과

---

283 형식적 합리성의 위기, 문명 전환의 필요성, 복잡성과 불확실성의 증가, 젠더라는 변수의 중요성 등을 고려할 때 사회학sociolgy이라는 학문의 정체성을 해체하고 총체적인 의미에서의 역사적 사회과학historical social science을 주장하는 월러스틴의 다음 글을 참조할 것. Immanual Wallerstein, "The Heritage of Sociology, the Promise of Social Science: Presidential Address, XIVth World Congress of Sociology, Montreal, 26, July, 1998", *Current Sociology*, Vol. 47, No. 1, 1999, p. 1~37.

284 지주형, 〈영국 사회학의 사회학: 탈분과적 접근과 한국 사회학에 대한 교훈〉, 《경제와 사회》 88호, 2010, 120~154쪽; Radhamany Sooryamoorthy, *Sociology in South Africa-Colonial, Apartheid and Democratic Forms*(London: Palgrave Macmillan, 2016).

제들에 효율적으로 대처할 수 있는 메타사회학적 관점을 발양해 나아가야 한다"고 주장했다.[285] 그러기 위해서는 사회학의 철학적 기초, 다시 말해서 사회학의 인식론적 기초와 이론적 지향을 규정하는 우리 나름의 메타이론을 정립해야 한다. 그러나 현실은 이와 반대 방향으로 진행되고 있다. 김문조는 이런 경향에 맞서 '지적 명예혁명Intellectual Glorious Revolution'이 필요하다고 역설했다.

기술세계에서 칭송받는 '경박단소輕薄短小' 경향은 주어진 사회현실을 가급적 크고 넓고 길고 깊게 통찰해야 하는 사회과학의 세계에서는 공공성과 종합적 사유를 가로막는 독소 조항임을 지적할 필요가 있으며, 종합학문으로 태동한 초개방적 학문으로 큰 그림을 그려야 할 때가 많은 사회학에 대해서는 그러한 왜소화 경향이 치명적인 맹독이 됨을 숙지해야 할 것이다. 매몰되어 가는 사회학 자산을 되찾아 학문적 존엄성을 회복하기 위한 '지적 명예혁명'을 본격적으로 강화해야 할 시점이 임박했다는 생각이다.[286]

둘째, 마르크스, 베버, 뒤르켐 등의 고전사회학 이론과 파슨스, 하버마스, 루만, 기든스, 부르디외 등 현대사회학 이론의 주요 저서들을 번

285　김문조는 기초학문으로서의 사회학이 갖는 종합적 성격을 강조한다. 김문조, 〈복합전환 시대의 한국 사회학〉, 《한국 사회학의 미래—고려대학교 사회학과 창립 50주년 기념 특별 심포지엄 자료집》, 고려대학교 사회학과, 2013, 16쪽.

286　김문조, 〈복합전환 시대의 한국 사회학〉, 17쪽.

역하면서 적절한 우리말 학술용어를 개발해야 한다. 그런 단계를 거쳐 고전사회학자와 현대사회학 이론가들의 개별 작업을 심층적으로 연구하는 단계로 진입한다. 그다음 단계에서는 탈코트 파슨스나 제프리 알렉산더가 했듯이 여러 이론가들을 비교하고 종합하여 새로운 이론체계를 구성하는 단계로 올라선다. 서구 이론의 종합화 과정에서 조선 시대, 식민지 시대, 해방 이후 분단, 전쟁, 산업화, 민주화, 정보화라는 한국 사회의 역사적 경험을 바탕으로 서구 이론 안에 들어 있는 서구 경험 중심주의를 수정하고 보완하는 주체적 관점을 만들고 우리의 경험을 설명하는 새로운 개념들을 만들어내야 한다. 이런 작업에는 인도와 남미 학자들의 서구 중심주의 비판이 준거가 될 수 있지만 그들과도 구별되는 한국의 특수성을 규명하는 우리 나름의 개념화와 이론화를 지향해야 할 것이다. 한국의 특수성을 규명하는 일을 하면서도 세계사적 맥락과 인류의 보편적 가치를 염두에 두어야 함은 물론이다. 그래야 우리 사회를 잘 설명하면서도 외국 학계에서도 인정받을 수 있는 사회학 이론을 만들 수 있다. 이 모든 단계에서 한국의 사회학자는 세계 사회학계에 적극적으로 참가하여 자신의 연구 결과를 서구 학자들에게 발표하고 그들과 토론하면서 서구 중심주의 사회학을 넘어서는 일에 기여해야 할 것이다.[287]

---

[287] 한국 사회학자들이 세계 사회학계에 기여하기 위해서는 영문 저서의 활발한 출간이 필요하다. 이미 1930년대에 출간된 영문 저서로는 Kyung Durk Har, *Social Laws: A Study of the Validity of Sociological Generalization*(Chapel Hill: The University of North Carolina Press, 1930)과 Duck Soo Chang, *British Methods of*

셋째, 사회학 이론과 경험적 연구 사이의 지속적인 순환 과정이 필요하다. 한국 사회학의 주요 연구 대상은 한국 사회이기 때문에 한국 사회의 독특한 방법론적 패러다임과 거기서 도출할 수 있는 한국의 특유한 이론들을 구성해야 한다. 그러기 위해서는 종합적 문제의식으로 새롭게 구성된 이론이 경험적 연구로 뒷받침되어야 한다. 이론 없이 산발적으로 존재하는 경험 연구가 맹목적이라면 경험 연구 없는 추상적 이론체계는 공허하다. 이론적 틀에 의해 인도되는 경험적 연구가 축적되면서 이론의 경험적 근거를 마련하고 경험적 연구의 축적에 의해 이론의 수정과 보완·변화가 지속적으로 이루어져야 한다.[288] 이론적 성찰을 하는 학자들과 경험적 연구를 하는 학자들이 서로의 연구에 관심을 갖고 긴밀하게 상호작용할 때 우리의 이론이 만들어진다.

그러나 "우리 사회학계는 (70년이라는) 학문의 역사에 걸맞은 경험 지식의 체계적 축적과 일반화를 위한 진정한 의미의 학파는 아직 없

Industrial Peace: A Study of Democracy in Relation to Labour Disputes(New York: Columbia University Press, 1936)이 있다. 이후 주목할 만한 영문 저서를 출간한 한국 사회학자로는 김경동, 김경만, 류석춘, 장경섭, 최종렬 등이 있다. 연세대학교에서 가르치다가 보스턴대학에서 은퇴한 정재식의 영문 저서도 있다.

288 한국 사회학계에는 주류 사회학과 비판사회학 모두에 "총체성에 입각한 규범 이론과 관념론적 반실증주의"가 존재한다. 하나의 이론을 다른 이론으로 비판하고 대체하는 방식의 이론 연구는 "이론의 수입 다변화만 재촉했고 각 담론들의 생명 주기가 점점 짧아지는 결과를 낳았다." 주류 사회학과 비판사회학 양쪽 모두에서 이론에 의해 인도되고 경험 연구에 의해 수정 비판되는 연구 풍토의 조성이 필요하다. 이원재, 〈한국 공동체의 구조적 분화〉, 《사회연구》 27호, 2015, 61~63쪽.

다."[289] 그렇다면 지금부터라도 한국 사회학계는 인구, 가족, 계층, 조직, 산업노동, 도시, 농촌, 문화, 교육, 종교, 과학기술, 의료, 지역사회 등 사회학의 세부 전공 분야마다 그동안 축적한 경험적 연구들을 참조하여 새로운 개념과 명제를 만들고 그것들을 연결하여 이론을 만들고 그 이론의 안내를 받는 경험 연구를 축적하여 이론을 강화하고 개선하고 변화시켜야 한다. 그렇게 해서 한국 사회의 다양한 현상을 이해하고 설명하고 진단하고 예측하는 적실성 있는 이론을 만들어나가야 한다. 각자 자신의 전문 영역에서 고립·분산적으로 경험적 연구만 계속하게 되면 세월이 간다고 저절로 이론이 만들어지지 않는다. 연구 영역이 전문화될수록 문제 상황의 전체적 문맥을 떠나 좁은 특수 영역에 한정된 대상을 고립적으로 다루게 되기 때문이다. 전공 분야의 세분화가 이루어질수록 한정된 대상을 다루면서도 자신의 경험 연구를 넓은 문맥에 놓고 보편적이고 이론적 의미를 성찰하는 노력을 기울여야 할 것이다.[290] 이와 관련하여 이미 1968년 이효재는 한국 사회학의 발전을 위해 단편적이고 산발적인 조사 연구 결과를 종합하여 점차 한국 사회 전체의 모습을 그려보는 이론적 노력이 필요하다고 주장한 바 있다.

---

289 김규원, 〈한국의 사회학과 지방 사회학의 자리매김을 위한 하나의 주장〉, 《우리 사회 연구》 1호, 1993, 15쪽.

290 경험 연구의 발견을 이론과 연결시켜 설명력을 높이는 종합적 작업이야말로 사회학의 '진보'를 이루는 길이라고 보는 Colin Campbell, *Has Sociology Progressed?: Reflections of an Accidental Academics*(London: Palgravemacmillan, 2019), pp. 41·56·106 참조.

한국 사회 연구가 체계 없는 상식적 단계에서 벗어나려면 종합적 시점과 체계를 수립해야 할 것이며 이 체계 아래서 단계적인 연구가 계획되고 이루어져야 한다. 그리고 그 결과들을 그 체계 속에 연결시켜서 재정리하는 작업을 동시에 하지 않으면 아니 될 것이다. …… 지금까지 수집된 산발적이며 단편적인 자료를 가능한 한 각 분야 내에서 연결시키며 종합하는 방향으로 정리해야 한다. 그러기 위하여는 고차적인 이론과 개념체계를 한편 모색하면서 미비한 부분의 연구를 위하여 보충되어야 할 문제를 속속 제시해야 한다.[291]

이론 연구와 경험 연구는 상호 영향을 주고받으면서 발전되어야 한다. 경험 연구는 이론 연구의 틀 안에서 이루어지고 이론 연구는 경험 연구를 통해 근거를 확보하고 수정되면서 서로가 서로를 강화하는 관계를 형성해야 한다.[292] 한국 사회에 대한 경험 연구를 바탕으로 이론을 구성하기 위해서는 기존의 연구와 현재 이루어지고 있는 동료 학자들

---

291 이효재, 〈체계 없는 '상식'의 단계 너머: 사회학, 한국 사회과학의 시련〉, 《정경연구》 45호, 1968년 1월호, 146쪽.

292 김일철은 사회학 이론과 연결되는 조사 연구의 필요성을 다음과 같이 주장했다. "가설이 어디에서 나오냐 하면 이론에서 나와야 하잖아. 정교한 가설이랄까 의미 있는 가설은, 가설의 형성은 이론적 작업에서 도출이 되어서 거기에 따라 자료 수집이, 그런 방향으로 자료 수집이 되어야 정상이지. 그러니 이론이 중요하죠. 테크닉만 가지고 되는 것이 아니고. 그러니까 이론하고 방법론하고 같이 가야 되요." 김인수, 〈김일철 교수 인터뷰〉, 《서울대학교 사회발전연구소 50년사: 1965~2015》, 한울, 314~315쪽.

의 연구에 대해 관심을 갖고 그것과 자신이 하고 있는 연구 사이의 접점을 찾는 노력을 계속해야 한다. "이러한 연구 생활은 참으로 엄청난 과업인 것이다. …… 연구자들 사이의 공동 활동을 위한 학적 유대가 참으로 요구되고 있는 것이다."[293]

한국 사회학 이론은 한국 사회에 대한 경험 연구를 무작정 누적한다고 만들어지지 않는다. 서구의 고전 이론과 현대사회학 이론을 깊이 있게 이해하여 우리의 지적 자산으로 만들면서 라틴아메리카와 인도 학자들처럼 서구 중심주의를 벗어나기 위한 학문적 노력에도 관심을 기울여야 한다. 한국 사회에 대한 경험적 연구를 축적하면서 서구 이론과 비서구 이론을 깊이 있게 연구하고 종합해서 우리 나름의 한국 사회학 이론을 만들어나가야 한다. 그런 점에서 이론 연구와 경험 연구를 병행하는 강수택이 2003년 이론사회학회에서 피력했던 다음과 같은 주장은 여전히 타당하다.

오늘날 우리 학문공동체에는 조금 어설프지만 창조적인 생각을 발굴하여 이를 학문적으로 진전시키는 데에는 소홀히 하고 기성의 표준에 부합하는 지식의 생산과 판매에 몰두하는 경향이 있다. 하지만 한국이론 사회학회는 우리 이론을 만드는 데 있어서 창조적인 생각의 발굴과 개발이 필수적이라고 본다. …… 풍부한 이론적 사유 능력과 한국의 사회 현실에 대한 정확한 인식 관심, 이 두 가지는 사회이론에 관심을 갖는 모

---

293 이효재, 〈체계 없는 '상식'의 단계 너머: 사회학, 한국 사회과학의 시련〉, 146쪽.

든 사회과학자들이 추구하는 과제다. 그러나 이 둘의 동시적인 추구가 그렇게 쉬운 일은 아니다. 그렇기 때문에 과감한 모색들이 더욱 요구되는 것이다. 그래서 이론적 사유로부터 출발하여 이를 현실에 접목시켜 보기도 하고, 그 반대로 구체적인 사회현상으로부터 출발하여 이론적 사유에로 나아가보기도 한다. 한국이론사회학회가 창립하면서 다짐하였던 '우리 이론 만들기'는 이러한 모색 과정을 통하여 비로소 자연스럽게 결실을 맺어갈 것이다.[294]

우리 나름의 사회학 이론 만들기는 멀고 험한 길이지만 시작이 반이고 천 리 길도 한 걸음부터이다. 우리가 지금까지 축적한 이론 연구와 경험 연구를 재검토하면서 위에서 제시한 세 가지 방향으로 집단적 노력을 계속하다 보면 어느 날 한국의 사회학 이론이 서서히 모습을 드러낼 것이다. 그렇게 우리 나름의 한국 사회학 이론을 구성함으로써 외국 이론의 끝없는 수용의 시간이 끝나고 한국 사회학의 자체 생산Self-Production of Korean Sociology의 시간이 시작될 것이다.

---

[294] 강수택, 〈제3집을 내면서: 우리 이론 만들기와 다양한 이론적 시각들〉, 《사회와 이론》 3집, 2003년 2호, 9~10쪽.

책을 맺으며

2002년 초 서울을 떠나 프랑스 파리에서 거의 10년에 이르는 긴 세월 동안 '자발적 망명' 생활을 마치고 2011년 말 귀국했다. 그 후 얼마 되지 않아 시작한 '한국 사회학의 지성사'를 마감하기까지 또 한 번의 10년이 흘렀다. "미쳐야 미친다不狂不及"라는 말이 있지만 생각해보면 지난 10년 동안 한국 사회학의 역사 연구에 어느 정도 미쳐 있었던 것 같다. 원고지 약 7,300매 4권 분량으로 마감된 이 연구 작업의 결과를 문학작품으로 치자면 대하소설과 비교할 수 있을 것이다. 한 문학평론가는 어느 작가에게 대하소설을 쓰려면 '무자비한 집념'을 가지고 자기와 치열한 싸움을 벌여야 한다고 말했다. 다른 조각글을 쓰지 말아야 하며 평소에 말수를 줄이고 다른 사람들과 만나 정을 나누는 일도 단호히 줄여야 한다고 권고했다. 이 책을 쓰면서 나는 가능하면 그렇게 살려고 노력했던 것 같다.

이 연구를 진행하는 과정에서 몇몇 동료와 후배들이 공동 작업을 권유하기도 하고 연구 프로젝트로 만들어 연구재단의 연구비 지원을 받아보라고 제안하기도 했다. 하지만 그저 나의 본래 성향대로 외부의 지원을 받지 않고 홀로 평소의 생활 리듬에 맞춰 연구와 집필 생활을 계속했다. 자료를 찾아 읽고 정리하고 원고를 쓰는 단조롭지만 흥미진진한 날들이 계속되었다. 매일 오후 서초동 국립중앙도서관에 출근하여 자료를 찾아 읽고 정리하고 다음 날 오전 서재에서 집필하는 생활의 반복과 연속이었다. 끝이 보이지 않아 회의가 들기도 하고 제대로 된 방향으로 가고 있는지 불안하기도 했다. 그런 고비를 몇 번 넘기다보니 빛이 보이기 시작했다. 한국 사회학계에 지워지지 않을 족적을 남긴 열한 분 선배학자들의 글을 찾아 읽고 정리하다 보니 고맙게도 한국 사회학의 역사 전체의 모습이 서서히 드러나면서 아카데믹 사회학, 비판사회학, 역사사회학이라는 세 갈래의 흐름으로 정리되었다.

부족하지만 중도에 그치지 않고 이 정도나마 정리하여 연구 결과를 세상에 내놓을 수 있게 된 것은 여러 사람들의 격려와 지지 덕분이다. 특히 2018년 어느 여름 날 받은 김필동 교수의 이메일은 큰 힘이 되었다. "《한국 사회학의 지성사》는 정말 기대가 되는 작업입니다. 정 선생이 아니면, (지금까지 그래왔듯이) 감히 생각도 할 수 없는 일이었을 것입니다. 앞으로 사회학, 더 넓게는 학문을 하는 사람에게 큰 도움이 될 것으로 생각합니다. 한국 사회학이 길게는 100여 년, 짧게 잡아도 70여 년 만에 비로소 '사회학의 역사'에 대한 의미 있는 참고서가 나오게 되어 참 다행이고, 그런 의미에서 사회학사(학문사)에 관심을 갖고 있는 사람으로 특별히 감사를 드리는 바입니다. 전인미답의 길을 걷는 사람이 있어야, 후인도 그 길을 밟아 보고 때로는 다른 길을 개척할 용기를

책을 맺으며

갖게 될 것이니까요."[1]

이제 이 책을 마감할 시간이다. 도와주신 고마운 분들께 감사를 표해야겠다. 먼저 이 책을 쓸 때 인터뷰에 응해주신 한완상, 김경동, 신용하 교수께 감사드린다. 세 분 모두 저자의 외람된 질문들에 성실하고 진지하게 답변해주셨다. 초고 마감 후 이 책에서 다루고 있는 학자들의 제자들을 비롯하여 관련 동료 학자들에게 감수를 부탁했다. 배용광의 사회학을 읽어준 한남제(경북대), 최재석의 사회학을 읽어준 이창기(영남대)와 김흥주(원광대), 신용하의 사회학을 읽어준 김필동(충남대), 김진균의 사회학을 읽어준 홍성태(상지대)와 조돈문(가톨릭대), 이만갑과 이해영의 사회학을 읽어준 김인수(건국대), 박영신의 사회학을 읽어준 이황직(숙명여대)과 최종렬(계명대), 이효재의 사회학을 읽어준 이재경(이화여대), 함인희(이화여대), 오한숙희, 영·독·불 사회학을 읽어준 박명규(서울대), 미국 사회학을 읽어준 주은우(중앙대)와 민병교(서강대), 독일 사회학의 역사를 읽어준 배동인(강원대), 김건우(빌레펠트대), 차명제(한일장신대), 비판사회학 부분을 읽어준 공제욱(상지대) 교수에게 감사한다. 이들이 읽고 토론해준 내용들로 이 책의 부족한 부분을 메울 수 있었다.

역사사회학을 전공하는 채오병(국민대)과 이황직(숙명여대), 부르디외 사회학의 전문가이자 문화연구자 이상길(연세대)은 원고 전체를 다 읽

---

1 김필동의 2018년 7월 25일 이메일.

고 크고 작은 오류와 부족한 부분을 지적해주었다. 특히 채오병 교수는 코로나19 팬데믹 상황에도 불구하고 세 차례나 만나 토론 상대자가 되어주었다. 작가영화를 파고드는 영화학자 이윤영(연세대)은 1권과 3권의 초고를 읽고 책의 구성에 대한 자신의 생각을 전해주었다.

임현진 교수(서울대)는 2020년 9월 코로나19 상황에서 한국사회학회와 공동 주최로 서울대 아시아연구소에서 이 책을 놓고 여러 학자들이 모여 콜로키움을 할 수 있는 자리를 마련해주셨다. 이 모임에서 초고를 읽고 논평해주신 이재경(이화여대), 장경섭(서울대), 정일준(고려대), 정준영(서울대 규장각연구원), 공석기(서울대 아시아연구소) 교수에게 감사의 말씀을 드린다.

이 글의 일부를 발표할 기회를 준 한국사회학회, 한국이론사회학회, 한국문화사회학회, 한국비판사회학회, 서강대 트랜스내셔널인문학연구소, 서울대 아시아연구소, 이화여대 한국여성연구원에 감사드린다.

쉽지 않은 상황에서 출판 지원을 결정해준 한국사회학회 유홍준 회장과 장원호 회장, 포스텍 융합문명연구원의 송호근 원장에게 특별한 감사의 마음을 전한다. 한국사회학회의 요청으로 초고 전체를 감수해주신 임현진, 전성우 선생님께 감사드린다.

이 책은 어떻게 보면 반反시대적인 책이다. 가볍고, 얇고, 짧고, 작은 경박단소輕薄短小의 글이 주류를 이루는 시대적 풍조를 거슬러 무겁고 두텁고 길고 큰 중후장대重厚長大한 모습을 하고 있기 때문이다. 나날이 호흡이 짧아지고 가벼워지는 학문 풍토에서 긴 호흡으로 쓴 무거운 책을 품위 있게 만들어준 도서출판 푸른역사 박혜숙 대표에게 감사한다. 책의 구성과 편집에 도움을 주신 김성희 부장과 정호영 선생에게도 감사드린다.

마지막으로 제주의 자연에 감사한다. 2017년 가을 우연한 기회에 알게 된 한라산 남쪽 기슭에 위치한 월평마을의 골방에서 이 책 초고의 많은 부분을 정리할 수 있었다. 제주도의 푸른 하늘을 배경으로 유유하게 펼쳐져 있는 한라산의 장엄한 실루엣, 남태평양을 향해 내려가는 제주 남쪽 바다의 잔잔하거나 요동치는 풍랑, 완만한 언덕으로 이어지는 아왜낭목에 쏟아지는 별빛, '소라의 성'과 삼매봉 도서관의 한적한 분위기, 파라다이스호텔의 고적한 산책길, 자구리 해안의 시원한 바람, 네 해에 걸쳐 몸으로 느낀 제주의 사계, 봄바람에 날리는 귤꽃 향기, 여름날의 절벽에서 떨어지는 천지연 폭포의 물소리, 가을바람에 흔들리는 넓게 펼쳐진 갈대숲, 겨울날 매섭게 휘몰아치던 눈보라가 이 책을 마치는 데 큰 힘이 되어주었다.

2021년 1월 23일
서귀포에서
정수복

참고문헌

책을 펴내며

앙사르, 피에르, 정수복 옮김, 《현대 프랑스 사회학》, 문학과지성사, 1982.

정수복, 〈현대 프랑스 사회학의 지성사〉, 《연세사회학》 10~11호 합본호, 1990, 50~83쪽.

허수열, 《개발 없는 개발—일제하 조선 경제개발의 현상과 본질》, 은행나무, 2011.

Banner Jr., James M., *The Ever-Changing Past: Why All History is Revisionist History* (New Haven: Yale University Press, 2021).

《한국 사회학의 지성사》를 시작하며

강수택, 〈제3집을 내면서〉, 《사회와 이론》 3집, 2003년 2호.

강신표, 《한국사회학의 반성》, 현암사, 1984.

_____, 〈전통문화문법과 세계관의 변화: 한국 사회학 토착이론은 불가능한가? 불필요한가?〉, 《사회와 이론》 제6집, 2005.

구장률,《근대 초기 잡지와 분과학문의 형성》, 케포이북스, 2012.

_____,《소설과 지식의 연대》, 소명출판, 2012.

김경동, 〈한국사회학의 아이덴티티 문제〉,《한국사회과학》27권 1-2호, 2005.

김경만, 〈세계 수준의 한국 사회학을 위하여〉,《한국사회학》35집 2호, 2001, 1~28쪽.

_____,《글로벌 지식장과 상징폭력—한국 사회과학에 대한 비판적 성찰》, 문학동네, 2015.

김광기,《이방인의 사회학》, 글항아리, 2014.

김규원, 〈한국의 사회학과 지방 사회학의 자리매김을 위하 하나의 주장〉,《우리 사회 연구》1호, 1993.

김성국, 〈식민지성과 한국 사회이론〉,《사회와 이론》제1집, 2002, 129~160쪽.

김성국·임현진, 〈한국 사회와 사회과학—한국사회학대회의 공동토론을 중심으로〉,《한국사회학》7호, 1972.

김용학, 〈사회학 이론 및 방법론 연구〉, 대한민국학술원 엮음,《한국의 학술연구: 정치학·사회학》, 대한민국학술원, 2008.

김인수, 〈권태환 교수 인터뷰〉,《서울대학교 사회발전연구소 50년사: 1965~2015》, 한울, 2015.

김종엽,《에밀 뒤르케임을 위하여》, 새물결, 2002.

김종영,《지배받는 지배자—미국 유학과 한국 엘리트의 탄생》, 돌베개, 2015.

김진균, 〈소아마비 못 면한 사회학〉,《청맥》제20호, 1966년 8월, 64~73쪽.

_____,《비판과 변동의 사회학》, 한울, 1983.

_____, 〈80년대 한국사회과학의 과제〉,《산업사회연구》제1집, 한울, 1985.

_____,《한국사회의 현실과 학문의 과제》, 문화과학사, 1997.

김학준, 〈대한제국 시기 정치학 수용의 선구자 안국선의 정치학〉,《한국정치연구》7호, 1997, 29~48쪽

김효전, 〈안국선의 와세다 시절, 1986~1899〉,《동아법학》47호, 2010, 403~452쪽 참조.

로스, 도로시, 백창재·정병기 옮김, 《미국 사회과학의 기원 2》, 나남, 2008.

문광훈, 《가장의 근심》, 에피파니, 2016.

바우만, 지그문트, 정일준 옮김, 《부수적 피해》, 민음사, 2013.

박명규, 〈한말 '사회' 개념의 수용과 의미체계〉, 《사회와 역사》 59호, 2001, 51~82쪽.

박영신, 〈한국사회발전론 서설〉, 《한국사회 어디로 가고 있나》, 현대사회연구소, 1983.

_____, 〈사회학 연구의 사회학적 역사〉, 《현상과 인식》 9권 1호, 1985년 봄호.

_____, 《사회학 이론과 현실 인식》, 민영사, 1992.

_____, 《겨레 학문의 선구자 외솔과 한결의 사상》, 연세대학교출판부, 2002.

박재묵, 〈한국사회학의 발달과 제3세계 사회학의 접근방법〉, 김진균 엮음, 《제3세계와 한국의 사회학》, 돌베개, 1986.

백욱인, 《번안근대: 제국과 식민지의 번안이 만든 근대의 제도, 일상, 문화》, 휴머니스트, 2018.

부르디외, 피에르·로익 바캉, 이상길 옮김, 《성찰적 사회학으로의 초대》, 그린비, 2015.

비강, 델핀 드, 권지현 옮김, 《내 어머니의 모든 것》, 중앙북스, 2013.

비뇨, 조르쥬, 임기대 옮김, 《분류하기의 유혹: 생각하기와 조직하기》, 동문선, 2000.

비판사회학회 엮음, 《사회학: 비판적 사회읽기》, 한울, 2012.

설동훈·고재훈·유승환, 〈한국사회학회와 사회학 연구, 1964~2017년: 한국사회학회 발표 논문의 연구 분야별 내용분석〉, 《한국사회학》 52집 1호, 2018.

신용하, 〈'독창적 한국 사회학'의 발전을 위한 제언〉, 한국사회학회 엮음, 《21세기의 한국 사회학》, 문학과지성사, 1994.

_____, 〈구한말 서구 사회학의 수용과 한국 사회사상〉, 《학술원논문집: 인문·사회과학 편》 52집 1호, 2013, 246~251쪽.

유승무, 《불교사회학》, 박종철출판사, 2010.

이규호, 〈토착화론의 철학적 근거: 우리 문화 창조를 위하여〉, 《기독교사상》 69호, 1963년 10월, 19~30쪽.

이상길, 《아틀라스의 발: 포스트 식민 상황에서의 부르디외 읽기》, 문학과지성사, 2018.

이시다 다케시石田雄, 한영혜 옮김, 《일본의 사회과학》, 소화, 2003.

이영찬, 《유교사회학》, 예문서원, 2001.

이재경, 〈한국 사회학자들의 인용문헌 분석〉, 《문헌정보학논집》 5호, 명지대학교, 1998, 269~304쪽.

이한우, 《한국의 학맥과 학풍》, 문예출판사, 1995.

이효재, 〈체계 없는 '상식'의 단계 너머: 사회학, 한국 사회과학의 시련〉, 《정경연구》 45호, 1968년 1월호.

임혁백, 《비동시성의 동시성》, 고려대학교출판부, 2014.

임현진, 〈한국 사회학의 해부: 자아정체성과 유관 적합성을 중심으로〉, 《사회과학논평》 제19집, 한국사회과학협의회, 2000.

_____, 〈사회학: 역사+문학+알파〉, 김용준 외, 《스무 살에 선택하는 학문의 길》, 아카넷, 2005.

장지연, 황재문 옮김, 《만물사물 기원역사》, 한겨레출판, 2014.

전경수, 《한국인류학 백년》, 일지사, 1999.

정수복, 《한국인의 문화적 문법—당연의 세계 낯설게 보기》, 생각의나무, 2007.

_____, 〈김경만의 '지적 도발'에 대한 정수복의 '응답'—글로벌 지식장과 로컬 지식장 사이에서〉, 《경제와 사회》 108호, 2015년 겨울호, 254~287쪽.

_____, 《응답하는 사회학》, 문학과지성사, 2015.

정일균, 《다산 사서 경학연구》, 일지사, 2000.

최재석, 《역경의 행운》, 다므기, 2011.

파르쥬, 아를레트, 김정아 옮김, 《아카이브 취향》, 문학과지성사, 2020.

한상진 외, 《한상진과 중민이론》, 새물결, 2018.

한영혜, 〈일본 사회학의 형성과 전개: 성립부터 제2차 세계대전까지〉, 《사회와 역사》, 32권, 1991, 86~131쪽.

한완상, 〈머리말〉, 《민중사회학》, 종로서적, 1984.

허재영 엮음, 《근대 계몽기 학술잡지의 학문 분야별 자료 권 4—법, 사회, 생물, 수산》,

경진출판, 2017.

황성모, 〈사회과학의 토착화에 대하여〉, 한국사회과학연구소 엮음, 《현대사회과학방법론》, 민음사, 1977.

_____, 〈한국사회과학의 기본과제와 방향〉, 성균관대학교 사회과학연구소 엮음, 《한국사회과학론》, 성균관대학교출판부, 1983.

황성모·임희섭, 〈대담: 사회과학 이론 및 방법의 한국적 수용〉, 《현상과 인식》 4호, 1977, 47~62쪽.

황성모 외, 〈한국 사회학 어디로 갈 것인가?〉, 《한국사회학》 22집, 1988년 여름호.

Aron, Raymon, *Spectateur engagé*(Paris: Julliard, 1981).

Bourdieu, Pierre, "L'objectivation participante", *Actes de la recherche en sciences sociales*, No. 150, 2003, pp. 43~58.

Collins, Randall ed., *Four Sociological Traditions*(New York: Oxford University Press, 1994).

Crane, Diana, *Invisible College: Diffusion of Knowledge in Scientific Community* (Chicago: The University of Chicago Press, 1972).

Julien, François, *Penser d'un dehor(La Chine): Entretien d'extrême-occident*(Paris: Seuil, 2000).

Levine, Donald, *Visions of the Sociological Tradition*(Chicago: The University of Chicago Press, 1995).

Merton, Robert, K. and Mathilda White Riley eds., *Sociological Traditions from Generation to Generation*(Norwood: Ablex, 1980).

Millett, David, "Canadian Sociology on the World Scene", Nikolai Genov ed., *National Traditions in Sociology*(London: Sage, 1989).

Nisbet, Robert, *The Sociological Tradition*(New York: Basic Books, 1966).

Pels, Dick, "Privileged Nomads: On the Strangeness of Intellectuals and the Intellectuality of Strangers", *Theory, Culture and Society*, Vol. 16, No. 1, 1999.

Rubinstein, William D., "Jewish Intellectuals in Liberal Democracies", Alain G. Gagnon ed., *Intellectuals in Liberal Democracies*(New York: Praeger, 1987).

Shils, Edward, *Tradition*(Chicago: The University of Chicago Press, 1981).

Titarenko, Larissa and Elena Zdravomyslova, *Sociology in Russia: A Brief History*(New York: Palgrave Macmillan, 2017).

1부

Burawoy, Michael, "For Public Sociology", *American Sociological Review* Vol. 70, No. 1, 2005, p. 20.

Calhoun, Craig, "Sociology in America: An Introduction", Craig Calhoun ed., *Sociology in America: A History*(Chicago: The University of Chicago Press, 2007).

Coleman, James, "Columbia in the 1950s", Bennett Berger ed., *Authors of Their Own Lives: Intellectual Autobiographies by Twenty American Sociologists*(Berkeley and Los Angeles: University of California Press, 1990).

1부 1장

귀몬드, 제임스, 김성민 옮김, 《미국 사진과 아메리칸 드림》, 눈빛, 2018.

김덕영, 《짐멜이냐 베버냐? 사회학 발달 과정 비교연구》, 한울, 2004.

김진균·홍성태, 《군신과 현대사회—현대 군사화의 논리와 군수산업에 대한 연구》, 문화과학사, 1996.

로스, 도로시, 백창재·정병기 옮김, 《미국 사회과학의 기원 1》, 나남, 2008.

_____, 백창재·정병기 옮김, 《미국 사회과학의 기원 2》, 나남, 2008.

밀스, 찰스 라이트, 진덕규 옮김, 《파워 엘리트》, 올재, 2018.

박영신, 〈역사적 대화: 벨라의 탈사회학적 관심세계〉, 《사회이론과 현실인식》, 민영사, 1992, 369~420쪽.

박치현, 〈미국 대학의 구조적 다양성과 한국 대학의 고용구조 개선〉, 《현상과 인식》 144호, 2020.

백창재·정병기, 〈옮긴이 머리말〉, 도로시 로스, 백창재·정병기 옮김, 《미국 사회과학의 기원 1권》, 나남, 2008, 7~8쪽.

버크, 피터, 박광식 옮김, 《지식의 사회사 2—백과전서에서 위키백과까지》, 민음사, 2017.

베르타이머, 마이클, 오세철·양창삼 옮김, 《심리학사》, 연세대학교출판부, 1983.

스미스, 데이비드 외, 김종철·강순원 옮김, 《미국의 대학과 노동계급》, 창작사, 1987.

윤영민, 〈최근 미국 사회학의 위기와 대응—버클리대와 워싱턴대의 사례를 중심으로〉, 한국사회학회 엮음, 《21세기의 한국 사회학》, 문학과지성사, 1994, 69~106쪽.

이기홍, 〈양적 방법은 미국 사회학을 어떻게 지배하게 되었나?〉, 《사회와 이론》 32집, 2018년 5월, 7~60쪽.

이황직, 《민주주의의 탄생—왜 지금 다시 토크빌을 읽는가》, 아카넷, 2018.

정수복, 〈현대 프랑스 사회학의 지성사〉, 《연세사회학》 10·11호 합본호, 1990, 49~83쪽.

존슨, 폴, 김일세 옮김, 《벌거벗은 지식인들》, 을유문화사, 1999.

촘스키, 노암 외, 정연복 옮김, 《냉전과 대학: 냉전의 서막과 미국의 지식인들》, 당대, 2001.

최종렬, 〈모던 미국 사회학과 과학주의〉, 《사회와 이론》 통권 16집 1호, 2003, 7~46쪽.

_____, 〈포스트모던 미국 사회학의 문화연구: 정치경제학과 담론이론의 학제적 연구를 향하여〉, 《한국사회학》 37집 1호, 2003, 209~229쪽.

쿨리, 찰스 호튼, 정헌주 옮김, 《사회조직의 이해》, 한국문화사, 2018.

한완상·이기홍, 〈한국 사회학의 반성: 새로운 패러다임의 성격〉, 《현상과 인식》 38호, 1987년 봄호, 171~216쪽.

Abbot, Andrew, *Department and Discipline: Chicago Sociology at one Hundred*(Chicago and London: The University of Chicago Press, 1999).

Abrams, Philip, *The Origins of British Sociology, 1834-1914*(Chicago: The University of Chicago Press, 1968).

Ahmad, Salma, "American Foundation and the Development of the Social Sciences between the Wars", *Sociology*, Vol. 25, No. 3, 1991, pp. 511~520.

Bannister, Robert, C., *Sociology and Scientism: The American Quest for Objectivity, 1880-1940*(Chapel Hill: University of North Carolina Press, 1987).

Barnes, Harry Elmer ed., *An Introduction to the History of Sociology*(Chicago: The University of Chicago Press, 1948).

Bellah, Robert et al., "'Veritas' at Harvard: Another Exchange", *The New York Review of Books*, July, 14, 1977.

Blaisi, Anthony J. ed., *Diverse Histories of American Sociology*(Leiden: Brill, 2005).

Bulmer, Marin, *The Chicago School of Sociology: Institutionalization, Diversity and the Rise of Sociological Research*(Chicago: The University of Chicago Press, 1984).

Bulmer, Martin, Charles Camic, Jay Demerath, Howard Schuman, Jonathan Turner & Stephen Turner, "The Social Epistemology of Sociology", *Social Epistemology*, Vol. 8, No. 1, 1994.

Burawoy, Michael, "For Public Sociology", *American Sociological Review* Vol. 70, No. 1, 2005, pp. 4~28.

Burris, Val, "The Academic Caste System: Prestige Hierarchies in Ph.D Exchangr Networks", *American Sociological Review*, Vol. 69, No. 2, 2004, pp. 239~264.

Calhoun, Craig ed., *Sociology in America: A History*(Chicago: The University of Chicago Press, 2007).

_____, "Sociology in America: An Introduction", Craig Calhoun ed., *Sociology in America: A History*(Chicago: The University of Chicago Press, 2007), pp. 1~38.

Calhoun, Craig and Jonathan VanAntwerpen, "Orthodoxy, Heterodoxy, and Hierarchy: 'Mainstream' Sociology and Its Challengers", Craig Calhoun ed., *Sociology in America: A History*(Chicago: The University of Chicago Press, 2007), pp. 367~410.

Camic, Charles, "On Edge: Sociology during the Great Depression and the New Deal", Craig Calhoun ed., *Sociology in America: A History*(Chicago: The University of Chicago Press, 2007), pp. 225~280.

Choi, Jongryul, *Postmodern American Sociology: A Response to the Aesthetic*

Challenge(Dallas and New York: University Press of America, 2004).

Clark, Terry, *Prophets and Patrons-The French University and the Emergence of the Social Sciences*(Cambridge: Cambridge University Press, 1973).

Converse, Jean, *Survey Research in the United States: Roots and Emergence, 1890-1960*(New York: Transaction Publisher, 2009).

Coser, Lewis, *Refugee Scholars in America: Their Impact and Their Experiences*(New Haven: Yale University Press, 1984).

Deegan, Mary Jo, "Sociology at Nebraska: 1884~1929", *Journal of the History of Sociology*, Vol. 1, No. 2, 1979, pp. 40~62.

_____, *Jane Addams and the Man of the Chicago School, 1892~1918*(New Brunswick: Transaction Books, 1988).

Fine, Gary Alan ed, *A Second Chicago School? The Development of Postwar American Sociology*(Chicago: The University of Chicago Press, 1995).

Gouldner, Alvin, *The Coming Crisis of Western Sociology*(New York: Basic Books, 1970).

Har, Kyung Durk, *Social Laws: A Study of the Validity of Sociological Generalization* (Chapel Hill: The University of North Carolina Press, 1930).

Hinkle, Roscoe and Gisela Hinkle, *The Development of Modern Sociology, The Nature and Growth in the United States*(New York: Random House, 1954).

Hughes, H. Stuart, *The Sea Change: The Migration of Social Thought, 1930~1965*(New York: McGraw-Hill, 1975).

Kennedy, Michael D. and Miguel A. Centeno, "Internationalism and Global Transformation in American Sociology", Craig Calhoun ed., *Sociology in America: A History*(Chicago: The University of Chicago Press, 2007).

Kremer-Marietti; Angèle, *Michel Foucault, Archéolgie et Généalogie*(Paris: Librairie Générale Française, 1985).

Lazarsfeld, Paul and Morris Rosenberg, *The Language of Social Research: A Reader in the Methodology of Social Science*(Glencoe, IL.: Free Press, 1955).

Lengermann, Patricia and Gillian Nibrugge, "Thrice Told: Narratives of Sociology's Relation to Social Work", Craig Calhoun ed., *Sociology in America: A History*(Chicago: The University of Chicago Press, 2007), pp. 63~114.

Lipset, Seymour Martin and Neil J. Smelser, *The Progress of a Decade*(Englewood Cliffs: Prentice-Hall, 1961).

Lundberg, George, *Foundations of Sociology*(New York: MacMillan, 1939).

Lundberg, George, Otto Larson and Clarence Schrag, *Sociology*(New York: Harper and Row, 1958).

McAdam, Doug, "*From Relevance to Irrelevance: The Curious Impact of the Sixties on Public Sociology*", pp. 411~426

McCarthy, E. Doyle and Robin Das, "American Sociology's Idea of Itself: A Review of the Textbook Literature from the Turn of the Century to the Present", *The Journal of the History of Sociology*, Vol. 5, No. 2, 1985.

Merton, Robert and Paul Lazarsfeld, *Continuities of Social Research*(Glencoe, IL.: Free Press, 1950).

Middleton, Russell, *History of Sociology at the University of Wisconsin-Madison*(Madison, Wisconsin: Anthropocene Press, 2017).

Mirowski, Philip, "How Positivism Made a Pact with the Postwar Social Sciences in the United States", George Steinmetz ed., *The Politics of Methods in the Human Sciences: Positivism and Its Epistemological Others*(Durham: Duke University Press, 2005), pp. 142~171.

Morris, Aldon, *The Scholar Denied: W. E. B. Du Bois and the Birth of Modern Sociology*(Berkeley: University of California Press, 2015).

Obershall, Anthony, "The Institutionalization of American Sociology", Anthony Obershall ed., *The Establishment of Empirical Sociology*(New Yok: Haper and Row, 1972).

Parmar, Inderjeet, *Foundations of the American Century: The Ford, Carnegie, and Rockefeller Foundations in the Rise of American Power*(New York: Columbia University Press, 2012).

Platt, Jennifer, *A History of Sociological Research Methods in America, 1920~1960*(New York: Cambridge University Press, 1996).

_____, "Sociology", Roger Backhouse and Philippe Fontaine eds., *The History of the Social Sciences since 1945*(Cambridge: Cambridge University Press, 2010), pp. 102~135.

Porter, Jack Nusan, "The Journal of the History of Sociology: Its Origins and Scope", *The American Sociologist*, Vol. 35, No. 3, 2004, pp. 52~63.

Reftery, Adrian, "Quantitative Research Methods", Craig Calhoun et al. ed., *The Sage Handbook of Sociology*(London: Sage, 2005).

Schweber, Libby, "Wartime Research and the Quantification of American Sociology: The View from *The American Soldier*", *Revue d'Histoire des Sciences Humaines*, No. 6, 2002, pp. 65~94.

Shannon, Joshua, *The Recording Machine: Art and Fact during the Cold War*(New Haven: Yale University Press, 2017).

Sica, Alan, "Sociology at the University of Kansas, 1889~1983", *Sociological Quarterly*, Vol. 24, No. 4, 1983, pp. 605~623.

Sica, Alan and Stephen Turner eds., *The Disobedient Generation: Social Theorists in the Sixties*(Chicago: The University of Chicago Press, 2005).

Small, Albion and George Vincent, *Introduction to the Science of Society*(New York: American Book, 1894).

Smelser, Neil J., "External Influence on Sociology", Hebert Gans ed., *Sociology in America*(Newbury Park, London, New Delhi: Sage Publications, 1990).

Steinmetz, George, "American Sociology before and after World War Ⅱ: The (Temporary) Settling of a Disciplinary Field", Craig Calhoun ed., *Sociology in America: A History*(Chicago: The University of Chicago Press, 2007), pp. 314~366.

Steinmetz, George and Ou-Byung Chae, "Sociology in an Era of Fragmentation: From the Sociology of Knowledge to the Philosophy of Science, and Back Again", *The Sociological Quarterly*, Vol. 4, No. 1, 2002, pp. 111~137.

Turner, Jonathan, "Sociology in the United States: its Growth and Contemporary Profile",

참고문헌

Nikolai Genove ed., *National Traditions in Sociology*(London: Sage, 1989), pp. 220~ 242.

Turner, Stephen and Jonathan Turner, *The Impossible Science: An Institutional Analysis of American Sociology*(London: Sage, 1990).

Turner, Stephen, *American Sociology: From Pre-Disciplinary to Post-Normal*(New York: Palgrave Macmillan, 2004).

_____, "A Life in the First Half-Century of Sociology: Charles Ellwood and the Division of Sociology", Craig Calhoun ed., *Sociology in America: A History*(Chicago: The University of Chicago Press, 2007), pp. 115~154.

VanAntwerpen, Jonathan, "Resisting Sociology's Seductive Name: Frederick J. Teggart and Sociology at Berkeley", Anthony J. Blaisi ed., *Diverse Histories of American Sociology*(Leiden: Brill, 2005), pp. 141~177.

Wallerstein, Immanuel, "*The Culture of Sociology in Disarray: The Impact of 1968 on U.S. Sociology*", pp. 427~437

1부 2장

가바리노, 머윈, 한경구·임봉길 옮김, 《문화인류학의 역사》, 일조각, 2011.

강정인·오향미·이화용·홍태영, 《유럽 민주화의 이념과 역사: 영국·프랑스·독일》, 후마니타스, 2010.

권오용, 〈프랑크푸르트학파의 비非하버마스적 비판이론: 현대사회연구에서 분석적 장점과 연구전략〉, 《한국사회학》 제45집 1호, 2020, 27~63쪽.

김규원, 〈한국의 사회학과 지방 사회학의 자리매김을 위한 하나의 주장〉, 《우리 사회 연구》 1호, 1993, 7~20쪽.

김덕영, 《짐멜이냐 베버냐? 사회학 발달 과정 비교 연구》, 한울, 2004.

버크, 피터, 박광식 옮김, 《지식의 사회사 2: 백과전서에서 위키백과까지》, 민음사, 2017.

베르거, 슈테판 크로이츠, 〈공산주의자를 물리치라: 제2차 대전 이후 독일에서의 정부·비정부 대공 심리전〉, 김동춘 외, 《반공의 시대─한국과 독일, 냉전의 정치》, 돌베개, 2015, 44~72쪽.

스첼, 기외르기, 〈냉전의 국제정치와 서독의 내부화된 반공주의〉, 김동춘 외, 《반공의 시대─한국과 독일, 냉전의 정치》, 73~98쪽.

신준식, 〈초기 영국 사회학의 ethos에 관한 연구: Hobhouse의 사회이론을 중심으로 하여〉, 《사회문화연구》, 대구대학교 사회과학연구소 9호, 1990, 85~104쪽.

앙사르, 피에르, 정수복 옮김, 《현대 프랑스 사회학》, 문학과지성사, 1992.

월러스틴, 이매뉴얼 외, 이수훈 옮김, 《사회과학의 개방》, 당대, 1996.

월러스틴, 이매뉴얼, 백승욱 옮김, 《우리가 아는 세계의 종언》, 창비, 2001.

윤병철, 〈최근 영국사회학의 흐름〉, 《새로운 시대의 사회학적 상상력: 영국 사회 이해를 위한 탐색》, 한울, 1996, 229~242쪽.

윤병철, 《새로운 시대의 사회학적 상상력: 영국사회 이해를 위한 탐색》, 한울, 1996.

이상길, 《아틀라스의 발─포스트식민 상황에서 부르디외 읽기》, 문학과지성사, 2018.

이영석, 《지식인과 사회: 스코틀랜드 계몽운동의 역사》, 아카넷, 2014.

_____, 《제국의 기억 제국의 유산》, 아카넷, 2019.

이황직, 《민주주의의 탄생: 왜 지금 다시 토크빌을 읽는가》, 아카넷, 2018.

이흥탁, 〈영국의 사회학 현황 및 Anthony Giddens의 사회학 이론〉, 《고시행정》 10호, 1990, 75~84쪽.

정수복, 〈프랑스 사회학의 지성사〉, 《연세 사회학》 제10·11호 합본호, 1990, 50~83쪽.

_____, 〈현대 프랑스 사회학의 한국적 수용을 위하여〉, 《동향과 전망》 1993년 봄·여름 합본호, 258~275쪽.

지주형, 〈영국 사회학의 사회학: 탈분과적 접근과 한국 사회학에 대한 교훈〉, 《경제와 사회》 88호, 2010, 120~154쪽.

최재현 엮음, 《현대 독일 사회학의 흐름》, 형성사, 1991.

최재현, 〈서장: 현대 독일 사회학의 흐름〉, 최재현 엮음, 《현대 독일 사회학의 흐름》, 형성사, 1991.

황성모, 〈독일 사회학의 기원과 현재〉,《한국사회학》22집, 1988년 여름, 1~14쪽.

_____, 〈한국 사회과학의 기본과제와 방향〉, 성균관대학교 사회과학연구소 편,《한국 사회과학론—'사회'가 없는 사회과학들이 어떤가?》, 대왕사, 1983, 296~297쪽.

Abrams, Philip, *The Origins of British Sociology: 1834~1914*(Chicago: The University of Chicago Press, 1968).

Adorno, Theodor et al., *The Positivist Dispute in German Sociology*(New York: Harper and Row, 1976).

Albrow, Martin, "Introduction", Martin Albrow and Elizabeth King eds., *Globalization, Knowledge and Society: Readings from International Sociology*(London: Sage, 1990), pp. 3~15.

_____, "The Changing British Role in European Sociology", Szompka, Piotr and Brigitta Nedelman eds., *Sociology in Europe: In Search of Identity*(De Gruyter, 1993), pp. 81~98.

_____, "Sociology in the United Kingdom after the Second World War", Nikolai Genov ed., *National Traditions in Sociology*(London: Sage, 1989).

Brock, Adrian C., "introduction", Adrian C. Brock ed., *Internationalizing the History of Psychology*(New York and London: New York University Press, 2006), pp. 1~15.

Bulmer, Martin ed., *Essays on the History of British Sociological Research*(Cambridge: Cambridge University Press, 1985).

Burawoy, Michael ed., *Facing an Unequal World: Challenges for a Global Sociology* (Taipei: Academia Sinica, ISA).

Burawoy, Michael, "Facing an Unequal World: Challenges for a Global Sociology", Michael Burawoy ed., *Facing an Unequal World: Challenges for a Global Sociology*, Vol. 1(Taipei: Academia Sinica, ISA, 2010).

_____, "Forging Global Sociology from Below", Sujata Patel ed., *The ISA Handbook of Diverse Sociological Traditions*(London: Sage, 2010), pp. 52~65.

Cardoso, Fernando, "Forward", *International Sociology*, Vol. 1, No. 1, 1986.

Connell, Raewin, "Learning from Each Other: Sociology on a World Scale", Sujata Patel ed., *The ISA Handbook of Diverse Sociological Traditions*(London: Sage, 2010), pp. 40~51.

Cossa, Andrea and Matteo Bortolini, *Italian Sociology, 1945~2010: An Intellectual and Institutional Profile*(London: Palgrave Macmillan, 2017).

Dahrendorf, Ralf, *Class and Class Conflict in Industrial Society*(London: Routledge and Kegan Paul, 1959).

Dinç, Cüneyd, "German Sociology After Reunification", *Socyoloji Dergisi*, 3. Dizi, 20. sayi, 2010/1, pp. 89~93.

Douard, Alain, "The Development of Sociology in France after 1945", Nikolai Genov ed., *National Traditions in Sociology*(London: Sage, 1989), pp. 66~80.

Dufois, Stéphane and Eric Macé, "Building Living Bridge for a World Sociological Archipelago", ISA, RC, 08, *Newsletter*, November, 2017, pp. 7~15.

Fleck, Christian, *Sociology in Austria Since 1945*(London: Palgrave Macmillan, 2016).

Genov, Nikolai, "Universality and Indigeneity in the Development of Theoretical Sociology", *Bulgarian Journal of Sociology*, No. 6, 1983, pp. 31~38.

_____, "National Sociological Traditions and the Internationalization of Sociology", Nikolai Genov ed., *National Traditions in Sociology*(London: Sage, 1989), pp. 1~17.

Go, Julian, "The Emergence of American Sociology in the Context of Empire", George Steinmetz ed., *Sociology and Empire: The Imperial Entanglement of a Discipline*(Durham and London: Duke University Press, 2013), pp. 83~105.

Goldthorpe, John H., Lockwood, David, Bechhofer, Frank, Platt, Jennifer, *The Affluent Worker: Industrial Attitudes and Behavior*(Cambridge: Cambridge University Press, 1968).

Gouldner, Alvin, *The Coming Crisis of Western Sociology*(London: Heinmann, 1970).

Halsey, A. H., "Provincials and Professionals: the British Post-War Sociologists", Martin Bulmer ed., *Essays on the History of British Sociological Research*(Cambridge: Cambridge University Press, 1985), pp. 151~164.

Halsey, Albert Henry, *A History of Sociology in Britain: Science, Literature, and Society*(Oxford: Oxford University Press, 2014).

참고문헌

Hamilton, Peter, *Talcott Parsons*(London and New York: Tavistock, 1983).

Hiller, Harry, "Universality of Science and the Question of National Sociologies", *American Sociologist*, No. 14, 1979, pp. 124~135.

Levine, Donald, *Visions of the Sociological Tradition*(Chicago: The University of Chicago Press, 1995).

Lockwood, David, "Some Remarks on *The Social System*", *British Journal of Sociology*, Vol. 7. No. 2, 1956, pp. 134~145.

Maruani, Margaret, *Travail et emploi des femmes*(Paris: Découverte, 2003).

Masson, Philippe and Cherry Schrecker, *Sociology in France after 1945*(London: Palgrave macmillan, 2016).

Münch, Richard, "The Contribution of German Social Theory to European Sociology", Szompka, Piotr and Brigitta Nedelman eds., *Sociology in Europe: In Search of Identity*(De Gruyter, 1993), pp. 45~66.

Park, Peter, "Toward an Emancipatory Sociology: Abandoning Universalism for True Indiginization", *International Sociology*, Vol. 3, No. 2, 1988, pp. 161~170.

Patel, Sujata ed., *The ISA Handbook of Diverse Sociological Traditions*(London: Sage, 2010).

Platt, Jennifer, *History of ISA, 1948~1997*(International Sociological Association, 1998).

_____, *The British Sociological Association: A Sociological History*(Durham, UK: Sociologypress, 2003).

Rainer, Lepsius, M., "Sociology in the Interwar Period: Trends in Development and Criteria for Evaluation", Volker Meja, Dieter Misgeld, and Nico Stehr ed., *Modern German Sociology*(New York: Columbia University Press, 1987), pp. 37~56.

Rex, John, "British Sociology 1960-1980: An Essay", *Social Forces*, Vol. 61, No. 4, 1983.

Saint-Pierre, Céline, "Internationalisation de la sociologie ou résurgence des sociologies nationales?", *Sociologie et Sociétés*, Vol. 12, No. 2, 1980, pp. 7~20.

Schaefflers, Bernhard, *Soziologie in Deutschland*(Opladen: Leske+Budrich, 1995).

Scott, John, *British Sociology A History*(London: Palgrave Macmillan, 2020).

Steinmetz, George and Ou-Byung Chae, "Sociology in an Era of Fragmentation: From the Sociology of Knowledge to the Philosophy of Science, and Back Again", *The Sociological Quarterly*, Vol. 4, No. 1, 2002, pp. 111~137.

Stocking Jr. George, *After Tylor: British Social Anthropology, 1888~1951*(Wisconsin: University of Wisconsin Press, 1998).

Tiryakian, Edward, "Sociology's Great Leap Forward: The Challenge of Internationalization", *International Sociology*, Vol. 1, No. 2, 1986, pp. 155~171.

Touraine, Alain, "Les écoles sociologiques", Marc Guillaume et al., *La Sociologie en Franc*(Paris: La Découverte, 1988), pp. 26~41.

Turner, Stephen, *American Sociology: From Pre-Disciplinary to Post-Normal*(New York: Palgrave Macmillan, 2014).

Turner, Stephen and Jonathan Turner, *The Impossible Science: An Institutional Analysis of American Sociology*(London: Sage, 1990).

Weiss, Johannes, "Sociology in the Republic of Germany", Nikolai Genov ed., *National Traditions in Sociology*(London: Sage, 1989), pp. 100~117.

Young, M. F. D. ed., *Knowledge and Control: New Directions for the Sociology of Education*(London: Collier Macmillan).

1부 3장

Abbott, Andrew, *Varieties of Social Imagination*(Chicago: University of Chicago Press, 2017).

Allardt, Erik, "Scandinavian Sociology and Its European Roots and Elements", Piotr Szompka and Brigitta Nedelman eds., *Sociology in Europe: In Search of Identity*(De Gruyter, 1993), pp. 119~140.

Blois, Juan Pedro, *Sociology in Argentina: A Long-Term Account*(London: Palgrave

참고문헌

Macmillan, 2020).

Bucholc, Marta, Philippe Masson and Vherry Schrecker, *Sociology in Poland-To be Continued*(London: Palgrave Macmillan, 2016).

Burowoy, Michael, "Public Sociology: South African dilemmas in a global context", *Society in Transition*, Vol. 35, No. 1, pp. 11~26.

Chen, Hon Fai, *Chinese Sociology: State-Building and the Institutionalization of Globally Circulated Knowledge*(New York: Palgrave Macmillan, 2018).

Connell, Raewyn, *Southern Theory: The Global Dynamics of Knowledge in Social Science*(London: Routledge, 2007).

Cossu, Andrea and Matteo Bortolini, *Italian Sociology 1945~2010, An Intellectual and Institutional Profile*(London: Palgrave Macmillan, 2017).

Crothers, Charles, *Sociologies of New Zealand*(New York: Palgrave Macmillan, 2018).

Cuin, Chales-Henry and François Gresle, *Histoire de la sociologie, 2. Depuis 1918*(Paris: La Découverte, 1992).

da Silva, Filipe Carreira, *Sociology in Portugal: A Short History*(London: Palgrave Macmillan, 2016).

Fanning, Bryan, *Sociology in Ireland: A Short History*(London: Palgrave Macmillan, 2015).

Fleck, Christian, *Sociology in Austria Since 1945*(London: Palgrave Macmillan, 2016).

Fleck, Christian and Helga Nowotny, "A Marginal Discipline in the Making: Austrian Sociology in a European Context", Piotr Szompka and Brigitta Nedelman eds., *Sociology in Europe: In Search of Identity*(De Gruyter, 1993), pp. 99~118.

Genov, Nikolai ed., *National Traditions in Sociology*(London: Sage, 1989).

Janina, Markiewicz-Lagneau, *La formation d'une pensée sociologique*(Paris: Editions de la Maison des Sciences de l'Homme, 1982).

Karady, Victor and Peter tibor Nagy, *Sociology in Hungary: A Social, Political and Institutional History*(London: Palgrave Macmillan, 2019).

Kropp, Kristoffer, *Historical Account of Danish Sociology*(London: Palgrave Macmillan,

2015).

Kulcsár, Kálmán, "Tradition, Modernization and Sociology: the Case of Hungry", Nikolai Genov ed., *National Traditions in Sociology*(London: Sage, 1989), pp. 118~134.

Larsson, Anna and Sanja Magdaleni, *Sociology in Sweden: A Short History*(London: Palgrave Macmillan, 2015).

Masson, Philippe and Vherry Schrecker, *Sociology in France after 1945*(London: Palgrave Macmillan, 2016).

Nedelman and Szompka, Piotr Sztompka and Brigitta Nedelman eds., *Sociology in Europe: In Search of Identity*(De Gruyter, 1993).

Neri, Hugo, *Sociology in Brazil: A Sociological History*(London: Palgrave Macmillan, 2020).

Patel, Sujata ed., *The ISA Handbook of Diverse Sociological Traditions*(London: Sage, 2010).

Platt, Jennifer, *History of ISA, 1948~1997*(International Sociological Association, 1998).

Ram, Uri, *Israeli Sociology*(New York: Palgrave Macmillan, 2018).

Skovajsa, Marek and Jan Balm, *Sociology in the Czeck Republic—Between East and West*(London: Palgrave Macmillan, 2017).

Sooryamoorthy, Radhamany, *Sociology in South Africa—Colonial, Apartheid and Democratic Forms*(London: Palgrave Macmillan, 2016).

Sztompka, Piotr ed., *Masters of Polish Sociology*(Zaktad Narodowy im Ossolinskich, 1980).

Szompka, Piotr and Brigitta Nedelman eds., *Sociology in Europe: In Search of Identity*(De Gruyter, 1993).

Titarenko, Larissa and Elena Zdravomyslova, *Sociology in Russia: A Brief History*(New York: Palgrave Macmillan, 2017).

Turner, Stephen, *American Sociology: From Pre-Disciplinary to Post-Normal*(London: Palgrave Macmillan, 2014).

Varderstraeten, Raf and Keat Louckx, *Sociology in Belgium: A Sociological History*(London: Palgrave Macmillan, 2018).

참고문헌

2부

2부 1장

강신표, 《한국 사회학의 반성》, 현암사, 1984.

고려대학교 사회학과 엮음, 《한국 사회학의 미래: 사회학 연구의 위기 진단과 미래 전
망》, 서울: 고려대학교 사회학과·고려대학교 한국사회연구소, 2013.

김경동, 《현대 사회학의 쟁점―메타사회학적 접근》, 법문사, 1983.

_____, 〈이만갑 교수의 사회학의 세계〉, 서울대학교 사회학연구회 엮음, 《한국 사회의
전통과 변화》, 법문사, 1983.

_____, 〈한국사회학의 아이덴티티 문제〉, 《한국사회과학》 27권 1-2호, 2005,
145~165쪽.

_____, 〈격변하는 시대에 한국 사회학의 역사적 사명을 묻는다: 한국 사회학 50년의
회고〉, 《한국사회학》 제40집 4호, 2006, 1~18쪽.

_____, 〈발전과 변동의 사회학〉, 대한민국학술원, 《한국의 학술연구: 정치학·사회학》,
대한민국학술원, 2008.

김남식·심지연, 《박헌영 노선 비판》, 세계, 1986.

김동춘, 《한국 사회과학의 새로운 모색》, 창작과비평사, 1997.

김두섭·은기수, 〈《한국사회학》 게재물의 구성과 변화, 1964~2002〉, 《한국사회학》 36
집 6호, 2002, 215~234쪽.

김두식, 《법률가들―선출되지 않은 권력의 탄생》, 창비, 2018.

김윤식, 《염상섭 연구》, 서울대학교출판부, 1987.

_____, 《이광수와 그의 시대 1~3》, 한길사, 1986.

김종서, 〈해방 후 50년의 한국 종교사회학 연구〉, 《종교연구》 15집, 1998, 33~72쪽.

김진균, 《한국의 사회현실과 학문의 과제》, 문화과학사, 1997.

김필동, 〈이상백의 사회사 연구〉, 《한국사회사 연구의 전통》, 문학과지성사, 1993,

83~128쪽.

_____, 〈이상백의 생애와 사회학사상〉, 《한국사회학》 28집, 1994, 1~36쪽.

_____, 〈이상백의 학창시절〉, 상백 이상백 평전간행위원회 엮음, 《상백 이상백 평전》, 을유문화사, 1996, 97~138쪽.

_____, 〈일제 말기 한 젊은 사회학자의 초상: 신진균론 (1)〉, 《한국사회학》, 51집 1호, 2017, 437~489쪽.

_____, 〈강단사회학자에서 맑스레닌주의 이론가로: 신진균론 (2)〉, 《사회와 역사》 118집, 2018, 213~272쪽.

_____, 〈한국 사회학의 개척자 김현준의 재발견〉, 《사회와 역사》 122호, 2019, 51~116쪽.

_____, 〈경성제국대학의 사회학 교육—제도와 사람들(1926~1945)〉, 《사회와 역사》 127호, 2020, 7~75쪽.

_____, 〈한말·일제하의 사회학 교육(1906~1945)−전문학교를 중심으로〉, 《사회와 역사》 130집, 2021, 9~79쪽.

대한민국학술원 엮음, 《학술총람 54집—정치학, 행정학, 사회학(1945~1997)》, 대한민국학술원, 1999.

도스, 프랑수아, 김복래 옮김, 《조각난 역사: 아날학파에 대한 새로운 해석》, 푸른역사, 1998.

_____, 김웅권 옮김, 《구조주의의 역사》 1~3권, 동문선, 1998; 2002; 2003.

_____, 이봉지 외 옮김, 《폴 리쾨르: 삶의 의미들》, 동문선, 2005.

박명규, 〈한국 사회학의 전개와 분과학문으로서의 제도화〉, 이화여자대학교 한국문화연구원 엮음, 《사회학 연구 50년》, 혜안, 2004, 35~91쪽.

_____, 〈한국 사회학 60년—지성사적 성취와 학사적 과제〉, 《지식의 지평》 4호, 2008.

박영신, 〈사회학 연구의 사회학적 역사〉, 《현상과 인식》 9권 1호, 1985.

_____, 〈우리 사회학의 어제와 오늘을 되새김: 학문 일반사의 한 보기로서〉, 《현상과 인식》 65호, 1995, 121~139쪽.

서규환, 〈한국 사회과학사연구 서론—한국 사회과학사 연구의 과제〉, 서규환 엮음, 《한국사회과학사연구 1》, 인하대학교출판부, 2006.

선우현, 〈철학자의 현실참여, 철학적 신념인가, 현세영합적 기회주의인가: 이규호를 중심으로〉, 《사회철학》 26호, 2013, 385~424쪽.

_____, 〈안호상의 일민주의 철학과 자생적 실천철학의 자격조건〉, 《철학연구》 141집, 2017, 95~132쪽.

설동훈·고재훈·유승환, 〈한국사회학회와 사회학 연구, 1964~2017년: 한국사회학회 발표 논문의 연구 분야별 내용 분석〉, 《한국사회학》 52집 1호, 2018, 153~213쪽.

신용하, 〈한국 사회학의 반성과 방향〉, 《사회과학논문집》 제1집, 서울대학교, 1976, 43~60쪽.

_____, 〈독창적 한국 사회학의 발전을 위한 제언〉, 《한국사회학》 28집 1호, 1994, 1~15쪽.

_____, 〈구한말 서구 사회학의 수용과 한국 사회사상〉, 《학술원논문집: 인문·사회과학 편》 52집 1호, 2013, 223~294쪽.

심지연, 《잊혀진 혁명가의 초상: 김두봉 연구》, 백산서당, 1993.

_____, 《허헌 연구》, 역사비평사, 1994.

_____, 《이강국 연구》, 백산서당, 2006.

_____, 《이주하 연구》, 백산서당, 2007.

_____, 《최창익 연구》, 백산서당, 2009.

_____, 《조선공산주의자들의 인식과 논리》, 백산서당, 2015.

안계춘 엮음, 《한국사회와 사회학》, 나남출판, 1998.

안창모, 〈건축가 박동진에 관한 연구〉, 서울대 건축공학과 박사학위논문, 1997.

안창모·김성우, 《건축가 김정수 작품집》, 공간사, 2008.

양춘, 〈한국 사회학 발전 소고〉, 서울대학교 사회학과 석사학위논문, 1967.

____, 〈한국 사회계층 연구의 동향과 전망〉, 《한국사회학》 36권 1호, 2002, 1~21쪽.

양현아, 〈《(서울대학교) 법학法學》 50년의 성과와 전망: 법사회학 분야〉, 《법학法學》 50권 2호, 2009.

이재민·강정한, 〈지식생산의 구조와 이론사회학의 위상: 《사회와 이론》의 키워드 네트워크 분석 2004~2010〉, 《사회와 이론》 19집, 2011, 89~144쪽.

이화여자대학교 한국문화연구원 엮음, 《사회학연구 50년》, 혜안, 2004.

이효재, 《분단시대의 사회학》, 한길사, 1985.

조대엽·신광영 외, 《한국 사회학의 미래—사회학의 위기 진단과 미래 전망》, 나남, 2015.

조희연, 〈우리 안의 보편성〉, 김경일 외, 《우리 안의 보편성—학문 주체화의 새로운 모색》, 한울, 2006, 25~82쪽.

조희연·김동춘, 〈80년대 비판사회이론의 전개와 '민족·민중사회학'〉, 한국사회학회 엮음, 《한국사회의 비판적 인식》, 나남출판, 1990, 16~25쪽.

채오병, 〈이행과 번역: 한국 사회사의 역사사회학〉, 《한국사회학》 45집 5호, 2011, 168~196쪽.

최재석, 〈한국의 초기 사회학: 구한말~해방〉, 《한국사회학》 9집, 1974, 5~29쪽.

_____, 〈해방 30년의 사회학〉, 《한국사회학》 10집, 1976, 7~46쪽.

_____, 〈1930년대의 사회학 진흥운동〉, 《민족문화연구》 12호, 1977, 169~202쪽.

_____, 《역경의 행운》, 만권당, 2015.

최종고, 《사도 법관 김홍섭》, 육법사, 1975.

_____, 《한국의 법률가》, 서울대학교출판부, 2007.

_____, 《한국의 법학자》, 서울대학교출판부, 2007.

한국문화인류학회 엮음, 《문화인류학 반세기》, 소화, 2008.

한완상, 〈90년대 사회학의 진로—'전통'과 '정통'의 비적합성을 지양하며〉, 《한국사회학》 제25집, 1991, 1~25쪽.

_____, 《민중사회학》, 종로서적, 1984.

한완상·이기홍, 〈한국 사회학의 반성: 새로운 패러다임의 성격〉, 《현상과 인식》 38호, 1987, 171~216쪽.

Berger, Bennett ed., *Authors of Their Own Lives*(Berkeley: University of California Press, 1990).

Dosse, François, Paul Ricoeur, les sens d'une vie(Paris: La Découverte, 1997).

_____, Michel de Certeau, Le Marcheur blessé(Paris: La Découverte, 2002).

_____, Gilles Deleuze et Félix Guattari, biographie croisée(Paris: La Découverte, 2007).

_____, Pierre Nora, Homo Historicus(Paris: Perrin, 2011).

_____, Castoriadis, Une Vie(Paris: La Découverte, 2014).

_____, Pierre Vidal-Naquet, Une Vie(Paris: Gallimard, 2020).

Lee, Man-Gap, *Sociology and Social Change in Korea*(Seoul: Seoul National University Press, 1983).

Lim, Hyun-Chin, "Social Sciences in Korea Towards 21st Century: Challenges, Dilemmas and Solutions", *The Review of Korean Studies*, Vol. 2, 1999, pp. 71~94.

_____, "Sociology in Korea", *Korea Journal*, Vol. 41, No. 1, 2000, pp. 101~137.

Lindzey, Gardner and William Runyan ed., A History of Psychology in Autobiography (Washington D.C.: American Psychological Association, 2007).

Mills, C. Wright, The Sociological Imagination(London: Oxford University Press, 1959).

Murchison, Carl and Edwin Boring ed., A History of Psychology in Autobiography (Worcester: Clark University Press, 1930).

Sica, Alan and Stephen Turner ed., The Disobedient Generation: Social Theorists in the Sixties(Chicago: The University of Chicago Press, 2005).

2부 2장

강정구, 〈나의 삶, 나의 학문: 냉전 성역 허물기와 평화·통일 만들기〉, 《경제와 사회》 87호, 2010, 12~44쪽.

김경동, 《현대 사회학의 쟁점—메타사회학적 접근》, 법문사, 1983.

김덕영, 《사상의 고향을 찾아서》, 길, 2015.

_____, 《사회의 사회학—한국적 사회학 이론을 위한 해석학적 오디세이》, 길, 2016.

김필동, 〈이상백의 사회사 연구〉, 《한국 사회사 연구의 전통》, 문학과지성사, 1993, 83~128쪽.

_____, 〈이상백의 생애와 사회학사상〉, 《한국사회학》 28집, 1994년 여름호, 1~36쪽.

_____, 〈이상백의 학창시절〉, 상백 이상백 평전간행위원회 엮음, 《상백 이상백 평전》, 을유문화사, 1996, 97~138쪽.

_____, 〈일제 말기 한 젊은 사회학자의 초상: 신진균론 (1)〉, 《한국사회학》 51집 1호, 2017, 437~489쪽.

_____, 〈강단사회학자에서 맑스레닌주의 이론가로: 신진균론(2)〉, 《사회와 역사》 118집, 2018, 213~272쪽.

_____, 〈한국 사회학의 개척자 김현준의 재발견〉, 《사회와 역사》 122호, 2019, 51~116쪽.

아롱, 레이몽, 이종수 옮김, 《사회사상의 흐름》, 홍성사, 1980.

안계춘, 〈광복 50년의 한국사회와 사회학〉, 안계춘 엮음, 《한국 사회와 사회학》, 나남출판, 1998.

_____, 〈우리나라 사회학의 선구자 하경덕〉, 《인문과학》 30호, 연세대학교 문과대학, 1973, 187~208쪽.

원재연, 〈안당 하경덕: 격동기의 공공사회학자〉, 《한국사회학》, 50집 2호, 2016, 67~93쪽.

이동진, 〈한국 사회학의 제도화와 배용광〉, 《동방학지》 168집, 2014, 241~278쪽.

_____, 〈식민지 시기 일본 유학생과 한국 사회학: 이상백, 김두헌, 신진균을 사례로〉, 《사회와 이론》 33집 2호, 2018, 281~321쪽.

전경수, 《손진태의 문화인류학—제국과 식민지 사이에서》, 민속원, 2010.

짜이틀린, I. M., 이경용·김동노 옮김, 《사회학이론의 발달사: 사회사상의 변증법적 과정》, 한울, 1985.

코저, 루이스, 신용하·박명규 옮김, 《사회사상사》, 한길사, 2016.

터너, 조나단 외, 김문조 엮음, 《사회학 이론의 형성》, 일신사, 1997.

한영혜, 〈이상백과 근대 체육—식민지 시대 지식인의 자아실현과 민족 아이덴티티: 일본에서의 체육 활동을 중심으로〉, 《한림 일본학 연구》 1집, 1996, 257~289쪽.

Aron, Raymond, *Les étapes de la pensée sociologique*(Paris: Gallimard, 1967).

Aron, Raymond, Richard Howard and Helen Weaver trans., *Main Currents in Sociological Thought* 1~2(New York: Anchor Books, 1968).

Barnes, Harry Elmer ed., *An Introduction to the History of Sociology*(Chicago: The University of Chicago Press, 1948).

Biersted, Robert, *American Sociological Theory: A Critical History*(New York: Academic Press, 1981).

Burawoy, Michael, "For Public Sociology", *American Sociological Review* Vol. 70, No.1, 2005, pp. 4~28.

Nisbet, Robert, "*Masters of Sociological Thought: Ideas in Historical and Social Context*. Lewis A. Coser", *American Journal of Sociology*, Vol. 78, No. 1, July, 1972.

Robin, Ron, *The Making of Cold War Enemy: Culture and Politics in the Military-Intellectual Complex*(Princeton: Princeton University Press, 2001).

Turner, Jonathan, Leonard Beeghley and Charles Power, *Emergence of Sociological Theory*(New York: Sage, 2011).

Yoon, Jeong-Ro, "In Search of Identity in Korean sociology", *Contemporary Sociology*, Vol. 26, No. 3, 1997, pp. 308~310.

Zeitlin, Irving M., *Ideology and the Development of Sociological Theory*(New York: Prentice-Hall, 1968).

2부 3장

강신표, 〈최근 사회학과 한국〉, 《사회학보》 1호.

김인수, 〈농석 이해영의 사회학: '한국조사사'의 측면에서〉, 《한국사회학》 50집 4호, 2016, 27~65쪽.

김필동, 〈한말·일제하의 사회학 교육(1906~1945)―전문학교를 중심으로〉, 《사회와 역사》130집, 2021년, 9~79쪽.

_____, 《서울대학교 사회발전연구소 50년사, 1965~2015》, 한울아카데미, 2015.

김종영, 《지배받는 지배자—미국 유학과 한국 엘리트의 탄생》, 돌베개, 2015.

김진균, 〈발전과 내생적 변동이론의 필요성〉(1979), 《비판과 변동의 사회학》, 한울, 1983.

밀리칸, M. F., D. L. M. 블랙크머 엮음, 유익형 옮김, 《신생국가론: 후진국 성장과 미국정책》, 사상계사, 1962.

박선웅, 〈문화연구의 사회학화: 한국문화사회학회가 걸어온 길〉, 《문화와 사회》 20호, 2016, 7~33쪽.

박태균, 〈로스토우 제3세계 근대화론과 한국〉, 《역사비평》, 66호, 2004, 133~166쪽.

버크, 피터, 박광식 옮김, 《지식의 사회사 2—백과전서에서 위키백과까지》, 민음사, 2017.

안종철, 〈1960년대 한국에서의 '근대화론'의 수용과 한국사 인식—고려대와 동국대 학술회의를 중심으로〉, 《인문논총》 74권 2호, 서울대학교 인문학연구원, 2017.

와다 하루키, 〈러시아 혁명과 동아시아〉, 2019년 11월 1일 서강대학교 Critical Global Studies Institute 목요 콜로키엄 발표문.

윤상철, 〈미국 사회학의 지적·인적 지배와 한국 사회학의 지체〉, 한국학술단체협의회 엮음, 《우리 학문 속의 미국: 미국적 학문 패러다임 이식에 대한 비판적 성찰》, 한울, 2003, 184~206쪽.

이동진, 〈한국 사회학의 제도화와 배용광〉, 《동방학지》 168집, 2014.

이택휘, 〈한국 사회과학의 정체성과 한국정치사상사 연구〉, 《한국 동양정치사상사》 3권 1호, 2004.

이효재, 〈체계 없는 '상식'의 단계 너머: 사회학, 한국 사회과학의 시련〉, 《정경연구》 45호, 1968.

임대식, 〈1950년대 미국의 교육 원조와 친미 엘리트의 형성〉, 《1950년대 남북한의 선택과 굴절》, 역사비평사, 1998, 128~185쪽.

임성모, 〈냉전과 대중사회 담론의 외연: 미국 근대화론의 한/일 이식〉, 한림대학교 일본학연구소, 《한림 일본학 연구》 26호, 2015, 239~264쪽.

정일준, 〈미제국의 제3세계 통치와 근대화이론—군산학 복합체와 근대화이론의 탄생〉, 《경제와 사회》 57호, 2003, 125~147쪽.

조돈문, 〈계급론자, 연구자·활동가로 살아가기〉, 《경제와 사회》 123호, 2019, 452~453쪽.

촘스키, 노암 외, 정연복 옮김, 《냉전과 대학: 냉전의 서막과 미국 지식인들》, 당대, 2001.

커밍스, 브루스 외, 한영옥 옮김, 《대학과 제국: 학문과 돈, 권력의 은밀한 거래》, 당대, 2004.

한국사회학회, 《한국사회학》 창간호, 1964.

한영혜, 〈역자 후기〉, 이시다 다케시石田雄, 한영혜 옮김, 《일본의 사회과학》, 소화, 2003.

한완상, 《민중과 사회: 민중사회학을 위한 서설》, 종로서적, 1981.

황성모, 〈한국 사회과학의 기본과제와 방향〉, 성균관대학교 사회과학연구소 엮음, 《한국 사회과학론: 사회 없는 사회과학들이였던가》, 대왕사, 1983, 275~295쪽.

Blaisi, Anthony J. ed., *Diverse Histories of American Sociology*(Leiden: Brill, 2005).

Bourdieu, Pierre and Bertrand Chung, "Mondialisation et domination: de la finance à la culture", *Cités*, No. 51, 2012.

Burawoy, Michael, "For Public Sociology", *American Sociological Review* Vol. 70, No.1, 2005, pp. 4~28.

Catano, Gonzalo and Gabriel Restrepo, "The Development of Sociology", Nikolai Genove ed., *National Traditions in Sociology*(London: Sage, 1989).

Ekbladh, David, *The Great American Mission: Modernization and the Construction of an American World Order*(Princeton and Oxford: Princeton University Press, 2010).

Gilman, Nils, *Mandarins of the Future: Modernization Theory in Cold War America* (Baltimore: The Johns Hopkins University Press, 2003).

Go, Julian, "The Emergence of American Sociology in the Context of Empire",

George Steinmetz ed., *Sociology and Empire: The Imperial Entanglement of a Discipline*(Durham and London: Duke University Press, 2013), pp. 83~105.

Hodson, Dennis, "Demography: 20th Century History of the Discipline", *International Encyclopedia of the Social and Behavioral Sciences*(Amsterdam: Pergamm, 2001).

Kennedy, Michael D. and Miguel A. Centeno, "Internationalism and Global Transformation in American Sociology", Craig Calhoun ed., *Sociology in America: A History*(Chicago: The University of Chicago Press, 2007).

Latham, Michael, *Modernization as Ideology: American Social Science and 'Nation Building' in the Kennedy Era*(Durham: University of North Carolina Press, 2000).

Little, Daniel, "Styles of epistemology in World Sociology", from Understanding Society-Innovative Thinking about Global Society, Website 참조.

Millikan, Max and Donald Blackman ed., *The Emerging Nations: Their Growth and United States Policy*(Boston: Little Brown, 1961).

Parmar, Inderjeet, *Foundations of the American Century: The Ford, Carnegie, and Rockefeller Foundations in the Rise of American Power*(New York: Columbia University Press, 2012).

Pearce, Kimber Charles, *Rostow, Kennedy, and the Rhetoric of Foreign Aid*(East Lansing: Michigan State University Press, 2001).

Robin, Ron, *The Making of the Cold War Enemy: Culture and Politics in the Military-Intellectual Complex*(Princeton: Princeton University Press, 2001).

Shils, Edward, "The Calling of Sociology", Talcott Parsons et al. ed., *Theories of Society*(New York: Free Press, 1961).

Turner, Jonathan, "Sociology in the United States: its Growth and Contemporary Profile", Nikolai Genove ed., *National Traditions in Sociology*(London: Sage, 1989), pp. 220~242.

Watnick, Morris, "The Appeal of Communism to the Peoples of Underdeveloped Areas", Reinhard Bendix and S. M. Lipset eds., *Class, Status and Power*(New York: The Free Press, 1966), pp. 428~436.

참고문헌

2부 4장

강성윤 엮음,《북한의 학문세계—상권》, 선인, 2009.

강인덕 엮음,《북한전서》, 극동문제연구소, 1980.

경북대학교 사회학과,《우리의 기억, 시대의 기억: 경북대학교 사회학과 창설 60주년: 1954~2014》, 경북대학교 사회학과, 2014.

고황경·이만갑·이효재·이해영,《한국 농촌가족의 연구》, 서울대학교출판부, 1963.

김경동,〈한국사회학의 아이덴티티 문제〉,《한국사회과학》 27권 1-2호, 2005.

김덕호, 원용진 엮음,《아메리카나이제이션: 해방 이후 한국에서의 미국화》, 푸른역사, 2008.

김동춘,〈1980년대 후반 이후 한국 맑스주의 이론의 성격 변화와 한국 사회과학〉,《창작과 비평》, 1993년 겨울호.

김문조,〈임희섭의 사회학 세계〉, 열천 임희섭 교수 정년퇴임기념논문집간행위원회 편,《사회운동과 사회변동》, 나남출판, 2002, 83~104쪽.

김인수,〈기독교와 사회조사—일제하 이훈구의 토지이용 조사의 정치적 의미〉, 김예림·김성보 엮음,《한국의 근대화와 기독교의 문화정치》, 혜안, 2016.

김재원,《박물관과 한 평생》, 탐구당, 1992.

김진균,〈80년대 한국 사회과학의 과제〉,《산업사회연구》 제1집, 1985, 7~22쪽.

_____,〈민족적 민중적 학문을 제창한다〉, 학술단체협의회 엮음,《1980년대 한국 인문 사회과학의 현 단계와 전망》, 역사비평사, 1988, 13~25쪽.

김채윤,〈머리말〉,《한국사회학》 11집, 1978.

김필동,〈강단사회학자에서 맑스레닌주의 이론가로: 신진균론 (2)〉,《사회와 역사》 118집, 2018, 213~272쪽.

_____,〈한국 사회학의 개척자 김현준의 재발견〉,《사회와 역사》 122호, 2019, 51~116쪽.

_____,〈한말·일제하의 사회학 교육(1906~1945)−전문학교를 중심으로〉,《사회와 역사》 130집, 2021, 9~79쪽.

노명우, 《세상물정의 사회학》, 사계절, 2013.

도흥렬, 〈북한의 사회학: 경계과학과 응용사회학〉, 《북한연구학회보》 2권 2호, 1998, 5~23쪽.

동국대학교 북한학연구소 엮음, 《북한의 학문세계—하권》, 선인, 2009.

동천(동덕모), 〈간행사〉, 이만갑, 《한국 농촌의 사회구조》, 한국연구도서관, 1960.

또하나의문화, 《평등한 부모 자유로운 아이—또하나의문화 제1호》, 1985.

바우만, 지그문트, 정일준 옮김, 《부수적 피해: 지구화시대의 사회적 불평등》, 민음사, 2013.

박길성, 《한국사회의 재구조화: 강요된 조정, 갈등적 조율》, 고려대학교출판부, 2004.

박동환, 〈한국사상사의 과제—맑스주의〉, 《동양의 논리는 어디에 있는가》, 사월의책, 2017.

박명규, 〈한국 사회학의 전개와 분과학문으로서의 제도화〉, 이화여자대학교 한국문화연구원 엮음, 《사회학 연구 50년》, 혜안, 2004, 35~91쪽.

_____, 〈한국 사회학의 전개와 분과학문으로서의 제도화〉, 이화여자대학교 한국문화연구원 엮음, 《사회학 연구 50년》, 혜안, 2004.

박선웅, 〈문화연구의 사회학화: 한국문화사회학회가 걸어온 길〉, 《문화와 사회》 20호, 2016, 7~33쪽.

박영신, 《현대사회의 구조와 이론》, 일지사, 1978.

_____, 〈사회학연구의 사회학적 역사〉, 《현상과 인식》 9권 1호, 1985, 9~28쪽.

배규한, 〈국민대 사회학과 20년 전사前史〉, 배규한 교수 정년기념문집 간행위원회 엮음, 《캠퍼스에서 본 한국사회》, 도서출판 띠앗, 2016.

배용광, 〈머리말〉, 《한국사회학》 1집, 1964.

버크, 피터, 박광식 옮김, 《지식의 사회사 2—백과전서에서 위키백과까지》, 민음사, 2017.

변시민, 《사회학》, 장왕사, 1952.

_____, 〈회고〉, 한국사회학회 50년사 간행위원회, 《한국사회학회 50년사: 1957~2007》, 한국사회학회, 2007, 15~20쪽.

서관모, 《현대 한국사회의 계급구성과 계급분화》, 한울, 1984.

서은주·김영선·신주백 엮음, 《권력과 학술장: 1960년대~1980년대 초반》, 혜안, 2014.

송호근, 《또 하나의 기적을 향한 짧은 시련》, 나남출판, 1998.

_____, 〈학문의 후진성에 대한 지성사적 고찰: 사회학 혹은 사회과학의 역사적 굴레와 출구〉, 일송기념사업회 엮음, 《한국 인문·사회과학 연구, 이대로 좋은가》, 푸른역사, 2013.

신광영, 〈한국 계층과 계급연구사〉, 이화여자대학교 한국문화연구원 엮음, 《사회학 연구 50년》, 혜안, 2004.

이기홍, 〈진보적 사회과학의 위상과 과제〉, 한국산업사회연구회 엮음, 《현대 한국 인문사회과학 연구사—80, 90년대 비판학문의 평가와 전망》, 한울, 1994.

_____, 〈사회과학에서 생산성 그리고 구상과 실행의 분리〉, 《경제와 사회》 제77호, 2008.

이동진, 〈한국 사회학의 제도화와 배용광〉, 《동방학지》 168집, 2014, 241~278쪽.

이만갑, 〈미국 사회학의 발전—사회조사방법을 중심으로〉, 《문리대학보》 6권 1호, 1958, 22~26쪽.

_____, 〈한국의 사회학〉, 서울대학교 동아문화연구소 엮음, 《교양인을 위한 한국학》, 현암사, 1972.

이병훈, 〈산업사회학 연구의 동향과 전망〉, 이화여자대학교 한국문화연구원 엮음, 《사회학 연구 50년》, 혜안, 2004.

이상백, 《조선문화연구논고》, 을유문화사, 1947.

_____, 《이조 건국의 연구》, 을유문화사, 1949.

_____, 〈질서와 진보〉, 《학풍》 13호, 1950년 6월호.

이진경, 《사회구성체론과 사회과학방법론》, 아침, 1987.

이현희, 〈진단학회와 이상백〉, 상백 이상백 평전출판위원회, 《상백 이상백 평전》, 을유문화사, 1996, 155~172쪽.

이효재·이승희, 〈나의 학문, 나의 인생: 이효재, 한국 여성학·여성운동의 선구〉, 《역사비평》 36호, 1994.

임희섭, 〈총론〉, 대한민국학술원, 《한국의 학술연구: 정치학·사회학》, 대학민국학술원, 2008.

전경수, 〈인류학과의 시종〉, 《한국 인류학 백년》, 일지사, 1999, 150~161쪽.

정수복, 《응답하는 사회학》, 문학과지성사, 2015.

정일준, 〈미제국의 제3세계 통치와 근대화이론—군산학 복합체와 근대화이론의 탄생〉, 《경제와 사회》 57호, 2003년 봄호, 125~147쪽.

조은, 《사당동 더하기 25》, 또하나의문화, 2013.

_____, 〈아웃사이더 사회학자 그리고 페미니스트〉, 《경제와 사회》 119호, 2018년 가을호.

조혜정, 《탈식민지 시대의 삶 읽기와 글 읽기》, 또하나의문화, 1993.

주낙원, 〈서평: 고영복 저 《社會學要論》, 민조사, 1965〉, 《한국사회학》 2집, 1966.

채오병, 〈교수님과의 짧지만 긴 시간〉, 배규한 교수 정년기념문집 간행위원회 엮음, 《캠퍼스에서 본 한국사회》, 도서출판 띠앗, 2016.

최문환, 〈사회학〉, 유네스코한국위원회 엮음, 《유네스코 한국총람》, 삼협문화사, 1957.

최원식, 〈왜 지금 문학사인가〉. 《창작과 비평》 2019년 여름호.

최재석, 〈사회학 관련 문헌목록, 1945~1964〉, 《한국사회학》, 제1집, 1964, 115~126쪽.

_____, 〈韓國의 初期社會學〉, 《한국사회학》 9집, 1974, 5~29쪽.

_____, 〈解放 30年의 韓國社會學〉, 《한국사회학》 10집, 1976, 7~46쪽.

_____, 《한국 초기 사회학과 가족의 연구》, 일지사, 2002.

_____, 《역경의 행운》, 만권당, 2015.

최종고, 《한국법학사》, 박영사, 1990.

최준식, 《세계가 높이 산 한국의 문기》, 소나무, 2007.

한국사회학회 50년사 간행위원회, 《한국사회학회 50년사: 1957~2007》, 한국사회학회, 2007.

한상진, 《민중의 사회과학적 인식》, 문학과지성사, 1987.

한상진 외, 《한상진과 중민이론》, 새물결, 2018.

한준, 〈경제사회·조직 연구의 동향과 전망〉, 조대엽·신광영 외, 《한국 사회학의 미래: 사회학 연구의 위기 진단과 미래 전망》, 나남, 2015.

한준 외, 《외환위기 이후 20년—한국 사회구조와 생활세계의 변화》, 대한민국역사박물관, 2018.

함재봉, 《한국사람 만들기 1》, 아산서원, 2017.

홍승직, 〈제6차 국제사회학회 참가기〉, 《한국사회학》 2집, 1966.

_____, 〈제8차 세계사회학대회 참가기〉, 《한국사회학》 9집, 1974, 77~86쪽.

황성모 외, 〈심포지엄 보고〉, 《한국사회학》 22집, 1988, 205~228쪽.

Burawoy, Michael, "For Public Sociology", *American Sociological Review*, Vol. 70, No. 1, 2005, pp. 4~28.

Chen, Hon Fai, *Chinese Sociology: State-Building and the Institutionalization of Globally Circulated Knowledge*(New York: Palgrave-Macmillan, 2018).

Deuchler, Martina, *The Confucian Transformation of Korea: A Study of Society and Ideology*(Cambridge, Massachusetts and London: Council on East Asian Studies, Harvard University, 1992).

Lee, Man-Gap, "Development of Sociology in Korea", *Sociology and Social Change in Korea*(Seoul: Seoul National University, 1982).

Titarenko, Larissa and Elena Zdravomyslova, *Sociology in Russia: A Brief History*(New York: Palgrave Macmillan, 2017).

2부 5장

강명관, 《조선에 온 서양 물건들》, 휴머니스트, 2015.

강수택, 〈제3집을 내면서: 우리 이론 만들기와 다양한 이론적 시각들〉, 《사회와 이론》 3집, 2003년 2호.

_____, 《연대주의》, 한길사, 2012.

강신표, 〈연결망의 그물코와 송호근의 녹우당〉, 《사회와 이론》 5집 2호, 2004.

_____, 〈한국이론사회학의 방향에 대한 작은 제안—한완상과 김경동의 사회학 비판 (1983) 이후〉, 《사회와 이론》 6집 제2호, 2005.

고영복, 〈Durkheim사회학 방법론—사회적 사실의 양화量化문제〉, 서울대학교 사회학 과 석사학위논문, 1956.

권규식, 《종교와 사회변동: 막스 웨버의 종교사회학》, 형설출판사, 1983.

김경동, 〈한국사회학의 아이덴티티 문제〉, 《한국사회과학》 27권 1-2호, 2005.

김경만, 〈세계 수준의 한국 사회학을 위하여〉, 《한국사회학》 35집 2호, 2001, 1~28쪽.

_____, 《담론과 해방: 비판이론의 해부》, 궁리, 2005.

_____, 《글로벌 지식장과 상징폭력》, 문학동네, 2014.

김광기, 《이방인의 사회학》, 글항아리, 2014.

김규원, 〈한국의 사회학과 지방 사회학의 자리매김을 위한 하나의 주장〉, 《우리 사회 연 구》 1호, 1993.

김덕영, 《짐멜이냐 베버냐?; 사회학 발달과정 비교연구》, 한울, 2004.

_____, 《막스 베버, 이 사람을 보라》, 인물과사상사, 2008.

_____, 《막스 베버: 통합과학적 인식의 패러다임을 찾아서》, 길, 2012.

_____, 《게오르그 짐멜의 모더니티 풍경 11가지》, 길, 2014.

_____, 《환원 근대—한국 근대화와 근대성의 사회학적 보편사를 위하여》, 길, 2014.

_____, 《사회의 사회학—한국적 사회학 이론을 향한 해석학적 오디세이》, 길, 2016.

_____, 《에리식톤 콤플렉스: 한국 자본주의의 정신》, 길, 2018.

_____, 《에밀 뒤르케임: 사회실재론》, 길, 2019.

김동춘, 〈1980년대 후반 이후 한국 맑스주의 이론의 성격 변화와 한국 사회과학〉, 《창작 과 비평》, 1993년 겨울호.

김명희, 《통합적 인간과학의 가능성: 맑스와 뒤르케임의 실재론적 귀환》, 한울아카데 미, 2017.

김문조, 〈복합전환 시대의 한국 사회학〉, 《한국 사회학의 미래—고려대학교 사회학과 창립 50주년 기념 특별 심포지엄 자료집》, 고려대학교 사회학과, 2013.

김문조 외,《오늘의 사회이론가들》, 한울아카데미, 2015.

김상준,《맹자의 땀, 성왕의 피》, 아카넷, 2011.

_____,《붕새의 날개 문명의 진로: 팽창문명에서 내장문명으로》, 아카넷, 2021.

김성국,《잡종사회와 그 친구들》, 이학사, 2015.

김수한, 〈'한국 사회학의 현실과 미래전망' 토론문〉, 고려대학교 사회학과,《한국 사회학의 미래—고려대학교 사회학과 창립 50주년 기념 특별 심포지엄 자료집》, 고려대학교 사회학과, 2013.

김용학, 〈사회학 이론 및 방법론 연구〉, 대한민국학술원,《한국의 학술연구: 정치학·사회학》, 대한민국학술원, 2008.

김우식, 〈한국 사회학의 위기의 원인과 처방에 대한 이론적 논의〉,《사회와 이론》25집, 2014년 2호.

김인수, 〈김일철 교수 인터뷰〉,《서울대학교 사회발전연구소 50년사: 1965~2015》, 한울.

김종엽,《연대와 열광: 에밀 뒤르켐의 현대성 비판 연구》, 창작과비평사, 1998.

김종영,《지배받는 지배자—미국 유학과 한국 엘리트의 탄생》, 돌베개, 2015.

김호기 편,《현대 비판사회이론의 흐름》, 한울, 2001.

김홍중,《마음의 사회학》, 문학동네, 2009.

_____,《사회학적 파상력》, 문학동네, 2016.

뒤르케임, 에밀, 민문홍 옮김,《사회분업론》, 아카넷, 2012.

뒤르켕, 에밀, 임희섭 옮김,《자살론, 사회분업론》, 삼성출판사, 1978.

류석춘,《유교와 연고: 대한민국 발전의 사회·문화적 동력》, 북앤피플, 2020.

민문홍,《에밀 뒤르케임의 사회학: 현대성 위기 극복을 위한 새로운 패러다임을 찾아서》, 아카넷, 2001.

박동환,《X의 존재론》, 사월의책, 2017.

박성환,《막스 베버의 문화사회학과 인간학》, 문학과지성사, 1992.

박영신, 《현대사회의 구조와 이론》, 일지사, 1978.

_____, 〈사회학 연구의 사회학적 역사〉, 《현상과 인식》 9권 1호, 1985, 9~28쪽.

박영은, 《사회학의 고전연구—실증주의의 형성과 비판》, 백의, 1995.

배동인 외, 《막스 베버 사회학의 쟁점들》, 민음사, 1995.

백승욱, 《생각하는 맑스: 무엇이 아니라 어떻게》, 북콤마, 2017.

베버, 막스, 김덕영 옮김, 《프로테스탄트 윤리와 자본주의 정신》, 길, 2010.

_____, 양회수 옮김, 《사회과학논총》, 을유문화사, 1975.

송호근, 《인민의 탄생》, 민음사, 2011.

아마노 이쿠호天野郁夫, 박광현·정종현 옮김, 《제국대학—근대일본의 엘리트 육성장
치》, 산처럼, 2017.

양영진, 〈종교집단에 대한 일 고찰: 베버와 뒤르켐의 비교〉, 《한국사회학》 23집, 1989,
13~36쪽.

_____, 《막스 베버의 사회주의론—마르크스와의 대화》, 한국개발연구원, 1992.

우실하, 《전통문화의 구성원리》, 소나무 1998.

유승무, 《불교 사회학—불교와 사회의 연기법적 접근을 위하여》, 박종철출판사, 2010.

이광수, 〈우리의 이상〉, 《학지광》 14호, 1917년 11월.

이기홍, 〈진보적 사회학의 위상과 과제〉, 한국산업사회연구회 편, 《현대 한국 인문사회
과학 연구사》, 한울, 1994, 42~59쪽.

_____, 《사회과학의 철학적 기초: 비판적 실재론의 접근》, 한울아카데미, 2014.

이수훈, 《세계체제론》, 나남, 1993.

이순구, 〈Max Weber에 있어서의 인식의 대상〉, 서울대학교 사회학과 석사학위논문,
1961.

_____, 《막스 베버의 연구》, 한얼문고, 1974.

이원재, 〈한국 공동체의 구조적 분화〉, 《사회연구》 27호, 2015, 47~90쪽.

이영찬, 《유교 사회학》, 예문서원, 2001.

이재혁 외, 《현대사회와 베버 패러다임》, 나남, 2013.

참고문헌

이종수, 《전환기 사회학의 좌표》, 대영사, 1988.

이종현, 〈'자본주의 옹호자'로서의 막스 베버: 그 수용의 한국적 기원에 대한 연구〉, 《한독사회과학논총》 15권 2호, 2005, 133~149쪽.

이철승, 《불평등의 세대》, 문학과지성사, 2019.

_____, 《쌀 재난 국가》, 문학과지성사, 2021.

이철승, 박광호 옮김, 《노동—시민 연대는 언제 작동하는가—배태된 응집성과 복지국가의 정치사회학》, 후마니타스, 2019.

이효재, 〈체계 없는 '상식'의 단계 너머: 사회학, 한국 사회과학의 시련〉, 《정경연구》 45호, 1968년 1월호.

임현진, 《현대한국과 종속이론》, 서울대학교출판부, 1987.

_____, 《제3세계 연구: 종속, 발전 및 민주화》, 서울대학교출판부, 1993.

_____, 《지구시대 세계의 변화와 한국의 발전》, 서울대학교출판부, 1998.

임혜란, 〈동아시아 발전국가론의 적용 가능성과 한계〉, 임현진·임혜란 공편, 《동아시아 협력과 공동체—국가주의적 갈등을 넘어서》, 나남, 2013, 53~82쪽.

장경섭, 《가족·생애·정치경제: 압축적 근대성의 미시적 기초》, 창작과비평사, 2009.

_____, 《내일의 종언?—가족자유주의와 사회재생산 위기》, 집문당, 2018.

장수명, 〈대학 서열화 극복의 정책 방향과 그 실현 가능성〉, 한국대학학회 편, 《대학정책, 어떻게 바꿀 것인가》, 소명출판, 2017, 77~87쪽.

전상진, 《음모론의 시대》, 문학과지성사, 2014.

_____, 《세대게임》, 문학동네, 2018.

전성우, 《막스 베버의 역사사회학 연구》, 사회비평사, 1996.

_____, 《막스 베버 사회학》, 나남출판, 2013.

정승현, 〈1980년대 진보 학술운동과 탈서구 중심 기획: 과학, 마르크스주의, 주체성〉, 강정인 편, 《탈서구 중심주의는 가능한가—서구 중심주의에 대한 우리 학문의 이론적 대응》, 아카넷, 2016, 115~161쪽.

정종현, 《제국대학의 조센징》, 휴머니스트, 2019.

정진성, 〈한국 사회연구의 이론 및 방법론 반성〉, 《한국사회학》 19집 1호, 1985.

정태석, 《사회이론의 구성: 구조/행위와 거시.미시 논쟁의 재검토》, 한울, 2002.

정학섭 외, 《사회학적 관심의 동양사상적 지평》, 다산출판사, 2014.

조동일, 《독서·학문·문화》, 서울대학교출판부, 1994.

조혜인, 《상처받은 절개, 날개 접은 발전: 유교적 유산과 한국 자본주의의 부침》, 나남
　　출판, 2007.

지주형, 〈영국 사회학의 사회학: 탈분과적 접근과 한국 사회학에 대한 교훈〉, 《경제와
　　사회》 88호, 2010, 120~154쪽.

짐멜, 게오르그, 김덕영 옮김, 《돈의 철학》, 길, 2014.

차성환, 《막스 베버와 근대세계의 의미》, 학문과사상사, 1997.

최문환, 《웨버》, 지문각, 1966.

＿＿＿, 《막스 웨버 연구》, 삼영사, 1977.

최병선, 〈한국에서 행정학의 적실성에 대한 비판과 대안: 전문성과 고유성을 중심으로
　　(박통희)에 대한 논평〉, 박종민·윤견수·김현준 편, 《한국 행정학의 방향: 교육·연구
　　및 제도》, 박영사, 2011, 153~164쪽.

최석만 외, 《유교적 사회질서와 문화, 민주주의》, 전남대학교출판부, 2006.

최재석, 《한국인의 사회적 성격》, 민조사, 1965.

최종렬 외, 《베버와 바나나》, 마음의 거울, 2015.

＿＿＿, 《복학왕의 사회학》, 오월의 봄, 2018.

한국사회이론학회, 《다시 읽는 막스 베버》, 문예출판사, 2015.

한상진, 《한국 사회와 관료적 권위주의》, 문학과지성사, 1988.

＿＿＿, 《중민이론의 탐색》, 문학과지성사, 1991.

한상진 외, 《한상진과 중민이론》, 새물결, 2018.

홍덕률, 〈1980년대 한국 사회학의 성과와 과제〉, 《사회문화연구》 9호, 대구대학교 사회
　　과학연구소, 1990, 143~165쪽.

홍승표, 《깨달음의 사회학》, 예문서원, 2002.

참고문헌

Burowoy, Michael, "Forging Global Sociology from Below", in Sujata Patel ed., *The ISA Handbook of Diverse Sociological Traditions*, London: Sage, 2010, pp. 52~65.

Calhoun, Craig, "*Has Sociology in America: An* Introduction", Craig Calhoun ed., *Sociology in America: A History* (Chicago: The University of Chicago Press, 2007), pp. 1~38.

Campbell, Colin, *Has Sociology Progressed?: Reflections of an Accidental Academics* (London: Palgravemacmillan).

Chang, Duck Soo, *British Methods of Industrial Peace: A Study of Democracy in Relation to Labour Disputes*(New York: Columbia University Press, 1936).

Chang, Kyung-Sup, *Developmental Liberalism in South Korea*(New York: Palgrave Macmillan, 2019).

_____, *South Korea under Compressed Modernity*(London and New York: Routledge, 2010).

Han, Sang-Jin, "Emancipatory Catastrophism from East Asian Perspective", *Current Sociology*, Vol. 63, No. 1, 2014, pp. 115~120.

Har, Kyung Durk, *Social Laws: A Study of the Validity of Sociological Generalization* (Chapel Hill: The University of North Carolina Press, 1930).

Jackson, Stevi, "Modernity/Modernities and Personal Life: Reflections on Some Theoretical Lacunae", *Korean Journal of Sociology*, Vol. 49, No. 3, 2015, pp. 1~20.

Kim, Kyong-Dong, *Alternative Discourses on Modernization and Development: East Asian Perspective*(New York: Palgrave and Macmillan, 2017).

_____, *Confucianism and Modernization in East Asia: Critical Reflections*(New York: Palgrave and Macmillan, 2017).

_____, *Korean Modernization with Uneven Development: Alternative Sociological Accounts*(New York: Palgrave and Macmillan, 2017).

Lee, Cheol-Sung, "Book Review of *South Korea under Compressed Modernity*, By Kyung-Sup Chang", *Korean Journal of Sociology*, Vol. 44, No. 6, 2010, pp. 135~139.

Lew, Seok-Choon, *Korean Economic Developmental Path: Confucian Tradition, Affective Network*(New York: Palgrave Macmillan, 2013).

Sooryamoorthy, Radhamany, *Sociology in South Africa—Colonial, Apartheid and Democratic Forms*(London: Palgrave Macmillan, 2016).

Wallerstein, Immanual, "The Heritage of Sociology, the Promise of Social Science: Presidential Address, XIVth World Congress of Sociology, Montreal, 26, July, 1998", *Current Sociology* Vol. 47, No. 1, 1999, p. 1~37.

참고문헌

찾아보기

【ㄱ】

찾아보기

찾아보기

한국 사회학과 세계 사회학 — 한국 사회학의 지성사 1

2022년 1월 19일 초판 1쇄 발행

2022년 11월 10일 초판 2쇄 발행

글쓴이   정수복

펴낸이   박혜숙

펴낸곳   도서출판 푸른역사

　우) 03044 서울시 종로구 자하문로8길 13

　전화: 02)720－8921(편집부) 02)720－8920(영업부)

　팩스: 02)720－9887

　전자우편: 2013history@naver.com

　등록: 1997년 2월 14일 제13－483호

ⓒ 정수복, 2022

ISBN 979－11－5612－209－8 94330

ISBN 979－11－5612－208－1 94330 (SET)